本书由重庆大学、重庆大学国际学院
科研基金资助出版

# 商周城市形态的演变

李鑫 · 著

中国社会科学出版社

图书在版编目（CIP）数据

商周城市形态的演变／李鑫著．—北京：中国社会科学出版社，
2012.12（2019.11 重印）
ISBN 978 - 7 - 5161 - 1700 - 2

Ⅰ.①商…　Ⅱ.①李…　Ⅲ.①城市史—研究—中国—商周时代
Ⅳ.①C912.81

中国版本图书馆 CIP 数据核字（2012）第 263500 号

| | |
|---|---|
| 出 版 人 | 赵剑英 |
| 责任编辑 | 郭　鹏 |
| 责任校对 | 韩天炜 |
| 责任印制 | 李寡寡 |

| | |
|---|---|
| 出　　版 | 中国社会科学出版社 |
| 社　　址 | 北京鼓楼西大街甲 158 号 |
| 邮　　编 | 100720 |
| 网　　址 | http://www.csspw.cn |
| 发 行 部 | 010 - 84083685 |
| 门 市 部 | 010 - 84029450 |
| 经　　销 | 新华书店及其他书店 |

| | |
|---|---|
| 印刷装订 | 北京明恒达印务有限公司 |
| 版　　次 | 2012 年 12 月第 1 版 |
| 印　　次 | 2019 年 11 月第 3 次印刷 |

| | |
|---|---|
| 开　　本 | 710×1000　1/16 |
| 印　　张 | 22 |
| 插　　页 | 2 |
| 字　　数 | 366 千字 |
| 定　　价 | 88.00 元 |

# 出版摘要

　　本书以先秦城市作为主要研究对象,首先运用制度经济学的相关理论揭示了中国早期城市一种新的起源模式,并系统探究了商周城市的地理分布格局及其演变。其次,在"长时段"理论的启发下,本书选取了商周城市形态的四个主要方面,即防御设施、政治性建筑、手工业作坊与市场,对其进行了专题式论述,详细阐释了这四方面在先秦时期的结构性演变特征。本书可供历史、考古、城市规划等方面的专业人士及爱好者阅读。

# 摘　　要

　　随着先秦时期各时段城址的不断发现、发掘和整理，有关先秦城址的研究成果也大量涌现。而在中国早期文明的发展中，城址与城市始终被认为存在着紧密联系。目前，对先秦城市的研究其实着重于对先秦时期各时段城址的研究，因此在资料的选取上偏向于对考古学资料的使用和研究。而城址与城市虽然联系紧密，但毕竟含义不同。本书借鉴了法国学者布罗代尔"长时段"理论中的一些研究视角，并针对不同的研究对象采用了不同的研究视角和研究方法，在这些理论方法的启发下，笔者以先秦城市为主要研究对象，在资料选取上试图整合与先秦城市相关的文献、考古与古文字资料，以期对先秦城市做进一步深入研究。

　　有关先秦城市的研究包罗广泛，笔者只是在"长时段"理论的启发下，选取了四个方面，即起源、分布、形态与功能的特征和演变。本书第一章着力探讨了先秦城市起源的原动力问题，认为中国早期城市的起源与经济交换中心的形成有关，并对其后龙山时代和夏王朝时期的城市发展进行了分析。第二章详细探究了城市的发展与地理环境之间存在的某些稳定关系，对商周时期城市的地理分布格局和选址原则所表现出来的特征进行了理论性阐释。第三章选取了商周城市形态的四个主要方面，即防御设施、政治性建筑、手工业作坊和市场。对其进行了专题式论述，试图揭示出这四方面在长时段的结构性演变。第四章则从较新的视角对先秦时期城市的功能特征进行探讨，详细揭示和探究了先秦城市诸多功能特征中的两点主要特征，即集聚整合功能与制度变革功能。

　　纵观全篇，本书对上述诸问题的探讨都基本糅合了相关的文献、考古与古文字资料，并将研究重点放在了前辈学者较少关注的先秦城市的经济因素上，这也是本书的研究主线之一。从长时段看，以市场为主体的经济交换与先秦城市的起源与发展存在着较为密切的联系。尽管在先秦城市形态中，政治性建筑占据核心地位，且手工业作坊和市场在发展演变中表现出了很强的政治烙印，但先秦城市在整体上表现出来的集政治、经济与军事为一体的复合形态则表明，中国早期城市在起源和发展中并非仅仅是政治领域中的工具，而是集多种因素于一身的复杂集合体。以往学者对先秦城市单方面的研究是不够的，中国早期城市要想获得持续深入的研究，综合性的探讨是必然方向。本书也只是沿着这一路线进行了一番探索性工作，希望能对后来者提供一点点借鉴和有益的启示。

# Abstract

With the finding, exploring and organizing of the pre-Qin urban site, a lot of research results have emerged on this subject. Relics of early Chinese cities are usually deemed as being closely related to the original cities. Generally speaking, two main defects are seen in recent studies of pre-Qin cities: one is the lack of theoretical guide; the other is that, we shed more light on archaeological data rather than on synthesing other disciplines such as literature and ancient writing. The "lengthy period" theory of Braudel is introduced into the study of this dissertation, in order to deal with the two mentioned defects. Under the guidance of the theory, the author did a further study through integrating the literature, ancient writing and archaeological data about the pre-Qin city.

The study of pre-Qin city may proceed from many perspectives. Under the guidance of "lengthy period" theory, the author chose four concerned perspectives: the origin, the distribution, the form and the function of pre-Qin cities. This article was composed by four chapters. The author devoted Chapter one in discussing the originating motivity of pre-Qin city, and arrived at the conclusion that the origin of early Chinese cities is highly related to the formation of an economic exchanging center. The author studied in chapter two the stable relationship between city development and geographical environment, and discussed the originating cause of the phenomenon. In chapter three, four main aspects about the urban configuration of Shang and Zhou period, namely, defense facilities, political construction, handicraft workshop and market, are highlighted, to reveal their development of structure in lengthy period. Chapter 4 talked about the function features of the pre-Qin city from a new point of view, on concentrating on two of the features, the function of agglomeration and integration, and that of institutional development.

To sum up, there is a main logic in the whole article. Economic exchange influenced persistently and strongly, from a lengthy period perspective, the origin and development of pre-Qin cities. The early Chinese cities are not merely political tools, but an aggregation of politics, economy and military.

# 目　录

# 图表目录

# 序

　　李鑫博士的这部著作选取了先秦城市史研究中的几个重要问题作了新的探讨。以往的研究对这几个问题或多有争议，或不够深入。这几个问题是：（1）先秦城市的起源；（2）城市的分布情况；（3）城市的形态及其演变；（4）城市的功能及其演变。

　　城市是人类文明形成与发展水平的重要物化标志，所以本书的研究工作自然有裨益于深化对中国古代文明起源、形成与演变的研究。

　　在论述中，作者借鉴了法国学者布罗代尔（Fernand Braudel）提出的"长时段"理论和其他当代史学、社会学、经济学等方面的理论，同时综合运用了大量历史文献、考古发掘资料、甲骨及金文等古文字资料及自然地理、人文地理资料，较好地体现了当代中国先秦史研究应提倡的多学科交叉的研究方法。

　　本书的学术成绩，我以为可以归纳为如下几个方面：

　　一、在中国古代城市形成问题上以往所作研究多偏重于从军事、政治等因素找原因，鲜有讨论经济因素所起的作用。作者在注意中国早期城市形成、发展的政治、军事因素的同时，尤其着眼于探讨经济因素起到的作用，颇有其新意。例如通过对郑州西山古城与湖南澧县城头山两处早期史前城址的研究，提出了中国早期城市的起源与地区经济交换中心的形成有密切关系，而且这种中心往往产生于多种地形结合部的看法。书中虽亦论证了龙山时代城市所具有的多元化发展的倾向，但是仍强调这些城址存在的基础还在于其经济功能。本书的上述看法，建立于对考古资料的细致分析与对自然地理环境的考虑上，所言还是有一定根据的，又如书中通过分析《尚书·禹贡》中的五服制，指出其可能包涵有夏代某种制度的格局，并将之与二里头遗址考古学文化特征相结合，提出二里头城址具有在政治上封闭但在经济上扩张的结构特征，也是强调了城市的形成、发展与经济因素的关系。作者的上述看法对中国城市起源与形成的研究有一定开拓思路的意义。

二、通过对大量考古资料的梳理、分类，并密切联系现代自然地理学的研究成果与环境考古学的理论，对商周城市地理分布格局及相应的具体选址原则做了深入讨论。类似研究以往多有学者做过，但本书作者应用"长时段"理论，着眼于在城市形成、发展过程中长期起作用的地理与其他自然环境的因素，并在时间上也作长时段的考察。作者认为商周城市主要分布于山地——平原交界带，正可以验证经济因素的作用，而黄河流域城市数量所以多于其他区域，气候等环境条件应是重要因素。这些也都体现出作者的独立见解。

三、本书将商周城市形态研究重点放在长时段中发挥作用的四个因素，即城墙、政治性建筑、手工业场所与市场，从而为先秦城市形态研究建立了一个操作性较强、较科学的研究体系，对今后作此专题的研究也会有一定借鉴意义。书中对一些具体问题的研究，如关于春秋时城址由"郛"到"郭"，由开放到封闭的论述，对"市"的形态发展及其与"城"的关系的讨论，对以"面朝后市"、"工贾近市"来判断东周城市市场位置的辩驳等，亦有一定的新意。

四、在商周城市功能研究方面，提出史前城址应是资源的集聚中心，而商周时期"城"、"市"的融合，使城市得以稳定发展。在书中，作者还提出对城市功能应作动态化的考察，即使是防御性为主的城堡也有对当地资源集聚并发展经济交往的功能。凡此均是作者探讨经济因素在先秦城市发展中的作用的研究成果。

总之，本书对上述有关先秦城市四个问题的一些见解，应该说对先秦城市研究是有深化与推动作用的，书中提出的不少看法都值得今后作此专题时深思。虽然有些论证尚需进一步充实，有的具体认识似亦可再斟酌，但在科学研究的过程中勇于提出新思维，提出新看法的探索精神是非常重要的。据我所知，这也是本书书稿呈送一些专家时，大家共同的看法。我只是希望作者在强调与重点讨论、阐述经济因素对先秦城市形成、发展的作用时，对也在起作用的政治、军事等因素及其与经济因素的关系作恰当的更深入的考虑，从几种因素综合的角度来认识与解释先秦城市研究中的重要问题。希望能见到今后作者在此课题研究的继续深化上，以及其他相关问题上有更新的研究成果问世。

2012 年 7 月 18 日

# 绪　　论

## 一　从长时段角度研究商周城市的意义

人类历史发展到今天，其群体居住方式就世界范围来看依然只有两种，即城市与农村。从长时段看，城市无论是形态还是功能都曾经和正在经历着变革式的演进。在中国，今天的城市与几千年前的城市虽然在功能上可能还有相似性，但在形态上的变化可谓翻天覆地。而农村的形态和功能则历经几千年而未发生根本的变化，依然是人们最基本的聚居方式。

人类居住方式上的这种巨大反差使城市始终被认为是人类文明的集中表现形式。而事实上，城市也确实聚集了人类文明发展过程中的大部分成果，是文明和国家在起源、发展过程中的主要标志之一。正因为城市负载了人类社会的大部分物质财富和精神财富，而其变化又是如此剧烈，所以城市始终是学术界的热门研究对象。另外，城市作为人类历史发展过程中长时期稳定存在的现象之一，也只有将其纳入一个较长的时段中观察，才有可能理清其发展演变的脉络。

在中国古代城市发展的历史中，商周时期属于古代城市的形成和定型期。虽然早期城市的发生可能要早于商代，但中国古代城市在形态和功能上的典型特征基本上是在商周时代形成的，这一时期的城市发展便具有了承上启下的重要意义。因此，商周时期是认识中国古代城市发展演变的关键时期。

目前有关商周城市的研究基本包含两方面内容，一是对单体城市的研究，二是综合性研究。而综合性研究大体又可以分为两种研究方式，即以时间为轴线的阶段式论述和单体城市的汇总式研究。本书借鉴了法国年鉴学派的"长时段"理论，在视角上以综合性研究为主，选取了与"长时段"理论紧密相关的几个方面，比如地理结构、经济结构等，在具体方式上另辟蹊径，在结合上述两种研究方式的基础上采用了分专题论述的方式。这种方式有助于更好地揭示出商周城市形态与功能某一特征在演变上的来龙去脉，从而把握其动态化的发展过程。不仅如此，现象的揭露只是本书的基础性工作，对所揭露出的现象给予合理的解释也是笔者的研究重点之一。因此，与前人的研究相比，本书试图在以下两方面有所创新：一是采用新的研究视角理清商周城市在起源、分布、形态与功能上的动态化演变过程，并在此基础上揭示出一些新现象；二是运用新的理论方法对所揭示出的现象给予合理的解释。

## 二　旧有研究成果述评

近年来，中国先秦城市随着考古学的不断发展逐渐成为历史研究的一个热门课题。自 20 世纪八九十年代以来，已有一批学者开始了对中国先秦城市的综合性研究，其中最著名的是杨宽先生的《中国古代都城制度史研究》①，但受当时条件所限，其对先秦城市的研究则失之简略。这一时期专门研究先秦城市的著作也已出现，如较早的贺业钜的《考工记营国制度研究》②和张鸿雁的《春秋战国城市经济发展史论》③，还有进入90 年代初曲英杰的力作《先秦都城复原研究》④。这些著作都从不同的方面对先秦城市进行了较为深入的研究，但是可以看出由于研究资料的局限，这一阶段的研究重点主要在于对文献的发掘和都城的研究上。

随着先秦时期城址考古资料的逐渐增多，使我们有机会对先秦城市的整体发展状况进行较为全面的研究，许宏的《先秦城市考古学研究》⑤就是这方面的代表作。另外围绕着先秦城市还出现了一批研究性的文章和著作，有关于一个时段的研究，也有关于城市不同方面的研究，还有关于不同地域城市的研究⑥。下面从与本书主旨相关的几个方面对前人的研究作一归纳与总结，所探讨之重点是相关的综合性研究。

---

①　上海人民出版社 2003 年版。
②　中国建筑工业出版社 1985 年版。
③　辽宁大学出版社 1988 年版。
④　黑龙江人民出版社 1991 年版。
⑤　北京燕山出版社 2000 年版。
⑥　最近早期城市的地域性研究逐渐得到关注，如，毛曦：《先秦巴蜀城市史研究》，人民出版社 2008 年版；严弘兵：《楚国都城与核心区探索》，湖北人民出版社 2009 年版；潘明娟：《周秦时期关中城市体系研究》，人民出版社 2009 年版。

（一）先秦城市研究相关考古资料的积累与整理

关于先秦城市的研究在 20 世纪 20 年代以前基本上是以文献学和有限的实地考察为主的，而且大都依附或掺杂于其他的著作中，专门的研究几乎没有。只有在近代考古学引入中国以后，这种状况才发生了改变。此后几十年间，考古发掘成了先秦城市资料积累的一个主要方式，其成绩也相当可观。"数十年积累的资料和研究成果，使先秦城市的时空框架得以基本确立，给系统性的综合研究打下了良好的基础。"①

下面分三方面简要介绍有关先秦城市考古资料的积累、整理与研究状况：

1. 城址的发现状况

通过对相关考古资料的统计，各时段考古发现的城址数量见下表②：

| 时代 | 龙山及以前 | 夏 | 商 | 西周 | 春秋 | 战国 |
|---|---|---|---|---|---|---|
| 数量 | 55 | 22 | 14 | 8 | 221 | 428 |

由于受资料的限制，上表的数据可能会有很大出入。据其他学者统计，商代及其以前的城址数量共计约 153 处③。其中，内蒙古东南部和辽宁西部的几十处夏家店下层文化的石城址并没有在上表中体现出来④。尽管如此，大体的趋势是很明显的，即两头多，中间少。近些年来，龙山时代的城址在全国各地都有发现，数量也十分可观，而商代、西周的城址资料则仅仅局限在一些较大型的都城遗址上，较低等级的城址发现数量相对较少；春秋战国时期由于是城市发展的高峰期，所以城址发现数量很庞大，据目前的资料统计，在这 412 座战国城址中，约有 196 座是从春秋时期延续到战国的，所有这些城址的发现为我们进行先秦城市深入全面的研

① 许宏：《先秦城市考古学研究》，北京燕山出版社 2000 年版，第 5 页。
② 1998 年以前城址数量统计主要据许宏《先秦城市考古学研究》附表，其后至 2011 年止，主要据《中国考古学年鉴》等相关资料统计。
③ 王妙发：《中国史前城址分布与规模之研究》，载许倬云等主编《新世纪的考古学——文化、区位、生态的多元互动》，紫禁城出版社 2006 年版。
④ 夏家店下层文化的石城址由于是成群分布，从考古学角度怎样进行解释目前还存在争议，不太好量化，暂从略。

究提供了有利的条件。

2. 城址的考古发掘状况

城址始终是考古学界十分关注的研究对象，通过考古工作者几十年的努力，从发现和发掘的数量上看已经十分可观。不过，虽然整个先秦时期考古发现的城址数量很多，但发掘状况却不尽如人意。拿龙山城址的发掘来看，"迄今在城乡分化迹象明显的黄河中下游及长江流域，还没有一座城址的工作做到城内城外情况均较清楚的程度"，而且"最能反映城址内涵和性质的遗迹遗物往往相当有限"①。商周时期的城址发掘的重心也主要在王朝和各诸侯国都城上，很多中小城址仅限于实地考察。

造成上述状况的原因除了人力、物力的限制等客观因素外，主要是较重视大城址尤其是都城遗址的发掘，而往往忽视了对中小城址的发掘，这对于整合性的研究是很不利的。另外在城址的发掘中受条件所限，往往偏重于城址内部的调查发掘，而对城址外围聚落的考察较薄弱，这也不利于城址的全面研究。不过随着考古发掘水平的不断提高，这种状况正在得到改善。

3. 城址的考古研究状况

对城址的考古学研究大体分两类：一类是对城址的复原和整理工作；另一类则是相关综合性的研究，包括城址的分布与选址规律、城址的形态与功能特征等等。单个城址的考古发掘大部分都属于第一类，先秦城址虽然发现数量很可观，但是由于发掘状况的不均衡性，研究状况也并不相同，基本上是随着考古发掘状况展开的，一些大型遗址处于研究的前列，如河南偃师二里头②、偃师商城③、郑州商城④、垣曲商城⑤、山西侯马

① 钱耀鹏：《中国史前城址与文明起源研究》，西北大学出版社 2001 年版，第 302 页。

② 杜金鹏、许宏主编：《偃师二里头遗址研究》，科学出版社 2005 年版。

③ 杜金鹏：《偃师商城初探》，中国社会科学出版社 2003 年版；杜金鹏、王学荣主编：《偃师商城遗址研究》，科学出版社 2004 年版。

④ 河南省文物研究所编：《郑州商城考古新发现与研究（1985—1992）》，中州古籍出版社 1993 年版。河南省文物考古研究所编著：《郑州商城（1953—1985 年考古发掘报告）》，文物出版社 2001 年版。

⑤ 中国历史博物馆考古部等编著：《垣曲商城：1985—1986 年度勘察报告》，科学出版社 1996 年版；董琦：《瓮城溯源——垣曲商城遗址研究之一》，《文物季刊》1994 年第 1 期；董琦：《环境选择——垣曲商城遗址研究之四》，《考古与文物》1999 年第 6 期。

晋都新田①、河南洛阳东周王城②、河北赵都邯郸城③、易县燕下都④、平山中山灵寿⑤、山东临淄齐国故城⑥、湖北荆州郢都纪南城⑦、陕西凤翔秦都雍城、临潼秦都栎阳、咸阳秦都咸阳⑧等等，对这些城址无论是其外延还是内涵都进行了丰富而全面的研究。中小型城址的研究则受考古发掘状况的限制不能全面展开。另外全面的复原和整理工作也有学者在做，例如曲英杰长期以来就一直致力于先秦城市的复原和整理工作⑨。许宏也对先秦城址资料进行了系统的搜集、整理与研究⑩。

　　以上简略介绍了当前先秦城市的主要研究资料——城址的考古发现、发掘与研究情况，虽然资料并不尽如人意，但也为较深入的综合性研究提供了相当的空间。

　　(二) 关于先秦城市分布与选址的研究

　　随着考古学的不断进展，先秦城址发现数量的不断增多，先秦城市各时段的分布状况已大体明了，但研究状况却并不理想，专门性的综合探讨并不多。尽管如此，在一些论著中，也零零散散地涉及了先秦城市的分布和选址问题。以下仅就一些比较新的和有代表性的综合性研究成果加以评述，这些研究本身也包含了对众多考古发掘资料的整合。

　　1. 龙山时代城址的分布与选址研究

　　目前对龙山城址的综合研究，学者采取的一般性方法是，先把所有发

① 　山西省考古研究所侯马工作站编：《晋都新田》，山西人民出版社 1996 年版。
② 　潘付生：《洛阳东周王城布局研究》，郑州大学硕士学位论文，2007 年 5 月。
③ 　段宏振：《赵都邯郸城研究》，文物出版社 2009 年版。
④ 　河北省文物研究所：《燕下都》，文物出版社 1996 年版；许宏：《燕下都营建过程的考古学考察》，《考古》1999 年第 4 期。
⑤ 　河北省文物研究所：《战国中山国灵寿城——1975—1993 年考古发掘报告》，文物出版社 2005 年版。
⑥ 　姚晓娟：《先秦齐都城临淄发展概况研究》，吉林大学硕士学位论文，2005 年 4 月。
⑦ 　郭德维：《楚都纪南城复原研究》，文物出版社 1999 年版。
⑧ 　徐卫民：《秦都城研究》，陕西人民教育出版社 2000 年版。
⑨ 　曲英杰：《先秦都城复原研究》，黑龙江人民出版社 1991 年版；《古代城市》，文物出版社 2003 年版；《长江流域古城址》，湖北教育出版社 2004 年版。
⑩ 　许宏：《先秦城市考古学研究》，北京燕山出版社 2000 年版。

现的城址归入几个大的地理区域中去，然后对每一个区域中的每一座城址就现有的考古资料进行详细解剖与分析研究，从而总结出各区内的若干城址特征，说明城址的区域特征。这方面较有代表性的是许宏的《先秦城市考古学研究》①、钱耀鹏的《中国史前城址与文明起源研究》② 和赵辉的《中国新石器时代城址的发现与研究》③。

　　在城址的分区问题上，上述研究趋于一致。主要分为三个大的区域，从北向南依次为内蒙古河套及其以东地区、黄河中下游地区和长江流域。三大区域内部又分为不同的小区，如黄河中游、下游；长江上游、中游和下游。这种分区依据的主要是城址的分布与集聚状态，另外考虑了自然地理因素。

　　许宏虽然对考古发现的城址进行了大的地理区划，并对每区的城址特征作了总结，认为不同区域的城址有着不同的考古特征，但对这些城址的分布与选址未作深入讨论。钱耀鹏则从自然环境、考古学文化和聚落群等角度对龙山城址的分布特征进行了研究，并得出以下几点结论：

　　（1）从自然环境来看，"大的自然环境特点是形成史前城址区域特征的主要原因。即在一个较大的区域范围内，许多聚落或城址所具有的共同特征，基本上是由大的环境因素决定的"，如内蒙古中南部、中原山东地区和长江流域。

　　（2）从考古学文化的角度来看，"史前城址与考古学文化及区域类型在空间分布上的关系，并无固定划一的规律或模式"，"但从全国范围来看，这些城址则分布在以中原地区为中心的第一重花瓣式文化区域之内"。

　　（3）从聚落群的角度来看，中原地区的城址多与聚落群呈扇形分布，内蒙古中南部城址则呈一线分布，山东地区北部和长江中下游的若干城址分布特征则有可能是以城址为中心，其他聚落呈圆形分布④。

---

①　北京燕山出版社 2000 年版，第二章。

②　西北大学出版社 2001 年版。

③　载于《古代文明》第 1 卷，文物出版社 2002 年版。另外关于史前城址的文章还有，曹兵武：《中国史前城址略论》，《中原文物》1996 年第 3 期；任式楠：《中国史前城址考察》，《考古》1998 年第 1 期。二文侧重于史前城址的发生原因和特征。

④　上述三点分别见于钱耀鹏《中国史前城址与文明起源研究》，西北大学出版社 2001 年版，第 73、100、125—127 页。

赵辉也对龙山城址进行了全面研究，其中较有新意的是从环境变迁的角度对内蒙古中南部的石城址进行了解释，认为这一地区城址的特殊分布选址状态与当时的环境恶化与资源短缺有关①。

上述研究从不同的角度对龙山时代城址的分布状况进行了阐释。主要成绩是从整体上对城址的分布格局有一个较为客观的区域分类，并对每一区域内城址的共性和个性特征有一个基本认识。其不足之处：一是各区域城址分布特征的比较研究不够深入，其中最明显的地域差异及其发生原因应该是深入探讨的一个重点问题；二是除了从考古学角度对城址本身进行研究外，还要特别注意城址与自然地理环境的关系。因为毕竟不是所有的地区都有城址发现，这种地域分布上的差别更多地还应该从地理的角度探索。

2. 夏商西周城市的类型分布与选址研究

夏、商、西周时期城市的分布状况与选址原则由于资料的限制并不十分清楚，综合性的研究也并不多，少数研究则集中在都城和一些较大型的城址上。

张光直从矿产分布的角度研究认为，夏代都城的分布区与中原铜锡矿的分布区几乎完全吻合。并提出了三代都城迁徙的圣都俗都说，即"三代各代都有一个永恒不变的'圣都'，也各有若干迁徙行走的'俗都'，圣都是先祖宗庙的永恒基地，而俗都虽也是举行日常祭仪所在，却主要是王的政、经、军的领导中心"②。研究视角很有新意。

许宏把夏商西周的城市遗址分为了王朝都城址、方国城址和周边邦国部族城址三大类，并分别举出了一些典型的城址作为例证。从目前看来，城市布局最清楚的是商代，夏和西周由于城址发现数量太少无法从考古学上对其分布格局进行全面研究，因此这一时期城市分布状况的研究并不深入，大体上还是与当时的政治格局联系紧密，城市呈等级分布状态③。具体的情况还有待考古发现的城址数量的增多和研究的深入。

选址的研究主要集中于都城选址上，如张国硕对夏商时期的都城选址

---

① 赵辉：《中国新石器时代城址的发现和研究》，载《古代文明》第1卷，文物出版社2002年版，第29页。

② 张光直：《夏商周三代都制与三代文化异同》，载《中国青铜时代》，三联出版社1999年版。

③ 许宏：《先秦城市考古学研究》，北京燕山出版社2000年版。

制度进行了研究，提出了主都居中，辅都在边制度。在都城具体位置的选择上，以适应城内居民生活和适应城市发展为原则，并且表现出了时代越晚生态环境越优越的演变特征①。韩光辉对商代城市兴起的地理背景也做了研究，他通过对偃师商城、郑州商城、安阳殷墟和盘龙城的研究，认为这些城市地理位置的共同特点为："处于丘岗山地向平原盆地过渡的交接地带，侧近河流。""优越的地理环境和区位条件是商代城市兴起和发展的决定因素。"② 史念海先生认为先秦时期的城市选址对于自然环境、地理因素，面面俱到，无有遗缺。商代的都城多"依靠山地，易于防守，这是商代迁都的通例"。同时还要考虑土地和水资源的丰富程度。东周时期，晋国由绛迁都新田，魏国由安邑迁居大梁，韩国由平阳迁都新郑，赵国由晋阳迁都邯郸。其原因并非出于军事上的考虑，都是"为了取得地理形势，居于富庶地区，谋求国家的发展"③。

另外也有学者以文献资料为主探讨先秦城市的选址问题。如有研究者提出先秦城市存在着"择中"、"相土"、"形胜"等选址标准，并总结出了"城乡统一"、"规模适度"、"合理布局"、"象天法地"等城市规划思想④。

这一阶段城市分布的研究主要集中在商代，对商代城址的分布特征进行了较有新意的理论探讨。但由于资料有限，夏商西周城市的分布与选址的研究并不充分，缺环很多，这有待于考古资料的不断增多和研究的不断深入。另外，这一时期的研究同时应该注意充分运用文献和古文字学的资料，并结合目前夏代与西周时期所表现出来的考古学特征，对三代城市分布格局的演变进行动态化研究。

3. 春秋战国城市的分布与选址研究

上文曾提到虽然春秋战国城址的发现数量很多，但是"这些城址多未经发掘，对城址年代的推断大多仅凭地表采集的陶片，甚至有以文献记

---

① 张国硕：《夏商时代都城制度研究》，河南人民出版社 2001 年版，第 109—129 页。

② 韩光辉：《商代城市地理述论》，《中国古都研究》（十二），山西人民出版社 1998 年版。

③ 史念海：《先秦城市的规模和城市建置的增多》，《中国历史地理论丛》1997 年第 3 期。

④ 赵立瀛、赵安启：《简述先秦城市选址及规划思想》，《城市规划》1997 年第 5 期；王军、朱瑾：《先秦城市选址与规划思想研究》，《建筑历史研究》2004 年第 2 期。

载为依据进行断代的现象"①。因此定量工作不可避免会存在一定误差。但是由于这一时期文献资料相当丰富，再加上较多的考古资料，对周代城市的分布亦有较多研究成果。

许倬云先生曾对西周与春秋都邑分布的研究作过介绍②。许先生介绍了李济、章生道、Paul Wheatley、伊藤道治等人的研究，这些研究虽然都是根据文献得出的结论，但基本复原了西周和春秋城邑的大致分布状况。

许宏则通过对考古资料的梳理，整理了春秋战国时期的城址分布状况。目前看来大部分工作还是复原工作，对于这种分布状况在春秋到战国的变化及其形成原因都缺乏较深入的探讨。

张鸿雁从城市经济的角度探讨城市分布格局时，提出了中国古代城市群"双关系联结结构"（即政治隶属关系和经济供给关系结合结构、单体城市独特的自我生存系统与城市群结合的相互作用）对城市发展的影响③。

对这一时期城市分布状况与选址问题的研究应把考古资料与文献资料紧密结合起来，在尽可能准确复原城市分布状况下，应该尝试对其进行多角度解释。此外尚未有学者对整个先秦城市分布与选址的演变过程做纵向研究，因此已有的研究即缺乏一种动态性。对影响城市分布与选址的诸因素探讨也不够深入系统。通过已有的资料对其进行长时段的整合值得尝试。

（三）关于先秦城市形态与功能的综合研究

1. 对龙山时代城址形态与功能的研究

关于龙山时代城址形态与功能的研究目前主要集中在对城址考古资料的整理上。单个城址的形态与功能已有学者进行了整理和总结④，本节着重评述的是综合性和解释性的研究。

---

① 许宏：《先秦城市考古学研究》，北京燕山出版社 2000 年版，第 125 页。

② 许倬云：《周代都市的发展与商业的发达》，《许倬云自选集》，上海教育出版社 2002 年版。

③ 张鸿雁：《春秋战国城市经济发展史论》，辽宁大学出版社 1988 年版，第 112 页。

④ 可参见，许宏：《先秦城市考古学研究》，北京燕山出版社 2000 年版；钱耀鹏：《中国史前城址与文明起源研究》，西北大学出版社 2001 年版；赵辉：《中国新石器时代城址的发现与研究》，载《古代文明》第 1 卷，文物出版社 2002 年版。以上著作对龙山时代单个城址的形态和功能作了较为全面的整理和研究。

龙山时期城址形态存在两个典型特征：一是地域差别显著，如城址面积、形状、布局在不同的地区差别很大；二是城址发展水平的不均衡性。就地域差别的原因来看，钱耀鹏认为城址所在的小环境往往制约和决定着城址的方向、平面形状与结构。在布局规划方面，中原、山东地区把居住区和手工业作坊划在城垣内部，墓葬区则可能设于城外，长江流域则连墓葬区全部置于城内，内蒙古中南部基本和中原地区相似，唯城垣内外往往设有方形或圆形祭坛一类的建筑，有的还成组分布①。钱文虽然指出了这种差异，但并未探讨其形成原因。另外还有学者指出了一些很有意思的地域差别现象，但多未作深入探讨。

关于龙山城址的研究最初基本上都是对其共性特征的讨论，随着研究的深入，各城址在形态和功能上的地域差别逐渐得到重视，但目前来看对这些差别形成的原因还缺乏解释性的研究。有学者认为黄河中下游地区的城址已经具有了一定的政治和经济功能；而内蒙古南部一线的城址是"与当时的经济冲突相联系的，是纯军事的城堡"。长江中上游的城址在防御功能的基础上已经具有了一定的政治功能②。这种观点在目前的学术界较为流行。

夏家店下层文化的石城址群不完全属于龙山时代，其下限已经到了夏代。对其认识以苏秉琦先生的观点较具有代表性：夏家店下层文化城堡群存在着两种布局形态，一种是大范围内的星罗棋布，一种是边缘地带的连成一串。这种布局形态及其所具有的防御功能和关卡设置，"更典型的反映了不同经济文化类型、不同民族文化传统人们的相互补充、相互遗存和在特定历史条件下又相互冲突"③。

对龙山时代城址的研究，学者较多关注的是其产生（起源）问题，即它是因何种原因并通过何种方式形成的。而关于其形态之地域差别及其发展的不平衡性等问题尚需深入研究，并提供一种合理解释，这样可能更有助于城市起源问题的解决。

2. 对夏商西周时期城市形态与功能的研究

这一时期城市研究的重心是一些较大的中心城市。夏代的二里头，商

① 钱耀鹏：《中国史前城址与文明起源研究》，西北大学出版社2001年版。
② 裘士京、姚义斌：《中国史前城址的分布及功能分析》，《中国历史地理论丛》2003年第1期。
③ 苏秉琦：《中国文明起源新探》，三联书店1999年版，第41—42页。

代的偃师商城、郑州商城、垣曲商城、洹北商城、安阳殷墟和盘龙城，西周的丰镐、成周等城址都是学术界关注和研究的焦点，长期以来在这些城址上所作的考古发掘，使对这些城市遗址的形态与功能的认识要较那些较小的城址远为深入和全面。

杨宽提出了以东北为"重心"的商代都城布局模式，主要关注的还是城墙的布局形态①。

许宏从性质上把夏商西周时期的城市遗址分为了王朝都城址、方国城址和周边邦国部族城址三大类，并以此对考古发现的城址进行了归类和研究。他归纳出了以下三点关于三代城市的本质特征：（1）在考古学上表现为大型夯土建筑基址的宫殿宗庙遗址，是中国早期城市——都邑的最核心的内涵，因而成为判断城市与否的决定性标志物。（2）城市总体布局较为松散和缺乏统一规划，与城乡分化初期城市经济结构上农业尚占很大比重和政治结构上还保留着氏族宗族组织有密切关系。（3）中国古代城市严格的城郭制度尚未最后形成，城垣并非构成夏商西周三代都邑的必要条件；三代都邑城垣的基本功能仍是"卫君"而非"守民"。②

上述三点结论是把夏商和西周归结到一起所作的总结，此说固然发现了其中的共同点，却忽略了三个时段的差异性。因为从历史的角度来看，三代城市发生的社会历史背景是不同的。虽然考古资料有详略之分，但研究角度应该全面一点。当然对此也不能强求，毕竟许宏是从考古学的角度进行研究的。

徐良高注意到了夏商周城市聚落的等级分化现象，无论是从城址的面积，还是从建筑的结构、形制和规模上，都存在着明显的两极分化现象，对其形成的原因他主要是从政治的角度进行解释，认为政治结构的等级分化造成了这种城市聚落的分化。另外他也注意到三代城市在功能上的差别③。

综上所述，目前大部分的研究都是习惯性地把夏、商、西周放在一起讨论，其好处是能发现这一长时段的许多共性，但是对城市在这一长时段演进的动态变化特征的研究尚需深入探讨。

---

① 杨宽：《中国古代都城制度史研究》，上海人民出版社 2003 年版。
② 许宏：《先秦城市考古学研究》，北京燕山出版社 2000 年版。
③ 徐良高：《夏商周三代城市聚落研究》，《远望集——陕西省考古研究所华诞四十周年纪念文集》（上），陕西人民美术出版社 1998 年版。

### 3. 对春秋战国城市形态与功能的研究

春秋战国时期是中国城市发展史上的一个高峰期，这一时期无论是文献还是考古发掘皆有关于城市的丰富资料，但是由于在资料的运用上存在着诸多问题，影响了城市研究的深度和广度，有价值的研究成果并不多。

（1）城郭问题研究

在春秋战国时期城市形态的研究中，除了单个城市的形态复原外，学者较多关注并且研究也较深入的是城郭问题。下述观点较有代表性。杨宽通过对春秋战国时期中原各诸侯国都城的研究，认为其推行的是西"城"连接东"郭"的布局。这种布局是周公建设东都成周的时候开创的。另外他还从政治上和军事上探讨了这种布局形成和发展的原因①。史念海依据先秦文献，参以考古成就，认为先秦时期这些繁多都城的建置形态，"殆皆各因其具体条件，自成体系，无所承袭"。"都城所在地既各自不同，这就难得都能一致。就以城墙的建筑来说，就不能不因地制宜，形成各种不同的类别，不仅大小不同，形态亦各异。就是城门设置的多寡，城内道路的排列，也难得都能相同。"②

许宏通过对春秋战国城址资料的充分研究，认为城郭布局集中见于较大型的城址，与城址的规模成正比。在城郭的具体布局上并无所谓的制度式的东西，布局安排极具灵活性。同时他又把这一时期的城郭布局概括为"两城制"。从考古资料来看，春秋战国城郭有一个转变，即由内城外郭转变为城郭并列的形式③。"春秋战国时期城郭的具体布局，尚未发现成为主流的、带有规律性的所谓模式。"此点延续了徐苹芳先生的观点。另外，将这一时期的城郭布局概括为"两城制"是十分恰当的。许宏先生似乎也同意春秋时期宫城置于郭城之中是这一时期城郭布局的正体。到战国时期，新建或改建的都城，格局都为之一变，出现了将宫城迁至郭外或割取郭城的一部分为宫城的新布局。

萧红颜认为郭的含义经历了由"城外"而"外城"的过程。据此郭

---

① 杨宽：《中国古代都城制度史研究》，上海人民出版社 2003 年版，第 85—88 页。

② 史念海：《先秦城市的规模及城市建置的增多》，《中国历史地理论丛》1997 年第 3 期。

③ 许宏：《先秦城市考古学研究》，北京燕山出版社 2000 年版，第 125—126 页。

作为初始含义"城外"之形态特征在三代已出现,"而作为通常所言完全意义上的城郭制之'外城'似乎出现于春秋战国"①。

有关这一问题的其他研究成果在下文正论中还有详细论述。

（2）城市功能研究

城市功能的研究主要集中在政治、经济和军事等方面。许倬云通过对春秋战国都邑文献和考古的研究认为春秋城邑已逐渐由纯政治与军事的功能转变为兼具经济功能了,而战国时代的都邑已是十分符合多种功能的都市性格了②。张鸿雁对春秋战国城市经济的发展变化也进行了较为全面的研究,并认为中国东周时期的城市群存在着政治隶属关系和经济供给关系相结合的结构体系,这一观点也企图融合城市的政治和经济功能③,但是依然没有冲破传统的研究视角。

综上所述,就目前整个先秦城市的研究来看,对形态的研究要重于对功能的研究,单体城市在形态上的研究比较深入,而相关的综合研究较重视城址的整体形态比较,尤其是城墙形态的比较是目前研究比较深入的方面。尽管这些都是必不可少的基础性工作,但整体看研究略显呆板,研究视角单一,大多注意其横向的研究,而忽视了纵向比较;另外多重视其共性的研究,而对其差异研究也不够。在功能上较重视政治、军事等因素,对经济因素的重视程度不够,这也造成了对形态的研究偏重于政治和军事方面。而城市本身是多种因素的集合体,因此更需要全方位的综合研究。

（四）小结

到目前为止,有关先秦城市的综合性研究成果大体可以总结为以下几方面:一是各时段城址的考古发现与发掘的数量已经相当可观,很多重要城址的考古复原工作也已取得了丰富的成果,并在此基础上对各时段城址进行了系统整理;二是各时段城址的分布格局和地域特征已经有了比较全面的认识,并对各时段城市的选址规律有了初步的研究;三是龙山时代和东周时期城址在形态和功能上的研究较为全面,城址在形态上的区域比较

---

① 萧红颜:《东周以前城市史研究》,东南大学博士学位论文,2003年,第118页。

② 许倬云:《周代都市的发展与商业的发达》,《许倬云自选集》,上海教育出版社2002年版。

③ 张鸿雁:《春秋战国城市经济发展史论》,辽宁大学出版社1988年版。

研究也较为深入，而夏、商和西周时期的研究主要集中在几座都城遗址上。总之，近二十年来先秦城市的综合研究基本是以考古学上的城址作为主体研究对象，这也是近年来考古学在国内迅猛发展的结果。但是随着学术研究的不断发展，新的课题也摆在了我们面前。

目前的先秦城市研究无论是在理论方法上还是在研究资料的挖掘应用上都存在很大的局限性，基本上是继承着传统历史研究的一些特点，以复原和考证作为主要研究方式，对现象的解释性分析尚不够深入和全面。这些研究虽然都是以先秦城市为研究对象，但由于研究方法和视角都各有偏重，不能体现城市研究多样性和复杂性的特点。因此先秦城市研究要有所突破，一方面应该深入挖掘基本的研究资料，包括文献、考古、古文字等等方面的相关资料。另一方面应该在理论方法和研究视角上有所突破，既要充分借鉴其他相关学科的理论方法，也要有所创新；同时要拓宽研究视角，古今城市的比较、中外城市的比较都可以加深对先秦城市的理解。

### 三　本书研究主旨、理论与方法

以往学者对先秦城市的综合研究主要有两个视角：一是以时间为轴线的阶段式论述；二是单体城市的汇总。笔者以商周时期的城市为主体研究对象，综合以上两种研究视角，从"长时段"的角度以专题的形式集中探讨了商周城市的起源、分布与选址、形态与功能的演变等问题。

"长时段"理论是由法国年鉴历史学派的第二代大师费尔南·布罗代尔（Fernand Braudel）提出的[①]。在其代表作《菲利普二世时代的地中海和地中海世界》一书中，主要分为三个部分进行论述：第一部分详细描述了地中海地区的山脉、平原、海岸、岛屿、气候、城市、交通等，主体是说明地理与历史、空间与时间的辩证关系。第二部分研究 16 世纪地中海地区的经济社会状况，包括人口、劳动力、贵金属流通、物价、商业、财政、运输等等；第三部分与传统的政治、军事、外交史相似，叙述了土耳其和西班牙帝国在地中海争霸的过程。

为什么用这样的框架来安排这个时期历史的内容？布罗代尔在这部书

---

① 　关于法国年鉴学派可参看张芝联《费尔南·布罗代尔的史学方法》，载《15至 18 世纪的物质文明、经济和资本主义》，三联书店 1992 年版。下文有关论述主要依据此文。

的序言中作了解释："本书分为三个部分，每个部分自成一篇总体说明的论文。第一部分论述人与其周围环境的历史，一部近乎静止不变的历史，流逝与变化滞缓的历史……一部几乎超越时间的、与无生命的事物接触的历史。""在这部静止不变的历史之上显示出另一部慢节奏的历史……一部社会史，即群体与团体的历史"，"最后还有第三部分，即传统历史部分，或可称之为个体、事件史……一种表层上的激荡，即潮汐在其强烈运动中掀起的波浪，一部起伏短暂、迅速、激动的历史"。"这样，我们便把历史分解为几个层次，或者说把历史时间分为一个地理时间，一个社会时间，一个个体时间"①，后来他更明确地把这三种历史时间称为"长时段"、"中时段"、"短时段"，并提出了与这三种时段相适应的概念，分别称为"结构"、"局势"、"事件"②。

"结构"在布罗代尔的理论中表示一种均衡的长时间的存在状态，换句话说，即指长期不变或者变化极慢的，但在历史上起经常、深刻作用的一些因素，如地理、生态环境、社会组织、思想传统等。其中，在布罗代尔的理论和著作中，对城市的探讨通常是作为长时段研究的一部分，即城市是人类历史上长时间稳定存在的因素之一，因此对城市的研究放在结构的层面是十分必要的。笔者正是在这一理论基础上运用"长时段"的视角将先秦时期的城市发展放在了"结构"的层面进行研究。

笔者并非完全照搬布罗代尔的"长时段"理论，而是借用了其中的"长时段"与"结构"等概念和研究视角，并参照本书的研究对象对"长时段"理论进行了发展应用。城市无疑在人类历史上存在了较长时间，但城市在不同时段在形态和功能上的表现则存在着一个发展演变的过程；城墙与宫殿无疑是中国古代城市中长时段存在的形态特征，但其具体的表现形式则始终处于演变之中。因此，本书在探讨先秦城市长时间稳定存在的一些因素时，始终关注其发展与演变。从整体上看，本书虽然是从结构层面探讨与先秦城市密切相关的一些长时间稳定存在的因素，但是这些因素在不同时段在具体表现形式上的变化也是本书的研究重点。

---

① 《菲利普二世时代的地中海和地中海世界》（第一卷），商务印书馆1996年版，第13—14页。

② 费尔南·布罗代尔：《历史和社会科学：长时段》，承中译，《史学理论》1987年第3期。

在"长时段"理论的指导下，本书着力探讨了先秦城市发展的三个方面：

1. 先秦城市在起源和发展过程中的地理因素

无疑人类历史中能够长时间保持稳定的东西并不多，地理是一个。布罗代尔的史学模式被称为"地理历史结构主义"，以区别于地理决定论。他认为"地理能够帮助人们重新找到最缓慢的结构性的真实事物，并且帮助人们根据最长时段的流逝路线展望未来"，在这里"地理不再是目的本身，而成了一种手段"①。基于这一思想，本书第一章探讨了城市起源的地理因素，在第二章则详细论述了商周城市所处的地理格局及其分布与选址状况，希望能够通过对地理环境的考察揭露出先秦城市地理分布的一些结构性因素，从而进一步认清城市发展与地理之间的关系，这也是长时段研究的一项基本内容。

2. 先秦城市在起源和发展过程中的经济因素

经济结构的演变是布罗代尔"长时段"理论的重要组成部分，而经济因素在城市的发展演变中占有十分重要的地位。作为本书的主体研究对象，城市其实是一个复杂的集合体。对于先秦时期的城市来说，以往的学者多从政治和军事等传统视角对其进行研究，主要解决的是"是什么"的问题，而为什么是这个样子，回答也多半离不开政治和军事等因素。为弥补这种研究上的不足，笔者重点探究了城市在起源和发展演变过程中的经济因素，这也是本书的研究主线之一。

在这一研究主线的引导下，笔者试图提供一种新的解释体系。市场是城市的重要组成部分，但在中国早期城市的研究中也是关注较少的部分。因此本书引入了新制度经济学中的"交易费用"等概念②，对中国早期城

---

① 费尔南·布罗代尔：《菲利普二世时代的地中海和地中海世界》，商务印书馆1996年版，第19页。

② "交易费用"概念是由新制度经济学的奠基人罗纳德·科斯（Ronald H. Coase）创立的。他把交易费用引入到经济学的分析中，从而拓展了经济学的领域与视野，悄悄地引起了经济学上的一场革命。参见易宪容《新制度经济学的奠基人——科斯评传》，山西经济出版社1998年版，第80页；科斯：《论生产的制度结构》，上海三联书店，1994年。科斯阐释交易费用理论的最重要的两篇文章《企业的性质》与《社会成本问题》，载于盛洪主编的《现代制度经济学》（北京大学出版社2003年版）。笔者试图将交易费用理论引入到历史学研究中，尽管应用比较粗浅，但并不影响其理论本身的重要性。

市起源和发展的经济因素进行较深入的探讨。当然，需要强调的是对于早期城市来说，经济因素并非是唯一的影响因素，城市作为一个复杂的集合体其影响因素也必然是多方面的，本书所探讨的经济因素只是诸多影响早期城市的重要因素之一。

首先对相关概念进行简单界定。"产权"是新制度经济学中的一个基本概念，是交易活动进行的前提条件。简单地说，"产权"就是对物的占有、使用和让渡权①。"产权是一种社会契约，它的意义产生于这样的事实，即它有助于形成一个人在同他人的交易中能理性地把握的那些预期。这些预期在法律、习俗和社会惯例中得到实现。产权所有者可以得到同伴的认可并能以特定的方式行事。他还可以期望社会阻止其他人干涉他的行为，只要在他的权利的具体规定中这些行为不被禁止。"② 对产权进行界定和保护的制度是新制度经济学的一项基本内容，也是经济交换的前提。只要有市场交换，就存在着产权界定和保护的制度。而影响市场交换的一个重要因素就是交易费用，对产权的界定和保护的费用只是交易费用中的一种。

这里所谓交易，是指人与人之间的交往活动；交易费用则是这种交往活动所引起的成本。"用一句较通俗的话说，交易费用就是人与人打交道的费用。"③ 以两个人进行商品交换为例，除了商品本身的成本外，还需要搜集对方的需求信息，交易双方所处的地理位置，前往交易地点所花费的时间和消耗的体力，交易过程中所出现的各种不确定因素等等，这些都属于交易费用范畴。也就是说一次成功的商品交换所花费的成本除了商品

---

① 其中，"物"的含义较为宽泛，既包括物质资产，也包括人力资产，既包括有形资产，也包括无形资产。当然对于经济学研究来说，这一概念界定可能不太规范，但基本可以满足历史研究的需要。《商君书·定分》曰："法令者，民之命也，为治之本也，所以备民也。"文献中所谓的法令虽然包含的内容广泛，但一个基本内容其实就是对产权的界定和保护。"一兔走，百人逐之，非以兔也。夫卖者满市，而盗不敢取，由名分已定也。""名分已定，贪盗不取。"定名分其实就是对产权的界定。"卖者满市，而盗不敢取"的现象表明，当时市场上的产权界定已经非常明晰，偷盗行为是被禁止的，破坏产权界定的偷盗者所遭受的惩罚通常也能为大家所预料到。

② 哈罗德·德姆塞茨：《关于产权的理论》，载于盛洪主编的《现代制度经济学》，北京大学出版社 2003 年版，第 81 页。

③ 盛洪主编：《现代制度经济学》，北京大学出版社 2003 年版，第 8 页。

本身外，还有交易双方为达成交易所消耗的时间、体力和金钱。很多时候恰恰是交易费用的高低决定着商品交换的成败。古代由于通讯工具和交通工具的落后，所花费的交易成本可能是十分昂贵的。这也是为什么在早期社会中交换活动稀少的原因之一。为了减少交易成本，人们逐渐会选择固定的市场进行交易。而固定市场的形成通常是多方博弈的结果，是交易方式的一种进步，城市的产生与这种早期固定市场颇有渊源。

人类的早期物质交往方式大体分为两类，即战争掠夺和经济交换。这两种方式都是人与人之间的交互行为，因此必然要花费成本。在文明发展的早期，对于相同物质财富的获取，战争掠夺所花费的成本可能要低于经济交换所花费的成本。但是，当城市出现以后，人类的交往方式便开始朝着以经济交换为主体的方向发展。因为，城墙所具有的防御功能有效地降低了进行经济交换所花费的成本，而使战争掠夺所花费的成本增加。对于人类社会来说，不同的聚落形态其实就是不同的制度安排，而交易费用理论的一个基本内容就是在现实社会中，不同的制度安排所造成的资源配置效率是不同的，即所花费的交易成本存在差异。城市本身可能正是人类为降低交易成本而发明的新型聚落形态。

关于交易费用与城市发展的关系，正文中还有详细论述。此处的简略分析只是为了使读者对于交易费用概念的实际应用有一个大概的了解，对于阅读正文不无裨益。总之，从长时段看，经济交换是影响先秦城市起源与发展演变的稳定因素之一，而交易成本理论作为一套解释工具，加深了本书对于先秦城市经济因素的研究。

3. 商周城市在形态与功能上的结构性特征

形态与功能作为先秦城市研究的重要组成部分包罗广泛。本书仅是从长时段角度出发，选取了商周城市在形态上稳定存在的四个主体要素，即防御设施、政治性建筑、手工业场所和市场，并重点探讨这四个主要方面在商周这一长时段里的结构性演变。在上述研究基础上，笔者进一步提炼出先秦城市在功能上稳定存在的两点特征，即集聚整合功能和制度变革功能，并对这两点特征在先秦城市发展过程中的主要表现形式进行了具体分析。

总之，本书对先秦城市发展演变过程中的地理因素、经济因素及形态与功能的结构性特征的研究，从根本上是对"长时段"理论的发展应用。但在正文中，这三方面的研究则并非泾渭分明，而是分别纳入了相关的研究对象中。这主要是因为有一些问题同时包含了上述因素中的至少两种，比如先秦城市的起源问题，就同时包含了地理因素和经济因素，而对先秦城市地理分布格局、形态与功能的研究也包含了诸多的经济方面的因素。因此正文重点探讨了先秦城市的四个主体研究对象，即起源、分布、形态与功能，同时将有关地理与经济等因素的探讨分别纳入这四个研究对象之中。这一点是读者在阅读正文中需要注意的。

除上述相关理论方法之外，本书还借鉴了塞维斯的酋邦兴起模式和亚当·斯密关于市场与分工的分析。当然，需要说明的是，本书在理论上并非是一种杂烩状态，而是对不同理论在方法和研究角度上的借鉴。这些理论阐释都是紧密围绕着与先秦城市发展演变紧密相关的各种历史现象展开的。

### 四　相关概念的界定

"城市"从概念上说是一个很难界定的词语，尤其是对于本书所要考察的早期城市来说，似乎更难给出一个完善的定义。但是概念的清晰界定则是任何研究的首要前提，因此本节基于史学研究的视角，试图揭示出古代"城市"这一概念的本质特征，并在此基础上对本书所涉及的"城市"概念给予合理的界定。

#### （一）中国古代"城市"概念的界定

从历史学的角度来看，关于中国古代城市概念的界定大体存在两种倾向：一种是希望能提出一些标准来界定城市，另外一种就是通过探讨城市的本质特征，从而给城市下一个较为普遍的概念。

通过设定几项标准来确定哪座是城市的方法现在看来并不科学。西方比较著名的是以柴尔德为代表的几项标准说，国内的学者基本上否定了这种说法，认为它们并不适用于中国。但是也有学者试图从中国的实际出发提出几项标准来界定中国的早期城市，比如城墙、宫殿、宗庙、手工业作坊、市场等等。其中争议较大的是关于城墙的有无。这主要是用来界定城市发生的时间问题。俞伟超先生的观点得到了大多数学者的认同，即"不能拿城墙的出现与否作为中国古代城市发生时间的标志"。"判断一个遗址是否为城市，关键要看这个遗址的内涵是不是达到了进行城市活动的条件，也必须考虑到当时社会生产力的发展水平是不是具有出现城市的可能"。①

　　既然无法通过设定几项标准给城市一个合适的界定，那么只有通过探究城市的本质这条路了。从这个方向努力的学者也取得了很大的收获。城市本身是动态的、不断演变的，因此对城市概念的界定就必须把城市的这种动态特征考虑进去。标准说之所以无法准确界定城市，主要就是忽视了城市的这种动态特性。而城市本身是历史发展到一定阶段的产物，要准确把握"城市"就必须把它放入这种动态的历史进程中去，因此就必须寻找一个参照物。马克思对城市的理解正是注意到了这一点。他认为："物质劳动和精神劳动的最大一次分工，就是城市和乡村的分离。城乡之间的对立是随着野蛮向文明过渡，部落制度向国家过渡，地方局限性向民族的过渡而开始的，它贯穿着全部文明的历史，并一直延续到现在。""城市本身表明了人口、生产工具、资本、享乐和需求的集中；而在乡村里所看到却是完全相反的情况：孤立和分散。"② 他把农村（从概念上来说，我们对农村的理解基本上是一致的，而且农村本身具有一种稳定性）作为界定城市的参照物，这是对城市本质探讨的很重要的突破。因此不管城市有怎样多种多样的形态，有一点是最根本的，它必定存在着某些与乡村完全不同的特征，"城市是异质于分散性农村的人类文明的中心区段"③。

　　参照美国城市规划学家芒福德的观点，"真正能够体现城市本质的，应该是它聚合各种功能、人口，并能在聚合过程中创造出新的、有别于氏族村落的文化，并加以传播的能力。这种对异质性要素的聚合以及创新作用，恰恰是氏族村落所不可能具备的，也是远古城市区别于远古村庄的根本差异。""远古城市就是超乎于氏族部落或村落之上的，具有聚合异质性要素、具有更大创造力的容器。"④

　　这一概念其实与马克思的观点极为相近，都是以寻找城市区别于农村的本质作为解释城市的核心思想。因此，最根本的还是要界定农村，只有很好地解决了农村的概念，那么城市的概念也就相对形成了，农村以外的

---

　　① 俞伟超：《中国古代都城规划的发展阶段性》，《文物》1985 年第 2 期。

　　② 《德意志意识形态》，《马克思恩格斯选集》第 1 卷，人民出版社 1972 年版，第 56 页。

　　③ 皮明庥：《城市史研究略论》，《历史研究》1992 年第 3 期。

　　④ ［美］芒福德（L. Mumford）：《城市发展史：起源、演变和前景》，倪文彦、宋俊岭译，中国建筑工业出版社 2005 年版，第 5 页。

所有聚落形态基本上都可以归入城市的行列。

从这一基点出发，国内学者张鸿雁进行了更为深入的研究。他认为："城市和农村的本质区别可以这样认定：城市和农村构成两种生活方式，即城市生活方式和农村生活方式。""一边是以经济生产高度集中为特征的城市；一边是以分散经济生产为特征的乡村。"①

很明显，张鸿雁对城市与农村的本质界定主要考虑的还是经济因素。在这一标准之下，中国原始社会末期出现的城堡和商周时代的都邑都被排除在了城市之外，进而认为春秋时代才出现了"完全意义上的城市"。因此，可以认定基于生活方式上的差别界定的其实是"完全意义上的城市"。这种"完全意义上的城市"与"城市"是否为同一概念，作者并未作进一步的阐述②。但是不管怎样，张鸿雁在城市概念的探讨上颇有借鉴意义。

关于城市和乡村在现象上的差别马克思说得很清楚："城市本身表明了人口、生产工具、资本、享乐和需求的集中；而在乡村里所看到却是完全相反的情况：孤立和分散。"③张鸿雁也是从集中和分散两种现象出发来展开论述的。虽然这种现象已经是很抽象了，但依然是对现象的一种综合。这种集中和分散的现象差别背后隐藏的就是城市的最本质的特征：制度性。上文提到马克思认为物质劳动和精神劳动的最大一次分工就是城市和乡村的分离，那么城市其实主要是一种精神劳动的产物。城市就是一种制度安排的结晶。这种制度安排或出于内部的发展演变，或出于外部的强制规定。城市就是在某一特定地域，由某一特定人群通过一系列强制性的制度安排和规定形成的具有聚合异质性要素和创新两大功能的人口聚居区。城市与乡村的本质区别就在于这种制度性，乡村孤立与分散的主要原因就在于这种强制性制度的缺失。

国家的形成其实也是一系列强制性制度安排的结果。所以城市和国家在形成的过程中存在着很多共性。城市之所以能成为文明发展的中心地，主要还是因为城市产生了一种具有集聚、整合和创新各种文明要素的制

---

① 张鸿雁：《论中国古代城市的形成》，《辽宁大学学报》1985 年第 1 期；张鸿雁：《论中国初期的"城市"和城市概念问题——与张光直先生商榷》，《华东师范大学学报》1987 年第 4 期。

② 张鸿雁：《春秋战国城市经济发展史论》，辽宁大学出版社 1988 年版。

③ 《马克思恩格斯选集》第 1 卷，人民出版社 1972 年版，第 56 页。

度。这种制度安排一经确立，城市便具有了生存发展的生命力，形成了一个独立的个体。

许多的城市虽然消逝，但形成这些城市的制度依然在新的城市中发挥着作用。只要有人类存在，只要这些制度还为人类所掌握，那么新的城市便会在历史的废墟中重生。我们今日所看到并亲身感受、生活于其中的城市便是以往那些制度延续和变革的结果，但城市的本质依然未变，几千年过去了，地球上依然只存在着两种人类聚落，即城市和农村。不管它们的形态如何千差万别，但最本质的差别还是制度的差别。

本书对商周城市的研究也是在这一概念的界定下展开的。这样商周时期的城市和农村便有了一个基本的分界线。但是由于资料的缺乏，商周很多聚落其实只剩下了一些残砖断瓦。能够看到的完整聚落屈指可数。这种情况下，就不得不参照一些物质上的标准。在中国古代聚落发展史上，城墙始终处于一个极其重要的地位。从龙山时期一直到明清，城墙的发展可谓源远流长，这同其他国家的城市发展是不同的。而且，"夯土城墙乃一系列的复杂过程，包括设计，测量，取土，运土，版筑夯实，不但需要相当成熟的行政组织来指挥大批从事筑城的人员，也需要积存粮食以养活不事生产的劳力。可见城墙实标识资源之集中，人力之控制以及行政组织之复杂化——这些都是国家机构得以运作的必要条件"，有学者据此把城墙作为"检验国家之形成与发展的尺度"[①]。因此，鉴于中国古代城市发展的这种特殊性，虽然不提倡用几项标准来界定城市，但至少可以把城墙的有无作为资料选取的一个底线。当然，也不否认古代存在着没有城墙的城市，但根据现有的考古资料，把城墙作为区分各个遗址的物证是必要的。因为现有的考古资料还无法弄清楚所有遗址的内涵，通过内涵来判断在目前几乎是不可能的，所以城墙的有无便是一个很重要的参考，它至少是有别于一般遗址的一个显著标志。从这个意义上来说，我们探讨的主体之一是考古学上有城墙的聚落，另外还包括一部分没有城墙但从内涵上分析为城市的遗址。

（二）先秦传世文献中的"城市"及其相关名词

先秦传世文献中关于"城"与"市"的记载虽然很多，但"城市"

---

① 杜正胜：《夏代考古及其国家发展的线索》，《考古》1991 年第 1 期。

连称则最早出现于战国文献中，并且只有以下三条：

《韩非子·爱臣》："是故大臣之禄虽大，不得藉威城市；党与虽众，不得臣士卒。"

《战国策·赵一》："冯亭守三十日，阴使人请赵王曰：韩不能守上党，且以与秦，其民皆不欲为秦，而愿为赵。今有城市之邑七十，愿拜内之于王，唯王才之。"

《战国策·赵四》："燕封宋人荣蚡为高阳君，使将而攻赵。赵王因割济东三城令卢、高唐、平原陵地城邑市（或曰城市邑）五十七，命以与齐，而以求安平君而将之。马服君谓平原君曰：国奚无人甚哉！君致安平君而将之，乃割济东三令城市邑五十七以与齐，此夫子敌国战，覆军杀将之所取、割地于敌国者也。"

以上三则材料分别出现了"城市"、"城市邑"、"城市之邑"等不同用法。《韩非子》和《战国策》的成书年代虽然可能较晚，但内容反映的应该是战国中晚期的情况。也就是说最迟在战国末期，城市这种聚落形式已经与其他的聚落形体相分离并有了自己独立的称谓，这是中国早期聚落形态发展的一个重要现象。而且城市与邑相连用说明城市是作为邑的一种特殊形态被认识的，在当时已经普遍存在于黄河中下游地区。

其实在春秋时期，这种既有城又有市的聚落已经出现并获得了相当的发展。虽然在《左传》、《国语》等记录春秋历史的文献中并未出现"城市"一词，但是其中的很多描述都显示了这种聚落的存在，尤其是各国的国都，已具备了城市的基本形态，而且城与市并非简单结合，而是具有一种制度上的规定。在《周礼》和《礼记》中，有许多关于"市"的记载和规定，这些规定说明"市"是作为国家政治建设中的一项很重要的内容而被记录在文献中的。由此不难推测，早在西周时期可能就已经出现了这种城与市相结合的聚落。西周以前，则文献不足征也。

从文献来看，"城"与"市"在结合到一起之前可能是各自独立发展的，战国以前之人并无"城市"概念。《吕氏春秋》卷十七载："夏鲧作城"、"祝融作市"，在当时人的心中，城与市是分别产生的，市之起源似乎与城并无直接关系。《易·系辞》记载：神农之时，"日中为市，致天下之民，聚天下之货，交易而退，各得其所"。市既可以理解为交换行为，又可以理解为交易场所，但不管如何理解，其共通之处是必然要有一处货物积聚交易之场所。财富的积聚必然会使市成为矛盾纷争之地，对防御设施的要求必然越来越高。这种对防御设施的需要是城与市结合的基本要素。城可以被理解为政治中心，而市则可以理解为经济交换中心，二者之结合则为城市的一种基本形态。

在先秦文献中，"国"、"都"、"邑"都是与城市紧密相连的词。这些概念的使用虽然并不很严格，有些可以互称，但也有一些特殊的意义是其他词语所不能替代的。不仅如此，这些名词本身都在发展变化，内涵及其所指随时代而不停地变换。

"国"在先秦文献中至少有三种含义，一指邦国；一指地域；一指都城①。据前辈学者的研究，这三种含义并非同时产生，而是有先后之别。于省吾先生认为商代甲骨文中不存在"国"字②。"国"字最早出现于西周早期的何尊铭文中，曰："唯王初迁宅于成周……唯武王既克大邑商，则廷告于天曰：余其宅兹中或（国）。"（《集成》11.6014）而西周时期出现的"国"字究竟有几种含义则是有争议的。于先生认为西周时期的"国"已经含有城的意思。赵伯雄先生通过对西周文献和金文资料的归纳，认为西周所谓的"国"只有两种含义："一是相当于今语地域的'域'，另一义则是邦国的'国'，而无论在文献里还是金文中，都找不出国有'城'或'都城'之义的证据。"③ 从春秋时期开始，"国"已经可以指代"城"或"都城"了，这在东周文献中有大量记载。由此可知，"国"字源起于西周，其含义则可能经历了一个由泛称到特指的过程。

"都"可以指首都，但更多的指代一些特定的封邑。在春秋时期，"都"并非指后来所谓的都城，其称指并不明确，一国之内可以有几都。《左传·隐公元年》祭仲曰："都，城过百雉，国之害也。先王之制：大都，不过参国之一；中，五之一；小，九之一。"可见，一国的首都称"国"而不称"都"。都的规模要小于国，而且存在着大小不同的都④。

但"都"又有别于"邑"。《左传·庄公二十八年》载："凡邑，有宗庙先君之主曰都，无曰邑。邑曰筑，都曰城。""邑"则随着时代的发展其指代趋于宽泛，各种聚落都可以以邑相称，但是在东周时期，在形态

---

① 焦循：《群经宫室图》，卷上。

② 参见于省吾《释中国》，载《中华学术论文集》，中华书局1981年版。

③ 赵伯雄：《周代国家形态研究》，湖南教育出版社1990年版，第171页。

④ 关于"国"、"都"的详细阐释还可参见赵世超的《周代国野制度研究》，陕西人民出版社1992年版。本节只是简略概述。

上可能还是以城为主的。顾栋高的《春秋大事表》中的春秋列国都邑表就是以都、邑、地三级聚落模式排列。据此,东周时期的邑基本可以归入城市的行列。

　　总体来看,国、都、邑在先秦文献中使用较为宽泛,很多地方可以互换,但从本质上看,国、都、邑代表的只是聚落的一种政治身份和地位,是相对于城的拥有者来说的,而城市则是其实际的存在形式之一。在本书的研究中,东周时期被称为国、都、邑的聚落基本可以归入城市中。

# 第 一 章

# 商以前城市的起源与发展

本书所要研究的主体对象是商周时期的城市，但是中国早期城市的起源和发展则要早到商代以前。目前的研究已经把早期城市起源的上限划到了龙山时代，而在龙山时代和商代之间还有几百年的夏王朝历史，也就是说在商代城市形成之前，中国早期城市已经历了千年以上的历史，因此对商以前城市的发生和发展状况做一番追本溯源的工作是十分必要的。

## 第一节　经济交换中心与中国早期城市的起源

中国早期城市起源问题伴随着龙山时代一大批考古发现城址的重见天日而成为学术界探讨的焦点课题。同时，城市起源本身又同文明与国家的起源问题关系密切，所以吸引了很多学者对其进行研究，再加上新的考古资料不断发表，研究成果也十分丰富。有对城址的整体性研究①，也有对

---

① 比较有代表性的文章有，曹桂岑：《论龙山文化古城的社会性质》，载《中国考古学会第五次年会论文集》，文物出版社 1988 年版；曹兵武：《中国史前城址略论》，《中原文物》1996 年第 3 期；严文明：《龙山时代城址的初步研究》，《中国考古学与历史学之整合研究》，(台北) 中研院历史语言研究所，1997 年；任式楠：《中国史前城址考察》，《考古》1998 年第 1 期；[澳] 刘莉：《龙山文化的酋邦与聚落形态》，陈星灿译，《华夏考古》1998 年第 1 期；孙广清：《中国史前城址与古代文明》，《中原文物》1999 年第 2 期；田银生：《原始聚落与初始城市——结构、形态及其内制因素》，《城市规划汇刊》2001 年第 2 期；赵辉：《中国新石器时代城址的发现与研究》，载《古代文明》第一卷，文物出版社 2002 年版；余介方：《从史前城址看中国文明的起源》，《中原文物》2003 年第 4 期；裴士京、姚义斌：《中国史前城址的分布及功能分析》，《中国历史地理论丛》2003 年 3 月；林留根：《论中国史前城址地域特征及其平面布局的若干特点》，《东方考古》(第 1 集)，科学出版社 2004 年版；著作有，许宏：《先秦城市考古学研究》，北京燕山出版社 2000 年版；钱耀鹏：《中国史前城址与文明起源研究》，西北大学出版社 2001 年版。

部分地域内城址的研究①，至于单个城址的研究则不胜枚举。较早的研究大多着力于城址的共性特征及其与文明和国家起源的关系，不过随着各地区考古工作的深入，发现的城址数量逐渐增多，城址之间的地域差别逐渐显露出来，不同地域的城址在形态和功能上的差异也开始进入研究者的视野。可以说对中国早期城址的研究正在经历着由共性到特性，由一般化向多元化的转变。但是这种研究的着力点很大一部分似在资料的整合上，理论性分析比较薄弱，尤其是在对中国早期城市起源的原动力问题研究上存在着很大的局限性，最明显的一点似在于偏重政治、军事等因素对早期城市产生的影响力，而忽视了经济因素，尤其是经济交换因素对城市起源的推动作用。

张光直先生在讨论早期城市概念问题时，就中西方城市起源的不同曾作过一般性的比较，他主要比较的是柴尔德（V. Gordon Childe）根据西亚、埃及和古代欧洲的考古学资料提出的城市出现的十项标准。他认为"柴氏城市革命的中心概念，是由生产技术与贸易的发达而导致的经济起飞造成社会内生产与非生产活动人口的分化，形成城市革命的基本动力"。而中国初期的城市不像西方那样是经济起飞的产物，而是政治领域中的工具②。这一观点对国内学术界在早期城市起源的研究上影响很大。张光直先生的这一观点主要依托的是夏商周三代资料，从一定意义上来说，其探讨的是城市的发展问题，而不是起源。至少目前多数学者都同意把中国早期城市起源的上限划到龙山时代，甚至更早。在此观点的基础上从政治的角度来研究城市的起源固然没错，但很容易忽视经济因素的影响。而"城市"就其概念本身来说既是一个政治实体，同时又是一个经济实体，而其政治层面从根本上说还是依附于经济实体的。因此，目前对龙山时代城址的研究其实关注的是"城"的起源，而不是"城市"的起源。"城"与"城市"虽然形态相似，但本质不同。

张光直先生虽然批驳柴尔德的观点不适合中国早期城市的发展状况，

---

① 如张之恒：《长江流域史前古城的初步研究》，《东南文化》1998 年第 2 期；[美] 安·P. 安德黑尔：《中国北方地区龙山时代聚落的变迁》，《华夏考古》2000 年第 1 期；赵春青：《长江中游与黄河中游史前城址的比较》，《江汉考古》2004 年第 3 期；魏坚、曹建恩：《内蒙古中南部新石器时代石城址初步研究》，《文物》1999 年第 2 期；张新斌主编：《黄河流域史前聚落与城址研究》，科学出版社 2010 年版。

② 张光直：《关于中国初期"城市"这个概念》，《文物》1985 年第 2 期。

但柴尔德所强调的生产技术的进步与贸易活动的发展在"城市革命"发生即城市起源的动力问题上却不容忽视。从城市形成的动力因素考虑，"政治、军事只是产生城市的一种手段，而对隐含的物质利益的追求是形成政治、军事行动的初始动因"①。在早期社会的经济活动中，对城市产生最有影响力的可能主要还是分工与交换。而分工所导致的私有财产的兴起恰恰与交换经济相伴而行。没有财富的私有化和对物品的交换行为，也就不会产生市场和商品。财富的私有化意味着每个人占有财富的有限性，即使是富有的人，也不可能占有生活所需的所有物品，更何况大部分人是不富有的。因为财产的私有化，最初的公共物品必然要减少。人们不得不通过交换来得到生活中所需要的各方面的物品，由于技术的不断发展，物品的种类不断增多，人们的可选择性加大，就越来越依赖这种交换行为，所以固定的市场就会产生。而固定的市场其实就是一个经济交换中心，这种交换并不局限于商品交换，而是包含着更广义的经济行为。而早期城市最可能发生的地方就是这种经济交换中心。柴尔德对西方城市起源的研究其实就证明了这一点。那么，中国的早期城市是否也是源自于这种经济交换中心，而不只是单纯的政治发展的产物？位于郑州市北郊23公里处的西山城址和位于澧阳平原的城头山城址为认识中国早期城市起源提供了两个极佳的标本。

由于文献关于早期城市的记载过于简略，所以本节之论述主要基于考古资料。但是考古资料通常并不能作为现成的证据来使用，更多的还是基于对现有资料的逻辑推理，这就不得不借助于一些解释工具。

## 一　塞维斯（Elman R. Service）理论中的一个酋邦兴起模式分析②

近几年塞维斯的早期国家学说在国内引起了广泛的关注和较大的争论。笔者无意探讨其酋邦理论，只是在了解塞维斯的理论中，发现有一点对于认识中国早期城址的兴起颇有启发意义。

塞维斯认为，在酋邦起源的过程中，经济再分配是最为关键的因素。在定居的农业社会，地区分工成为最有利于居民的经济活动，互惠交换因

---

① 吴晓亮：《洱海区域古代城市体系研究》，云南大学出版社2004年版。

② 笔者对塞维斯理论的认识主要来自于易建平《部落联盟与酋邦》，社会科学文献出版社2004年版。

而成为经常性的行为。居民的定居程度和地区差别所实际达到的程度影响着地区分工的发展。居民定居程度越高,物品流通而不是人本身流动的可能性就越大;地区差异越大,交换的需求或者好处也就愈为明显。由于定居程度高,地区环境差异大,地区交换于是得以兴起,随之而来,地区分工得以发展。而某种特殊的地理环境,能够给交换活动提供需求与可能性,因而成为酋邦兴起的主要环境①。

通过以上简单介绍,可以大略知道,塞维斯主要是从经济交换的角度来解释酋邦的一种兴起方式。马克思也曾提出类似观点,"在文化的初期","不同的共同体在各自的自然环境中,找到不同的生产资料和生活资料。因此,它们的生产方式、生活方式和产品也就各不相同。这种自然的差别,在共同体互相接触时引起产品的相互交换,从而使这些产品逐渐变为商品"②。其实,因地区分工而导致交换行为的产生在先秦文献中也有记载,《淮南子·齐俗训》载尧治理天下的方式有:"其导万民也,水处者渔,山处者木,谷处者牧,陆处者农。地宜其事,事宜其械,械宜其用,用宜其人,泽皋织网,陵阪耕田,得以所有易所无,以所工易所拙。"这一段记载同塞维斯的酋邦兴起模式大同小异,只不过前者为自然发展的过程,而后者带有某种人为色彩。据此推测,由地区分工所导致的交换活动在上古时代可能就已出现。

在通常情况下,交换与市场密切相关。经济交换不一定产生固定的市场,但是固定市场的产生一定是长期交换行为的结果。塞维斯认为,酋邦可能首先是一个地区的经济中心,接着才发展成为政治中心,其前提则是处于地区差别比较大、有利于经济交换的环境中。这一点对于认识中国中原地区早期城与市的结合深有启发。

关于城市起源的理论探讨众说纷纭,目前比较有影响的有以下两种说法。

1. 军事城堡说。德国社会学家马克斯·韦伯(Max Weber)认为城市起源的典型过程之一是先出现军事意义上的要塞,进而在要塞外面出现市

---

① 在《国家与文明的起源》一书中,塞维斯还举了一个例子,来说明自然环境的差异、地区分工与交换活动同典型的酋邦兴起之间的关系。限于篇幅,本文不再详细介绍这一重要的典型案例。请参看易建平《部落联盟与酋邦》,社会科学文献出版社2004年版,第179—184页。

② 马克思:《资本论》第一卷,人民出版社2004年版,第407页。

场，两者结合构成城市①。美国城市规划学家芒福德（Lewis Mumford）虽然也认为城市起源于城堡，但他认为城堡最初的用途可能是宗教性质的；是"为了标明圣界的范围，或为了辟邪，而不是防御敌人"②。

2. 礼仪中心说。美国芝加哥大学历史地理学家惠特利（Paul Wheatley）认为城市的出现源于社会对于礼仪中心的需要，早期的城市在所有的国家都是宇宙的中枢（pivot），统治者在城市把天与地、人与神调和起来，形成中央权威③。但是由于惠特利的研究对象是商周时期的城市，而目前看来商周时期的城市并非中国早期城市的最初形态，所以其理论是否能用来解释中国早期城市的起源，还需要更早的证据。

不难看出，以上两种观点有共通之处。"国之大事，在祀与戎"（《左传·成公十三年》），这是古代中国国家统治者所遵从的基本原则，所以在中国早期文明阶段礼仪中心和军事城堡其实可以合二为一。事实上，城市起源是存在个体差异的，至少存在着地区差异，就目前中国的考古发现来看，处于不同地理环境中的早期城址，其形态有巨大差异，这反映了功能和起源上的不同，因此这两种说法都有存在可能。但"城市"这一概念通常包含政治和经济两层意思。作为城市，就不能不考虑经济方面的因素。目前关于中国早期城市的研究过于侧重于政治方面，而忽视了经济方面的因素④。

在目前关于中国早期城市兴起原因的研究中，国内很多学者的研究对象其实是城而非城市。学者普遍认可的观点是，生产的发展造成了各聚落生产能力的差异，因此规模、人口和力量也在聚落之间发生着分化，这种分化导致了聚落之间的冲突和掠夺战争。为了保护自己聚落的财产和人身安全，同时更好地掠夺其他部族，城墙便应运而生了。这一观点虽然对城

---

① 康乐等译：《非正当性的支配——城市的类型学》，载于《韦伯作品集》Ⅵ，广西师范大学出版社 2005 年版，第 19—22 页。

② ［美］芒福德（L. Mumford）：《城市发展史：起源、演变和前景》，倪文彦、宋俊岭译，中国建筑工业出版社 2005 年版，第 39 页。

③ Paul Wheatley, The Pivot of the Four Quarters, A Preliminary Euquiry into the Origin and Character of the Ancient Chinese City, Chicago, aldine, 1971. 唐晓峰编译：《〈四方之极〉一书简介》，《中国史研究动态》1984 年第 2 期。

④ 有一点需要指出，在古代社会，尤其是早期阶段，政治和经济并非截然开分的，单纯从政治的角度或者单纯从经济的角度都有以偏概全之嫌。

址的产生做出了合理的解释，但问题依然存在。最初各聚落之间的关系到底是怎样的？造成聚落之间分化的原因又是哪些？塞维斯从经济交换的角度对酋邦兴起的解释为我们认识中国早期城市的产生提供了一个新的视角。

迄今的考古发现与研究已揭示了中原地区早期城市较完整的发展脉络。从龙山时代到战国时期都发现有与早期城市相关的聚落遗址，而中原地区又是中国早期文明发展最为发达的地区。城市与文明在同一地区的同步发展显示了中原地区早期城市起源的特殊重要性。位于郑州市北郊 23 公里处的西山城址是目前在中原地区发现的最早的一座有城墙的聚落。自 1984 年发现以来就引起了学术界的广泛关注，对其性质和成因都有学者进行了研究①，这一城址对于认识中国早期城市的起源意义重大。

## 二　西山古城与中原地区早期城市的起源

塞维斯认为某种特殊的地理环境是酋邦兴起的主要环境。城址的兴起与自然地理环境可能更为密切。西山遗址位于郑州市北郊，它北距黄河约 4 公里。北依邙山余脉——西山，南面有一条季节性河流——枯河。遗址位于枯河北岸二级阶地上的南缘。西山遗址所处的地理位置非常适合当时人的生产、生活和防御，他们已经具有了良好的天然防御设施，为什么还要费那么大劲去建一座城？

西山遗址的仰韶文化遗存跨越了仰韶时代早、中、晚三个时期。考古发掘简报把遗址的仰韶文化遗存分为依序发展的七组。其中第一组对应于大河村遗址仰韶文化前一、二期；第二至四组的年代与庙底沟文化相当，与大河村遗址仰韶文化的第一、二、三期分别接近；第五至七组，报告并未给出确切的相对年代。西山城址始建于第四组，到第七组时被废弃。由于西山城址没有 $C^{14}$ 测年资料，所以报告比照附近的郑州大河村、荥阳青台等遗址同期遗存所作的测年结果，认为西山城址的绝对年代大约在距今

---

① 韩建业：《西山古城兴废缘由试探》，《中原文物》1996 年第 3 期；杨肇清：《试论郑州西山仰韶文化晚期古城址的性质》，《华夏考古》1997 年第 1 期；钱耀鹏：《关于西山城址的特点和历史地位》，《文物》1999 年第 7 期；张玉石：《西山仰韶城址及相关问题研究》，《中国考古学的跨世纪反思》，（香港）商务印书馆 1999 年版。

5300—4800 年①。

根据发掘简报和有关论文②，本书对西山城址功能的讨论主要从城址所处的环境和城址的内涵两大方面展开。

**（一）地理环境与聚落群布局**

从大的自然地理环境来看，处于黄河中游的豫陕晋冀邻近地区，地理位置适中，是第二、三级台地的过渡带，具有山地、高原、平原和小盆地等多种地形，这种地形也是人类流动最频繁的地区。从西山城址所处的小环境来看，古城背山面水，风水极好。这里很符合塞维斯所说的地区差别大、有助于经济交换的特殊的地理环境。西面是高低起伏的丘陵，东面和南面是一望无际的平原，北面是滔滔的黄河和高耸的西山。现代人文地理学的研究表明，两种不同地形地貌交接的地方往往是城市兴起的良好场所。

在多种地形的结合处非常有利于城市的形成和发展，如山地和平原的交接处容易成为不同类型农副产品的交换中心。地理环境的多样性必然造成这一地区自然资源的多样性，西山古城周围分布着大大小小的聚落，因为各个聚落所处的小环境在地形地貌上各不相同，决定了他们拥有资源的差异性较大。平原和湖泊适合农耕和捕鱼，山地和丘陵适合采集和狩猎，而且即使是同样的农耕，不同的海拔对农作物的要求也不同，所以不同地形的土地所适合生长的农作物品种也会有很大差异。正如塞维斯所说，这种差异是进行经济交换的前提。毫无疑问，这一地区的居民过着一种稳定的定居生活，而他们所处的地理环境的差别非常有利于地区交换的发展。所以这一地区的聚落很可能长期处于一种和平的交往关系，互通有无，互补所缺。

从西山所处的聚落群来看，西山城址周围至少存在着 18 处同时期的

① 国家文物局考古领队培训班：《郑州西山仰韶时代城址的发掘》，《文物》1999 年第 7 期。

② 关于西山城址的考古资料源自于张玉石、杨肇清《新石器时代考古获重大发现——郑州西山仰韶时代晚期遗址面世》，《中国文物报》1995 年 9 月 10 日；张玉石《探索者的足迹——郑州西山仰韶时代城址发掘纪实》，《中国文物报》1996 年 4 月 14 日；张玉石《郑州西山遗址发掘的主要收获》，载河南省文物考古学会编《河南文物考古论集》，河南人民出版社 1996 年版；杨肇清《试论郑州西山仰韶文化晚期古城址的性质》，《华夏考古》1997 年第 1 期；国家文物局考古领队培训班《郑州西山仰韶时代城址的发掘》，《文物》1999 年第 7 期。

仰韶文化聚落遗址，遗址的规模从 3 万平方米到 40 万平方米不等，遗址内涵的丰富程度也不同，由此可以看出此地区聚落分化很明显，但是无论是规模还是器物的精美程度西山城址都无法与处于东南 17 公里的大河村遗址相比，所以有学者认为"在郑州一带，北依黄河，可能存在着以大河村遗址为中心、呈半圆形分布的聚落群址。西山城址可能是次于大河村遗址的外围次中心聚落之一，是这一聚落群中北部聚落组群的中心"①。

在史前聚落群的研究中，通常的做法和思路是把聚落群内部的从属关系同聚落的规模相对应，规模大者便为中心。这种简单的推理其实忽视了一个基本前提，即相距较近的一组聚落之间究竟是一种怎样的关系。如果说聚落的发展必然导致层级关系的出现，那么最初这些聚落又是怎样的一种关系。除了这种简单的层级隶属关系，是否还有其他的聚落群形态。

西山城所处的聚落群有一个很有意思的现象，那就是在规模和发展水平上都大于西山城的大河村聚落却并未发现城墙。如果像大家通常认为的那样是聚落群之间的紧张关系造成了城墙的产生，难道大河村就不怕外界的威胁吗？没有理由说，大河村不具备建造城墙的技术，就其发展水平，它完全可以建一座更大的城址。合理的解释是，大河村并不具备建造城墙的外在环境，换句话说就是它没有必要建城墙。在这一聚落群中不同的聚落可能存在着功能上的差异，这种差异可能造成了对外界压力的不同反应。

如果不考虑外在的力量，单从聚落群内部关系来看，西山由于所处的地理位置很可能成为了他们进行经济交换的中心。其重要性并非是一开始就显现出来的。现代制度经济学的研究表明，"市场是受规模经济制约的，市场的扩大使交易费用下降。随着贸易量的增长，进行个人交易的成本下降"②。在最初西山聚落可能和其他聚落一样，处于平等的交换位置，这种交换是杂乱和带有偶然性的；逐渐的，西山城址所处地理上的优越性（主要可能是处于丘陵、山地、平原等不同地形的交界处，交通便利和处于聚落群较为中心的位置）就显现出来了，周围的聚落都愿意到这里来进行交换，这就逐渐形成了一个固定的市场。固定市场的形成有利于最大

---

① 钱耀鹏：《中国史前城址与文明起源研究》，西北大学出版社 2001 年版，第 100—101 页。

② ［美］道格拉斯·C.诺斯：《经济史上的结构和变革》，厉以平译，商务印书馆 2002 年版，第 151 页。

程度地节约交易成本，从而吸引更多的人群和族群前来进行交易。随之这里也就逐渐形成了一个经济再分配的中心。这种特殊的优越性使当地部族集聚财富的能力大大加强。由于人口和物品流动频繁，文化也呈现出一种复杂性；同时物品和财富的集中使这里的矛盾和冲突的发生率提高，这就有必要建造一种防御设施来维护大家的共同利益，在这种情况下，城墙的修建可能不是一个聚落所为，很可能是聚落群的一种集体行为。

按照目前考古发现的聚落分布状况，以西山城址为中心，外围可以分为两层聚落，第一层是遗址面积超过5万平方米的青台、阎村、点军台、杨寨北和后庄王，第二层则是最外围的面积小于5万平方米的聚落，如陈沟、刘沟、秦王寨、池沟寨、竖河、汪沟和杜寨等（图1.1.1）。以上这些聚落很可能并非一种统治与被统治的关系，而是一种经济上的互补和依赖关系。西山城址作为其聚落群的经济交换中心，自然会成为资源相对集中的地方，丰富的资源自然会吸引周围的聚落加入到这种经济交流的行列。而外围面积超过10万平方米的陈庄与大河村同西山城址的关系很可能是一种紧密的经济交往关系。

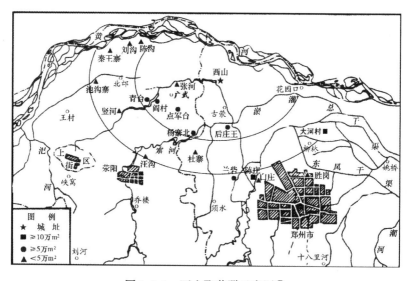

**图1.1.1　西山聚落群示意图①**

---

①　据钱耀鹏《中国史前城址与文明起源研究》，西北大学出版社2001年版，第102页图。

总之，地理环境的多样化，考古所见此地聚落群的分布状况都表明西山城址担负着此一地区经济交换中心的功能。但是除了优越的地理位置之外，是否还有其他的原因使西山成了此地区的中心城址？西山城址又是如何被毁弃的呢？要解决这些问题，就不得不把目光转到城址的内涵上来。

（二）西山城址遗迹与遗物的分析

西山遗址目前发现的考古遗存主要包括城墙、房址、窖穴、陶窑、墓葬和大量的陶器，这些都为城址内涵的分析提供了丰富的资料。但在对城址内涵分析之前需要申明一点，由于报告中除了对城墙的发掘比较详细外，对房址、窖穴和陶窑的年代关系并没有给出明确的划分，因此在资料的使用和问题的分析上都会大打折扣，从而影响分析的准确性。所以以下对资料的运用倾向于从现象入手，进行长时段的分析，弥补报告对遗迹年代上的缺漏。

1. 窖穴、陶窑和手工业中心

西山城址内部发现了两千多座具有储藏功能的大大小小的窖穴，这是一个非常值得重视的考古现象。这些"窖穴多是口小底大的袋状坑，壁底经过精细修整，有的坑壁上掏有壁龛。其中，第二至四组的窖穴较小而浅，第五至七组的则大而深。在一些窖穴底部还发现了属于窖穴使用时期的排列有序的数组陶、石器。从大型袋状坑多分布于城址西北部来看，这类储物窖穴应该集中在聚落内部的地势高亢区"[1]。而且整个城址内"灰坑（即窖穴）分布密集，叠压打破关系复杂"[2]。

另外在城址内部已经发现了200多座房址，从窖穴和房址的布局来看，它们是一种从属关系。这些窖穴大部分可能是用来储藏物品的，在部分窖穴底部发现的排列有序的陶、石器也证明了这点。而且根据报告，窖穴的建造形态还经历了一个由小而浅到大而深的过程，这一过程的转变同城墙的建造基本同时。这一现象至少部分地说明，西山聚落对财富的积聚

---

[1] 国家文物局考古领队培训班：《郑州西山仰韶时代城址的发掘》，《文物》1999年第7期。

[2] 张玉石：《郑州西山遗址发掘的主要收获》，载河南省文物考古学会编《河南文物考古论集》，河南人民出版社1996年版。

能力越来越大。这一点同附近的大河村相比尤为突出，大河村遗址到目前为止，考古揭露面积近 6 万平方米，窖穴只发现了 280 多个①。而西山城址考古发掘面积有 6000 多平方米，发现窖穴却多达 2000 座②。如果按照这种分布密度，单位面积内大河村的窖穴数量要远远少于西山城址。据此可以认为西山城址积聚财富的能力要远远强于大河村和其他周围聚落。也正因为此，住于西山城址的人群才有能力建造这样一座夯土城墙，并能够不断地修整它。

另外，值得注意的现象是，西山外围的点军台遗址，在其三期遗存中，灰坑的数量增加到 31 个，这与一、二期较少的灰坑形成鲜明的对比，而点军台三期遗存的相对年代与西山城址大体同时③。而郑州大河村遗址发展到仰韶文化第四期时，灰坑的数量较之三期明显增多，而且分布集中，容积加大；同时生产工具在三、四期时增多④。大河村仰韶文化的三、四期正是西山城址出现的时期。这些现象也间接证明了上文所提到的西山与其周围聚落形成一种互补、互惠和依赖的关系。

西山聚落对财富的较强积聚能力是否仅仅是因为处于一个较为优越的地理位置？考古报告对陶窑的发现则为回答这一问题提供了一条线索。西山遗址的制陶作坊区经调查发现分布在遗址东部，在遗址现存东南部边缘的断崖上，可见陶窑分布比较密集，多横穴窑⑤。但可惜由于并未对这些陶窑进行发掘和清理，其具体的年代和数量并不清楚。尽管如此，这种密集分布的陶窑显然并非一般聚落遗址所有，很可能有其较为特殊的用途。

比照前文所分析的西山遗址的经济交换中心功能和较强的财富积聚能力，这些陶窑所生产的陶器大部分可能是专门用于交换的。因此，西山遗址很可能也是这一地区的制陶业中心。根据现有的考古资料，史前时期专

---

①　廖永民：《大河村遗址的发掘和研究》，《中原文物》1989 年第 3 期。

②　需要说明的是，由于考古报告并未给出这些窖穴的确切年代，所以只能笼统地计算和比较，但即使是在一个较长的时段内，这种窖穴数量上的较大差别还是很明显的。

③　郑州市博物馆：《荥阳点军台遗址 1980 年发掘报告》，《中原文物》1982 年第 4 期。

④　郑州市文物考古研究所编著：《郑州大河村》（上），科学出版社 2001 年版，第 577 页。

⑤　张玉石：《郑州西山遗址发掘的主要收获》，载河南省文物考古学会编《河南文物考古论集》，河南人民出版社 1996 年版。

门的手工业中心聚落并不鲜见。在已发掘过的庙底沟文化的遗址中，有数处遗址石器的数量非常多，在出土遗物总量中占有很高的比例，如陕县庙底沟遗址①、青海民和胡李家②和渑池县关家遗址③等。这种现象"反映出在一定的社会组织范围内，应当存在着一定门类的手工业生产的分工，存在着一定程度的贸易互惠关系和经济上的相互依赖关系"④。

不仅中原地区如此，长江中游的大溪文化也已经出现了功能专一化的聚落。湖北宜昌中堡岛、宜都红花套凸显石器加工功能，宜昌杨家湾彩陶和刻划符号张扬宗教色彩，湖北监利福田柳关的贝丘遗址特色，都表现出大溪文化聚落功能有专一化的趋势⑤。

综上所述，西山城址除了作为本聚落群的经济交换中心外，可能还是这一地区的手工业中心。也正因为同时兼具这两种功能，西山聚落才有必要并且有实力建造先进的夯土城墙。不过虽然夯土城墙极为坚固，但终究还是被毁掉了。对这种现象的解释还要从城墙修筑的变化和陶器类型的变化中寻找线索。

2. 城墙、陶器的变化与城址的兴衰

西山聚落城墙的修建可能要晚于壕沟，即此地一开始可能就有防御设施。而城墙的建造与窖穴的变大变深相对应，因此由壕沟到城墙的升级可能与西山聚落积聚的财富增多有关。而且西山聚落的城墙在第五组时曾大规模重建，可见城墙的使用率很高，经常遭到破坏。而这种大规模的重建也说明了外界压力的持续增大。这种压力也可以从陶器的剧烈变化上体现出来。

考古报告对陶器的变化提供了以下三个重要现象。

（1）陶器的变化中，最明显的一个现象是彩陶有一个兴起、繁盛和衰落的过程。根据报告，在第二至四组时，陶器以泥质红陶居多，器表仍以素面为主。彩陶在第三、四组的数量明显多于第二组。第五组是彩陶的

---

① 中国社会科学院考古研究所：《庙底沟与三里桥》，科学出版社1959年版。

② 中国社会科学院考古研究所甘青工作队等：《青海民和胡李家遗址的发掘》，《考古》2001年第1期。

③ 樊温泉：《关家遗址发掘获重要成果》，《中国文物报》2000年2月13日。

④ 戴向明：《庙底沟文化的聚落与社会》，载北京大学中国考古学研究中心等编《古代文明》第3卷，文物出版社2004年版，第31页。

⑤ 何驽：《长江中游文明进程的阶段与特点简论》，《江汉论坛》2004年第1期。

繁盛期，纹饰多样，第六组以后彩陶逐渐减少，到第七组时只有少量的网格纹。

（2）一种新的文化因素从第四组（即城墙始建时）开始明显增加，到第五组时继续发展，第六、七组时已渐成主流，而且陶器的质地、形状、器物组合等较之第五组发生了激烈的变化（但报告并未给出这种新因素的详细情况与其文化性质，只能暂存疑）。

（3）从聚落之间陶器特征来看，西山遗址的陶器特征同周围聚落联系紧密。据报告，第一组陶器的特征与大河村遗址的前一、二期较为一致，与后冈一期文化也有许多相似因素；第二至四组与大河村遗址的第一、二、三期分别接近；第四组陶器出现了新因素，"如夹砂罐折肩且肩腹处饰一周附加堆纹，尖底瓶逐渐消失而被大口尖底瓶所取代，鼎常见而少有釜灶，夹砂罐种类繁多，彩陶数量相对较少等"，这些既有别于相邻地区的庙底沟文化，又不同于附近的大河村文化；第五组器物中的鼎和彩陶罐同大河村四期的鼎和罐相似，壶和盆同后庄王同类器物接近。第六、七组的情况报告从略。

尽管考古发掘简报对陶器的介绍比较简略，但还是提供了极为重要的信息，即根据以上三个现象可以推断西山聚落群之间的交流极为频繁，这种现象也为上文对西山城址功能的分析提供了一个佐证。作为一个地区的经济交换中心和手工业中心，其文化现象必然会出现一种混合的复杂性，而且正是因为西山聚落所具有的这种功能，才使不同的文化因素相互交流和融合，从而为新的文化因素的产生提供了必要的条件。

当西山古城所担负的交换枢纽的功能越来越强大时，其影响面也会随之扩展而波及其他周围的聚落群中。在现代制度经济学中有一个基本原理，即市场受规模经济制约。市场规模过大则会影响到市场的稳定性。西山聚落内陶器的剧烈变化可能意味着不同族群和文化之间的交流和碰撞，这种接触开始可能以和平的方式进行，后来才逐渐发展成暴力冲突，这种冲突愈演愈烈使这一聚落越来越依赖城墙这种防御设施，城墙才不得不增修扩建，但是最终难免毁于一旦。这说明外界的压力越来越强大并最终形成了压倒性的优势，才有可能毁掉这一坚固的城堡。有学者指出大河村存在着大汶口文化的一些因素，因此认为西山古城的兴废和东、西两大集团的相互冲突及其实力变动有关，正是大汶口文化的进入造成了西山古城的兴废。"东夷集团进则筑城以防御土著居民，华夏集团盛则毁城掠地"①。从考古遗存来看，西山遗址体现的文化的复杂性可能正是因为交换范围的扩大，越来越多的族群，越来越大的地域卷进了这种经济再分配的行为中。当所涉及的人群和地域足够大时（即超过了西山古城所能承载的限度），潜在的不稳定因素就会浮出水面，城墙的兴建、增修和古城最终的毁弃也就成为了必然。

（三）小结

现代制度经济学的研究表明，只要有人群的地方就有交往。人与人之间的交往通常是有成本的，这就是新制度经济学所谓的交易成本。在通常情况下，交易双方会选择成本最低的方式来完成交易。这一模式也适合于族群之间、聚落之间和国家之间的交往。在定居的农业社会，社会分工必然伴随着交换行为的产生。由于中国古代的传世文献缺乏这种经济交往的记载，所以研究者通常都会低估古人的经济交往能力。参照文献对古史传说的记载，神农时代便产生了市（《易·系辞》），可见市场的存在即使在当时也被认为应该是一种很古老的现象。古人在长时间的交易行为中，必定会摸索出一些有利于交换的办法，而一个固定的市场对于一个地区人们之间的交换将带来极大的便利，从而最低限度地节约交易者的交易成本。因此，塞维斯的经济交换中心的酋邦兴起模式便具有十分的合理性。

通过对西山城址的分析，可以发现西山古城的兴起与塞维斯的酋邦兴起模式极为接近，虽然无法确认西山聚落的政权结构属于酋邦，但可以肯定，西山古城具有更多经济方面的功能。它首先可能是凭借着优越的地理条件成为了这一地区固定的经济交换中心和手工业中心。由于其他聚落都与其进行交易，从而使他们对西山聚落形成了一种互补与依赖的关系，西山聚落的财富积聚能力便要优越于其他聚落，因此才有能力修建起这座夯土城墙。但这一功能不仅给这里的人们带来了财富和权力，还带来了战争和毁灭。

---

①　韩建业：《西山古城兴废缘由试探》，《中原文物》1996 年第 3 期。这一说法有一定道理，从其结论来看，西山古城是东夷集团所建，但作者认为这一地区还存在着大汶口文化的城址，似亦未作具体说明。另外此文并未涉及更深层的造成这种部族互动的原因。

　　生活在西山古城中的人们，其社会组织到底是不是酋邦，笔者在此不作评论。但是这一聚落至少表现出了一种较高级的权力形式。这种权力形式与塞维斯所说的酋邦从性质上可能是不一样的，它的兴起可能与酋邦的兴起存在着共性，但是它的衰落则表明了这种权力模式还很不成熟。在探讨中国早期城市发生的原因时，目前的研究成果从政治、军事的角度研究的居多，经济的角度也大多是从生产力的发展入手。笔者只是受塞维斯酋邦兴起模式的启发，从经济交换的角度探讨早期城市的发生，虽然只是就西山古城的兴衰提出了一种新的解释，但从这一视角入手，对于解释龙山时代甚至以后城市的发展可能都会得出与以往不同的结论。

　　总之，通过对西山城址的分析，可以肯定，由经济交换中心进而发展成为有城墙的政治中心可能是中国早期城市起源的一个很重要的模式。参照对西山城址的研究，可以发现一个典型的经济交换中心至少应该具备如下三点特征：（1）较强的财富集聚能力，其物化形态在北方是窖穴，南方可能是干栏式建筑；（2）较强的手工业生产能力，其物化形态是陶窑等手工场所及手工产品；（3）较强的人口流动现象，其物化形态就是城墙等防御设施。城墙不仅反映出聚落内部的实力，也反映了这一聚落的对外交流程度。其实，西山城址这一典型例证并不是唯一的，例如在湖南澧县发现的城头山城址也很可能是一个经济交换中心。

## 三　城头山城址与澧阳平原早期城市的起源

　　位于湖南澧县县城西北约 10 公里处的城头山遗址是目前已知年代最早的城址，其绝对年代超过 6000 年，从大溪文化开始一直持续到石家河文化时期①。目前的考古发掘资料比较充分，而且其所属的澧阳平原聚落考古资料也很丰富，这些为分析城头山城址的功能提供了坚实的基础。

### （一）城址所处之环境分析

　　城头山城址位于洞庭湖西北岸澧阳平原的中心地带，与江汉平原连成一片，呈喇叭形扇形带，东起洞庭湖西北岸，西迄今石门县城。东西长约

---

　　① 　湖南省文物考古研究所：《澧县城头山屈家岭文化城址调查与试掘》，《文物》1993 年第 12 期；湖南省文物考古研究所：《澧县城头山古城址 1997—1998 年度发掘简报》，《文物》1999 年第 6 期。下文引用城头山遗址资料均本自以上两篇报告。

100 公里，南北最宽约 50 公里。

城头山城址所处的地理位置无论是从大环境还是从小环境都十分有利于经济交换行为的发生。从大环境来看，澧阳平原位于洞庭湖平原的西北部，东南邻近洞庭湖，西北为武陵山余脉逶迤东南的低矮丘陵，整体地势为西北高、东南低，东部沼泽洼地遍布，西部多山地丘陵。这种环境属于典型的多种地形结合部，自然资源必然呈现出多样化的状态。靠近山区的聚落和靠近河流湖泊的聚落在资源的占有上是完全不同的，这种差别是造成地区分工的前提，正所谓靠山吃山，靠水吃水，同时也为交换活动提供了需求和可能性。从小环境来看，城头山基本处于澧阳平原的中部，这个位置对于东西部之间的交流是十分有利的，至少从距离上来说都方便各聚落的到达，城头山城址之所以被选择建在此处可能正是考虑到聚落群内不同聚落对交通的需求。这也很可能是一种自然发展的过程，正如一个固定市场的形成通常都处于一个交换网的中心位置。

澧阳平原在地理上表现出来的封闭性和开放性并存的特征十分有利于古文化之间的交流。考古资料显示，在大溪文化之前，澧阳平原基本处于稳定的内部发展阶段。从大溪文化开始，澧阳平原的考古学特征显示出了充分的交流状态。在 "吸收了沅水、湘江流域等地区同时期具有独特风格的文化因素" 后，形成了 "与江汉平原和鄂西峡江地区相区别的另一区域文化类型，即大溪文化三元宫类型。城头山即其典型代表"。从屈家岭文化到石家河文化，澧阳平原受到江汉平原、长江下游等邻近地区强大文化的冲击和影响，并形成了独立的划城岗类型，鸡叫城即其代表[1]。显然，澧阳平原在经济和文化上既有相当的独立性，又与外界存在着广泛的联系。这些都是聚落分工和交换形成的基本因素。

由此可见，城头山城址所处的地理环境十分符合上文塞维斯所谈到的酋邦兴起模式。但是，要完全证明城头山就是这一地区的经济交换中心，还必须对城址做一番剖析。

（二）对城址内部遗迹的考察

城头山城址目前的发掘面积已达到 4000 平方米，发现遗迹也很丰富。但是在对这些遗迹的讨论中，制陶作坊遗迹没有得到应有的重视。作为最

---

[1]　尹检顺：《湖南澧阳平原史前文化的区域考察》，《考古》2003 年第 3 期。

能反映一个地区经济能力和分工程度的遗迹，手工业作坊遗迹无疑是最典型的。而城头山恰恰就发现了一处具有相当规模的制陶作坊区。它包括多座陶窑、多条取土坑道和众多贮水坑、和泥坑以及工棚等。其年代属于大溪文化时期，与城墙基本同时。最可注意的是其位置竟然处于城址的中心偏西400米的发掘范围内，基本就在城址的中部，而且其西南部紧挨着的就是一片居住区，其西北部则是一片墓葬区（图1.1.2）。这种明显以制陶作坊区为中心的分布格局已经昭示了手工业在这一聚落中的重视程度。城头山城址的手工业生产能力在整个聚落群中是最突出的。如此大规模的制陶作坊可能昭示了本聚落群对陶器的需求量很大，这种需求除了日常生活的需要外，对剩余财富的储藏应该是很重要的因素。

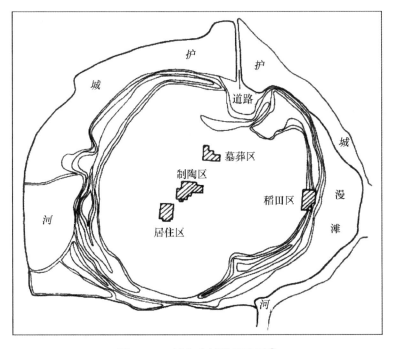

**图 1.1.2　城头山城址示意图①**

因为有关城头山遗址的简报并未提供有关此遗址中窖藏的资料，下面只能对城头山城址的财富集聚能力作一番推测。目前看来，北方地区对剩

---

① 引自尹检顺《湖南澧阳平原史前文化的区域考察》，《考古》2003年第3期。

余财富的储藏方式主要是窖穴，南方地区目前发现的灰坑具有储藏功能的极少，储藏方式与北方不同，很有可能是干栏式建筑，这种建筑防潮防水，很利于南方的气候。在湖南澧县新石器时代中期的八十垱环壕土围墙聚落中就发现了这种遗迹。在聚落西部 200 平方米的范围内发现有一处遗迹比较特殊。有如下两点显著特征：（1）发现层层叠压打破关系复杂的大小柱洞 600 余个，但并未发现那种经过特别处理过的居住面或活动面。因此发掘者推测这里应存在干栏式建筑。"从柱洞密集的程度看，这一推测是有道理的。"（2）这片干栏式建筑区内不见垃圾。据此推测此遗迹"不会是通常的干栏式居住房屋，而很可能是一批集中分布的高架仓房。从这里柱洞多有叠压打破的情况看，这些仓房经过多次重建，是聚落中长期存在的功能区域"①。而相对于八十垱遗址来说，城头山城址无论是从规模上，还是从内涵的丰富性上，都说明其聚落发展水平已经远远超出于八十垱遗址。那么其对剩余财富的积聚能力当高于八十垱聚落。要满足如此规模的手工业工作者和其他非农业人口在生活上的需求，大量的食品储备是必不可少的，但是由于南方潮湿的环境，这种建筑可能会修建成上文所说的高架仓房。正如西山城址内所发现的大量窖穴一样，城头山城址内应当存在着这种功能区。

城墙在以往学者的研究中主要强调的是其防御功能，但也正是这种防御性的城墙在相当程度上反映了这一聚落对外的交流能力和频繁程度。难以想象一个缺乏与外界交流的聚落会修建起如此规模的城墙。据城址发掘简报，城头山城址的城墙分四期修建。最早一期城墙与环绕整个城墙的壕沟同时建造，并利用壕沟取土筑城，年代属于大溪文化一期。第二期城墙建于大溪文化中晚期，其外坡堆积基本上把大溪文化环壕完全填塞。第三、四期间隔较短，可能为屈家岭文化早、中期，而且这两期城墙修建力度远大于前两期，需要大量取土，环城取土也就成为至今仍保留部分段落水面的护城河。同时聚落范围大幅度扩展，面积从不足 6 万平方米扩展到近 8 万平方米。城墙的这一变化过程说明，除了持续大幅度的增加防御力量外，聚落还在向外扩展面积，这也可能是为了满足城内居民的使用。同

---

① 湖南省文物考古研究所：《湖南澧县梦溪八十垱新石器时代早期遗址发掘简报》，《文物》1996 年第 12 期；张弛：《长江中下游地区史前聚落研究》，文物出版社 2003 年版，第 15 页。

时也说明城头山从建造城墙开始，其对外交流的频率应该处于持续的上升期。另外，城址前期的壕沟和后期护城河都同自然河流相连接，在功能上可能更强调其交通作用。

以上的遗迹表明，城头山聚落内部分工十分明确，大规模的制陶作坊说明其手工业区已达到了规模经济的水平，其产品可能并非仅仅用来满足本聚落的需求，更多的可能还是用来进行聚落之间的交换。城墙的持续发展不仅说明聚落的对外交流十分频繁，同时也间接证明了城头山聚落的财富积聚能力，否则无法解释其持续增强的防御性。这些基本证明，城头山城址的确是当时的一个经济交换中心。如果把眼光放大到整个澧阳平原的聚落群分布，城头山经济交换中心的位置就更加明显。

（三）城址所处聚落群分析

在城头山城址出现以前，澧阳平原的聚落文化已经得到了初步发展，经历了彭头山文化（距今 9000—7800 年）、皂市下层文化（距今 7800—7000 年）和汤家岗文化等阶段，此阶段聚落呈自然发展态势。之后的大溪文化时期（距今 6500—5300 年）出现了城头山城址，此后聚落文化开始迅速发展，并在屈家岭文化时期出现了另一座城址鸡叫城，随后一直延续到石家河文化时期。

就整个澧阳平原的史前文化来看，从大溪文化开始财产的私有化就已经发生了。汤家岗墓地"显示出聚落的社会形态已经发生变化，人们日常可移动的生活用具已经成为私有财富的代表，人与人也开始以财富为基础来区分等级和地位。应该说，这就是史前社会私有制的萌芽和征兆"[1]。裴安平通过对汤家岗大溪文化时期墓葬和房屋演变的研究认为："澧阳平原的私有制首先是从日用品、装饰品等可移动的财产开始的，之后才不断扩大和深入到房屋之类不动产。"[2] 上文已谈到，财产的私有化必然导致交换行为的产生，而城址正是作为经济交换的中心而在此时出现。

---

① 裴安平：《澧阳平原史前聚落形态的特点与演变》，《考古》2004 年第 11 期。

② 同上。

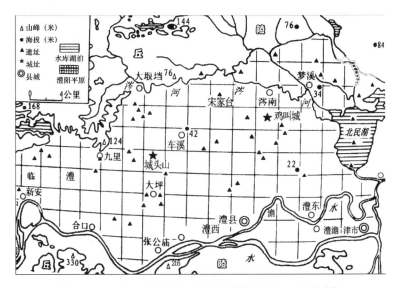

图1.1.3　澧阳平原屈家岭文化时期聚落分布示意图①

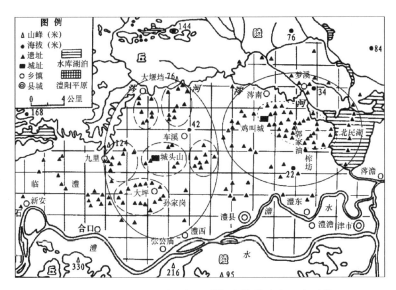

图1.1.4　澧阳平原石家河时期聚落群分布示意图②

---

① 据裴安平《澧阳平原史前聚落形态的特点和演变》,《考古》2004年第11期,第68页图。

② 同上书,第72页图。

目前的考古资料显示，澧阳平原的聚落数量在屈家岭文化时期只有45座，与大溪文化时期的聚落数量基本相等，但到石家河文化时期猛增到了163座。这种现象产生的原因颇值得细究。

从聚落分布状况来看，从大溪文化时期开始，以城头山城址为核心形成了一个大型聚落群，在这一聚落群内部又可以分成几个小群均匀分布于城址的四周，这种状况到石家河文化时期表现得尤为明显。在城头山聚落群的东部也零散分布有一些聚落，在分布上并未看出有什么规律。当历史进入到屈家岭文化中期时，在这群零散的聚落中部出现了一座城址鸡叫城①。这座城址的出现改变了东部聚落零散的分布状况，而形成了以鸡叫城为中心的聚落群。从此，澧阳平原逐渐进入聚落增加的高峰期，围绕着这两座城址，聚落的数量在成倍增长。到石家河时期，逐渐形成了两个完整的大型聚落群。城头山大聚落群中包含了六七个小聚落群，分布极有规律。以城头山为核心，周围均匀散布着五个小聚落群，这种布局在大溪文化时期就已显露端倪，到此时完全成型，并且颇具规模。而鸡叫城大聚落群的布局却是另一个样子。鸡叫城西部的聚落群略呈三角形分布，正对城头山城址，东部城址成团密集分布，应该是一个大型聚落团。综合来看，鸡叫城大聚落群可以分为内外两层聚落，内部以包括城址在内的大聚落团为核心，外围则零散地分布着一圈聚落，没有明显的聚团现象，因此这一大聚落群从整体上说应该呈同心圆格局。另外，鸡叫城在这一聚落团中的位置尤为值得注意。它并非如城头山那样位于整个聚落群的中心位置，而是位于鸡叫城内部聚落团的西边，城址明显成为了整个聚落团在西部的屏障，其防御态势似乎是针对城头山聚落群的，但又不排除防御来自洞庭湖平原的威胁。

由于在鸡叫城内部目前还未发现手工业作坊遗迹，所以此城址可能不是一个手工业生产中心，而且从城墙的规模来看，其社会组织能力在同时期要明显强于城头山城址。聚落群的分布也明显看出两大聚落群在社会组织结构上的差异，城头山城址与周围几个聚落群可能是一种平等的关系，而鸡叫城则明显属于其所属的密集聚落团，其外围的聚落可能也附属于这一聚落团，体现出强有力的集团性。而整个澧阳平原的聚落一直是良性发展的，即越来越多，越来越密集，这只能说明此一地区的经济能力越来越

---

①　湖南省文物考古研究所：《澧县鸡叫城古城址试掘简报》，《文物》2002 年第5 期。

强，社会财富越来越多。城址与聚落群可能是一种相辅相成的关系。

从地理环境来看，城头山和鸡叫城所处的澧阳平原既有相当的封闭性，其东部与江汉平原连接，又显示了一定程度的开放性。城头山在西，鸡叫城在东。从资源的控制角度来看，城头山所处的聚落群可能控制着西部武陵山脉延伸的低矮丘陵，而鸡叫城所处的聚落群则可能控制着东部的平原和湖泊。这种资源占有上的不同很容易使二者形成一种互补和依赖的关系而并存于此地。两个聚落群更多的可能还是一种和平交往、互补有无的关系。外来文化对本地区影响也不容忽视。郭伟民把澧阳平原史前文化的进程分为两大阶段："第一阶段是从彭头山文化到大溪文化早期。这个阶段的古文化以澧阳平原基础，从发生到发展，直至壮大，向外扩张。""第二阶段是大溪文化中期以后，北部江汉平原部族崛起，大有后来者居上之势，其发展速度远远快于澧阳平原，并且压制了澧阳平原古文化的继续发展。到了大溪文化晚期，江汉平原古文化向澧阳平原扩张，一统江湖，这种局面一直持续到石家河文化时期。"[①]这一发展进程与城址的发展不谋而合，不得不使人联想到外来文化对本地区聚落发展的影响。

综合以上对聚落群的分析，城头山城址的形成可能源自于澧阳平原内部聚落发展的推动。由于其所处的地理位置极有利于交换行为的发生，同时该聚落又有很强的手工业生产能力，作为本地区的经济交换中心，其强大的财富集聚能力和对外交流能力使这一聚落受到的外在威胁最大，最有可能也最有能力修建起城墙等防御设施。而鸡叫城的兴建则可能源自于外来文化的威胁。而且在功能上也比较单一，可能仅仅是一个经济交换中心，由于通过与外来文化的经济交往，才形成了如此密集的聚落团。另外还有一个可能就是鸡叫城本身就是外来文化同本地文化相结合的产物。

### 四　小结

通过运用塞维斯酋邦兴起模式对西山城址与城头山城址及其聚落群的剖析，可以发现，中国早期城市的起源与一个地区经济交换中心的形成密不可分。一个典型的经济交换中心往往发生在多种地形的结合部，多样化

---

① 郭伟民：《澧阳平原的考古学启示》，《中原文物》2005 年第 6 期。

的自然资源为交换行为的发生提供了地理基础。同时经济交换中心还具备两大特征，即较强的财富集聚能力和与外界的交流能力。具备上述特征的聚落很容易发展出城墙等防御设施，从而形成最初的雏形城市。城头山和西山古城作为典型的早期雏形城市先后发生在南北两大地域的中心地带并非偶然。分工所引发的财产私有化必然导致交换行为的发生，这种交换行为最终会扩展为以聚落为单位的交换，从而促进聚落之间的分工。这种聚落分工导致了更深层次的经济交换行为的发生，经济交换中心和雏形城市发生便是势所必然了。

当历史进入到龙山时代，城堡遍地的局面已经形成。这一时期出现的城址在遗迹和遗物上已经很难反映其经济交换的功能了，更多的则是体现了较强的政治功能和宗教祭祀功能，同时龙山时代的城址呈现出了多元化的倾向，这一点从各城址所发现的遗迹和遗物的不同可以看出。几乎每一个城址都有属于自己的特征。但无可否认的是，所有这些城址所赖以存在的基础还是经济能力，但是这种经济能力随着政治水平的提高而被掩盖在了历史的表层之下。

总之，城市产生的原动力可能来自于经济交换行为的发展、壮大和定型。当一个经济交换中心发展成为雏形城市后，随之而来的就是社会结构的调整和政治能力的发展。伴随着城墙等防御设施的修建，这些类似的公共物品为政治能力和社会组织能力的锻炼提供了便利的条件，新型的政治性城市便产生了。这种新增强的政治能力反映在考古上就是大型建筑遗址的出现。另外，随着政治能力的增强，政权机构可能会干扰经济交换甚至阻挠经济交换的进行，而强制地发展聚落的其他功能，这样，中国早期的城市便逐渐开始朝着多元化、多功能的方向发展。

## 第二节　龙山时代城址形态与功能的多元化及其地域差异

聚落遗址中与功能相关的遗存主要有具有防御功能的城墙和壕沟，具有政治礼仪和祭祀功能的夯土建筑基址和祭祀遗迹、遗物等，具有储藏功能的窖穴等和具有手工业生产功能的陶窑遗迹等。下面主要围绕以上四类考古遗存展开分析。

## 一 龙山时代城址文化遗存的个性化分析①

笼统地汇总各城址的考古遗存虽然可以较为全面地认识此一时代城址的共性特征，但很容易忽略掉单个城址的特性和不同地域城址之间的差异，因此所得的结论便具有较强的主观性。就目前的考古资料来看，城址之间的差异性要大于共性，因此要想提炼出较为客观的城址考古现象，就必须把重点放在各城址的特性和差异上来。

### (一) 城墙在形态上的差别

城墙是目前城址考古发掘中资料最丰富的遗迹。因为城址与一般性聚落的最大差别就是城墙，所以大部分城址对城墙的发掘都很仔细，对城墙的起讫年代、建筑形态和建筑技术都提供了较为丰富的资料。

按照通常的理解，建造城墙的目的主要应是为了防御，虽然在防御对象上可能存在着地域差别，但基本的功能还是离不开防御。不过这种认识可能存在着片面性。美国学者芒福德（Lewis Mumford）通过对西方史前考古资料的研究，认为城堡最初的用途可能是宗教性质的；其"象征性意义要早于其军事意义"，是"为了标明圣界的范围，或为了辟邪，而不是防御敌人"②。可见，城墙在不同的地区和不同的时段其功能也有所变化，因此对城墙的功能还要做全方面的认识。

城址在形态上的最大共性就是有城墙，但是城墙的具体特性在地域上则有着较大差别。无论是建筑形状、规模、所用原料，还是建筑技术，在不同的地区都各不相同，甚至在相同地区的不同城址之间也存在着差异。

1. 形状与规模

城墙的形状大体可以分为两类，规则和不规则（见下表）。

| | 黄河中游 | 黄河下游 | 内蒙古中南部 | 长江中游 | 长江上游 |
|---|---|---|---|---|---|
| 城址总数 | 11 | 8 | 14 | 13 | 8 |
| 形状规则的城址数 | 11 | 4 | | | 4 |
| 形状不规则的城址数 | | 3 | 14 | 13 | 4 |

---

① 有关城址的资料来源见本节附表。

② ［美］芒福德（L. Mumford）：《城市发展史：起源、演变和前景》，倪文彦、宋俊岭译，中国建筑工业出版社 2005 年版，第 39 页。

由上表可以看出，形状较为规则的城址主要分布在中原和山东地区。中原地区主要为长方形，山东地区城址的主要形状则是圆角长方形。形状不规则的城址主要分布在长江流域。不过虽然是不规则，但也各有近似的形状，如不规则长方、不规则三角、梯形、不规则椭圆和不规则多边形，分布极不规律。另外，比较有意思的是，在内蒙古中南部发现了大量的石城址群，城址形状主要也是不规则形状，而在长江下游目前只有一处良渚遗址存在城墙，形状大体也呈不规则形。

除此之外，个别城址在形状上还存在着较为特殊的现象：

（1）湖北天门石家河城址的城墙不完整，有若干处地点没有修筑。

（2）黄河下游的边线王、藤花落和丹土等城址都存在着早晚几道城壕。

（3）四川崇州双河城址和都江堰市芒城遗址都是"回"字形的双层城墙。

城墙与环壕的关系也存在着地域差别：长江流域的城址通常与环壕共存，同时环壕与周围的河流相连，甚至河流的某一段就是环壕的一部分。而北方地区的城址多没有环壕。

城址的规模差别也较大。在各个地域城址规模都存在着层级上的分化，面积从几万到几十万，甚至上百万平方米不等。而且面积越大的城址，遗存也越丰厚，可见城墙的规模部分地反映了聚落的实力。

2. 城墙的建筑原料与建筑技术

城墙所使用的原料基本与所处的环境有关。内蒙古地区的城址为石块堆砌；黄河中下游和长江流域都是土结构的建筑。

在建筑技术上的差别主要是版筑、夯筑和堆筑。黄河中下游城址的城墙主要是版筑建筑，有堆筑也有夯筑。长江流域的城墙则都是堆筑而成，无版筑痕迹，外墙的坡度较小，有学者据此推断此地区城址外围城壕的修建是为了弥补城墙防御的不足[1]。

以上从城墙的形状、大小、建筑原料和建筑技术四方面简要揭示了不同地域之间和地域内部不同城址之间的差别。无论是地域之间还是地域内

---

[1]  赵辉：《中国新石器时代城址的发现与研究》，载《古代文明》第 1 卷，文物出版社 2002 年版，第 18 页。

部，城墙的差别都十分明显，当然最简单的解释即地理环境的差异性导致了城墙形态的不同，另外这种现象可能也反映了其产生原因与形成过程的多样性。

（二）具有礼仪祭祀功能的遗迹差别

在史前时代，政治性建筑与宗教性建筑在形态上是很难分开的，很可能二者通常是结合在一起的，因此在功能上只能笼统地称为礼仪祭祀功能。此类遗迹主要包括夯土建筑基址、祭祀台基、奠基坑等。其在各城址内部的存在状况差异很大。

根据目前的考古资料，具有礼仪祭祀功能的遗迹通常出现在规模较大的城址内。中原地区的王城岗发现了奠基坑、大面积的夯土建筑基址和玉石琮、白陶器等功能特殊的遗物；古城寨则发现了长方形夯筑高台建筑，推测为宫殿和廊庑建筑，还有奠基坑；规格最高的陶寺城址发现了宫殿区和祭祀区，祭祀区内还发现了推测有观日出授时功能的观测柱。除此之外，其他城址的礼仪祭祀性遗迹在规格上就简单多了，只有少量的祭祀坑。另外在黄河下游的景阳岗和藤花落发现了大型夯土台基，丹土城内则多次出土玉钺、玉璧、玉戚等玉质礼器。

长江中游地区的城头山城址则发现了大溪文化时期的祭坛。最引人注目的就是在石家河城址内部发现许多与礼仪祭祀相关的规格较高的遗迹和遗物。这种具有较大规模的礼仪祭祀性遗迹，较为丰富的具有祭祀功能的遗物的遗址在长江下游还有一处，那就是良渚遗址。

长江上游地区的郫县古城内则发现了面积达 500 多平方米的大型长方形建筑遗迹，建筑极为考究，附近地层堆积较纯净，出土的生活遗物极少，没有发现其他生活附属设施，推测为大型礼仪性建筑。

由此可见，具有礼仪祭祀功能的遗迹在不同地域的城址内都有发现，但这些遗迹所表现出的规格和层次则各有千秋，其在功能上可能也不尽相同。

（三）具有储藏功能的遗迹差别

龙山时代社会分工的出现，说明农业生产获得了较大的发展，已经有了剩余的粮食，那么对这些剩余财富的储藏就成为每个聚落都必须要解决的问题。目前看来，北方地区对剩余财富的储藏方式主要是窖穴，南方地区目前发现的灰坑具有储藏功能的极少，储藏方式与北方不同，很有可能是干栏式建筑，这种建筑防潮防水，很利于南方的气候。①

相对于城址来说，对粮食等财富的储藏可能是每个城址的基本功能之一，因此，通过窖穴的数量基本可以判断聚落的财富积聚能力。但现有的考古资料也提供了另外一种情况，即拥有大量窖穴的城址并不多见。这里只以中原地区为例，在中原地区目前发现有大量窖穴的城址有西山、孟庄和陶寺。西山为仰韶晚期的城址，窖穴发现数量十分惊人，在 6000 多平方米的发掘范围之内，竟发现了 2000 多座窖穴，虽然在年代上无法做出准确区分，但这种现象即使在一般性聚落中也是十分少见的。孟庄城址也发现了密集分布的窖穴，但考古报告并未给出数量。陶寺则划出了一个大型窖穴仓储区。其他城址的窖穴数量则并不突出。这种现象可能反映了不同城址在功能上的一些差别。

（四）手工业场所的设置

龙山时代的财富除了粮食之外，可能就是陶器和各种生产工具和武器了。至于玉器等奢侈品的生产可能是小范围的，其使用也在小范围内，在遗迹上无法辨认，所以不作讨论。

城址内部陶窑的发现状况也比较有意思。中原地区目前为止发现陶窑的龙山城址只有平粮台一座。这种现象也许是考古揭露的面积还不够，也许就暗含着其他的意思。仰韶晚期的西山城址则发现了密集的陶窑群，虽然未发掘但可以想见数量一定十分可观。比西山城址更早的长江中游的城头山城址则在城内发现了由多座陶窑、多条取土坑道和众多贮水坑、和泥坑以及工棚组成的大溪文化制陶作坊区。其他城址目前还未发现陶窑遗迹。当然以后的考古工作很可能从这些城址中发掘出陶窑，但就目前来看这种现象值得细究。

总之，通过以上四类考古遗存可以看到，这些城址有共性也有个性，但就现有的考古资料来分析，个性大于共性。无论是城墙，还是城址内部的夯土建筑基址、窖穴、陶窑都表现出了各自不同的形态。如果把这四项整合起来分析，城址之间的差别就会更明显地呈现出来。据此可以来分析

---

① 湖南省文物考古研究所：《湖南澧县梦溪八十垱新石器时代早期遗址发掘简报》，《文物》1996 年第 12 期。

其在功能上的差别。

## 二 早期城市发展在功能上的多元化表现

综合以上各城址的考古现象，可以发现这些城址各自在形态上的差别反映了其在功能上的强弱之别。根据目前的资料，诸城址可以大体按功能分为两类：政治礼仪功能较强的城址和经济功能较强的城址。

### （一）政治礼仪功能较强的城址

从城址的内涵来看，中原地区的王城岗、古城寨、陶寺，长江中游的石家河和长江下游的良渚城址具有较强的政治礼仪功能。但是在具体的表现上中原地区和长江中下游地区具有明显的差别。

中原地区的城址表现出了一种较为均衡的政治礼仪功能。目前的考古资料显示，陶寺城址较王城岗和古城寨的规格要高许多。在王城岗和古城寨内部只发现了大面积夯土建筑基址和奠基坑，而在陶寺城址则出现了明显的分区，宫殿区、祭祀区、贵族居住区和大型窖穴仓储区一应俱全，显示出这座城址功能完善，已经与商周时期的都城在功能上较为接近。从聚落群的角度来看，三者在各自所属聚落群中都属于规模最大的聚落，可能是各自所属聚落群的中心聚落，聚落群内部已经显示出了一种等级关系。先进的版筑夯土城墙也显示了作为中心聚落的行政组织能力和财富积聚能力。中原地区这几处城址内部缺少宗教性活动遗迹，因此宗教神秘氛围较淡，远不如长江流域的城址聚落。

长江流域的石家河和良渚城址则表现出了十分浓厚的宗教神秘色彩。城址内部发现的巨型的祭坛、大批的非生活用陶器和大量精美的玉器，都显示了其较强的宗教礼仪的功能。这种宗教中心的产生可能与本地区的环境变迁有关。

目前对长江中游地区城址兴起的原因主要有以下两种观点：

（1）防御洪水说。此说认为中游地区城址的修建主要是为了防御洪水的侵袭，保护本聚落群的人身财产安全；对敌人的防御则属于附属功能[1]。

---

① 王红星：《从门板湾城壕聚落看长江中游地区城壕聚落的起源与功能》，《考古》2003 年第 9 期。

（2）防御战争说。此说认为从大溪文化中期偏晚阶段距今 5500 年到屈家岭文化早期距今 5000—4800 年，气候持续转冷，洪水水位居高不下，湖群扩张，资源条件大不如前，出现了人口和资源的紧张关系，社会冲突加剧，城址纷纷出现，出现了大型中心聚落①。

以上两种观点颇具代表性，同时其立论的支撑点都与洪水有关。根据目前对长江流域环境变迁的研究，人类聚落的变化与环境的变迁确实存在着某些现象上的联系。但是正如上述观点所示，同样的现象经过不同的解释就会得出不同的结论。因此对某一大的地理区域进行笼而统之的现象分析很容易以偏概全。尤其是像城址这种功能较为复杂的考古遗存，要得出可信的结论就必须充分认识到单个城址所表现出来的显著特征。

就石家河城址来看，其防御洪水的功能可能是主要的。有关城墙的考古资料显示：（1）城垣的走向和形状依地势而定，城壕是利用自然冲沟加掘而成；（2）城墙不完整，有若干处地点没有修筑；（3）城墙堆筑的较为随意，墙体的建筑层次不规整。这些特征显示了城墙对自然的防御要强于对人的防御。由此也可以部分地解释为什么石家河城址表现出了浓厚的宗教氛围。人类对自然灾害的恐惧会很容易使他们投入宗教的怀抱。宗教崇拜有其积极的一面，即可以通过某种信仰使人群产生一种向心力，从而有利于集中人力物力来共同对抗自然灾害。

石家河城址的修建虽可能源于对洪水的防御，但因为宗教的力量过于强大，所以在后来的发展道路上则很自然地走向了一种极端。这与中原地区的城址所走的道路不同。王城岗、古城寨和陶寺可能是自然发展而成的，主要的推动力来自于社会内部，而长江中游部分城址产生的推动力可能来自于外部，即对自然灾害的对抗。

（二）经济功能较强的城址

中原地区的孟庄、平粮台，山东地区的部分城址从其内涵上来看都具有较强的经济功能。

在我国龙山时代，社会经济结构发生了很大的变化。首先是农业生产

---

① 郭立新：《长江中游地区新石器时代自然环境变迁研究》，《中国历史地理论丛》2004 年第 2 期。

工具得到了很大的改进，出现了做工非常精细的石制生产工具，劳动效率大大提高，农业生产力也获得空前发展，剩余粮食大大增加。在考古上的表现，就是储藏粮食的窖穴在数量上较之以前增多，容积也扩大了，并出现了仓储设备；酒器大量出现。伴随着农业生产的发展，出现了发达的家畜饲养业。这些都为手工业的进一步发展创造了条件。龙山时代手工业的发展主要体现在以下三方面：一是在制陶业中，快轮技术的应用和烧制技术的巨大进步使这一时期的陶器变得十分精致，而且数量大增；二是石器和玉器都向高精方向发展，在数量、质量和工艺上都较之以前大大发展；三是冶铜业得到发展，出现了铜器。这些都标志着手工业的分工进一步细化，生产更加专业化①。

这种经济结构的变化与聚落形态的分化之间可能存在着密切联系。参照美国人类学家塞维斯（Elman R. Service）的酋邦兴起模式，在定居的农业社会，分工越细化，生产越专业化，地区差异越大，交换的需求或可能性就越大。一个处于有利于经济交换环境中的聚落就会发展成本地区的经济再分配的中心，其财富的积聚能力便要强于其他聚落，因此才可能有能力修建城墙，造成聚落形态的分化。

这种具有较强经济功能的城址除了前文提到的郑州西山城址和澧阳平原的城头山、鸡叫城外，龙山时代中原地区的孟庄和平粮台城址无论是所处地理环境还是城址的内涵上都表现了较强的经济功能。

发现孟庄龙山城址的辉县市位于河南省北部、太行山南麓。它"横跨我国二级地貌台阶向第三级地貌台阶过渡地带。其西北部的太行山为第二级地貌台阶（山西高原）外沿，为低山、丘陵区，海拔1000—400米，南部盆地和平原为第三级地貌台阶。整个地势从西北部中山（海拔1000—200米）到东北部低山、丘陵，向南转折为平原，呈阶梯状降低。孟庄遗址位于第三级地貌台阶的山前倾斜冲积平原上，地势平坦"，且河流纵横②。这种地貌特征显示这一地区自然资源的差异性较大，这就为经济交换提供了基本的地理条件。

孟庄城址虽然使用时间较短，但其所处遗址的使用时间却相当长，

---

① 王震中：《中国文明起源的比较研究》，陕西人民出版社1994年版，第188—226页。

② 袁广阔：《关于孟庄龙山城址毁因的思考》，《考古》2000年第3期。

包含有裴李岗文化、仰韶文化、龙山文化、二里头文化等多种文化遗存。其中龙山文化遗存最为丰富。孟庄城址还发现了数量较多的具有贮藏功能的窖穴，其中以袋状坑最具代表性，这一现象与西山城址相同，可见，孟庄城址具有相当的财富积聚能力。另外，有学者通过对孟庄周邻同时期考古学文化比较研究，认为孟庄龙山遗址同其北部的安阳后冈类型、东部王油坊类型和黄河南岸郑州地区龙山遗址都存在着某种联系①，可见孟庄的影响范围是很广的。而且这还不包括它所属的聚落群。这种聚落群之间在陶器等遗物上的相似性说明它们之间存在着一定的经济和文化交流，这种交流方式可能有战争，但一般的状况还应该是和平共处、互通有无的。

以上对孟庄城址考古特征的分析表明，这一城址与西山城址无论在所处的地理环境，还是遗存的特征都有很多相似性，因此很有可能孟庄城址具有这一地区经济交换中心的功能，因此才具备了修建城墙的物质基础，造成了城址形态的分化。

平粮台城址则很可能是本地区的手工业中心。尽管在城址内部只发现了三座陶窑遗迹，但根据其位置分析，可能陶窑的数量不会仅止于这三座；而且据陶窑建造在房址旁边这种现象可以推测，在本城址内部陶窑较受重视。不仅如此，城址内部发现的陶排水管道和铜渣都表明此城在手工业生产的技术上较为先进，是周围聚落无法相比的。

孟庄和平粮台除了在内涵上与王城岗、古城寨和陶寺不同外，在城墙的建筑技术上也不如后三座城址。孟庄采用的是内外取土，分段夹板堆筑，平粮台也是小版筑堆筑，在技术上要落后于拥有版筑夯土城墙的王城岗、古城寨和陶寺城址。造成此种差别的原因除了城址在建成时间上存在先后差别外，一个很重要的原因当是经济功能较强的城址缺乏一种对居民和周围聚落的强制力，所以对于居民的组织和使用能力要弱于政治礼仪功能较强的城址。

## 三　小结

龙山时代在黄河、长江两大流域虽然都发现了带有围墙的聚落，但在具体的形态和功能上则可能存在着较大差异。这种差异既包括地域上的也

---

① 袁广阔:《孟庄龙山文化遗存研究》,《考古》2000 年第 3 期。

包括地域内部的。本书只是选取了四类较为重要的考古遗存进行分析，但由此不难看出，无论是城墙，还是夯土建筑、窖穴和手工业作坊等，不同的城址所发现的考古遗迹的侧重点各不相同，即使是同样的遗迹，在具体的形态上差异也较大。造成这种状况的原因一方面可能是考古工作做得还不够，另一方面则可能体现了城址在功能上的差异，因为在不同的城址这些遗迹的发现概率是基本一致的。据此，通过对这些城址内部考古遗迹的提炼和整合，不同城址内部考古现象的差异性便显露出来，这些差异则反映了城址在功能上的侧重。

根据目前的考古资料，龙山时代的城址基本可以分为三大类：（1）具有较强经济功能的城址，如孟庄和平粮台等；（2）具有较强政治礼仪祭祀功能的城址，如王城岗、古城寨和石家河等；（3）同时具有较强经济功能和礼仪祭祀功能的城址，如陶寺等。同类城址在具体的表现上也各不相同，如同样具有较强经济功能的城址，孟庄有可能是本地区的经济交换中心，而平粮台则可能是一座手工业中心城址。有的城址虽然都表现出了较强礼仪祭祀功能，但具体形态也差异很大，如北方的王城岗和古城寨的宗教神秘氛围就远不如南方的石家河城址。

总之，龙山时代的城址在功能上同当时多元化的文化类型紧密相关，也表现出了多元化的倾向。相比较而言，城址的发生可能与聚落较强的经济功能有关，但在城址的发展过程中，城址在形态和功能上出现了分化，虽然单个城址在形态和功能上表现得比较单一，但整体看则是朝着多元化方向发展的。这种多元化的发展则为商周时期多功能城市的产生奠定了基础。

附：　　　　　　　　　　龙山城址资料表

| 城址名 | 所在地 | 资料出处 |
| --- | --- | --- |
| 王城岗 | 豫·登封 | 河南省文物研究所等：《登封王城岗与阳城》，文物出版社，1992年。方燕明：《河南登封王城岗遗址发现龙山晚期大型城址》，《中国文物报》2005年1月28日。方燕明：《登封土城岗遗址的新发现与夏文化研究》，《中国文物报》2005年1月28日。 |
| 郝家台 | 豫·郾城 | 河南省文物研究所：《郾城郝家台遗址的发掘》，《华夏考古》1992年第3期。 |
| 平粮台 | 豫·淮阳 | 河南省文物研究所等：《河南淮阳平粮台龙山文化城址试掘简报》，《文物》1983年第3期。河南省文物研究所：《淮阳平粮台龙山文化城址》，载中国考古学会编《中国考古学年鉴（1984）》，文物出版社1984年版。 |

| 城址名 | 所在地 | 资料出处 |
|---|---|---|
| 孟庄 | 豫·辉县 | 河南省文物考古研究所：《河南辉县市孟庄龙山文化遗址发掘简报》，《考古》2000年第3期。河南省文物考古研究所编著：《辉县孟庄》，中州古籍出版社2003年版。 |
| 后冈 | 豫·安阳 | 中国社会科学院考古研究所安阳工作队：《1979年安阳后冈遗址发掘报告》，《考古学报》1985年第1期。 |
| 古城寨 | 豫·新密 | 河南省文物考古研究所等：《河南新密市古城寨龙山文化城址发掘简报》，《华夏考古》2002年第2期。 |
| 新砦 | 豫·新密 | 《中国考古学年鉴（2004）》，第244页。 |
| 徐堡 | 豫·温县 | 《中国考古学年鉴（2007）》，文物出版社2008年版，第287页。 |
| 蒲城店 | 豫·平顶山 | 《中国考古学年鉴（2006）》，文物出版社2007年版，第269页。 |
| 石摞摞山 | 陕·佳县 | 《中国考古学年鉴（2004）》，文物出版社2005年版，第370页。 |
| 陶寺 | 晋·襄汾 | 中国社会科学院考古研究所山西第二工作队等：《2002年山西襄汾陶寺城址发掘》，中国社会科学院古代文明研究中心：《通讯》第5期，2003年1月。中国社会科学院考古研究所山西队等：《陶寺城址发现陶寺文化中期墓葬》，《考古》2003年第9期。中国社会科学院考古研究所山西队等：《山西襄汾县陶寺城址发现陶寺文化大型建筑基址》，《考古》2004年第2期。中国社会科学院考古研究所山西队等：《山西襄汾县陶寺城址祭祀区大型建筑基址2003年发掘简报》，《考古》2004年第7期。 |
| 边线王 | 鲁·寿光 | 杜在忠：《边线王龙山文化城堡的发现及其意义》，《中国文物报》1988年7月15日。 |
| 城子崖 | 鲁·章丘 | 傅斯年等著：《城子崖（山东历城县龙山镇之黑陶文化遗址）》，中研院历史语言研究所，1934年。山东省考古研究所：《城子崖遗址又有重大发现》，《中国文物报》1990年7月26日。魏成敏：《章丘市城子崖遗址》，《考古学年鉴（1994年）》，文物出版社1997年版。 |
| 丁公 | 鲁·邹平 | 山东大学历史系考古教研室：《山东邹平丁公发现龙山文化城址》，《中国文物报》1992年1月12日。山东大学历史系考古专业：《山东邹平丁公第四、五次发掘简报》，《考古》1993年第4期。 |
| 田旺 | 鲁·临淄 | 魏成敏：《临淄市田旺龙山文化城址》，《中国考古学年鉴（1993）》，文物出版社1995年版。 |
| 景阳岗 | 鲁·阳谷 | 山东省文物考古研究所等：《山东阳谷县景阳岗龙山文化城址调查与试掘》，《考古》1997年第5期。王守功：《景阳岗城址刻文陶片发现的意义》，《中国文物报》1998年1月14日。 |
| 薛城 | 鲁·滕州 | 山东省文物考古研究所薛故城勘探队：《薛国故城考古又获重要成果》，《中国文物报》1994年6月26日。 |
| 藤花落 | 苏·连云港 | 《中国考古学年鉴（2001）》，文物出版社2002年版，第160页。 |
| 丹土 | 鲁·五莲 | 罗勋章：《五莲丹土村新石器时代遗址》，《中国考古学年鉴（1996）》，文物出版社1998年版。杨波：《五莲县丹土遗址出土玉器》，《故宫文物月刊》（台北）十四卷二期，1996年。 |

续表

| 城址名 | 所在地 | 资料出处 |
|---|---|---|
| 老虎山 | 内蒙古·凉城 | 田广金：《凉城县老虎山遗址 1982—1983 年发掘简报》，《内蒙古文物考古》第 4 期，1986 年。内蒙古文物考古研究所：《岱海考古（一）——老虎山文化遗址发掘报告集》，科学出版社 2000 年版。 |
| 西白玉 | 内蒙古·凉城 | 田广金：《内蒙古长城地带石城聚落址及相关诸问题》，载《纪念城子崖遗址发掘 60 周年国际学术讨论会文集》，齐鲁书社 1993 年版。内蒙古文物考古研究所：《岱海考古（一）——老虎山文化遗址发掘报告集》，科学出版社 2000 年版。田广金：《论内蒙古中南部史前考古》，《考古学报》1997 年第 2 期。刘幻真：《内蒙古包头威俊新石器时代建筑群址》，《史前研究》1988 年（辑刊）。内蒙古社会科学院蒙古史研究所等：《内蒙古包头市阿善遗址发掘简报》，《考古》1984 年第 2 期。包头市文物管理所：《内蒙古大青山西段新石器时代遗址》，《考古》1986 年第 6 期。《内蒙古文物考古文集》第一、二辑，中国大百科全书出版社 1994、1997 年版。魏坚：《准格尔旗寨子塔、二里半考古主要收获》，载《内蒙古中南部原始文化研究文集》，海洋出版社 1991 年版。胡晓农：《清水河县大沙湾马路塔遗址调查简报》，《乌兰查布文物》第 3 期，1988 年。 |
| 板城 | 内蒙古·凉城 | |
| 大庙坡 | 内蒙古·凉城 | |
| 威俊 | 内蒙古·包头 | |
| 阿善 | 内蒙古·包头 | |
| 西园 | 内蒙古·包头 | |
| 莎木佳 | 内蒙古·包头 | |
| 黑麻板 | 内蒙古·包头 | |
| 纳太 | 内蒙古·包头 | |
| 寨子塔 | 内蒙古·准格尔 | |
| 寨子上 | 内蒙古·准格尔 | |
| 后城嘴 | 内蒙古·清水河 | |
| 马路塔 | 内蒙古·清水河 | |
| 石家河 | 鄂·天门 | 北京大学考古系等：《石家河遗址群调查报告》，《南方民族考古》第五辑，四川科学技术出版社 1992 年版。石家河考古队：《湖北省石家河遗址群 1987 年发掘简报》，《文物》1990 年第 8 期。湖北省文物考古研究所：《湖北石家河罗家柏岭新石器时代遗址》，《考古学报》1994 年第 2 期。石家河考古队：《湖北天门市邓家湾遗址 1992 年发掘简报》，《文物》1994 年第 4 期。 |
| 笑城 | 鄂·天门 | 《中国考古学年鉴 2006》，第 306 页。 |
| 马家垸 | 鄂·荆门 | 湖北省荆门市博物馆：《荆门马家垸屈家岭文化城址调查》，《文物》1997 年第 7 期。 |
| 陶家湖 | 鄂·应城 | 李桃元、夏丰：《湖北应城陶家湖古城址调查》，《文物》2001 年第 4 期。 |
| 门板湾 | 鄂·应城 | 王红星：《从门板湾城壕聚落看长江中游地区城壕聚落的起源与功能》，《考古》2003 年第 9 期。 |
| 阴湘城 | 鄂·荆州 | 荆州博物馆：《湖北荆州市阴湘城遗址 1995 年发掘简报》，《考古》1998 年第 1 期。荆州博物馆：《湖北荆州市阴湘城遗址东城墙发掘简报》，《考古》1997 年第 5 期。 |
| 走马岭 | 鄂·石首 | 张绪球：《石首市走马岭屈家岭文化古城址》，《中国考古学年鉴（1993 年）》，文物出版社 1995 年版。荆州市博物馆等：《湖北石首市走马岭新石器时代遗址发掘简报》，《考古》1998 年第 4 期。 |
| 鸡鸣城 | 鄂·公安 | 贾汉清：《湖北公安鸡鸣城遗址的调查》，《文物》1998 年第 6 期。 |

| 城址名 | 所在地 | 资料出处 |
| --- | --- | --- |
| 王古溜 | 鄂·安陆 | 《中国考古学年鉴（2007）》，文物出版社 2008 年版，第 322 页。 |
| 叶家庙 | 鄂·孝感 | 《中国考古学年鉴（2009）》，文物出版社 2010 年版，第 290 页。 |
| 张西湾 | 鄂·武汉 | 《中国考古学年鉴（2009）》，文物出版社 2010 年版，第 295 页。 |
| 城头山 | 湘·澧县 | 湖南省文物考古研究所：《澧县城头山屈家岭文化城址调查与试掘》，《文物》1993 年第 12 期。湖南省文物考古研究所：《澧县城头山古城址 1997—1998 年度发掘简报》，《文物》1999 年第 6 期。 |
| 鸡叫城 | 湘·澧县 | 湖南省文物考古研究所：《澧县鸡叫城古城址试掘简报》，《文物》2002 年第 5 期。 |
| 宝墩 | 川·新津 | 成都市文物考古队等：《四川新津县宝墩遗址调查与试掘》，《考古》1997 年第 1 期。中日联合考古调查队：《四川新津县宝墩遗址 1996 年发掘简报》，《考古》1998 年第 1 期。 |
| 芒城 | 川·都江堰 | 成都市文物考古工作队：《四川都江堰市芒城遗址调查与试掘》，《考古》1999 年第 7 期。 |
| 鱼凫城 | 川·温江 | 《成都平原发现一批史前城址》，《中国文物报》1996 年 8 月 18 日。《成都史前城址发掘又获重大成果》，《中国文物报》1997 年 1 月 19 日。 |
| 古城 | 川·郫县 | 成都市文物考古研究所等：《四川省郫县古城遗址 1997 年发掘简报》，《文物》2001 年第 3 期。 |
| 双河 | 川·崇州 | 成都市文物考古工作队：《四川崇州市双河史前城址试掘简报》，《考古》2002 年第 11 期。 |
| 紫竹 | 川·崇州 | 《中国考古学年鉴（2001）》，文物出版社 2002 年版，第 281 页。 |
| 盐店 | 川·大邑 | 《中国考古学年鉴（2004）》，文物出版社 2005 年版，第 353 页。 |
| 高山 | 川·大邑 | 《中国考古学年鉴（2004）》，文物出版社 2005 年版，第 353 页。 |
| 良渚 | 浙·杭州 | 浙江省文物考古研究所：《杭州市余杭区良渚古城遗址 2006—2007 年的发掘》，《考古》2008 年第 7 期。 |

## 第三节 夏王朝时期的城市布局与功能特征

"夏王朝时期"是一个比较宽泛的概念，从文献看涵括了禹之后直到夏灭亡这段时间。从考古学来看，夏王朝上限应从龙山时代晚期开始，下限则可能到了二里头文化晚期，甚至与商代二里岗文化有一定的重合。其主体应当是二里头文化时期。二里头文化得名于河南偃师的二里头遗址，因其在绝对年代和中心地域上都与文献所载的夏王朝较为接近，所以国内学术界的主流看法是二里头文化即夏文化。

目前发现的夏王朝时期城址并不多见，主要分布在以黄河中游为中心的北方地区。在河南省新密市发现了略早于二里头文化时期的新砦城址，在辉县发现了孟庄城址，在荥阳市发现了大师姑城址，在平顶山发现了蒲城店城址，另外，在内蒙古东南部发现了夏家店下层文化石城址群。这些城址都应当属于或部分属于夏王朝时期。这些拥有城墙的高级聚落表现出了不同于一般聚落的布局与功能特征，不过单从考古学的角度很难对夏王朝时期的城址进行整体研究，因此目前尚缺乏相关的综合研究成果①。但如果结合先秦文献资料有关夏王朝的记载，目前考古发现的夏王朝时期城址则表现出了一定的规律性特征。

从长时段来看，龙山时代那种"城堡"遍地、小国分立的局面并没有因为进入了夏代而消失。相反，一直到周代，还动辄以"万邦"、"万国"来表示邦国林立的局面。例如：

> 曰古文王——匍有上下，受万邦。(《墙盘》)
> 曰其自时中乂，万邦咸休，惟王有成绩。(《尚书·洛诰》)
> 文武吉甫，万邦为宪。(《诗经·小雅·六月》)

此处所谓的"邦"可能与"国"一样都是以族群为单位的政权集团②，万邦、万国并非确指，是数量多的一种形象称谓。据《汉书·地理志》载，相传尧舜时期的"协和万国"，到周初还有一千八百国。虽然数量也很多，但是国的数量的减少则是一个趋势。《左传·哀公七年》载："禹合诸侯于涂山，执玉帛者万国。今其存者，无数十焉。"《战国策·齐策》云："大禹之时，诸侯万国……及汤之时，诸侯三千。当今之世，南面称寡者，乃二十四。"《荀子·富国篇》言："古有万国，今有十数焉。"

尽管随着时代的演进，国的数量在减少，但这一过程却经历了较长的一段时间。另外还应看到，国的数量和城的数量并不一定成正比，国的数

---

① 大部分相关研究都是从聚落群的角度出发，如高江涛《中原地区文明化进程的考古学研究》，社会科学文献出版社 2009 年版，第 257—301 页。

② 参见赵伯雄《周代国家形态研究》，湖南教育出版社 1990 年版，第 71—78 页。

量的减少，并不意味着城的数量的减少。但是，夏王朝时期的考古学现象中，城址已经不再像龙山时代那么普及。与龙山时代相比，夏王朝时期的城址分布格局发生了巨变，在数量急剧减少的同时，城的规模和发展水平却获得了较大的提升。尽管二里头遗址尚未发现城墙，但其规模的广大和遗址内涵的复杂性都俨然具有中心聚落甚至都城的性质，这是龙山时代及其以前的城址所无法相比的。

既然夏王朝时期的考古学文化与文献资料已经具有了基本的联系，那么对文献中有关"夏"的史料做一番梳理和考察当有助于对夏王朝时期城市发展的认识。

## 一　文献所见夏王朝的贡赋系统

有关夏朝的史料可谓凤毛麟角，关于其制度的记载则更是极为少见，主要就是《尚书·禹贡》所载的禹划九州和制定五服制。司马迁所撰之《史记·夏本纪》主要依据的就是《尚书·禹贡》，其他文献对九州和五服制的记载皆不出《禹贡》的记载范围。《禹贡》一文近代学者多认为应属战国时代作品，但是其内容当含有某些可信的夏代史料，大禹治水的古史传说也得到了金文的证实。而禹划九州和制定五服制都可能是在治理洪水的过程中完成的。

洪水的治理可能有被夸大之嫌，即使是处于 21 世纪的当代人类，在洪水面前很多时候也是无能为力，更别说 4000 多年前缺乏现代工具的古人。禹治洪水之所以被夸大，很有可能是一种巧合，即那次特大洪水事件在禹治水之时已经快要结束。洪水的自然消退被归因于大禹的疏导之功便是很自然的事情。不过这一功绩却奠定了禹不可动摇的政治地位，而在治水过程中所制定的贡赋体系则为其统治提供了较大的便利。所以从禹开始，中原地区的政治制度便获得了较大的发展。

《尚书·禹贡》载：

> 九州攸同，四隩既宅，九山刊旅，九川涤源，九泽既陂，四海会同。六府孔修，庶土交正，厎慎财赋，咸则三壤成赋。中邦锡土、姓，祗台德先，不距朕行。
> 五百里甸服：百里赋纳总，二百里纳铚，三百里纳秸服，四百里粟，五百里米。

　　五百里侯服：百里采，二百里男邦，三百里诸侯。

　　五百里绥服：三百里揆文教，二百里奋武卫。

　　五百里要服：三百里夷，二百里蔡。

　　五百里荒服：三百里蛮，二百里流。

　　这段话放在了《尚书·禹贡》一文的结尾处，粗看起来，似乎是对前文大禹治水、划定九州的归纳和总结。其实如果仔细分析，二者所指可能并不相同。

　　虽然同载于《尚书·禹贡》，但五服制与九州贡赋制在具体内涵上却存在着较大差异。首先，二者所指的地理结构不同。九州贡赋制虽然划定了九州，但并没有中心和边缘的区分。而五服制则是以天子都城为中心，每五百里划定一圈，中心和边缘界定明确；其次，贡赋的内容也不同。九州贡赋制主要制定的是各州土地的肥瘠和土特产，主要贡赋的也是粮食、各种土特产和奢侈品，除了品种和多少的差别外贡品的性质大同小异。五服制则是按照距离都城的远近确定了具体的赋役，其差别较大。简单说来，甸服负责粮食供应，侯服主要负责劳役，绥服则负责武装保卫工作，要服和荒服则较为自由。可见，都城所控制之范围主要是甸、侯、绥三服之地。以上的区别显示，五服制创立的主要目的是为了中心都邑的统治，九州贡赋制则要宽泛得多。

　　关于《尚书·禹贡》的成书年代虽然众说纷纭，但比较通行的观点是不晚于战国末年，其中可能也保留了夏代的某些原始信息。随着考古学的不断发展，龙山时代各地区考古学文化的大量发现和发掘，已经有部分学者开始致力于文献中的九州、五服与考古学文化的对应关系的研究①，这些研究把重点基本放在了龙山时代。九州所指与龙山时代的文化确实存在着某种相似性，但是如果同时也认为五服制所指也是龙山时代就不太合适。正如上文所指，五服制和九州贡赋制无论在内容还是形式上都存在着较大差异，如果龙山时代的文化能够与九州相对应还说得过去的话，那么五服制则明显无法与龙山时代的文化现象相对应，因为龙山时代很明显是

-------

　　① 如邵望平《〈禹贡〉"九州"的考古学研究》，《考古学文化论集》（2），文物出版社1989年版；赵春青：《〈禹贡〉五服的考古学观察》，《中原文物》2006年第5期。

一种多中心的文化格局，并没有与五服制相应的那种层级式的行政区划格局，也自然没有一处聚落作为其中心。

据《史记·夏本纪》所载，洪水的治理工作主要有四人负责，即禹、契、后稷和皋陶。四人所担负之职责也各有侧重。禹"令益予众庶稻，可种卑湿。命后稷予众庶难得之食。食少，调有馀相给，以均诸侯"。禹则"左准绳，右规矩"，"以开九州，通九道，陂九泽，度九山"；"乃行相地宜所有以贡，及山川之便利"。皋陶则是"作士以理民"。从这段关于传说时代的记载约略可以看到，在夏朝形成以前，曾有过一场大变革，在政治制度和经济制度上都做了一番大刀阔斧的整合工作。这次改革的主要收获则是制定了一套精密的贡赋体系，其贡赋不仅包括粮食和日常生活用品，还包括各地的特产和奢侈品。而这次改革的契机则是治理洪水，其成果就是五服制。

先秦的传世文献通常都有一个较长的成书过程，在这一过程中虽然可能会在具体的表述上出现差异，也会加入其他的内容，但总还暗含着某些原始的信息，如设想先秦的学人所言皆为纯粹虚假的构拟，则其动机很难解释。《尚书》的性质既然是上古政治档案的汇编，而且流传又这么久远，自然在年代上会出现混杂的现象。《禹贡》中那一小段关于五服制的记载在所指年代上可能要晚于九州贡赋制，很可能反映了夏代的某种制度格局①。沿着这一思路，便可以发现，五服制与目前考古发现的二里头遗址和二里头文化的特征相似之处很多，因此，对五服制的正确解读有助于深入认识二里头遗址。下面就结合五服制探究一下二里头遗址的形态和功能。

## 二　作为五服制中心的二里头遗址在形态与功能上的演变特征

二里头遗址作为二里头文化的核心聚落无论在规模上还是在内涵的复杂性上都有一种鹤立鸡群的感觉。遗址位于河南省西部，洛阳盆地的东部。东距偃师商城约6公里。这一带北面有邙山，南面是伊阙，西部的周山与豫西的丘陵地相连，东部冈峦起伏连接着嵩山，四周环山，中

---

① 王妙发认为夏王朝实行一种以距都城远近为标准划分的行政等级管理制度，即"五服"制度。见于《黄河流域聚落论稿：从史前聚落到早期城市》，知识出版社1999年版。

部是狭长形盆地，境内有伊、洛、沁、涧四河，沟渠纵横，适于农业耕作。

偃师二里头遗址的现存范围是"东西最长约 2400 米，南北最宽约 1900 米，现存面积约 300 万平方米"①。目前考古发现遗址内部的布局有：宫殿区、贵族居住区、祭祀遗存区、铸铜遗址区（位于遗址南部偏东、宫城区以南 200 米处，面积在 1 万平方米以上，并发现有壕沟遗迹）、一般居住活动区、制骨作坊遗迹、中型墓葬集中区等。

二里头遗址的聚落形态在不同时期有所演变②，其中变化最剧烈的就是夯土建筑基址和手工业遗址（见下表）。

| | 遗存面积（平方米） | 主要建筑遗址变化 | 主要手工业遗址变化 |
|---|---|---|---|
| 二里头文化一期 | 100 万 | 只有一般性建筑遗存 | 出现制陶、制骨作坊。 |
| 二里头文化二期 | 300 万 | 建筑遗址分化，出现了宫殿区、贵族居住区和一般性居址。宫殿区内发现两座大型夯土建筑基址群。 | 出现围墙环绕的大型青铜冶铸作坊遗址。 |
| 二里头文化三期 | 300 万 | 宫墙出现，形成了宫城。宫城内夯土建筑基址发生显著变化，基址数量明显增多，由一体化的多重院落布局演变为复数单体建筑纵向排列。 | 围墙内又出现了大型绿松石制造作坊遗址。 |
| 二里头文化四期 | 300 万 | 宫殿区仍延续使用，甚至有所扩大。 | 环绕作坊遗址的围墙得到进一步修补。 |

以上考古发掘所揭露的二里头遗址形态的演变特征显示，此遗址具有十分显著的政治中心和手工业中心的功能。形态上的变化基本可以归纳为两条主线，即政治性建筑的演变和手工业作坊的发展。聚落的形态是与其功能相对应的，聚落之间在形态上的差异往往反映了其功能上的不同。尤其是像二里头遗址这种形态复杂的聚落，其所体现的功能侧重则必须从形态的特殊性上来探究，某类型遗存表现出了较为突出的特征，则表明此聚

---

① 许宏等：《二里头遗址聚落形态的初步考察》，《考古》2004 年第 11 期。

② 同上；高江涛：《中原地区文明化进程的考古学研究》，社会科学文献出版社 2009 年版，第 257—267 页。

落很可能在某种功能上要强于其他功能。二里头聚落宫殿和手工业作坊的发展则充分显示了其在功能上的侧重。

二里头遗址的政治功能有一个渐进发展的过程。遗址中心区的宫殿和纵横相交的四条大道显示此聚落的兴建具有一定的规划布局意识。二里头文化二期时，宫殿区与外围地区的在道路上的隔离表明其政治功能开始凸显；二里头文化三期时，宫殿区大型夯土建筑的增多，宫殿区内富有生活气息的同时期遗迹如水井、窖穴等骤然减少，而宫殿区周围及其他区域的遗存却丰富起来。这些现象表明，此聚落在形态上的等级分化越来越明晰，政治性功能越来越强。宫殿区在形态上的越来越封闭，在建筑上的越来越复杂，说明此聚落统治权力的形成经历了一个由弱变强的过程。而此过程的推动力可能还是来自于聚落本身的经济功能。

最值得关注的是聚落内部手工业作坊极为发达，包括铜器、绿松石、骨器、陶器等作坊都有，其分布也很有特点。铸铜作坊和绿松石作坊等分布在宫殿区南部，距离贵族居住区也较近，说明这些作坊可能是上层贵族直接掌握的。制陶和制骨作坊遗迹则遍布整个遗址，和居住区交叉分布，此种现象说明此聚落中的居民有相当一部分可能从事手工业生产。这一点也可以在遗物中体现出来，有学者对二里头文化动物骨骼进行了量化分析研究（二里头遗址动物骨骼的数量约占 60%），并根据功用不同，将骨器大体分为生产工具、生活用具和交换媒介。生产工具又可以分为渔猎、手工业和农业。其中渔猎工具占 28.43%，手工工具占 25.5%，农具只占 3.7%[1]。农具的较少发现说明农业可能不是二里头遗址大部分居住者的主要行业。由于没有关于二里头遗址石器的量化统计，所以还无法确定石器农具所占的比例，但骨器中渔猎工具和手工工具所占的比例要远大于农具，再加上遗址内部手工业作坊的大量存在，充分说明此聚落可能为本地区的手工业中心，其手工产品可能不仅仅用来满足本聚落的需要，而是有相当一部分用来进行交换，包括奢侈品和日用品。这一点似可以从上文所引《尚书·禹贡》所载的五服制中的"五百里甸服"制得到佐证。

在《禹贡》五服制中甸服之内所纳之物主要为粮食，而且贡赋随距

---

①　李维明：《二里头文化动物资源的利用》，《中原文物》2004 年第 2 期。

离远近而不同。相距都城一百里范围的，要将庄稼割下完整地送来缴纳赋税；相距二百里范围的，缴纳穗头作为赋税；相距三百里范围的，缴纳有外壳的谷物；相距四百里范围的，缴纳粗米；相距五百里范围的，缴纳细米作为赋税。如此细密的粮食税收政策肯定有后人的附会，但也肯定不会是完全的杜撰，很可能其中就保留了较为原始的影子，如向夏王朝缴纳各种不同的谷物，就可能反映了当时的实际情况①。夏代由于交通工具的落后，粮食的运输定非易事。距离越远，缴纳的粮食越精细，也越便于运输，这样既满足了中心聚落的需求，也减轻了较远聚落的负担。不过与后世的赋役制度相比，夏代的贡赋制度明显较为宽松，具有较少的强制性。这项制度充分考虑到了运输中所花费的成本高低，而非盲目地采用政治强制力。这至少说明中心都城获得这些粮食并非是毫无成本的掠夺，而可能采取的是一种交互的物质交往方式，即二里头遗址与周围聚落很可能是一种互补共利的关系。中心聚落获得周围聚落的粮食供应，而周围聚落则从中心聚落获得手工产品和生产工具等含有较强技术性的物品，也可能包括某些奢侈品。这种典型的城市与农村在功能上的互补模式依然是当今社会城乡的主流格局，可见其源远流长。

甸服之外为侯服和绥服，主要担负劳役和武装保卫工作。可见夏代都城本身的军事防御功能可能并不强烈，外围较强的防御性使二里头遗址本身并不需要城墙，因为城墙的修建并非易事。而且外围聚落的劳役和武装保卫工作可能也并非是无偿的，可能也得到了中心聚落在经济上的支持。这种互利共存的关系使其内部聚落群极为团结，中心聚落也没有必要对内部进行防御，所以二里头遗址可能并不存在城墙。

通过对五服制的剖析，可以发现二里头遗址的考古特征与《尚书·禹贡》所载的五服之制十分吻合，二者在资料上互补。正是作为中心聚落的二里头遗址在技术上的优越性，从而成为本地的手工业中心，也进而成为经济交换的枢纽，其政治地位也因此得到巩固和加强。但是仅仅分析了五服制的核心二里头遗址只是解决了问题的一面，还必须对核心外围的城址分布格局作一番探究才能更全面地了解夏王朝时期城市的整体发展状况。

---

① 晁福林：《夏商西周的社会变迁》，北京师范大学出版社 1996 年版，第240 页。

### 三 夏王朝时期其他城址的功能浅析

（一） 新砦城址

新砦城址位于河南省新密市东南 18.6 公里的刘寨镇新砦村。整座城址均掩埋在今地表以下，经钻探和局部解剖得知，城址平面基本为方形，南以双泊河为自然屏障，现存东、北、西三面城墙及贴近城墙下部的护城河。根据考古钻探和试掘材料，新砦城址的四周除南面濒临双泊河外，其余三面间有城墙和护城河，是为大城。大城西南部为内壕圈占的小城（内城），大城北边为东西长 1500 米左右的外壕，整个城址面积为 70—100 万平方米①（图 1.3.1）。

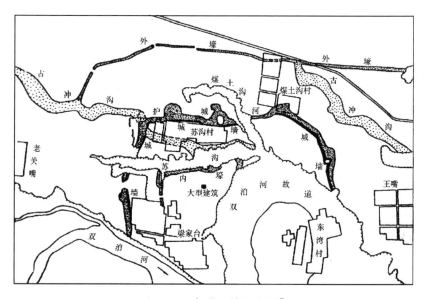

图 1.3.1　新砦城址示意图②

---

①　赵春青等：《河南省新密市新砦遗址发现城墙和大型建筑》，《中国文物报》2004 年 3 月 3 日。

②　据王巍、杜金鹏《2500BC—1500BC 中原地区聚落形态反映的社会结构研究》，探源工程（第一阶段）"聚落形态反映的社会结构"课题结项报告，2006 年 7 月。

经 C$^{14}$ 测定，新砦遗址龙山文化晚期年代约为公元前 2200—前 1900 年。新砦期年代大约为公元前 1900—前 1750 年。新砦城址始建于龙山文化晚期末段，废弃于二里头文化早期。按绝对年代计算，新砦城址的始建年代约为公元前 2000 年至公元前 1900 年间①。

新砦城址在形态和功能上的特征主要有以下三点。

（1）防御设施齐全，防御功能显著。三重防御设施在中原地区的龙山时代仅此一例，即使从整个先秦时代来看，这种防御格局也是极少的。外壕虽然只见于遗址北部，但由于其与西边的武宁河、南边的双泊河和东边的圣寿溪河共同将遗址包围，形成了一个封闭的外围防线，外壕之内有长方形的城墙和护城河，护城河与双泊河相通。内壕设在城址西南部地势较高处，其圈占地带为城址的中心区，面积为 6 万平方米。如此严密的防御体系说明，此城不仅用来防御外界的侵犯，对城址内部也是一种防御态势。可见此城的居住群体存在着两极分化的现象。

（2）在城址的中心区发现了大型建筑遗存，有夯筑墙体、白灰墙皮、活动面等中原遗迹。说明此处遗存可能为城址的统治中心，具有较强的政治功能。

（3）城址具有一定的经济功能。手工业作坊区很可能在梁家台村南端濒临双泊河的台地上，推测可能为一处制骨作坊区。另外还发现了一些精美的遗物。

以上三点说明，新砦城址具有较强的军事防御功能，一定的政治统治和经济功能。其在时间上要早于二里头遗址，在聚落的规模和城址内涵的复杂性上都无法与二里头相比，但其在政治、经济和军事防御上的突出功能使其基本具备了中心城市的特征。

（二）大师姑城址

大师姑遗址位于河南省荥阳市广武镇大师姑村和杨寨村南。北距黄河、西南距荥阳市区均为 13 公里，东南距郑州市区 22 公里。遗址所在地属于邙山山前低缓丘陵区，海拔 108—110 米。城址由城垣和城壕组成，城壕和已发现的城垣平行。城壕复原总周长为 2900 米。所发现的二里头文化遗存全部集中在城垣和城壕以内，总面积约 51 万平方米（图 1.3.2）。

---

① 赵春青：《新密新砦城址与夏启之居》，《中原文物》2004 年第 3 期。

图 1.3.2　大师姑城址示意图①

就目前的考古资料来看，大师姑城址也是以较强的军事防御功能为主
的。证据有如下几条：

（1）城垣始建于大师姑遗址二里头文化第一段，即相当于二里头文
化二期偏晚，与二里头宫城的始建年代相当，经过四个阶段的续建和修
补，废弃年代尚不清，推测为大师姑遗址二里头文化第五段，即相当于二
里头文化四期偏晚和二里岗下层偏早阶段之间，与二里头宫城的废毁年代
相近②。可见其兴衰历程同二里头遗址在时间上基本同步，表明它与二里
头遗址关系密切。

（2）从地理位置来看，大师姑城址可能处于夏商的分界线上。关于
夏王朝的东境，文献记载在河济之间，即今温县、武陟和黄河南岸的荥阳

①　据郑州市文物考古研究所：《郑州大师姑》，科学出版社 2004 年版。
②　郑州市文物考古研究所：《郑州大师姑》，科学出版社 2004 年版，第 336—
338 页。

一带①。目前从考古学上来看，大致以今沁水为界，沁水以西是以北平皋
—赵庄为代表的二里头文化二里头类型，以东为以修武李固、新乡潞王坟
为代表的先商文化漳河类型。夏文化和商文化的分界点正好就在河济之
间②。大师姑城址北距今沁水入黄河处大约13公里，东北距今古荥镇约
8.5公里，正位于古文献记载河济相交处和夏商文化分界线附近。

（3）城址内部的遗迹包括有灰坑、灰沟、房址、墓葬等，遗物除出
土大量的陶器外，还发现少量的铜、石、骨、蚌、玉器，并发现有陶排水
管道。就目前的考古发现来看，无论是遗迹还是遗物都比较单一，无法与
二里头遗址的复杂内涵相比。

（4）从遗存的分布来看，所发现的二里头文化遗存全部集中在城垣
和城壕以内，这也可以作为城址功能较为单一的一个佐证。

综上所述，大师姑城址无论是在存在的时间、所处的地理位置，还是
城址的内涵上都表明，此城址具有较强的军事防御功能，而且功能较为单
一，很可能只是夏王朝在东境的一处军事重镇。

（三）夏家店下层文化石城址群

今燕山南北地带为夏家店下层文化分布区，时代约为公元前2300—
前1600年，相当于中原地区的二里头文化和二里岗商文化的阶段。在内
蒙古赤峰、敖汉旗和辽宁阜新、北票等地已发现夏家店下层文化城址百
余座③。

下面以考古资料较为丰富的敖汉旗地区城址为例，对其形态作一简单
介绍。

敖汉旗地区的石城址分为大型和中型两类。大型城址如敖汉旗大甸子
城址，位于大凌河水系上游，城址形似圆角长方形的土台，高出周围地面
2—3米，南北长350米、东西宽200米，建有夯土墙和壕沟。城东墓地
约占地1万平方米，共发掘804座墓葬。2条空白地带将墓地区划成3个

---

① 王文华：《河南荥阳大师姑夏代城址的发掘与研究》，《文物》2004年第
11期。

② 刘绪：《论卫怀地区的夏商文化》，《纪念北京大学考古专业三十周年论文
集》，文物出版社1990年版。

③ 田广金：《内蒙古长城地带石城聚落址及相关诸问题》，载《纪念城子崖遗址
发掘60周年国际学术讨论会文集》，齐鲁书社1993年版。

墓区，以墓葬布局、随葬陶鬲、彩绘纹样等多种因素的差异为依据，各区内又可分为若干茔域。由此可以判明，埋葬于这一墓地的有尊式鬲、鼓腹鬲和直腹鬲为代表的3个集团，又各有若干家族。各家族内还可区分为多个等级。以城址为中心，在约1.44平方公里范围内有8处居住性遗址环绕，在城外西北还有一处随葬彩绘陶器的墓地。

中型城址如敖汉旗萨利巴乡城子山石城址，位于敖汉旗西部老哈河支流附近，坐落在当地最高的山顶部，海拔855.6米，比附近地面高出约250米。随山势围砌石墙，陡峭的段落则凭天险防御，面积6.5万平方米，是为外城。城内有30处石砌方院，面积160—450平方米，多三五处相连，有门相通。各院内建一二座直径5—9米的石砌圆形房屋。此外还有单独的37处圆形石砌房屋，直径5米左右。内城位居全城的制高点，比外城高3—5米，面积7000平方米，中部有12处石砌圆形建筑，直径7—9米。这种建筑布局，标志着在这里居住的人至少分为3个等级。

另外还有中型石城，如敖汉旗敖吉乡等子山石城，赤峰东八家石城遗址，石墙依山势而建，城内房址建筑具有向心式布局，中心都有一处较大居址。

从上述城址的形态来看，这些石城聚落的社会结构已经出现简单的分层现象，有了等级的差别，可能出现了中心权力机关，但其权力到底有多大还无法确知。北方地区的石城址群早在龙山时代便已出现，并一直延续到商代，可见石城址群具有较长的发展演变的历史，并且可能与中原地区的夏王朝没有什么政治联系。如果参照"五服制"，夏王朝的经济影响力很有可能已经波及到了这些地区，但究竟是一种怎样的经济交往关系目前看还缺乏足够的资料印证。就其所处的地理位置来看，很可能是游牧民族和农耕民族交流过程中的产物。城址内部发现的具有储藏功能的窖穴说明，这些城址具有积聚财富的功能，这也是农业聚落的典型特征之一。但不可否认的是，其强大的防御功能可能还是主要的，不过花费如此的气力，修建如此规模的城址群到底是为了保护什么呢？这可能还要通过对城址内涵的考古发掘和聚落经济的研究来寻找答案。

## 四　小结

除了以上几座城址外，在孟庄也发现了二里头文化时期的城址，在夏县东下冯遗址也发现了城墙，但其年代还存有争议，有可能上推到二里头文化时期。据此可以对二里头文化时期城址的分布有一个大略的认识。

从上述几座城址与聚落的分布状况及遗址考古特征来看，二里头遗址在夏王朝时期的黄河中游地区无疑处于中心聚落的地位，作为本地区的政治中心、手工业中心和经济交换中心，其在功能上同商周时期的都城已经基本接近。大师姑和孟庄等城址无论是地理位置还是遗存的内涵都显示了较强的军事防御功能，它们在二里头遗址东部形成了一道南北防线。这同中心地区的二里头遗址形成一种互补共利的关系。这是目前对二里头文化时期城址布局的一个基本认识。城址的这种中心与边缘的分布格局及功能特征，正与《尚书·禹贡》所载的"五服制"相互印证，体现了夏王朝时期的国家发展面貌。

二里头文化时期城址的考古现象表现出了夏王朝在政治上的一种封闭式内向格局，而不具有外向的扩张性。但其在经济上则很可能具有一种外向的扩张性，无论是陶器还是青铜矿源，都显示了其在经济上的开放态势①，文献中的"五服制"也主要表现出了一种政治控制下的经济联系，甚至对外围地区政治上的控制力度也较弱。整个二里头文化时期正因为中央王朝所采取的态度，使其同外围，甚至更远范围的聚落保持一种和平交往的态势，所以二里头遗址在大部分时间里都较少受到战争的威胁，这也使其在经济和技术上获得了较为平稳的发展，为商周时期城市的发展奠定了基础。

---

① 秦小丽：《二里头文化的地域交流——以山西省西南部的陶器动态为中心》，《考古与文物》2000 年第 4 期。

# 第 二 章

# 商周城市的地理分布格局
# 与选址原则

商周时期的历史按照其演变趋势基本可以划分为商代、西周、春秋和战国四个历史时段，每一个时段都有其显著的历史特征，各时段之间也有其内在的联系。就城市的发展来看，在这一千多年的长时段里，无论是城市的数量，还是城市的形态和功能都发生了较大的变化。这些变化既与历史时段有着内在的联系，又在某些方面展现了自身的特征。

众所周知，地理环境是人类活动的奠基石，因此要全面了解城市的发展演变，就不得不首先把目光放在城市地理分布格局的演变上。本章之任务就是从宏观和微观两个视角对商周城市的地理分布格局和选址的演变进行复原，然后从时间和空间两个维度进行综合分析，以寻找其发展演变的某些结构性特征。不过由于资料的限制，这种复原和分析并不完整，只能算是一个基于现有资料的较概括的研究。

## 第一节　商周城市分布格局地域特征的宏观考察

目前的资料显示，从龙山时代到二里头文化时期，城址的发展从数量上经历了一个由少到多，再由多到少的过程。在这一过程中，黄河流域与长江流域城址的分布格局由"满天星斗"式的多中心格局变为了以二里头遗址为核心的单中心发展模式，城市发展的重心也从此稳固在了黄河中游地区。从商代开始，城址的分布则重新开始经历了一个由少到多，由单中心到多中心的发展过程。大体看来，商周时期城市的分布基本以黄河和长江两大河流为中心，主要分布在此两河流域的中下游地区。

## 一　黄河流域及其以北地区城市分布格局的演变

黄河流域，尤其是黄河中下游地区，是商周城市发展的中心地，其在城址的数量上远远多于其他地区。本书所说的黄河流域及其以北地区，大体指淮河以北地区。黄河流域和长江流域的分界也以秦岭—淮河一线为准。之所以把黄河流域和其北部地区划归在一个大区域内，是因为二者无论是地理环境还是历史发展都关系紧密，从商代以来，整个北方地区都处于较为频繁的政治、经济和文化交流之中，城市的发展自然与此息息相关。

### (一)　商代城市的分布格局

目前发现的商代黄河流域及其以北地区的城址有河南偃师商城、郑州商城、洹北商城、焦作府城村，山西垣曲商城、夏县东下冯、山东章丘城子崖、丁公、田旺、景阳岗和北方的夏家店下层文化石城址群等城址。除此之外，商代还有几座目前还没有发现城垣的都城遗址：河南安阳的殷墟、陕西的周原和丰镐地区。这些聚落虽然在始建年代上有早晚，但基本不出商代的范围。

上述城址基本可以分为两类，一类是具有都城性质的城址，如偃师商城、郑州商城、洹北商城等；另一类是一般性的城址①，如焦作府城村、山西垣曲古城、夏县东下冯、山东章丘城子崖、丁公、田旺、景阳岗以及北方的夏家店下层文化石城址群等城址。

都城遗址基本分布于黄河中游地区。据《史记·殷本纪》和古本《竹书纪年》记载，商王朝先后建立了六处都城，分别为亳、隞（嚣）、相、邢（庇、耿）、奄、殷。这六处都城的确切地理位置历来众说纷纭，难有定论，即使有考古资料相佐证，也因为资料的不足而出现不同的说法，难免有张冠李戴之嫌。但大体看来皆不出黄河中下游一线，这也与目前考古发掘的商时期城址基本吻合。商代目前发现

---

① 许宏把夏商西周时期的城址分为了王朝都城址、方国城址和周边邦国部族城址三类。其分类的标准首先考虑的可能是地理位置，其次是城址的内涵，但是要准确分清方国城址和邦国部族城址并非易事，在资料不足的情况下，统称为一般性城址较为合适。见《先秦城市考古学研究》，北京燕山出版社 2000 年版。

的这几处具有都城性质的聚落主要集中分布在黄河中游地区，这也与夏代的核心控制区重合。也可以说，商王朝是直接继承了夏王朝的政治核心区。

在一般性城址中，除了焦作府城村、山西垣曲古城和夏县东下冯三座城址处于商王朝的核心控制区外，山东地区、陕西的周原和北方的夏家店下层文化石城址群都处于较外围的地区，与核心区相对较远，中间还存在着相当的真空地带。这种格局说明商王朝的影响力较之夏王朝要强大了许多，但其影响力所及的到底是政治方面还是经济方面则颇值得商榷。从文献对夏商所实行的畿服制度的记载来看，越外围的地区，其政治控制力越弱，更多的还是一种经济上的控制。城址的分布与此较为接近，商王朝的直接控制区可能只有黄河中游地区，中游之外的地区更多的可能是一种经济上的联系。就黄河流域及其以北地区来看，商王朝同外围聚落的关系可能与夏基本相似，主要是在经济上的互利，而不是政治上的直接统治。这一点可以从商晚期商王朝同周邦的关系可以看出。文献载文王虽然被商纣王所拘禁，但通过大量的财物贿赂，文王终于获得了自由①。由此可见，商王朝对外围邦族的控制主要可能是出于经济上的考虑，而并未形成政治上的直接控制。

### （二）周代城市分布格局的演变

周代城市分布格局的复原是建立在对周代城市数量的统计上的。这种统计基本可以分为两类，一类是有关文献资料的整理，另一类是考古资料的统计，二者所使用的标准差别较大。文献中城市的筛选标准是十分模糊的，基本的标准是都、城、邑，其中争议最大的就是邑，邑在先秦文献中所指的范围较广，很难将其全部归为城市，因为直到战国时期才出现"城"、"市"、"邑"等名词，可见城市只是邑的一种形式，考古资料则基本以城址为准，即有城墙的聚落。其中有一部分在地理位置上同文献所载重合，大部分无法准确对应。要对周代城市分布格局有一个客观的认识，首先就是要确定资料选取上的标准。

虽然文献所见城邑的数量并不容易统计，但也有学者进行了尝试。李济先生根据地方志书的史料，找出585个周代的城邑，另外还有233个不

---

①　见《史记·周本纪》，中华书局1982年版，第116页。

易确定年代的城邑。这些古代城邑在西周时分布于现在的陕西、山西、河南以及河北，到东周时才见于江汉淮济（湖北、江苏、山东）诸处①。美国历史地理学家惠特利（Paul Wheatley）以《史记》所见古代城邑为主，参以先秦文献及古本《竹书纪年》的资料，设定西周有 91 个城市，其中西周封建诸侯的国都占大多数；他又根据《左传》的材料设定的春秋时代城邑分布图上的城邑有 466 个分布点，比西周多出 375 个点②。而根据顾栋高《春秋大事表·都邑》所统计的各国城市，总计达 386 个③，仅见于春秋三传记载的就有 70 起，这还是不完全的记载。以致有的学者估计说："《春秋》、《左传》、《国语》共出现城邑地名 1016 个，其中有'国'名为城邑之名者百余，这样推算春秋城市（邑）可达千余之论是有案可察的。从逻辑上推论，春秋这 190 余国，绝不止一千个城邑，也就是说 190 余国的大多数，应该不少于 10 个城邑，而最多者应达百余以上；这样推论，国外学者认为春秋城邑可达二千之数是可信的。"④

以上关于周代城市的量化统计差别很大，主要是因为所设定的标准不同，文献关于城邑的记载多较模糊，在形态和功能上都无法得到确切的认识。所以同样的称呼可能指代的聚落形态是完全不同的，而且单从文献也很难制定一个可操作性强，又较为客观的标准。

通过对大量考古资料的整理，到目前为止所发现的春秋战国时期城址的数量已经达到了 400 余座，与发现的三代的城址数量相比，增加了近 10 倍。密度最大的河南省已经发现了 140 多座城址。这些城址因为在形态上与一般性的聚落不同，体现了较强的军事防御性，因此在功能上可能也较一般性聚落复杂，可以基本归入城市的行列。这样在资料的选取上就有了一个较为客观，具有较强可操作性的标准。此

---

① Chi Li, The Formation of the Chinese People（Harvard University Press, 1928），pp. 94 - 104. 转引自许倬云《周代都市的发展与商业的发达》，《许倬云自选集》，上海教育出版社 2002 年版，第 71 页。

② Paul Wheatley, The Pivot of the Four Quarters, A Preliminary Euquiry into the Origin and Character of the Ancient Chinese City, Chicago, aldine, 1971, pp. 164 - 173.

③ 顾栋高：《春秋大事表》之《春秋列国都邑表》，中华书局 1993 年版，第 703—887 页。

④ 潘英：《〈春秋〉、〈左传〉、〈国语〉国名地名官名人名录》，《中国上古史新探》，明文书局 1986 年版；张鸿雁：《春秋战国城市经济发展史论》，辽宁大学出版社 1988 年版，第 121 页。

一标准的底线则是在形态上以有城墙的聚落为主，当然也可能存在着没有城墙的城市，但由于资料的限制，这一部分还很难筛选出来，不过目前看来，春秋战国时期具有都城性质的城市都有城墙，这些都城无论是从文献资料来看，还是从城址的内涵来看都具有城市的特质，据此推论，城墙还是较为客观地反映了春秋战国时代城市聚落的基本共性特征。

西周目前发现的城址较少，除了陕西的周原、长安的丰镐和河南的洛邑成周三处都城遗址外，西周封建的诸侯国中，只发现了一座北京房山琉璃河燕国城址。像齐国的临淄和鲁国的曲阜等都只有春秋以后的城址，暂时还没有发现西周时期的城址，即使是西周的中心都城目前也没有发现城墙等防御设施。造成此种现象的原因大概可以归结为两方面，一方面是目前考古发掘的缺失，很多西周城址还未被发现。此种可能性并不大，因为目前的考古发掘技术已相当成熟，发现城址并不是一件很难的事，比西周更早的龙山时代的城址就是例证。另一方面就是西周封建可能并未产生大量的城址。西周时期虽然进行了大量的分封，但是这种分封可能只是产生了大量半独立的权力机构，刚开始，这些政治权力机构可能未必皆有能力来为自己修建一座城池。《诗经·大雅·崧高》载周宣王时，王才命召伯，"定申伯之宅"。"申伯之功，召伯是营。有俶其城，寝庙既成。"可见，该城的营建主要还是在周王的大力支持下才建成的。周王朝及其各诸侯国虽然是以武力控制了大片领土，但是在这些异族的土地上普遍建城立邑，设立永久性的城邑，可能花费了较长的时间。

西周城市因为文献的不确定性和考古资料的稀少，还无法对其整体的分布格局有一个确切的认识，不过可以肯定的是黄河中下游依然是其发展的重点，政治权力的中心与商王朝基本重合。而且由于分封制的推行，对外围地区的政治控制力得到加强，但城市的发展可能还只是处于起步阶段。

当历史进入春秋时期，城市的发展便进入一个繁荣阶段。此时西周时期的权力据点逐渐发展成为各地的政治、经济和文化中心，成长为功能复杂的城市聚落。丰富的文献和大量考古发现的城址为认识这一新城市时代提供了宝贵的资料。春秋时期的城址目前发现了200多座，当然这只是粗略的估计，因为这些城址大多只是进行了初步的探察，很多城址的年代是通过一些相关文献和地表采集物得出的，没有进行正式的考古发掘。尽管如此，也为客观地认识春秋时期城市的分布格局提供了第一手的资料。

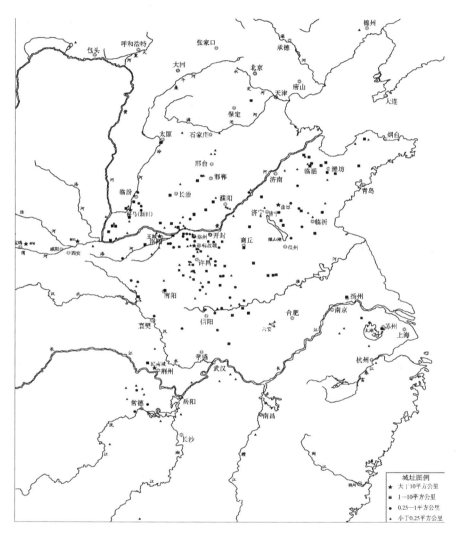

图 2.1.1　春秋城址分布示意图

　　表 2.1.1 显示，春秋时期城址的分布主要在河南、山西和山东三省，有 161 座，占目前发现总数的 74%，其中尤以河南省为最，占总数的 46%，将近一半。由此可见，黄河中游即所谓的中原地区是城址的密集分布区。9 座面积超过 10 平方公里的城址中，有 7 座也在这一范围内。可

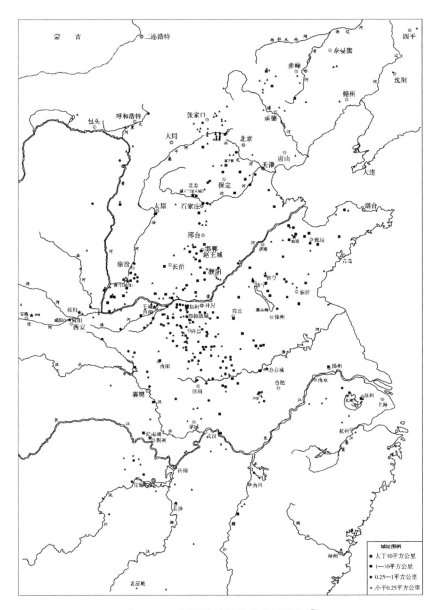

图 2.1.2　东周城址整体分布示意图①

---

① 图 2.1.1 与此图均据许宏《先秦城市考古学研究》（北京燕山出版社 1995 年版）图四十改制。

见无论是城址的数量，还是城址的发展水平，黄河中下游地区都是最高的。这一大趋势直到战国时期依然如故。

表 2.1.1　　　　　春秋时期考古发现城址规模与分布状况表①

| 地区＼城址 | 考古发现城址总数 | 有完整面积的城址数 | 城址面积（平方公里） | | | |
|---|---|---|---|---|---|---|
| | | | ≥10 | 1—10 | 0.25—1 | ≤0.25 |
| 辽宁 | 1 | 1 | | | | 1 |
| 河北 | 10 | 6 | | 2 | 1 | 3 |
| 山西 | 23 | 13 | 1 | 6 | 4 | 2 |
| 陕西 | 4 | 2 | 1 | | | 1 |
| 河南 | 99 | 77 | 3 | 32 | 21 | 21 |
| 山东 | 39 | 31 | 3 | 15 | 7 | 6 |
| 安徽 | 9 | 9 | | 5 | 1 | 3 |
| 湖北 | 13 | 8 | 1 | 2 | 1 | 4 |
| 湖南 | 14 | 12 | | | 2 | 10 |
| 江西 | 1 | 1 | | | | 1 |
| 江苏 | 7 | 5 | | 2 | 1 | 2 |
| 浙江 | 1 | 1 | | | 1 | |
| 共计 | 221 | 166 | 9 | 64 | 39 | 54 |

　　战国时期考古发现的城址数量较之春秋翻了近一倍，目前已经发现了428 座（表2.1.2），这还是最保守的估计。其中春秋时期的221 座城址绝大多数都延续到了战国（为统计方便，姑且全部算入），新增加的城址有207 座。其中最引人注目的现象，是北方地区的城址大量增加，河北地区的城址由10 座增加到88 座，增加了8 倍多，内蒙古地区也出现了11 座城址。南方的安徽、湖北和湖南等地也都有增加。当然其总体格局依然以黄河中下游为重心。

---

　　①　此表及下表2.1.2 均据许宏《先秦城市考古学研究》（北京燕山出版社2000年版）附表3"春秋战国城址一览表"统计。

表 2.1.2　　　　　　　　　战国时期城址规模与分布状况表

| 城址地区 | 考古发现城址总数 | 有完整面积的城址数 | 城址面积（平方公里） | | | |
|---|---|---|---|---|---|---|
| | | | ≥10 | 1—10 | 0.25—1 | ≤0.25 |
| 北京 | 3 | 3 | | | 1 | 2 |
| 天津 | 1 | 1 | | | 1 | |
| 内蒙古 | 11 | 8 | | 1 | 1 | 6 |
| 吉林 | 1 | 1 | | | | 1 |
| 辽宁 | 5 | 3 | | | | 3 |
| 河北 | 88 | 60 | 3 | 12 | 10 | 35 |
| 山西 | 30 | 18 | 2 | 8 | 5 | 3 |
| 陕西 | 16 | 12 | 2 | 2 | 4 | 4 |
| 河南 | 146 | 111 | 3 | 44 | 35 | 29 |
| 山东 | 44 | 36 | 3 | 18 | 7 | 8 |
| 安徽 | 29 | 24 | 1 | 9 | 6 | 8 |
| 湖北 | 19 | 15 | 1 | 4 | 3 | 7 |
| 湖南 | 22 | 17 | | | 3 | 14 |
| 江西 | 3 | 1 | | | | 1 |
| 江苏 | 7 | 4 | | | 2 | 2 |
| 浙江 | 3 | 2 | | | 1 | 1 |
| 福建 | 1 | | | | | |
| 共计 | 429 | 317 | 15 | 99 | 78 | 124 |

　　上述对考古发现城址的统计可以与文献中城邑的统计作一对比。顾栋高在其《春秋大事表》之《春秋列国都邑表》中，列出了 392 个都邑，其中诸侯国都城有 45 座，邑有 347 座（表 2.1.3）。

表 2.1.3　　　顾栋高《春秋大事表》所统计之春秋列国都邑表

| 诸侯国 | 晋 | 周 | 鲁 | 齐 | 楚 | 郑 | 宋 | 卫 | 莒 | 曹 | 邾 | 秦 | |
|---|---|---|---|---|---|---|---|---|---|---|---|---|---|
| 邑 | 68 | 42 | 38 | 38 | 38 | 31 | 18 | 19 | 12 | 8 | 8 | 5 | |
| 都 | 4 | 2 | 1 | 1 | 5 | 2 | 1 | 3 | 2 | 1 | 2 | 2 | |
| 共计 | 72 | 44 | 39 | 39 | 43 | 33 | 19 | 22 | 14 | 9 | 10 | 7 | |
| 诸侯国 | 吴 | 纪 | 陈 | 庸 | 许 | 杞 | 蔡 | 虞 | 虢 | 徐 | 糜 | 越 | 共计 |
| 邑 | 5 | 4 | 3 | 3 | 2 | 2 | 1 | 1 | 1 | | | | 347 |
| 都 | 2 | 1 | 1 | 1 | 4 | 2 | 3 | 1 | 1 | 1 | 1 | 1 | 45 |
| 共计 | 7 | 5 | 4 | 4 | 6 | 4 | 4 | 2 | 2 | 1 | 1 | 1 | 392 |

当然此表并非完备，有学者曾对楚国春秋时期的都邑进行统计①，结果找到了 100 多个都邑，远多于都邑表中楚国的都邑，但其分类标准则比较模糊。顾栋高把春秋的聚落分为了都、邑、地三类②。此种分类主要依据的是杜预的注，大致属于一种行政区划分类，标准还是比较清楚的。顾栋高所列都邑表中的这 392 个都邑有 360 个可以基本确定大体位置，与 221 座春秋考古发现城址的分布格局大体相同（表 2.1.4）。

表 2.1.4　　　　　　　考古发现城址与文献都邑分布对照表

| 省份<br>类别 | 河南 | 山东 | 山西 | 河北 | 安徽 | 湖北 | 湖南 | 江苏 | 陕西 | 四川 | 江西 | 浙江 | 辽宁 | 共计 |
|---|---|---|---|---|---|---|---|---|---|---|---|---|---|---|
| 考古城址 | 99 | 39 | 23 | 10 | 9 | 13 | 14 | 7 | 4 | | 1 | 1 | 1 | 221 |
| 文献都邑 | 130 | 123 | 42 | 15 | 16 | 12 | | 9 | 8 | 2 | 1 | 2 | | 360 |

整合以上数据可以发现，东周时期黄河流域及其以北地区考古发现的城址呈现出了如下三点结构性特征：

（1）从整体来看，城址主要集中分布在中国整体地形的二、三级阶地上，尤以二、三级阶地的交界带最为明显，即黄河中游所谓的中原地区是城址分布最密集的地区，从春秋到战国大体未变。

（2）目前的考古资料显示，从春秋到战国，城址有一个由黄河中下游向南北扩展的趋势，主要是向北方拓展，北方一直到延伸到辽宁的四平。其大体位置是沿着二、三级阶地的交界带分布。

（3）城址呈等级化聚团分布。通常中心位置为面积超过 10 平方公里的都城，外围较密集分布有若干城址，呈拱卫态势。城址群之间通常有过渡带，过渡带内城址分布较稀疏。

## 二　长江流域及淮河以南城市分布格局的演变

二里头文化以前，长江流域的城址曾经有过一段辉煌的发展期，无论是城址的数量还是城址的发展水平与中原地区不相上下，甚至在某些方面

---

①　高介华等：《楚国的城市与建筑》，湖北教育出版社 1996 年版，第 153—199 页。

②　都、邑指的是具体的聚落，地则是对一地区的泛称，春秋时期的都、邑基本可归入城市行列。

都有所超越。整个龙山时代，长江上、中、下游地区的城址遍地开花，并出现了像石家河、良渚等规模空前的城址。但是短暂繁荣过后，长江流域无论在文化上还是城市的发展上，其水平都无法与中原地区相比。这一迟滞现象经历了较长的一段时间，整个先秦时期发展都很迟缓。

商王朝时期，长江流域的城址数量极为稀少。目前的考古资料显示，只有长江中游属于商前期的盘龙城和上游属于商后期的三星堆遗址似乎还延续着曾经的辉煌，但也只是昙花一现，随之便消失在历史的汪洋大海中了。历经整个西周，长江流域都处于较为低迷的发展状态，西周时期的城址在长江流域目前只发现一座，即湖南宁乡炭河里城址①。

上述现象来源于对考古资料的占有情况，尽管也希望能够从文献中整理出商代和西周的城邑，但由于资料的贫乏，目前还很难进行这方面的工作。

从春秋时期开始，长江流域开始了新一轮的城市建设，其主要的建设者就是楚和吴、越等诸侯国。楚国着重开发的是长江中游、淮河南岸的广大地区，其触角甚至延伸到了中原和山东地区，而吴、越两国的城市建设则主要集中在长江下游地区。

荆楚之地原本属于较为落后的地区，楚国的祖先曾经历了十分艰苦的创业阶段，《左传·昭公十二年》载："昔我先王熊绎，辟在荆山，筚路蓝缕，以处草莽。跋涉山林，以事天子。"可见开疆拓土之艰辛。当历史进到春秋时期，荆楚之地已是城邑遍地，一派欣欣向荣的景象了。

高介华、刘玉堂对春秋战国时楚国的地方城邑进行了统计，其统计数据虽然与顾栋高《春秋大事表》中的统计数据大相径庭，差别很大，但也反映了当时繁荣的城邑发展状况。高介华等根据文献记载，找到了春秋时期楚国的地方城邑 108 座，文献失载但根据考古发现的遗迹可断为春秋时期楚国地方城邑者有 17 座，二者共计 125 座②。而顾栋高在《春秋大事表中》统计的楚国春秋时期的邑只有 38 座，另外有 52 个地名归入到"地"表中。顾栋高是按照"都"、"邑"、"地"三级行政单位来划分这些地名的，其主要依据可能是杜预的注。而高介华的划分则比较宽泛。在其统计出的 108 座春秋城邑中，有 21 座与都邑表中的"邑"表重合，7

---

①　湖南省文物考古研究所等：《湖南宁乡炭河里西周城址与墓葬发掘简报》，《文物》2006 年第 6 期。

②　高介华等：《楚国的城市和建筑》，湖北教育出版社 1996 年版，第 170 页。

座与都邑表中的"地"表重合。仔细辨别这些地名就会发现，高介华所统计的城邑数可能属于春秋晚期楚国所拥有的城邑。与《春秋大事表》相比较就会发现，这些城邑有相当一部分在《春秋大事表》中是属于其他诸侯国的。由此不难推测，顾栋高在《春秋列国都邑表》中所统计的数据可能较为接近春秋早期的状况，而高介华所统计的数据则可能已是春秋晚期的状况了，如此则不难理解二者在数据上的出入。同时也可以得出楚国在春秋时期城邑的扩展情况。

战国时期楚国的地方城邑见之于文献者有142座，文献失载但根据考古发现的遗址和文物可断为楚地方城邑者有9座，二者共计151座。在有文献可考的楚国地方城邑中，有101座属原吴、越、鲁三国城邑。其缘于战国早期越灭吴，战国中晚期楚又灭越，鲁国于战国晚期亡于楚。这三国的城邑最终都归入楚国的版图①。

根据上面的统计，春秋战国之世，楚国共有地方城邑276座（不包括顾栋高大事表中未算入的楚国邑），其中包括吴、越、鲁三国城邑101座。实际上，这一时期楚国地方城邑远非此数。这主要是因为古文献对国都以外的地方城邑往往忽略不记。被历史淹没掉的城邑定然还有很多。这些暂且不问，单就文献所载的这些城邑来说，就存在着较大的问题。虽然城邑的数量较为可观，但由于文献记载的模糊性，这些城邑的性质大部分很难判断。从统计结果来看，顾栋高对城邑的划分还是很中肯的，但也只是代表了整个春秋时期的一小段。这276座城邑的分布范围十分广泛，即使除去吞并鲁国的61座城邑，依然有215座，其中有不少位于淮河以北地区，其地理分布范围比较凌乱。最难解决的问题是，这些城邑缺乏一个统一的标准来衡量。如果用"城市"或单就"城"来衡量，大部分都无法判断。基于此而确立的分布格局定然不具有说服力，因此，要确立一个较为客观的分布格局，还必须从现有的考古资料入手。

从国别看，高介华等统计出了33座楚国城址，而陈振裕则列出了50座东周时期的楚国城址②。如果不考虑国别，单从地理位置来看，淮河以南的城址目前已经发现了70多座③。

---

① 高介华等：《楚国的城市和建筑》，湖北教育出版社1996年版，第188页。
② 陈振裕：《东周楚城的类型初析》，《江汉考古》1992年第1期。
③ 许宏：《先秦城市考古学研究》，北京燕山出版社2000年版，附表3。

从这些城址的分布格局来看，淮河以南地区的城址大体呈现出如下几点特征：

（1）城址的分布主要以二、三级阶地的交界地带最为集中，这同黄河中游及其以北地区的城址分布基本保持一致。

（2）在汉水、沅江、湘江、赣江、富春江、闽江等几大河流中下游沿岸都发现有城址，几大河流以外地区发现城址较少。

（3）城址有聚团分布的倾向，但等级分布不明显。主要以楚都纪南城、寿春城和吴国的阖闾城为中心集中分布有城址，但密度远不如淮河以北地区。

## 三　影响商周城市分布格局形成的因素分析

综合上两节所论，从长时段看，商周时期以两河流域为主体的城市分布格局呈现出了如下四点结构性特征：（1）城址存在着密集分布区，即以我国地形的二、三级阶地交界带为城址的主体分布地带，尤以黄河中游所谓的中原地区分布最为集中。（2）从春秋至战国时期，城址沿着二、三级阶地的交界带呈现出了向南北扩展的趋势，最明显的就是向北方扩展。（3）黄河流域无论是城址的数量还是城址的发展水平都远超长江流域，即城市存在着明显的南北发展不平衡状况。（4）从春秋时期开始，城址出现了普遍的等级化聚团分布现象。以大规模的中心城址为核心，外围分布有较密集的城址群，城址群之间存在着明显的过渡带。

上述四点特征中，第（1）、（3）两点与地理因素关系密切，第（4）点与国家发展的制度性演变有关，而第（2）点则与地理和制度演变均有关系。

### （一）地形交界带的优势与城址密集分布区的形成

所谓的城址密集分布区有两层含义：一是我国地形的第二、三级阶地的交界带为城址分布最密集的地区；二是在这一南北交界带上，以黄河中游秦岭—黄淮平原交界带最为密集。要解释这一现象的成因，还要从大环境入手。

"大环境"是相对于大的地理区域来说的，大的自然环境特点对于城址区域特征的形成具有较强的影响力。"即在一个较大的区域范围内，许多聚落或城址所具有的共同特征，基本是由大环境因素决定的。"[1]

---

① 钱耀鹏：《中国史前城址与文明起源研究》，西北大学出版社2001年版，第73页。

　　我国地势西高东低，自西向东逐级下降，形成一个层层降低的阶梯状斜面，成为我国地貌轮廓的显著特征（图2.1.3）。地理学把我国从西向东分为三级阶地，先秦城址几乎全部分布于第二、三级阶地上，而尤为巧合的是，在二、三级阶地的交界带则是城址分布最为密集的地区，从龙山时代一直到战国时期，这一南北长条形交界带始终是城址发展最为发达的地区。前文第一章在讨论城市起源的问题时曾谈到，现代人文地理学的研究表明，两种不同地形地貌交接的地方往往是城市兴起的良好场所。从大环境看，第二、三级阶地的交界带为高原和平原的交接地区，在这一长条形地带上，从北向南太行山、伏牛山、大巴山、武陵山等等山脉绵延而下，其西面为内蒙古高原、黄土高原和云贵高原等，东面为华北平原和长江中下游平原，由此可知，我国二、三级阶地的交界带是以平原、山地和高原为特征的多种地形的结合部，因此，城址在数量上的优势自不为奇。

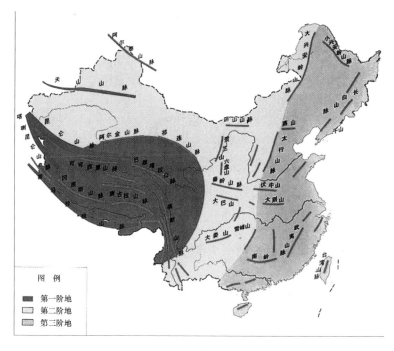

图2.1.3　中国地势图

　　在这一交界带上，最为引人注目的就是地理学上的秦岭—黄淮平原交界带。这一地区自龙山时代开始，城址的发展就没有停止过，夏、商、西周时期王朝的都城都建立于此，当历史进入春秋战国时期时，这里也成了城址分布密度最大的地区，春秋战国目前发现的城址中几乎有一半集中分布于此地。这种巧合自有其更深层的地理背景。

现代自然地理学的研究表明，在我国二、三级阶地南北长条形交界带上，秦岭—黄淮平原交界带具有最典型的山地—平原交界带的特征①（图2.1.4）。具体而言，可归纳为以下两个方面：

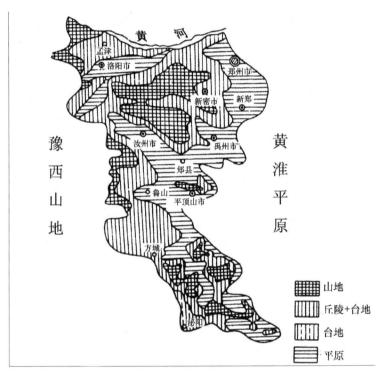

图 2.1.4    秦岭—黄淮平原交界带地貌图②

（1）自然资源丰富

矿产资源：此山地—平原交界带的地质构造和沉积环境比较复杂，

①    管华编著：《秦岭—黄淮平原交界带自然地理边际效益》，科学出版社 2006年版，第 179—181 页。

②    据管华编著《秦岭—黄淮平原交界带自然地理边际效益》，科学出版社 2006年版，图 2—3。

由岩浆活动形成的内生矿床、由风化作用和沉积作用形成的外生矿床和有变质作用形成的变质矿床等各种成因类型的矿床，均可在此形成，这就使得山地—平原交界带成了多种矿产资源集中分布的地带。

热量资源：坡地暖带在此山地—平原交界带的广泛存在，使得该高度带上的热量资源明显比两侧相邻的山地和平原地区丰富。此地热量资源丰富的优势，具有重要的农业意义。

水资源：此山地—平原交界带较多的降水，形成了丰富的地表水资源。同时，由于山地—平原交界带山前冲、洪积扇的组成物质以砾石和粗砂为主，透水性强，河流在出山口段水量大量渗漏，形成了丰富的地下水资源。因此交界带的水资源较为丰富。例如，秦岭—淮河平原交界带的年平均径流深为 100—400mm，比同相邻纬度的东部平原地区多 50—250mm，比同相邻纬度西部山地区多 50—100mm[①]。

生物多样性：此山地—平原交界带处于山地和平原之间，自然条件兼具二者的特征，拥有这两个地理单元的多种生态环境，既适宜于一些山地特有生物的生存，又适宜于一些平原特有生物的生存，山地与平原的物种在此相互渗透和交流，并具有本地区的特有物种，因而生物种群资源丰富多样[②]。

（2）人文地理环境独特

重要的交通要口：在这一南北长条形交界带上，秦岭山脉属于东西走向，与黄淮平原相交接，这种地形既造成了自然环境的差异，又十分有利于东西之间的交流。此山地—平原交界带位于山区和平原区之间，是两侧居民互相往来的必经之地。在交界带分布有一些山口关隘，构成了山区居民与外界联系的通道，在历史上两区居民的文化交流和经济往来中起到了极大的作用。山地—平原交界带往往成为山地和平原多种货物的集散中心。

特殊的区位条件：山区拥有丰富的自然资源，但交通不便，经济落后；平原地区技术水平较高，交通便利，信息通畅，经济发达，但自然资

---

① 管华：《秦岭—黄淮平原交界带水文特征分析》，《河南大学学报》（自然科学版）1994 年第 4 期。

② 李克煌等：《自然地理界面理论与实践》，中国农业出版社 1996 年版，第 29—30 页。

源相对短缺。因此，这种互补性往往使交界地带成为物质、能量、信息交流的中心。

综上所述，无论是自然地理环境还是人文地理环境，就整个国内来说，秦岭—黄淮平原交界带所具有的地理特性都是最适宜城市发展需要的，文化的发展也是起步较早的。因此此地成为城址分布最密集的地区主要得益于其特殊的地理环境。

从城址的分布格局来看，还有一个非常值得关注的现象，即存在着明显的区域发展不平衡现象，上文提到的城址密度最高的地区处于秦岭—黄淮平原交界带，而长江中下游及其以南地区的先秦城址的数量远比不上黄河中下游地区，黄河以北地区的城址分布密度也不如黄河中下游地区。对这种现象的解释还必须充分认识到整体环境的优劣对城市发展的影响。

(二) 环境的优劣与南北地区城址发展的不平衡现象

越是在文明发展的早期，人类对环境的依赖程度就越高。而地理环境的差异会造成各个地区人类生存条件的优劣之分。在文明发展的进程中，究竟哪种因素促进了文明的发展则颇有争议。

1. 环境优劣对文明发展影响的理论探讨

综合前人的研究，可以看到对这一问题的探讨至少存在着三种观点：

一种观点认为，优越的环境促进了黄河流域文明的发展。史念海先生曾经从地理的因素探讨过远古时代黄河流域最为发达的原因。他认为有利的地理因素，包括温暖湿润的气候，肥沃的土壤，使这一地区成为一个适宜于农业经营的地区，经济的发达再加上便利的交通，促进了黄河流域的发达文化。① 另一种观点则认为艰苦的环境造就了黄河流域的文明。英国著名历史学家汤因比认为，困难条件即逆境是高度文明得以形成的真正原因。逆境构成一种挑战，他不仅刺激人们去努力克服它，而且还能增加产生新成就的动力；与之相反，安逸对于文明是有害的。因此，他把黄河流域文明发达的原因归结为"困难地方的刺激"，他认为黄河中下游的自然环境远比长江中下游恶劣。"在黄河岸上居住的古代文明的祖先们没有像

————————

① 史念海：《由地理的因素试探远古时期黄河流域文化最为发达的原因》，中国地理学会历史地理专业委员会《历史地理》编委会编《历史地理》第 3 辑，上海人民出版社 1983 年版。

那些居住在南方的人们那样享有一种安逸而易于为生的环境",正是这种艰苦的环境刺激了他们身上潜伏的创造才能。而长江流域的居民为生活而斗争的艰苦性比不上黄河流域的人,因此他们没有创造出像黄河流域那样的文明。① 以上两种观点虽然都有道理,但过于绝对。马克思在《资本论》中的某些论述与汤因比的观点有相合之处。他说:"过于丰饶的自然,'使人离不开自然的手,就像小孩子离不开引带一样'。它不能使人自身的发展成为一种自然必然性。资本的祖国,不是草木繁茂的热带,而是温带地方。""我想不出,有什么事,还比位置在生活资料食料大部分靠自然生产,气候使人民无须为衣服住宅担忧的地带这件事,对人民全体来说更可诅咒。"虽然他也认为优越的环境会影响人的发展,但他更进一步认识到"不管怎样劳动也得不到果实的土地和不劳动已经可以供给丰富产品的土地,是一样不好的"。他还引用了纳·福斯特的观点认为:"投入劳动不能带来任何结果的土地,同不投入任何劳动就能出产丰富产品的土地是一样坏的。"② 这些论述让我们认识到,人类对自然环境漫长的适应过程必定会影响到人类自身发展。适宜的环境是人类生存必不可少的条件,而长期的过于恶劣或过于优越的自然环境都会影响到文明前进的步伐。

认识到这一点,就可以重新审视城市的发展与地理环境之间的关系。与城市发展紧密相关的有地形、气候、水和资源等。这几种自然要素在不同的地区情况是各不相同的。这种差异从根本上造成了城市发展的地域分化。但是这种分化是如何形成的,还要做进一步的分析。

2. 北方地区的气候环境对城市发展的影响

众所周知,聚落是农耕文化的产物,流动的游牧民族不会产生定居的村落。城市作为一种特殊的较高级的聚落形式,产生的经济基础也应是农业。没有稳定的农业经济做支撑,城市的产生和发展无从谈起。这一点,在我国古代表现得非常明显。在我国,适于农耕的地区占全国土地面积的比例并不大。黄河和长江两大流域是我国最适于农耕的地区,这一点仅从考古上便可以得到证明,考古发现的聚落遗址和城址集中程度最高的就是

---

① 汤因比:《历史研究》(上),曹未凤等译,上海人民出版社1986年版,第92—93、109—110页。

② 马克思:《资本论》第1卷,人民出版社2004年版,第587页。

这两个地区。在那些不适于农业经营的地区，无论在文化的发展还是聚落的数量和规模上，都无法与这两个地区相比，即使发展到今天，西部地区依然处于一种相对落后的状态。没有稳定的农业经济做保障，别说是城市，就是其自身文化的发展也是处于一种极不稳定和落后的状况。

在我国北方地区存在着一条气候敏感带。在这一地带气候波动造成的一个显著后果就是农牧业的交替及农牧过渡带的变迁。这种特殊的气候带造成了龙山时代内蒙古中南部石城址的独特的考古特征。

这些石城址所处的岱海地区是一个比较封闭的内陆湖盆，位于内蒙古高原的南缘，岱海湖面的海拔高程在 1230 米，北有阴山支脉蛮汉山，南有吕梁山支脉马头山。由于地势较高，加上这里又处于北方季风尾间区降雨量东西摆动的中轴线上，基本上处于年均温在 0℃ 线反复通过的地区附近，所以，气温与降水多少变化格外敏感。从早全新世气候变暖以后，气温曾有过几次反复波动，其暖湿期大体在距今 7300—6600 年，5800—5000 年，4800—4400 年，其间的距今 6400—6000 年，5000—4800 年，4300—3600 年，3100—2500 年以及距今 2000 年以后为冷干期。从距今 4000 年开始，气候总体向冷的方向发展[①]。

气候的变化影响着北方地区人口的迁移与分布，人口的迁移又造成文化的冲突与融合。所以这一地区的城址都建于地势险要之地，具有明显的军事防御色彩。"这里的聚落在选址时明显放弃邻近水热等自然条件更为优越的平坦地区，而着眼于地形较为险要，更利于防守的山前台地。加上石墙等防御设施的出现，使我们相信防御功能上的考虑和保护社群的安全已经成为这一地区选址的首要标准。"石城的集群分布和防卫设施的加强，反映了内蒙古中南部史前时代不同人群间冲突的加剧。"这种现象的发生与距今 5000 年前后发生的气候波动事件及由此导致的环境恶化和自然资源紧张之间存在着直接关系。"[②]

这种气候的波动十分不利于生产的发展，也就必定会影响到文化发展的脚步。考古发现的夏家店下层文化的石城址和龙山时代石城址具有某些

---

① 田广金、唐晓峰：《岱海地区距今 7000—2000 年间人地关系研究》，《中国历史地理论丛》2001 年第 3 辑。

② 赵辉：《中国新石器时代城址的发现与研究》，载《古代文明》（第一卷），文物出版社 2002 年版。

相似性，城址据险而建，成群成组分布，都带有明显的军事防御色彩。夏家店下层文化的居民定居，从事农业生产、家畜饲养和狩猎活动等多种经营，单纯的农业生产不足以维持居民的定居生活。而畜牧和狩猎经常是不稳定的，经济的发展水平不会很高，文化的发展必然受到限制。与黄河长江两大流域城址相比，明显落后了很多。

总之，这一地区恶劣的气候条件，造成了恶劣的生存环境和相对稀缺的资源，因此这一地区城市的发展体现出了浓厚的军事防御色彩，而且城市的发展在这一长时段一直处于较低的水平。

3. 黄河、长江流域的自然环境与城市发展的比较分析

接下来，把注意力集中到黄河、长江两大流域。前文已经说过，适宜的环境是人类生存必不可少的条件，但是过于优越的自然环境也会影响到文明前进的步伐。目前的考古资料显示，黄河、长江两大流域，尤其是中下游的地区，从很早便开始了迈向文明的步伐，到新石器时代晚期，黄河孕育了龙山文化，长江则产生了良渚和石家河文化，文化的兴盛程度都达到了史前时代的顶峰，这种文化的兴盛自有其地理上的基础。

适于农业经营，是两大地区的一个共同特点，否则也不会出现如此兴盛的文化。首先来看黄河流域。远在距今20万年前的第四纪后期，北方蒙新高原上大部分都是岩石的侵蚀面和扇形的冲积砾石层，气候干冷，植物稀少。比之今日要强劲得多的风力，首先将较轻的碎屑物质向东南吹送，继而使当地只剩下不能携带的石砾。这样，从蒙新地区开始，自西北向东南，便造成了石漠、沙漠、黄土依次排列的景观。由于黄土的形成是风力搬运的结果，故其质地也各处不同，呈现出从北而南逐渐变细的现象。其中所含的沙粒由北而南减少，而粉粒和黏粒却与之相反，由北而南逐渐增加①。因此一般说来，黄河中游的黄土地区具有较好的成土母质，地球表面构造团粒细微，组织疏松，使用原始的生产工具从事耕作较为省力而易见功效。同时，古代黄河中游的地面曾被茂密的植物覆盖，从而使黄河易受侵蚀的缺点在很大程度上得到克服，并增加了土地表层的腐植质成分。据专家考察，从目前残留在关中各处的土壤剖面来看，有些地方的腐植质层竟在两米以上②。这就更使当地的农业生产获得了比较理想的条件。

---

① 郑威：《黄土和黄土高原》，《地理知识》1955 年第 11 期。

② 朱显谟：《有关黄河中游土壤侵蚀区划问题》，《土壤通报》1958 年第 1 期。

　　东方地区情况较为复杂，但同样不乏适宜垦殖的所在。比如其西部由冀北往山西全境以至豫西，仍是广泛覆盖着黄土的丘陵、高原和山地，地理条件与关中相似；中部华北平原的西侧，为山麓冲积扇褐土层，坡度平缓，排水情况良好，地下水埋藏较深，土壤少有盐碱化现象；东部为山东丘陵，虽有泰山拔地而起，但在泰山和滨海崂山之间，有一大型断裂带，海拔低于50米，主要地形为山麓平原和宽广的河谷，也可以视为土地肥美的地区。

　　但是，从另一方面看，这些地区也存在着诸多不利因素。首先就是气候的波动。由于这一地区与气候敏感带相邻接，所以气候的变动会波及到这一地区，而且这一地区属于温带季风气候，降水量变率较大，这一点会直接影响到农业的收成，而农业则是关系国计民生的主要经济基础。因此黄河中下游地区虽然有诸多肥美的土地，但是依然要为了生存而做出不懈的努力。禹治洪水的史实就可以证明，这一地区在文明发展的初期，首先是与自然做斗争的，关于洪水的传说并不仅此一条，从黄帝到尧舜，历代都有治洪传说，禹的父亲鲧也是因治洪而死，但是成功治洪的只有禹，巧合的是，禹又是政治结构转变的一个转折点，这种巧合不得不让我们思考二者之间的关系。禹治洪水，"由于要组织各氏族部落的参与，同时也要对个氏族部落施加更多的影响甚或强制，势必使原来松散而比较缺乏约束力的联盟机构过渡到凌驾于各部落之上的权力机构。这个权力机构在禹时即已建成，所以才有'禹合诸侯于涂山，执玉帛者万国'，'禹致群神于会稽之山，防风氏后至，禹杀而戮之'等等传说，也才会有启以禹之子继承父位的事情。"[1] 治水成功反映了权力的成熟，人力物力的集中；这些都为城市的发展奠定了坚实的基础，所以从夏开始，中原地区的城市发展突飞猛进。

　　而位于亚洲东部季风区南部的中国南方，由于地理纬度低，南北有秦岭等山脉作屏障，东南毗邻海洋，属于东亚亚热带、热带季风气候区，因而较少受到北方寒冷气流的影响，能够保持暖湿环境。在全球性气候变化的影响下，本区的气候也有同步的反应，带来环境的变化。但这种影响仅限于局部地区，变化的幅度也是有限的。因此，与北方地区相比，南方地

---

　　① 沈长云：《论禹治洪水真相兼论夏史研究诸问题》，载《上古史探研》，中华书局2002年版。

区热量资源要丰富得多，冬季温暖，夏季炎热。年降水量超过1000毫米，且多暴雨，成为我国大面积多雨区，地表径流丰富。由于水分充足和良好的越冬条件，天然植被是常绿阔叶林。这种优越的气候条件使当地"食物常足"。"果隋蠃蛤，不待贾而足；地势饶食，无饥馑之患。"因此，农业在这一地区不会得到特别的重视，充裕和多样性的食物使人们的生存有了保障，但是从另一方面看，这恰恰又是他们生存能力降低的原因。丰富的自然资源使当地居民积累财富的欲望较弱，"呰窳偷生，无积聚而多贫"，因而也就无法产生贫富的分化和阶层或阶级的对立，"是故江淮以南，无冻饿之人，亦无千金之家"①，社会内部的发展达到了一种饱和状态。

总之，过于优越的气候条件抑制了南方地区文明的发展，冲突和战争的激烈程度和涉及范围不足以促进城市聚落的广泛形成和发展，其城市的发展也在龙山时代之后出现了停滞，在相当长一段时间里无法与中原地区相比。

4. 地形水系格局对城市发展的影响

从地形水系的格局来看，南北地区存在着很大差异。北方地区处于半干旱草原地带，地势平坦，尽管古代还存在着许多茂密的原始森林和湖泊，但主要交通的发展在新石器时代便已形成，三代和春秋战国更是迅速扩展，因此，北方地区呈现一种开放性的格局。而且由于北方地区海拔高度差别显著，使草原、高原和平原相连，由此而形成了两种不同的文化形态，造成了游牧民族和农耕民族的对峙。游牧民族地处气候敏感的草原地带，气候变化会造成当地资源的严重匮乏，使生存受到威胁。而黄河中游地区地处平原，海拔较低，受气候波动的影响相对较少，资源丰富。因此，随着气候的波动，不断有游牧民族或受游牧民族挤压的民族进入中原地区，中原地区便形成了一个大熔炉，不断有新的文化融入，又不断有新的文化产出，"殷因于夏礼"，"周因于殷礼"，如此得以文化的延续和扩展。战国时期城址的分布有逐渐向北方扩展的趋势可能与此关系密切。

江南地区除却长江中下游三大平原外，都是以丘陵、山地、盆地为主，而且即使在三大平原上，也是水网密布，再加上茂密的原始森林，对于当时交通工具极为粗陋的原始居民来说，是一个极大的障碍。这种地形水系格局，阻碍了各种人群的广泛交流，直接限制了当地文化的发展。但是由于江南地区气候湿润，自然资源丰富，充沛的雨量也促进了各类农作

---

① 《史记》卷一二九《货殖列传》。

物的生长，在各个封闭的地理单元内"食物常足"，从局部区域来说，江南地区在某个时间阶段也可以发展出比较大规模的文化类型，但是，当这些文化的发展达到了这一地区环境所提供的生存空间的上限时，地理上的分割所造成的政治上的小单元，对于更大范围的融合便形成了局限，这些文化便无法继续向前发展。

从长时段的角度来看，文化的兴衰直接影响到了文明的进程和城市发展的快慢，而在这一过程中，地理环境的优劣不容忽视，它是造成城市发展地域分化的深层原因①。

（三）制度的变迁与城址的等级化聚团分布现象

城市的分布虽然深受地理环境的影响，但人类的主观因素也不容小视。上文谈到的春秋战国时期城址分布在数量和覆盖面上的扩张以及城址等级化聚团分布的特征就直接源自于商周王朝的制度变迁。

目前的考古资料显示，西周以前，城市的发展还只是呈现出一种点状分布特点，并未获得大面积的普及。而城市的大面积普及则是春秋战国时期及其以后的事情。这种变化的分水岭就是西周。可以说，正是西周王朝在制度上的一次大变革才造成了春秋战国几百年的城市分布格局。

《左传·昭公二十三年》记载了楚国大夫沈尹戌的一段话："古者，天子守在四夷；天子卑，守在诸侯。诸侯守在四邻；诸侯卑，守在四竟。慎其四竟，结其四援，民狎其野，三务成功，民无内忧，而又无外惧，国焉用城？"这段话反映了夏商西周时期的城市防卫思想。天子作为当时的最高统治者，当其权力强盛时，"四夷"即四周的异族都处于其控制之下，因此，四夷成为了最外围的屏障。当天子势力衰微后，四夷脱离其控制，防卫工作便由其直属诸侯国来担任。而强大的诸侯最初也是以其四周

---

① 其实，从文明发展的角度看，我国南北方也存在着明显的差异，城市发展的不平衡只是文明发展的表现之一。对南北方文明发展的这种不平衡现象历来不乏学者讨论，其中以童恩正先生的文章最有代表性。在其《中国北方与南方古代文明发展轨迹之异同》一文中，他从地理环境、农作物品种、与相邻民族的关系、水利工程、基层社会组织、宗教信仰等方面较全面地阐释了我国南北文明发展差异的原因。本节的观点可以看做是其有关地理环境方面的更细化研究。相比较而言，环境的优劣可能是诸多原因中的最根本的原因。此文载于《人类与文化——童恩正学术文集》，重庆出版社 2004 年版。

较小的诸侯国为保卫屏障的，当这些诸侯势力衰退后，便以四方边境作为守卫屏障。《尚书·禹贡》中所载的"五服制"与此不无相似之处。在这一思想的主导下，城的建设必然是消极的。因此，从"若敖、蚡冒至于武、文，土不过同，慎其四竟，犹不城郢"。而中国早期城市的形成首先是以"城"为载体的，因此，如果城没有得到普及，城市的发展也必然处于一种缓慢阶段。

由于文献记载的局限，商代以前的制度只保留了只言片语，实在难窥其貌。据《尚书·禹贡》所载推测，夏代可能已经产生了覆盖面较广的贡赋制度。商代的政治制度是以内外服制的划分为特色的，这是殷商时代的一种政治统治形式。《尚书·酒诰》记载了商代的这一政治制度："自成汤咸至于帝乙……越在外服，侯甸男卫邦伯；越在内服，百僚庶尹惟亚惟服，宗工越百姓里居，罔敢湎于酒。"这种所谓的"内服"、"外服"其实是以王朝的直接政治统治区为划分标准的。《战国策·魏策》载："殷纣之国，左孟门而右漳、釜，前带河，后被山。"《史记·孙子吴起列传》中有一句与此类似："殷纣之国，左孟门，右太行，常山在其北，大河经其南。"据此可知，商王的直接政治统治区主要集中在黄河中游地区。

从城址的分布格局来看，黄河中游中原地区目前发现的城址无论是在规模上，还是在发展水平上都处于当时的最高水平，其聚落的分布密度也是最大的。而中原地区之外，北方有山西垣曲古城、夏县东下冯和内蒙古的夏家店下层文化石城址群，东方有山东章丘城子崖、丁公、田旺、景阳岗等城址，西南有三星堆，南方有盘龙城。这些城址虽然也具有典型的商文化的特色，但地方特色也很明显，而且从距离上来看，这些城址大多都距中原地区较远。虽然商代一直实行的是军事扩张政策，甚至在武丁时期达到了"商邑翼翼，四方之极"（《诗·商颂·殷武》）的中兴盛世。但是对其军事扩张的目的则文献并无交代。有学者认为商代的军事扩张主要是为了掠夺资源，尤其是矿产资源①。从城址的分布格局来看，这种说法颇有道理，即商王朝时期的战争并不是以掠夺土地为目的的，而是为了掠夺资源。也可以说，商代政治扩张的背后有其强烈的经济因素。

---

① 张光直：《中国青铜时代》，三联书店1983年版；刘莉、陈星灿：《中国早期国家的形成——从二里头和二里岗时期的中心和边缘之间的关系谈起》，《古代文明》第1卷，文物出版社2002年版。

有学者通过对甲骨卜辞的研究认为商代已经存在分封制了①，但这种制度即便是存在，也与西周所实行的分封制在具体内容上可能差别较大。虽然商代和西周所谓的分封都来自于军事征伐和武力扩张，但分封的性质则大不相同。

有关西周分封制文献多有记载，其分封的目的也较为清楚。《左传·定公四年》载："昔武王克商，成王定之，选建明德，以蕃屏周。"《僖公二十四年》载："昔周公吊二叔之不咸，故封建亲戚以蕃屏周。"可见分封制的形成源自于对周王室安全的保障。而分封的对象也是以王族的"亲戚"为主。即《定公四年》所载的"鲁公"、"康叔"、"唐叔"，还有《僖公二十四年》所载的"管、蔡、郕、霍、鲁、卫、毛、聃、郜、雍、曹、滕、毕、原、酆、郇，文之昭也。邗、晋、应、韩，武之穆也。凡、蒋、邢、茅、胙、祭，周公之胤也"等等。

西周分封的核心内容则是"授民授疆土"。如《左传·定公四年》载："分鲁公……殷民六族"，又"分之土田倍敦"，"因商奄之民，命以《伯禽》，而封于少皞之虚"。"分康叔……殷民七族"，"封畛土略，自武父以南，及圃田之北竟，取于有阎之土，以共王职。取于相土之东都，以会王之东搜。聃季授土，陶叔授民，命以《康诰》，而封于殷虚。""分唐叔以……怀姓九宗"，"命以《唐诰》，而封于夏虚"。可见，西周封建之诸侯至少拥有对所属土地和人民的使用权。

商代的"分封"在性质上分为完全不同的两类：一类是与商王朝有较亲密关系的邦国，另一类是有半敌对关系的方国。邦国所处的位置基本位于方国的内侧，为蕃屏王室而设；方国处于外围地区，具有较为独立的政权②。这种分封明显与西周的分封不同。西周王朝分封的目的虽然也有蕃屏王室的目的，但其方式带有明显的镇服性质。而商王朝的"分封"仅仅是对外围敌对国家的一种自卫行为，对方国的"分封"也仅仅是为了巩固战争的成果，很多时候可能有名无实，而更多的可能是一种经济上的交往。

综合有关分封制的研究成果，可以认为商代和西周在"分封"上存在着较大的实质性差别，这种差别也直接影响到了商周两代不同的城市发

---

① 李雪山：《商代分封制度研究》，中国社会科学出版社 2004 年版。
② 同上书，第 185 页。

展格局。商代所谓的"分封"虽然也是一种军事征服的结果，但这种"分封"可能并未打破分封国内部的政治经济格局，其基本的邦族人口也并未改变。因此这种变革仅仅局限在上层而并未触动其根本，所以商代的分封对底层社会的影响力非常有限。西周所实行的分封则是为了扩充已有的疆土，并把这些诸侯国纳入到一个统一的体系中来。因此完全打乱了已有的社会格局，而进行了人口和土地的重新再分配。用王族的亲戚来管理异域邦族，甚至对某些邦族进行了异地调整，这样对整个社会发展造成的后果是十分巨大的。最重要的一点就是，西周的分封制导致了人们之间的社会关系逐渐由血缘向地缘转化。虽然在很长一段时间里，聚族而居还是主要的方式，但异姓族群的杂居混处必然导致地缘关系的加强，这就从根本上促进了社会政治经济的发展。春秋战国时期地方诸侯国家的强大，主要依赖的还是本国内部社会经济的发展变革。这种变革便是得益于西周所实行的分封制。单从城市发展的角度来看，春秋时期的城市建设高潮从根本上说就是源自于西周的分封制。考古发现的春秋战国时期城址聚团等级分布的特征主要也是西周分封制造成的。这也造成了城址沿着黄河中游东西一线和南北一线的扩展，山东地区以齐都临淄和鲁都曲阜为核心的两大城址群聚团分布现象就是分封制的典型后果之一。

总之，西周所实行的"授民授疆土"的分封制，逐渐强化了土地和人口在国家统治中的重要性。同时，族群之间的杂处也必然会加剧各方面的矛盾，因此对土地和人口占有的最佳形式就是建城立邑，城之建设便开始发展起来，那么随着经济的发展，作为"城市"载体的"城"逐渐演变为城市便是早晚的事了。另外，西周所分封的诸侯国到春秋战国时期经过长时间的兼并，最后只剩下几个较大的诸侯国，这几个大国的国都都成为了东周时期城市发展的核心，围绕着这几个国都，逐渐形成了城市的包围圈，这样，便形成了目前考古发现的城址等级化分布的特征。

## 第二节　商周城市选址原则的微观探索

当人类社会进入到定居的农耕时代，对于居址的选择便成为生活中的头等大事。一个理想的聚居地除了安全舒适的考虑外，更重要的就是要满足生产生活上的需要。当城市逐渐开始在黄河、长江流域普及的时候，古人对于居址的选择已经颇具经验，这种经验集中体现在了城址的选择上。

一座城市的兴起、发展和形态特征与其所处的地理位置息息相关，通常只有在具备相当条件的地方才会产生城市，这也是其与一般性聚落差别较大的地方。尤其是大规模的城市，在选址上更为讲究。商周时期的人们在长期的生产实践中积累了丰富的选址经验，这些经验也被部分地记录在了一些传世文献中，因此要客观地认识商周时期人们选择城址的一些规律和原则，除了对现有考古发现城址的研究外，首先对文献所载的有关内容进行一番梳理是必不可少的。

### 一 "相土卜居"——文献所见商周城市选址理念的演变

涉及商后期以前居址选择的文献大多不出古史传说的范畴，而且语焉不详，难以考究，此处不再赘述。商后期都邑选址的资料，只在《尚书·盘庚》一篇透漏出些许的蛛丝马迹。盘庚迁都殷墟是商王朝历史上的一件大事，盘庚在解释"震动万民以迁"的原因时，说了下面一段话：

> 肆上帝将复我高祖之德，乱越我家。朕及笃敬，恭承民命，用永地于新邑。肆予冲人，非废厥谋，吊由灵各；非敢违卜，用宏兹贲。

此段话透露了两点与选址有关的信息，即"上帝"和"占卜"。由此看来，商人在选择都城时，实在是经过了一番虔诚的宗教活动的。但是这种宗教活动到底是怎样进行的，对当时人的影响力究竟有多大，则缺乏更详尽的资料。按照今人的理解，如仅仅依靠一番占卜便确定迁都的地点，实在过于简单，所以占卜之外必定还做了不少的工作。而且即便是占卜，也会预先提供若干个供占卜抉择的地点，即先要根据一些原则选择几个合适的地址。但文献对此失载。不过令人欣慰的是，关于城市选址的周代文献史料较之商代丰富了许多，其中有不少也涉及了选择居址的内容。

### （一）由"相土"到"卜居"——文献所见周人选址理念的演变

《诗·大雅·公刘》是一篇追忆周人祖先公刘事迹的史诗。公刘所处的时代可能正当商代"九世之乱"的尾声，盘庚迁殷的前夕①。此篇的主

---

① ［日］泷川资言：《史记会注考证》第3册，北岳文艺出版社1999年版，第19—25页。

要内容也是周人历史上的一件大事，即迁居豳地。公刘迁豳的史实表明周人已经开始了成熟的定居农耕时代，从此周民族逐渐开始登上历史舞台。

从选址的角度来看此篇诗作，有如下几条重要信息①：

（1）"笃公刘，于胥斯原。""陟则在巘，复降在原。"

此句提到了两种地形，即"原"和"巘"。"原"郑玄笺曰"广平曰原"；"巘"毛注曰："小山，别于大山也"。"公刘之相此原地也，由原而升巘，复下在原"。可见，公刘到达豳地并发现一处广平的土地后，第一件事就是登上附近的小山，勘察周围地形。接着再次来到平原之地作进一步勘探。这一节反映了当时勘察地形的一个基本原则，即首先从大环境入手。

（2）"逝彼百泉。瞻彼溥原，乃陟南冈，乃觏于京。"

大环境勘察好后，第二步就是解决水源问题，从而确定聚落建设的准确位置。

因为聚居之处最重要的就是水源。除了水源，公刘还对整个原地进行了全面的勘察。为了更细致地考察最终的聚落点，又一次爬上了"南冈"，通过勘察这才最终确立了准确的定居之地。郑玄笺曰："山脊曰冈，绝高为之京。"据此可知，具体的聚居点的选择至少要考虑两方面内容，即水源和地势的高低。京地无疑同时具备了这两个条件。"京"，学者多谓都邑所在，也不为错，但如果参考下文诗句，此京地可能为族邦普通族人定居之处。

（3）"笃公刘，既溥既长。既景乃冈，相其阴阳，观其流泉。其军三单，度其隰原。彻田为粮，度其夕阳。豳居允荒。"

定居之地一旦确定，便开始准备进行农业生产活动，第一步就是丈量土地。郑玄笺云："厚乎公刘之居豳也，既广其地之东西，又长其南北，既以日景定其经界于山之脊，观相其阴阳寒暖所宜、流泉浸润所及，皆为利民富国。"与农业生产关系最紧密的就是阳光和水源。因此在对土地进行界定和划分后，便开始考察其阳光和水源是否适宜，从而据此定出土地的优劣。

----

① 史念海先生从选址的角度对此诗曾做过阐释，见《先秦城市的规模及城市建置的增多》，《中国历史地理论丛》1997年第3期。本段的论述以史念海先生的分析为基础。

"三单"，毛注曰："相袭也"，可能就是军队的一种轮流服役制度。对土地的丈量和考察工作主要可能是由军队完成的。史念海先生认为"原是高地，隰是低地，高低的田地是有区别的"。而要搞清楚这些情况，就必须要投入大量的人力物力，因此军队所起的作用非常重要。

（4）"笃公刘，于豳斯馆。涉渭为乱，取厉取锻，止基乃理。"

当人口已经定居，农业生产活动也正常展开。这时才开始营建统治者的宫室。郑玄笺曰："厚乎公刘，于豳地作此宫室，乃使人渡渭水，为舟绝流，而南取锻厉斧斤之石，可以利器，用伐取材木，给筑事也。"据此可知，上层统治者的宫室建筑必然要消耗大量的资源，这便会激发手工业生产的发展。从而促进聚落的发展。

以上分析揭示，公刘选择豳地确实是经过了一番细致入微的实地考察的。其考察的程序是先大后小，大体分四步：第一步是勘察大环境，即山地和平原等大的比较适宜的地貌格局；第二步就是选择准确的聚居点，主要考虑水源和地形的高低等因素；第三步就是勘察土地的肥瘠，丈量和划分土地，并进行农业生产活动；第四步就是营建宫室等政治性建筑，考察各种自然资源，进行手工业生产等活动。

如果把此篇同《尚书·盘庚》进行对比，便会发现，二者所述截然不同。整篇《公刘》并未谈及占卜之事。而《盘庚》篇则只是记载了有占卜的活动。二者所记之事从时代来看当相距不远，同样是迁居之事，如果说偏居一隅的周人已经具备了相当完备的居址勘探技术，那么当时作为文明程度最高的商王朝在选择居址时定然不会仅仅依凭占卜，可能所做的工作还要细致。据《公刘》诗篇所载推测，公刘时期的周人可能还未受到商文明的强烈影响，至少在选择居址时占卜活动并未受到重视。这一点如果与《诗·大雅·绵》作一番比较便会更加清楚。

《诗·大雅·绵》也是周族的史诗之一，主要记载了从古公亶父迁岐到文王之兴的一段历史。"古公亶父，来朝走马。率西水浒，至于岐下。爰及姜女，聿来胥宇。"古公来到岐山后可能同公刘一样进行了一番勘察，发现"周原膴膴，堇荼如饴"，真是一块好地方。接着便"爰始爰谋，爰契我龟，曰止曰时，筑室于兹"。进行了一番占卜，便开始进行建设。而此篇诗作并未像《公刘》那样详细记录勘探过程，而是一笔带过，可能这时对居址的勘探已经有相当水平，也不再能引起诗人的兴趣了，倒是特别提到了龟甲的占卜活动，可见，到此时，周人已经同商文明进行了较为深入的接触，并且学习了商人的占卜，或者占卜本身已经包含了有关实地调查的内容。据文献所见，在都邑选址的过程中商人较早地使用了占卜技术。随之便传播到了其他族邦中，并一直延续到战国时期。

如果说公刘时期豳地还只是一个族邦的聚居地的话，那么周原的建设已经颇有都城的风范。其具体形态留待后文详述，不过，单从诗篇中就可以发现周原的建设水平已经远远超越了豳地（见《诗·大雅·绵》）。等到文王"作邑于丰"，"宅是镐京"，此时的周邦在西部已经称王称霸了。

丰镐选址的位置与豳和周原大相径庭，豳和周原主要采取的是一个守式，防御对象可能是北方，而丰镐则是采取的一种开放进取之势。这种选址上的差别同其政治取向息息相关。如果说豳和周原在选址时关注的还是生存和发展的问题，那么丰镐的营建则关注的是开疆拓土的问题。后世的秦国基本延续的也是这一发展路线。

镐京和成周的选址都经过了龟甲占卜。《诗·大雅·文王有声》载："考卜维王，宅是镐京。维龟正之，武王成之。"《尚书·洛诰》载周公曰："予惟乙卯，朝至于洛师。我卜河朔黎水，我乃卜涧水东，瀍水西，惟洛食；我又卜瀍水东，亦惟洛食。伻来以图及献卜。"可见自定居周原开始，占卜活动便成为周人在都邑选址中的一项重要内容，并被保留在了传世的文献中。而实际的勘探则只在最早的记录公刘历史的诗篇中有过记载，此后便只字不提了。这种现象似乎含有某种信息，选址时所进行的占卜活动可能并非只是在室内进行，而很可能首先要到实地进行勘察，先选择几处合适的地方，再分别进行实地占卜。周公营洛邑就选择了三个地方进行占卜，而且还绘制了地图，可见其复杂性。可惜，文献晦涩，没能记录下具体的占卜过程，否则将有可能看到类似后世风水先生那样的堪舆场景。

综上所述，古人的"相土卜居"大概要经历三个阶段：①确立基本的选址原则。如《诗经·大雅·公刘》所载的选址理念就包含了一些基本的选址原则，如地形、地势、水源、土地资源等等；②根据这些基本的选址原则进行实地勘察，并确定若干合适的选址地点；③在初步选定的若干地点上进行实地占卜，通过占卜决定最终的确切地点。在商代和西周时期，都邑的选址可能都要经历以上的三个阶段，而到了春秋战国时期，"相土"虽然继续得到发展，但"卜居"可能开始在整个选址过程中淡化。

(二) 春秋至战国时期城市选址理念的进步

当历史进入春秋时代，在居址的选择中依然有占卜活动。《诗·墉风·定之方中》载卫国徙居楚丘，"升彼虚矣，以望楚矣。望楚与堂，景山与京。降观于桑，卜云其吉，终然允臧"。此诗就体现了到春秋时期古老的"相土卜居"的传统依然存在。但是，占卜这一神秘的外衣正在逐渐被剥去，而更加趋向于实际的需要了。《左传·文公十三年》载：

> 邾文公卜迁于绎。史曰："利于民而不利于君。"邾子曰："苟利于民，孤之利也。天生民而树之君，以利之也。民既利矣，孤必与焉。"左右曰："命可长也，君何弗为?"邾子曰："命在养民。死之短长，时也。民苟利矣，迁也，吉莫如之!"遂迁于绎。

"利于民而不利于君"作为占卜的结果在当时人看来可能并非最好的吉兆，所以才会出现争议而引发了邾子的一番言论，并被载于史册。由此可见，到春秋时期，当占卜的结果出现争议时，更多考虑的还是当时的实际需要。另外，上文也提出了春秋时期都邑选址的一个新问题，即利于君还是利于民。二者可能已经不可得兼了。保民的思想由来已久，《尚书·盘庚》载："古我前后，罔不惟民之承保。"在选择居址时，"先王不怀厥攸作，视民利用迁"。可见，是否有利于民也是居址选择的重要标准。但是这种思想到了春秋时期还要经过一番争论才能得以实行，可见其正在受到新问题的挑战。

《左传·成公六年》载：

> 晋人谋去故绛。诸大夫皆曰："必居郇、瑕氏之地，沃饶而近盬，国利君乐，不可失也。"韩献子将新中军，且为仆大夫。公揖而入。献子从。公立于寝庭，谓献子曰："何如?"对曰："不可。郇、瑕氏土薄水浅，其恶易觏。易觏则民愁，民愁则垫隘，于是乎有沉溺重膇之疾。不如新田，土厚水深，居之不疾，有汾、浍以流其恶，且

民从教，十世之利也。夫山、泽、林、盬，国之宝也。国饶，则民骄
佚。近宝，公室乃贫，不可谓乐。"公说，从之。夏四月丁丑，晋迁
于新田。

这一段史料最为可贵之处就是它记载了在都城选址时，对两处地点取
舍的争论。从根本上说，诸大夫与韩献子在立论的基点上就不同。前者看
重的是丰富的资源对国家发展的好处，而后者则从是否有利于人民居住和
管理的角度出发的。郇、瑕氏之地与新田的最大差异就是前者"土薄水
浅"而后者"土厚水深"。这反映了两地在地形上的差异，前者地势低，
容易使居住者"有沉溺重膇之疾"；而后者地势高，即杜预所谓"高燥
也"，且"有汾、浍以流其恶"，因而"居之不疾"。另外，韩献子还提出
了另外一条重要差异，即新田之"民从教，十世之利也"。而诸大夫所看
好的丰富的资源在韩献子看来也弊多利少，容易使"民骄佚"。《国语·
鲁语》载敬姜云："昔者圣王之处民也，择瘠土而居之，劳其民而用之，
故长王天下。夫民劳则思，思则善心生；逸则淫，淫则忘善，忘善则恶心
生。沃土之民不材，逸也；瘠土之民莫不向义，劳也。"可见，丰富的资
源虽然可以让人民富裕，但也会对政府的管理造成障碍。

此段较难以理解的一点就是"近宝，公室乃贫"。杜预注曰："近宝，
则民不务本。"孔颖达疏曰："农业，人之本也；商贩，事之末也。若民
居近宝，则弃本逐末；废农为商，则贫富兼并；若贫富兼并，则贫多富
少。贫者无财以共官，富者不可以倍税，赋税少，则公室贫也。"但是，
诸大夫皆曰"沃饶而近盬，国利君乐"。这两种观点针锋相对，都有一定
道理。究竟孰是孰非，颇不易决断。不过最终选择迁都新田则表明，是否
有利于人民的生产生活和政府管理是春秋时期城市选址主要考虑因素之
一。此时，"卜居"之行为可能已经在选址的过程中逐渐淡化而退居次要
地位。另外，"卜居"行为的淡化可能也与当时的居址位置的可选择性减
少有关。当不再有众多的可供选择的合适居址时，"卜居"便也失去了原
有的意义，春秋时期城市数量的激增必然造成适宜的居址越来越少，"卜
居"的行为退出历史舞台也是必然趋势。

到战国时期，城市的选址理念已经非常成熟。这一时期既对以前的选
址理念进行了总结，又获得了一定的发展。

首先，在地理环境方面对适宜的地形和水利等条件进行了总结。最经

典的就是《管子·乘马》所载："凡立国都，非于大山之下，必于广川之上；高毋近旱，而水用足；下毋近水，而沟防省；因天材，就地利，故城郭不必中规矩，道路不必中准绳。"在当时人看来，建立国都必须要考虑三方面内容：一是大环境。最适宜建立"国都"的地形有两条，即"大山之下"和"广川之上"；二是地势和水利条件，既要保证水源充足，还要尽量避免水患；三就是要充分利用各种自然资源，其中土地资源可能是最重要的。上述三点其实是对以前城市选址思想的一个总结，可以说也是对《诗经·大雅·公刘》中所载选址理念的一种升华和提炼。其他有关选址的思想皆不出这一范围之外。《管子·度地》载："故圣人之处国者，必于不倾之地，而择地形之肥饶者，乡山左右，经水若泽。内为落渠之写，因大川而注焉。乃以其天材地利之所生，养其人以育六畜。天下之人，皆归其德而惠其义。"这一条资料主要也是考虑地形的平整、水利的优越、资源的丰富等方面内容。

其次，战国时期对城市建设的考虑因素更加全面。《商君书·徕民第十五》载："地，方百里者：山陵处什一，薮泽处什一，溪谷流水处什一，都市蹊道处什一，恶田处什二，良田处什四，以此食作夫五万。其山陵薮泽溪谷可以给其材，都邑蹊道足以处其民，先王制土分民之律也。"可见，战国时期，都市的建设已经被纳入整个国家建设的范畴中了。都市是国家发展的必要条件，但不是充分条件。因此，在建都立邑时，除了要考虑各种地理环境因素外，还要充分认识到各种资源之间的相互关系，合适的资源搭配将更加有利于居民的生产和生活，这是战国时期国家发展的必然产物。此种选址理念即使在今天也是相当先进的。

综上所述，从传世文献的记载来看，商周时期城市的选址经历了一个较长的发展演进的过程。商代从保民利民思想出发的"相土卜居"到战国时期的全方位思考，城市的选址理念逐渐由神秘化向实用化、系统化方向发展。上文的大部分资料虽然涉及的都是都城，但都城作为各个时代较为典型的聚落形态，必然具有相当的普及性。因此都城的选址规律和原则与一般性城邑的选址理念当不会差别太大。都城的选址应该是所有聚落选址的集大成者，因此，通过以上材料基本可以窥见商周城市选址理念的演变。但要更客观地认识商周城市的选址原则，还要进一步对目前考古发现的城址作一番探究。

## 二 商周城址所反映的选址原则

商周时期考古发现的城址从数量上来看主要集中在春秋战国时代，而研究最薄弱的也是这一时代，因此本节所论主要集中于春秋战国时期城市的选址。虽然目前春秋战国时期的城址已经发现了400多座，但大部分城址都因为报道简略，没有详细的资料而无法进行讨论。若从研究选址的角度来看，可供讨论的城址大约有60余座。

都城作为城市选址的集大成者，其选址理念必然具有典型性和代表性。笔者以为首先对东周时期目前发现的都城遗址所处的地理条件进行一番分析比较，当有助于找寻出若干类同之处，以此作为标准再来分析其他城址方能理出一些头绪。

春秋战国时期可供探讨的面积在10平方公里左右的都城遗址可以举出以下诸例，这些都城遗址在年代上都比较清楚，由于年代差别不大，为比较方便，下面的分析暂不考虑年代差别因素。

1. 山西侯马晋都新田是晋国晚期的都城遗址，位于山西省侯马市市区附近，地处汾河与浍河交汇处的平原上。

2. 秦都雍城为春秋至战国早期的秦国都城遗址，地处关中平原西部的渭水北岸，城址东有纸坊河，南面、西面有雍水河，北、西北面高山环绕。

3. 洛阳东周王城为东周时代周王朝的都城遗址，位于河南省洛阳市涧河和洛河交汇处。

4. 新郑郑韩故城为东周时期郑国和韩国的都城遗址，位于河南省新郑县城区及其外围，地处双洎河和黄水河交汇处的三角地带。

5. 楚纪南故城位于朱河、新桥河和龙桥河的交汇处，交汇处包含于城址之中。

6. 曲阜鲁故城位于洙水的拐弯处。

7. 临淄齐故城位于淄河与系水之间，南有牛山和稷山。东、北、西三面皆为大平原。

8. 易县燕下都位于北易水和中易水之间。

9. 赵邯郸故城西依太行山，东临华北大平原，位于沁河的冲积扇上。沁河发源于太行山东坡，出山后流经南北两组低缓的丘陵之间，穿过邯郸城，注入滏阳河。

10. 中山灵寿城址北依灵山，地势北高南低，两条弯曲的河流沿城垣外侧而过。

以上资料基本反映了这 10 座城址所处的环境特点。这些特征也表现出了某些共性，即城址基本都坐落在平原上，都有河流经过。但从其所处的小环境来看，差别也不容小视。这些城址虽然都有河流经过，但其具体形态则颇有差异，可以归类如下：

（1）城址位于两条或者两条以上河流的交汇处。此种情况还可分两小类：一类是河流的交汇处包含了城址，如晋都新田、洛阳王城、新郑郑韩故城；另一类是城址包含了河流的交汇处，如楚纪南故城。

（2）城址位于两条河流之间，两河一般处于平行位置。如临淄齐故城、易县燕下都和中山临寿故城。

（3）城址位于河流的拐弯处，如曲阜鲁故城、秦都雍城。

（4）河流穿过城址，如赵都邯郸。

总体来看，上述几种河流形态既方便城市的生产生活用水，又方便了交通运输，还能起到防御的作用，而且这种河流的交汇处所造成的冲积平原，一般都属土壤肥沃之地，极有利于农业生产。

除了河流的因素外，地形也起着非常重要的作用，就都城的选择来看，不仅邻近河流为必要条件之一，靠山可能是都城选址的另一个重要的原则。正如《管子·乘马》所载："凡立国都，非于大山之下，必于广川之上。"《管子·度地》载："故圣人之处国者……乡山左右，经水若泽。"因此，临淄齐故城、赵都邯郸故城和中山灵寿等城址都有山脉相依靠。

以上都城的选址情况是否也适合于其他一般性城址，还要做进一步的实证分析。通过对东周城址的筛选，目前共有 54 座可供分析的城址。这是一个相当保守的数字，因为筛选的标准是最起码要有正式出版的考古调查报告等资料。所以这一数字在以后有可能增加，如果有机会对所有的城址进行实地考察，那么所得出的结论可能更有说服力。

从选址的角度看，水源是城市选址的重要因素之一，而且资料也较丰富，因此下面以城址邻近河流的形态为基本标准进行分类，大体可分为五类：

（一）位于两河之间的城址有 6 座

1. 长子城①：位于晋东南地区长治盆地的西侧，太岳山脉东麓。北有

---

①　山西省考古研究所：《山西长子县东周墓》，《考古学报》1984 年第 4 期。

雍河，当地群众称为黑水河；南有浊漳河南源。

2. 北村①：古城北有香河，南临秀水。坐落在原仇山前地势较为开阔的盆地上。

3. 卢岗乡②：位于今河南上蔡县陈关一带。城址坐落在上蔡县芦冈的东坡。芦冈即古蔡地，春秋时期名曰"冈山"，南北四十五里。蔡国故城雄踞冈坡，汝、洪二水东西环绕，附近地势险要，物产丰富，成为这座名称兴起的有利条件。

4. 滑城村③：古城附近是一片平野，南、东和东北环山，平地向西北逐渐扩展，与洛阳平原相连接，平地两侧有滑城河和府店北河，两河之间为一长靴型台城。古城位于偃师县东南，西北距今缑氏镇约10公里，地近轩辕关，形势极为险要。《水经注》洛水条：春秋滑国所都也。

5. 张旺镇④：滕县东部为山区，中部为丘陵地带，西部为平原。薛城位于平原地区的东南边缘，东去不过2公里即为山冈。城东南约0.5公里处有薛河，城西部约0.75公里有小苏河。城内地势较平。从城墙和文献记载，并结合传说，此城最早当为周代的薛城。薛城在战国时曾大规模修筑过。《史记·孟尝君列传》："十月齐城薛。"

6. 韩城镇⑤：从今地望看，现宜阳韩城乡东关村与城角村之间的故城，南临洛河，北倚傅山（阪山之一段），东与汪洋河十里相望，西墙紧邻韩城河畔。整个城区，背山面水，地势开阔而平坦。据《水经注》、《括地志》及《宜阳县志》所载之山河位置、走向，与战国故城的位置完全符合。

（二）位于两河交汇处的城址有6座

1. 北舞渡⑥：位于舞阳城北54华里之北舞渡镇西北7华里北面。紧

---

① 刘有祯：《山西盂县东周卺山遗址调查》，《考古》1991年第9期。

② 尚景熙：《蔡国故城调查记》，《河南文博通讯》1980年第2期；河南省文物研究所：《1988年蔡国故城发掘纪略》，《华夏考古》1990年第2期。

③ 中国科学院考古研究所洛阳发掘队：《河南偃师"滑城"考古调查简报》，《考古》1964年第1期。

④ 中国科学院考古研究所山东工作队：《山东邹县滕县古城址调查》，《考古》1965年第12期；孙波等：《薛国故城》，《中国考古学年鉴（1994年）》，文物出版社1997年版。

⑤ 赵安杰：《战国宜阳故城调查简报》，《中原文物》1988年第3期。

⑥ 朱帜：《河南舞阳北舞渡古城调查》，《考古通讯》1958年第2期。

靠沙河，南距灰河里许，正在两河之交叉点上。

2. 东滕城村①：位于平原地区，荆水流经城东南，其支流小荆河从城北绕流，城址正在两河分叉之间。

3. 花城②：黑城村古城址位于宁城县（天义镇）西南，相距60公里，地近平泉县界，是昭乌达盟和河北省的毗邻地区。这一带地势高亢，岗峦起伏，但在高山河谷间，黑城村附近地面却很平坦。城址周围的山均很高峻，这一带是许多河流的发源地，即滦河水系与老哈河水系的分水岭。古城址附近地势坦夷，土质肥沃，易于耕种，又当老哈河上流两条重要河源的交汇处：城址南面，老哈河的本源——五十家子河，自南向北流来，一条较大的支流——黑里河，自西向东流去；两河在古城址东南角汇合后，一般始称为老哈河。河距城很近。古城址南部沿河两侧都是连绵起伏的高大群山，河谷中间宽阔平展，是古代南去内地、北达草原的一条天然通道，现在也仍然如此。

4. 禹县老城③：城址位于禹县（今禹州市）老城，北临颍河，西依禁沟河，即两水交汇之东部一带。

5. 归城④：黄县位于胶东半岛北部，西北滨临渤海。归城在黄县县城东南6.5公里处，坐落于县境最高山峰——莱山之阴，莱阴河自南向北穿过城区，汇黄水河向西北入渤海。这里是丘陵中的河谷盆地，土地肥沃。归城在建置上很有自己的特色：内城建于富庶的河旁台地上，便于生活、生产，外城则依山就势，利于防守。内城居于外城之中的布局，略似临淄齐国故城。

6. 下菰城⑤：坐落在一个自北向南倾斜的台地上。西北依和尚山，东北不远是金盖山。城南有一条宽约30米的里江，自西向东流过；再往西南有一条宽约60—70米的东苕溪，自南流来。两河在城东南隅的饮马滩汇流后，继续向北流向湖州，注入太湖。

---

①　中国科学院考古研究所山东工作队：《山东邹县滕县古城址调查》，《考古》1965年第12期。

②　冯永谦等：《宁城县黑城古城址调查》，《考古》1982年第2期。

③　刘东亚：《阳翟故城的调查》，《中原文物》1991年第1期。

④　李步青等：《山东黄县归城遗址的调查与发掘》，《考古》1991年第10期。

⑤　劳伯敏：《湖州下菰城初探》，载《中国考古学会第五次年会论文集》，文物出版社1988年版。

（三）三面以上环水的城址有5座

1. 南台村①：三面环水，易守难攻。两城隔河相望。

2. 陶家村②：刘国故城坐落在偃师县西南五十里的缑氏岭上。周围地势较为平坦，它北临伊水，南依嵩山之脉青罗山，东边为蜿蜒北去的浏河，西边是涧河的支流小西河。涧河在陶家村北约三里处与浏河汇流后称为浏涧河，向北注入伊水。这样陶家村北就形成了一个"三面临涧"的天然半岛。此岛近似椭圆形，东西宽650米，南北长1220米。这一带依山傍水，形势险要，河流纵横，土地肥沃，易于耕作。

3. 吕王城③：城址处于丘陵地带，多低缓的坡岗，间有较开阔的平畈。遗址地处滠水上游西岸和吕王河两河交汇之处，三面环水，一面依山，地势是南低北高。

4. 古罗城④：位于河市乡的一个小土洲上，四面环水，西、南两面是李家河，东面是汨水（汨罗江），北面是李家河与汨水相汇合的地方。

5. 安杖子⑤：古城址位于凌源县城西南4公里，大凌河南岸九头山下的平坦台地上。古城东、西、南三面环山，北面临河，地势开阔。大凌河经古城北面由西向东流。此地是古代南北交通的咽喉，战略地位十分重要。

（四）位于多泉水地区的城址有2座

1. 古魏城⑥：位于今芮城县北中条山南麓。这一带泉水很多，流水纵

---

① 河北省临城县城建局承建志编写组：《河北临城县临邑古城遗址调查》，《考古与文物》1993年第6期。

② 梁晓景：《刘国史迹考略》，《中原文物》1985年第4期。

③ 孝感地区博物馆：《大悟吕王城重点调查简报》，《江汉考古》1985年第3期；孝感地区博物馆：《湖北大悟吕王城遗址》，《江汉考古》1990年第2期。

④ 湖南省文物管理委员会：《湖南湘阴古罗城的调查及试掘》，《考古通讯》1958年第2期。

⑤ 辽宁省文物考古研究所：《辽宁凌源安杖子古城址发掘报告》，《考古学报》1996年第2期。

⑥ 陶正刚等：《古魏城和禹王城调查简报》，《考古》1962年第4、5期合刊；中国科学院考古研究所山西工作队：《山西夏县禹王城调查》，《考古》1963年第9期。

横，龙泉水流经古城西南部，城之西有贾公泉、地皇泉等。南距黄河十余公里。洪水经常冲溢城区，带来了淤土以及卵石块，覆盖在地面上，厚达1—1.5 米。

2. 卞桥村①：城址位于广桥镇东南部，地势较高，城址的东北，东面及南面都是山地和丘陵，西边是平地，城东南有泉林村，附近泉源很多，泗河即发源于此，从城东和城北流过。

（五）有一条河流经过的城址共有30 座，其中3 座河流穿城而过，2 座位于河流拐弯处

1. 古贤村②：位于华北平原中部，城址紧靠大清河，南城内有高地。

2. 午汲③：有二城，都位于苦家河南岸，东西相距约6 公里。古邯郸赵王城则远在偏东偏南30 公里地方。南对鼓山，西南是产铁的磁山，是古东西往来的孔道。

3. 范村④：古城位于洪洞县东南9 公里，霍山南面，涧水经古城北西流注入汾水。

4. 古城村⑤：浊漳河绕潞河村北经古城村东流过。古城村附近为东周古城址。

5. 大马⑥：古城在闻喜县东北约17.5 公里的大马村、官张村和栗村附近。这里地形南高北低，南面是稷王山的北坡，向北倾斜。古城之北地势低洼，似有古河道流经该地。

6. 永固⑦：古城位于山西省襄汾县永固乡与北众村（羊舌坊）之间，东距汾河0.5 公里，西去赵康古城遗址5 公里，北依汾阳隆起，南为汾河由北折西的河边塬面。整个城址呈现高台地地貌，城外四野平旷，城内地平高出四周平坦塬面。

---

① 中国科学院考古研究所山东工作队：《山东泗水、兖州考古调查简报》，《考古》1965 年第1 期。

② 孙继安：《河北容城县南阳遗址调查》，《考古》1993 年第3 期。

③ 孟浩等：《河北武安午汲古城发掘记》，《考古通讯》1957 年第4 期。

④ 张德光：《山西洪洞古城的调查》，《考古》1963 年第10 期。

⑤ 山西省考古研究所等：《山西省潞城县潞河战国墓》，《文物》1986 年第6 期。

⑥ 陶正刚：《山西闻喜的"大马古城"》，《考古》1963 年第5 期。

⑦ 陶富海等：《山西襄汾永固固城遗址的调查》，《考古与文物》1990 年第6 期。

7. 赵康①：东去汾河 5 公里余，西距九原山 4 公里。

8. 固城村②：扶沟古城位于扶沟县西南隅。西靠大浪沟，东临贾鲁河，南望鸭子陂，北坐桐邱城，古时有洧水环绕于后。古城四周地势低洼，为黄河中下游冲积平原。从古城所处的地望来看，南通周口、界首，北通新郑、郑州，西通鄢陵、许昌，东通太康、商丘，交通四通八达。

9. 城关镇③：淮阳位于辽阔的豫东大平原，因居于淮河之北故名。古代则称"宛丘"、"陈"、"陈城"、"陈县"、"郢陈"。

10. 隆古集④：商代时黄国已南迁于今河南潢川县，建立了黄国。周代为黄子国，公元前 648 年为楚所灭。处于江淮之间，西北与北部隔淮河与息国（今息县境）相望，东南与南部以薄岭与零娄部落（今商城晏岗、铜山一带）为界，东北与北部分别与蒋国蓼国（今固始、淮滨县境）毗邻，西与西南部与弦国（今光山境）接壤。

11. 府城村⑤：位于焦作市区西南 8 公里的府城村西北 200 米处，北靠太行山，南望沁水和黄河，东西皆平原。

12. 戚城村⑥：历史上的戚城是春秋时卫国的重要城邑，是晋、卫两国长期反复争夺的要地，同时，也是各诸侯国曾七次会盟的名城。城址在河南省濮阳县城北约 5 公里，汉代以前的黄河古道，从城址以西约 1 公里处，由南向北入清丰县境，河道内有连绵不断的沙丘。古城附近，地势平坦，土质肥沃。

13. 古城⑦：城址位于河南息县包信镇，与闾河相临。

14. 前步村⑧：城址位于鄢陵县城西北 9 公里。古城附近地势平坦，

① 山西省文物管理委员会侯马工作站：《山西襄汾赵康附近古城址调查》，《考古》1963 年第 10 期。

② 周口地区文化局：《扶沟古城初步调查》，《中原文物》1983 年第 2 期。

③ 曹桂岑：《楚都陈城考》，《中原文物》1981 年特刊；曹桂岑：《淮阳的考古发现与研究》，《中原文物》1989 年第 4 期。

④ 杨履选：《春秋黄国故城》，《中原文物》1986 年第 1 期；何光岳：《黄国与黄国青铜器》，《中原文物》1989 年第 4 期。

⑤ 杨贵金等：《焦作市府城古城遗址调查报告》，《华夏考古》1994 年第 1 期。

⑥ 廖永民：《戚城遗址调查记》，《河南文博通讯》1978 年第 4 期。

⑦ 周到：《河南息县古遗址的调查》，《考古通讯》1958 年第 3 期；张泽松：《从息县赖国城址谈古赖国的兴衰》，《中原文物》1996 年第 1 期。

⑧ 刘东亚：《河南鄢陵县古城址的调查》，《考古》1963 年第 4 期。

双洎河从古城北部横穿而过。

15. 纪王城①：处于邹县中部的丘陵地区，北枕绎山，南依廓山，绎山周长约 10 公里，岩石峥嵘，殆无土壤，山多洞穴，有的彼此相通。廓山五峰连绵。城内金水河斜穿而过，其水发源于绎山之阳，出城后向西南流，至大故县村汇入白马河的支流石墙河。

16. 女王城②：位于应城市西南 25 公里，城址处在万仞岩山系南边的三级台地上，东部为一冲积平原，东南距举水河 3.5 公里。城址南北依岩而建。

17. 古城堤③：城址南靠八幅山的东西妹子山，北距先洋河 0.5 公里，背山面水。

18. 窦店④：大石河及其支流区域经调查发现三处古城址，即窦店古城、董家林古城、长沟古城。

19. 二龙湖⑤：城址位于吉林省南部的梨树县境，这里北半月形的吉林哈达岭余脉环抱，中间形成较开阔的丘陵盆地，海拔高度 250 米。城址背靠盆地西缘，东临东辽河和小子河交汇后形成的二龙湖书库，坐落于高出湖面十余米的一片黄砂土台地上。

20. 小荒地南城⑥：邰集屯镇目前发现三座城址，即小荒地南、北城和镇农药厂的一座城址。邰集屯镇隶属于辽宁省锦西市连山区，东距锦州市 25 公里，南距锦西市 45 公里。这里地处辽西走廊北端，北倚辽西低山丘陵，南临辽东湾滨海平原，女儿河自西向东蜿蜒流过注入小凌河。

建筑特点：依山屏障，因墼为固。小荒地南土城坐落在女儿河左岸的黄土台地上，东北、西南两面为绵延起伏呈半月形的低山丘陵环抱屏闭，

① 中国科学院考古研究所山东工作队：《山东邹县滕县古城址调查》，《考古》1965 年第 12 期。

② 湖北省文物考古研究所等：《京九铁路（红安、麻城段）文物调查》，《江汉考古》1993 年第 3 期。

③ 湖南省博物馆：《湖南石门县古城堤城址试掘》，《考古》1964 年第 2 期。

④ 北京市文物研究所拒马河考古队：《北京市窦店古城调查与试掘报告》，《考古》1992 年第 8 期。

⑤ 四平地区博物馆等：《吉林省梨树县二龙湖古城址调查简报》，《考古》1988 年第 6 期。

⑥ 朱永刚等：《辽宁锦西邰集屯三座古城址考古纪略及相关问题》，《北方文物》1997 年第 2 期。

南面地势平坦视野开阔。一条时令河流由北至南，绕过城西南角折向东南，盈水为河道，枯水为沟壑，形成半壁天险。

21. 讲武城①：漳河北岸。

22. 柏畅城②：柏畅城西依乱木水库，北临泜水河道，东、南两面丘陵起伏。城建于丘陵缓坡上。

23. 禹王城③：城址在夏县西北约 7 公里。城西北与涑水遥遥相望，西南不远有著名的河东盐池。中条山在其南，鸣条岗枕其北，青龙、无盐、白沙诸水径其南。城址西部坐落在层层高起蜿蜒曲折的坡地上，东南约 15 公里为中条山。青龙河穿过古城东部，向东流入白沙河。

24. 盘古城④：盘古城所处的迟家庄位于群山环抱之中，北依凤凰岭，南濒迟家河，东邻"北将口"，西望盘古山。

25. 寿春城⑤：据《史记·楚世家》载，楚国在寿春共建都 19 年（考烈王 22 年、前 241 年——秦破楚，前 223 年），秦灭楚后，寿春为九江郡治。西汉高祖为淮南王国都。是经济重镇，土地肥沃，水陆交通便利。《汉书·地理志》云："寿县、合肥受南北潮，皮革鲍木之输，亦一都会也。"顾祖禹《读史方舆纪要》评曰："寿州控扼淮颍，襟带江沱，为西北之要枢，东南之屏障。"

26. 作京城⑥：位于黄陂县西北约 24 公里的李集镇，东距伏马山约 12 公里，北距巴山水库约 10 公里，发源于巴山水库的白庙河流经遗址东部，且由东南方向注入滠水。从古代交通条件看，它可以通过滠水、潢河，越过大别山的隘口，进河南境与中原相通，可以向南出口长江，溯江上达楚都江陵，交通甚为方便。城址是自然形成的高地，城内地势北高南

---

① 河北省文物管理委员会：《河北磁县讲武城调查简报》，《考古》1959 年第 7 期。

② 刘龙启等：《河北临城柏畅城发现战国兵器》，《文物》1988 年第 3 期。

③ 陶正刚等：《古魏城和禹王城调查简报》，《考古》1962 年第 4、5 期合刊；中国科学院考古研究所山西工作队：《山西夏县禹王城调查》，《考古》1963 年第 9 期。

④ 孙敬明等：《山东五莲盘古城发现战国齐兵器和玺印》，《文物》1986 年第 3 期。

⑤ 丁邦钧：《楚都寿春城考古调查综述》，《东南文化》1987 年第 1 期；丁邦钧：《寿春城考古的主要收获》，《东南文化》1991 年 2 期。

⑥ 黄陂县文化馆：《黄陂县作京城遗址调查简报》，《江汉考古》1985 年第 4 期。

低，由北向南倾斜。城南地貌为一片平缓的梯田，西北部为现代村落——作京湾。城外四周均为起伏不大的梯田。

27. 草店坊①：城址位于孝感市牌坊乡境内，地处二级台地上，海拔高度在37—45米之间，城址坐北朝南，地势东、北、西三面有岗环绕，南垣依临澴水河，北部横卧武家岗地。北通中原，南下华中的枢纽要道上，这里是历代兵家必争之地。

28. 楚皇城②：遗址东去汉水6公里，北溯襄樊，南望荆州，是古代荆州通襄阳、南阳而到达中原的交通要道。城址位于高岗东部阶地的边沿。白起引水灌鄢的百里长渠，一直通达城西。

29. 楚王城③：该城址位于今云梦县城所在地，城址东临曲阳湖，南接涢水。

30. 季家湖④：季家湖位于当阳县东南隅，它的西岸南距长江边约15公里，东距沮漳河约3公里，东南方距楚都纪南城约35公里。湖四周地势相当低洼，为沮漳河下游的冲积平原。它的西面不远，则是连绵起伏的丘陵地带。楚城则位于湖的西岸边上。

以上的统计数据虽然不完整，但由于这些城址都是随机挑选的，而且其分布范围也较广，所以具有一定的可信度，分类的统计结果还是可以作为讨论的基本材料的。

综合上述城址和都城的选址情况，可以发现以下两条选址的基本规律：

（1）两河的交叉点和两河之间，是城市选址的最理想场所。10座都城中有7座，另外54座城址有12座处于这种环境中。虽然少于单条河流经过的城址，但因为这种河流形态相对于单条河流来说在数量上是较少的，所以也成为都城选址的首选。因为单条河流较为普遍，所以在春秋战

---

①　草店坊城联合考古勘探队：《孝感市草店坊城的调查与勘探》，《江汉考古》1990年第2期；孝感地区博物馆：《湖北孝感地区两处古城遗址调查简报》，《考古》1991年第1期。

②　湖北省文物管理委员会：《湖北宜城"楚皇城"遗址调查》，《考古》1965年第8期；楚皇城考古发掘队：《湖北宜城楚皇城勘察简报》，《考古》1980年第2期。

③　孝感地区博物馆：《湖北孝感地区两处古城遗址调查简报》，《考古》1991年第1期。

④　湖北省博物馆：《当阳季家湖楚城遗址》，《文物》1980年第10期。

国城市建设繁荣发展的时代，成为大部分城址的选择之地。三面以上环水的地形和泉水较多的地区也不多见，所以处于这种地形中的城址也不多，但这种地形作为城市选址的理想场所也是不容置疑的。综合以上分析，从水源的角度来看，上述五种河流形态可以作为春秋战国城市选址的一般性规律。

（2）从以上的分析还可知，除了河流的因素，城市选址的另外一个重要因素就是山脉。虽说城市一般都建在平原之地，但对山脉的依赖还是很明显的。上述54座城址中有23座是依山而建或者附近就是山脉。这些城址中，相当一部分属于背山面水的理想选址。从地形的角度来看，位于多种地形的结合部，尤其是山地（丘陵）和平原（盆地）的交界处也是城市选址的理想场所。54座城址中有16座城址就属于这种典型类型，可见比例还是很高的。

如果把文献资料和考古资料结合起来分析，可以发现商周时期的城市选址确实已经具有相当的科学性了。在古人的眼中，对自然环境的观察力度和重视程度要远远高于今天。因此，对于所处居址环境的观察和体验是由来已久的事情。当城市产生时，这种经验便集中体现在了城市的选址上，毕竟商周时期的大部分城市都是经过规划建设的，而不是自发形成的，这也是城市与农村的差别之一。文献虽然也记载了一些关于聚居选址的信息，但大都语焉不详，或系空泛的论述，缺乏详细的信息，幸好考古发掘出相当数量的城址，而这些资料提供了很多细节方面的信息。

水作为生命之源，一直都是城市选址的首选要素。河流的形态便成为选择城市首先要考虑的因素，经过一个较长时段的摸索，古人终于还是找到了最适于城市发展的较理想的河流形态，那就是河流的交汇处或者两河之间，这种形态的地点并不是很多，所以也成为都城的首选之地。其次就是山脉，背山面水一直以来就是中国古代聚落选址的首要原则。这样的地点通常都处于多种地形的结合部，其在地理上的优势前文已有论述。可见无论是从宏观上还是从微观上，商周时期人们对地理环境的认识已经相当深刻，并把这种经验完美地应用在了城市的选址和建设上。

以上所得的选址原则只是从纯粹地理的角度来阐释的。其实，从长时段理论看，地理环境只是影响商周城市选址的深层次因素，这些因素在长时段里发挥着潜移默化的影响，并表现出了相当稳定的结构性特征。而在其之外，还存在着一些人文因素对城市的选址也颇有影响，所以下面还要分析一下地理之外的一些人文因素，这些因素虽然不如地理因素在长时段中那么稳定，但在一定时间段内也足可以影响到城市所处的位置。

### 三　影响商周城市选址的人文因素

本书第一章在探讨中国早期城市起源的问题时曾提到，经济交换中心是早期城市形成的重要途径之一。所以，无论是城市的整体布局还是单个城市的选址都倾向于选择多种地形的结合部，这种地方通常是有利于经济交换的地理环境。但是，城市的发展并非是单线程的。因此，影响城市发展的因素也是多元的。在地理环境因素之外，影响城市发展的人文因素中，政治和经济格局对商周城市选址的影响最为显著。

（一）政治格局的变化对商周城市选址的影响

商周时期城市之繁荣主要源自于城之修建，而城之修建的主要动因之一即政权之间的较量。所以政治格局的变化对城市的选址颇有影响。虽然目前还很难确定这种影响力到底有多大，但从城邑的迁徙现象也能略窥一斑。

文献关于都邑的迁徙不乏记载。据古本《竹书纪年》记载，夏商时期曾多次迁都，但是迁都的原因则语焉不详，《尚书·盘庚》载："殷降大虐，先王不怀厥攸作，视民利用迁。"此"大虐"当至少包含有政治格局的变化。另外，比较典型的还有公刘迁豳和古公迁居周原，其主要原因之一即是为了逃避戎狄的侵害。等到文王迁居丰镐则是为了开疆拓土，更好地与商王朝对抗，接下来的兴建成周是对商人的镇服。由此可见，都城的选址都有其明显的政治原因。虽然政治格局的变化可能并非都城选址的决定性因素，但其影响力不容轻视。尤其是当城市获得普遍发展后，在什么地方建设城市与政治格局的变化往往息息相关。

春秋时期，很多城市的选址都受到了当时政治格局的影响。

《左传·僖公元年》载，狄人侵邢，"诸侯救邢。邢人溃，出奔师。师遂逐狄人，具邢器用而迁之"。"夏，邢迁于夷仪，诸侯城之，救患也。"夷仪已经到了黄河南边靠近齐国的边界了，在此位置不仅可以减缓狄人的侵伐，还能更好地受到齐国的保护。

《左传·闵公二年》，"狄人伐卫"，"卫师败绩，遂灭卫"。同书僖公二年春，"诸侯城楚丘而封卫焉。"《左传·僖公三十一年》载："狄围卫，卫迁于帝丘，卜曰三百年。"卫国从迁到楚丘，又迁到帝丘，完全是受狄人的胁迫，向东的迁移主要还是为了得到齐国的保护。

《左传·成公十五年》载："许灵公畏逼于郑，请迁于楚。辛丑，楚公子申迁许于叶。"同书昭公四年，"楚子欲迁许于赖，使斗韦龟与公子弃疾城之而还"，昭公九年，"楚公子弃疾迁许于夷，实城父，取州来淮北之田以益之"。许在春秋时期多次迁移，其主要原因就是受制于当时的政治格局。《左传·昭公十八年》载楚左尹王子胜言于楚子曰："许于郑，仇敌也，而居楚地，以不礼于郑。晋、郑方睦，郑若伐许，而晋助之，楚丧地矣。君盍迁许？许不专于楚。郑方有令政。许曰：'余旧国也。'郑曰：'余俘邑也。'叶在楚国，方城外之蔽也。土不可易，国不可小，许不可俘，仇不可启，君其图之。"楚子说。冬，楚子使王子胜迁许于析，实白羽。

以上三例足证，春秋时期政治格局的变化对城市的选址和建设影响很大。因为政治格局的变化经常处于不稳定状态，所以其对城市选址的影响力往往也只在一定的时间段里产生作用。当然需要说明的是，文献所记载的都邑迁徙，从本质上说只是一种政权中心的转移，当然这种转移包含了人口和资源的迁徙，但是一个政权中心从一座城市转移出去并非一定造成该城市发展的停滞或衰退。当一个政权中心从这座城市迁移走后，很可能新的政权中心就会填充进来，从而使城市获得继续发展。因此，政权中心的转移并非必然造成城市的转移，但政权中心的转移会在一定程度上造成了城市数量的增长。而以这种方式出现的城市很明显在选址上受到了政治格局的影响。

（二）交通与资源对商周城市选址的影响

从商代以来，资源的分布与交通的发展对城市的选址影响很大。张光直首先从矿产分布的角度研究认为，"夏代都城的分布区与中原铜锡矿的分布区几乎完全吻合"，而商代和周代都城的分布迁移都与寻求矿源有关[1]。沿着这一思路，刘莉和陈星灿研究认为，晋南地区的东下冯和垣曲商城与盐、铜等资源的运输有关，而"跟随二里头文化的脚步，早商文化迅速把势力扩充到湖北、江西北部和湖南北部。其目的主要应该是对长江中下游地区丰富的氧化铜矿的觊觎。盘龙城遗址可能就是把中国南方与

---

[1]　张光直：《关于中国初期"城市"这个概念》，《文物》1985 年第 2 期。

中原早商核心地区连接起来的交通枢纽"①。另外，史念海先生还认为，二里头和偃师商城的衰落，部分原因是与周代东西交通干线的变迁有关②。以上各位大家的研究表明，资源的分布与交通的变迁对商周城市位置的选择颇有影响。

在春秋战国时期，对外征伐和商业贸易极大地促进了交通的发展。交通的发展在一定程度上改变了原来的地理格局，而城市的发展与交通密不可分。战国时期单纯由经济条件而发达的城市，主要的优势就在于交通的发达。最好的例子就是陶和卫③。在春秋战国的经济都会中，最为繁荣的当推陶。陶在今山东定陶附近，春秋时为曹地，没有名气。春秋末年，陶忽然成为繁荣的都会，陶朱公在陶卜居，即因为"陶为天下之中"。交通的发展是主要原因，吴开掘了邗沟及黄沟，使江、淮、济、泗几条河流可以联络交通。陶居这一新水道网的枢纽，又加上济泗之间西至黄河平原都是古代重要的农业生产地区，是以陶占尽地利。鸿沟的开凿，更使陶居于济、汝、淮、泗水道网的中央，近则西迫韩魏，东连齐鲁，远则可由水道及于江淮。

另一经济都市为卫的濮阳，卫在战国只是微不足道的小国，但濮阳可借济水与陶联络，由秦经安邑向东通往定陶的北道，非经过濮阳不可，魏迁大梁，大梁邯郸之间的交通也当经过濮阳。河济之间农产亦富，也使濮阳具备经济都会的资格。由于水道纵横，新兴的经济都会尚有获水、睢水之间的睢阳，获水、泗水之间的彭城和楚夏之间的寿春。

此外，太行山东边南北向的大道连接了蓟与邯郸，"西贾上党，北贾赵中山"的温轵，"东贾齐鲁，南买梁楚"的洛阳，"西通武关，东受江淮"的宛；关中"南临巴蜀，北接胡苑"，而栎阳更是"北却戎翟，东通三晋"，咸阳又居关中的中心。凡此都是处在交通枢纽的地位④。

除却便利的交通，丰富的资源也容易使一个地区成为发达的都市。战

---

① 刘莉、陈星灿：《中国早期国家的形成——从二里头和二里岗时期的中心和边缘之间的关系谈起》，载于《古代文明》第1卷，文物出版社2002年版，第111、123页。

② 史念海：《春秋以前的交通道路》，载《河山集（七）》，陕西师范大学出版社1999年版。

③ 同上。

④ 上述几例均载于《史记·货殖列传》。

国七雄中，韩国的地理环境最为恶劣，如《战国策·韩策一》张仪所言："韩国险恶山居，五谷所生，非麦而豆，民之所食，大抵豆饭藿羹，一岁不收，民不厌糟糠，地方不满九百里，无二岁之所食。"正是在如此的环境中，宛却因其丰富的铁矿资源而成为秦、楚、韩三国角逐的疆场。再加上宛"西通武关，东受江淮"，交通便利。商业的兴盛和资源的丰富，使宛成为兵家必争之地。

当然这种例子还有很多，上文所列举的54座城址有相当一部分就处于交通要道。通过以上只鳞片爪的描绘，我们可以约略看到，春秋战国时期，生产的发展引起了交通的进一步扩展和新资源的运用，而这些变化进一步影响到了城市发展的地理格局。

在春秋战国时期，尽管南方地区出现了吴、楚、越等诸侯国，而且也产生了一些发达的都市，但是其整体的发展水平依然落后于中原地区，优越的自然环境和丰富的自然资源依然抑制着当地生产力的发展，复杂的地形水系格局也不利于交通的发展，这一切都在相当程度上阻碍着这一地区城市的发展。

相对于政治、经济来说，地理具有一种较为稳定的特性，在一个长时期内，地理环境的变化是很小的。但是当地理环境和人类社会紧密结合以后，其本身所具有的稳定性会因为人的参与而在一定程度上发生改变。随着人们对于生产工具的改进，改造自然的能力也越来越强，原来较为恶劣的环境可能会成为适宜生存的地方，交通不便之处也会因为道路的开辟而使其通畅。这一切都在无形中改变了地理结构，而新的地理结构又反过来重新影响到城市的发展。

# 第 三 章

# 商周城市主体形态的结构性演变

据文献和考古资料可知，商周城市在形态上包含了多种因素，如城墙、宫殿、居民住宅、手工业设施、街道、墓葬等等。本章主要探讨其中四种最典型的形态，即防御设施（城墙）、政治性建筑（宫殿）、手工业场所和市场，这四种形态可以称为商周城市的主体形态。城墙等防御设施代表了城市所具有的军事防御功能，政治性建筑则是城市政治制度的物化形态，而手工业场所和市场则反映了商周城市所具有的经济功能，因此这四种形态基本体现了商周城市所具有的主要功能。

本章对上述四种商周城市主体形态的研究在整体上采用专题的方式，在研究视角上则是着眼于这些形态的"结构性演变"。所谓的结构性演变其实是源自于布罗代尔的长时段理论，"结构性"因素即指长时间稳定存在的一些因素。对于商周城市来说，上述四种建筑形态自始至终普遍存在，属于长时间稳定存在的因素，不过其各自在具体形态上确有一个长时段的演变过程，即在不同时段这四种建筑在形态上各有特点，因此这四种形态长时段的演变过程即称为"结构性演变"。

## 第一节　商周城市防御设施的形态演变

从长时段来看，防御设施在中国古代城市的发展演进中无疑占有举足轻重的地位。也可以说，正是防御设施的不断进步才使城市这种聚落形态逐渐成熟并得到普及。到战国时期，目前发现的大多数城址基本上都可以归入城市的行列，其主要的推动力之一可能就是城墙的修建。当然没有城墙的城市也一定存在，但不可否认的是，大部分可确认的古代城市都有城墙等防御设施，这不仅是先秦时期，也是整个中国古代城市发展的一个显著特征。

聚落之防御设施的形成源远流长。对安全的考虑是人类在文明的进程中始终都很重视的问题。围栏或者壕沟等防御设施可能与原始定居聚落相伴相生。虽然目前还无法确定这种防御设施的形态演变，但从功能上来看，其最初的防御对象可能主要是自然界。围墙一旦形成，人类便具有了一个相对独立的私密空间，这种私密空间的形成使居住于其中的人感到从未有过的安全。因此，这种聚落模式必然得到普及，并且在技术上不断得到提高。某项技术的进步程度永远是与人们的迫切需求成正比的。当历史进入到商周时期，城墙这种典型的防御设施已经发展了较长时间，并且在技术上取得了相当的进步，无论是高度、坚固性，还是规模都获得了很大提高。春秋战国时期，城墙的普及率已经相当高了，这种防御设施的普及催生了一种新的聚落形态的成熟和普及，那就是城市。城市的雏形虽然历时久远，但只有到了战国时期才真正从一般聚落中被分离出来。因此，对于中国古代的城市来说，防御设施的发展影响甚大。从目前的资料来看，商周城市的防御设施主要可以分为城墙、护城河、城门和郭城四部分，当然这些都是典型的防御设施，有无郭城和护城河还要看城市的规模、等级和地理环境。纵观中国的城市发展，城墙作为防御设施的主体始终占据着重要地位，其外在形态和内在的技术都经历了较长时间的演变。

## 一　城墙建筑技术与形态的演变

从定居的农耕时代开始，人类居住地的防御体系大概经历了栅栏与篱笆、沟壕、围墙、城垣等发展阶段①。聚落沟壕早就发现，但确凿的而又较完整的聚落围墙，目前仅见于距今 8000 年以前的湖南澧县八十垱彭头山文化聚落②。它把环壕、围墙和自然河道结合在一起，构成了严密的聚落防御体系。这种类型的防御体系着重点还是环壕，围墙只是一个副产品。但这种副产品在漫长的历史发展中逐渐成为防御的核心。毕竟围墙和城垣之间只有一步之遥。当这种无心堆建的围墙逐渐受到关注，并且逐渐起到越来越大的作用时，通过对围墙的进一步加工，城垣便产生了。正如

---

① 张学海：《城起源研究的重要突破——读八十垱遗址发掘简报的心得，兼谈半坡遗址是城址》，《考古与文物》1999 年第 1 期。

② 湖南省文物考古研究所：《湖南澧县梦溪八十垱新石器时代早期遗址发掘简报》，《文物》1996 年第 12 期。

目前比较通行的观点，环壕的主要功能在于对自然灾害的防御，比如洪水猛兽。但随着生产的发展，社会剩余财富的增多，社会关系越来越复杂，战争便开始在人类社会蔓延。防御设施的升级从某方面来说，是因为原来的环壕等防御设施已经无法满足聚落在安全上的需求，因此才迫切需要新的防御工具的产生以解决聚落面临的危险。这种需求是促使城墙产生的直接原因。如果说拥有环壕的聚落与一般聚落在形态和功能上并不存在本质的区别，那么，城墙的产生无疑直接推动了一种新的聚落形态的形成，这种聚落形态就是后来中国古代城市的雏形。

（一）商代以前城墙建筑技术与形态的不平衡发展

城墙一旦成为聚落依赖的主要防御设施，对其在技术和形态上的改进和升级就从来没有停止过。目前考古发现最早的城址是湖南澧县城头山，这时的城垣主墙是堆筑而成，墙基采用平夯法叠筑，形状呈圆形①。与城头山时代较近的是河南郑州西山古城②，西山古城虽然依然采用圆形城垣，但在技术上已经开始有了提高，采用的是小版筑堆筑法，版筑技术已经得到应用。这一南一北两座城址拉开了龙山时代"早期城市"建设的序幕。

从技术的角度看，版筑、夯筑技术要优越于堆筑技术，对不同技术的采用决定了城址发展水平和所处地理环境的差异。从目前考古发现的城址资料来看，历经整个龙山时代，城墙的技术和形态存在着明显的地域差别，基本沿着三条线向前发展。北方内蒙古长城地带的石城址其城垣主要采用的是垒筑技术，黄河下游的海岱地区和整个长江流域，则以堆筑技术为主，已使用加夯工艺。而黄河中游地区则已经普遍使用版筑夯土技术。这种差别明显受地理环境和资源的影响，北方多石，而南方的土壤性质不适宜夯筑，只有黄河中游以黄土为主要原料的城墙发展出了夯土版筑的技术，这种技术后来成了城墙建筑技术的主流并一直持续了很长时间。

龙山时代城墙的建筑技术除了在大地域上的差别外，在同一地域内

---

① 湖南省文物考古研究所：《澧县城头山屈家岭文化城址调查与试掘》，《文物》1993 年第 12 期；湖南省文物考古研究所：《澧县城头山古城址 1997—1998 年度发掘简报》，《文物》1999 年第 6 期。

② 国家文物局考古领队培训班：《郑州西山仰韶时代城址的发掘》，《文物》1999 年第 7 期。

部，也并非一致。在黄河中游地区虽然大部分城址都采用了版筑夯土技术，但是河南淮阳平粮台城址则是采用小版筑堆筑法，辉县孟庄城址也是内外取土，分段夹板堆筑。在黄河下游地区的城址虽然多以堆筑为主，但是山东章丘城子崖城址为版筑、堆筑相结合的技术，并有基础槽；阳谷的景阳岗城址则是分块夯筑与堆筑相结合的方法；江苏连云港的藤花落城址也是由堆筑和版筑相结合筑成，且在时间上可能略有先后，即此城可能先使用堆筑技术，后期又采用了版筑技术。可见，即使在同一地区内部，各城址之间在城墙的修建技术上也存在着差别。

这一现象反映了各城址在技术发展和整体发展水平上的不平衡性。毕竟城墙的修建是一种集体行为，即使掌握了版筑夯土的技术，也未必有能力予以实施，因此整体发展水平较差的城址采用较为省力的堆筑技术既可以满足防御需要，也可以节约人力物力，从而降低修建城墙所花费的成本。

另外，从城墙的形态看，龙山时代以版筑夯土技术为主的城址形状多呈规则的方形或长方形，而以堆筑技术为主的城址形状多不规则。由此可见，建筑技术的不同也直接影响到了城址形态的差异。

(二)　商周时期版筑夯土建筑技术的普及与进步

最早载有"版筑"技术的文献是《诗经·大雅·绵》，古公亶父定居址于周原后，"乃召司空，乃召司徒，俾立室家。其绳则直，缩版以载，作庙翼翼。捄之陾陾，度之薨薨，筑之登登，削屡冯冯。百堵皆兴，鼛鼓弗胜"。据此可知，偏居西部的周民族都已经掌握了这套技术，版筑夯土技术从商代开始已经得到了普及，包括城墙在内的大型建筑可能都已使用了版筑技术。

现有的考古资料也显示，在商代，版筑夯土技术也已得到广泛传播并获得不断改进。中原地区河南偃师商城的城墙建筑技术直接继承了龙山时期的城墙修建技术，采用了与城墙走向平行的纵向排列模板的方块版筑法。而郑州商城采用的是与城墙走向垂直的横向排列模板的分段版筑法，而且还采用了削减技术，因此其城墙的外壁较为峭直，这种技术上的进步提高了城墙的防御性。中原地区之外，目前发现的商代城址也都使用了版筑夯土技术。如山西夏县的东下冯、垣曲商城、山东章丘的城子崖、四川广汉的三星堆和湖北黄陂的盘龙城等城址都普遍采用了版筑夯土技术。可见，商代除北方地区的石城址外，"由主城墙和护城坡构成的城墙结构几乎成为各地标准的城墙模式，显示采用了大体相同的筑城技术"。而且大部分城址在形态上都属于规则的方形或长方形。

随着西周、春秋时期大规模筑城运动的开展，主要用于大规模城墙筑造的夯土版筑技术逐渐趋于成熟。"至战国时期，一整套完整的扶拢模板的技术出现并使用，是版筑技术完全成熟的标志。这一技术的要点，可以概括为：使用穿棍悬臂支承模板，扶拢模板两端用草绳揽系或直接用绳索绑束牵引模板，揽系模板或直接牵引模板的绳索，可能是以木橛固定入已筑好的下层夯土中，穿棍、草绳、木橛每筑好一版并不抽出而全部打入夯土，因此留下迄今可见的水平穿棍洞眼和绳孔。在部分地区，城墙筑造中已局部采用在墙体内铺设木构网或绳构网的配筋技术，以增强城墙坚固性。"[1]

上述版筑夯土技术的进步主要体现在周代各大规模诸侯国都城的城墙建造上，因此也获得了学者的较多关注。其实，城墙修建技术的进步在众多中小规模城址中也多有体现，使东周时期城址的修建技术表现出了多元化的发展特色。

### （三）东周时期城址修建技术的多元化发展

春秋战国时期城墙的建筑技术更加精益求精，除了都城的技术比较发达外，其他的城址在建筑技术上也不逊色，并且不同的城址在原料的使用上也有所创新，建筑技术和城墙的附加防御设施呈现多样化发展的趋势。

（1）随着春秋战国铁制工具的广泛使用，版筑夯土技术在实际应用中更加得心应手。位于北京地区的窦店古城是燕国的一座重要城镇[2]。战国时期，周王室衰弱而诸侯渐强，燕国为南拒齐、赵，加强防御，在上都蓟和下都武阳之间的交通要冲上修建并保持这样一座城池，确是势在必然。考古资料显示，窦店城址的大城内墙夯土中发现四件残破铁镢，是建筑城墙时使用的工具。这种铁镢在燕下都也有出土，两处均断代为战国晚期，推知窦店大城内墙的主体夯筑于战国晚期。由此可知战国晚期铁器的使用在城墙的修建中可能已经较为普及。窦店大城始建于战国早期，战国

---

①　本节分析参见张玉石《中国古代版筑技术研究》，《中原文物》2004 年第 2 期。
②　北京市文物研究所拒马河考古队：《北京市窦店古城调查与试掘报告》，《考古》1992 年第 8 期。

晚期进行了一次全面的修整。整修时的夯建技术相当成熟，分城墙为内外两块，每块宽3米，逐堵夯筑，夯层厚薄均匀，夯打精细，夯窝密集，反复重叠，夯打出来的墙体非常坚硬。为防止夯具黏着，增加夯土强度，夯面屡见垫草痕迹。上述筑墙技术都与燕下都近似。

（2）夯打技术也更加精细，有的城墙同时采用两种夯打技术。河南焦作的府城古城城墙断面呈上窄下宽的梯形，底宽4.5—9米，顶宽约3米。城墙系用黄枯土夯筑而成，夯层紧密，构筑牢固，每层厚10—11厘米。从不同的断面可见有两种不同的夯印。一种是圆形圈底，直径3.5—5米，深1.5—2厘米，凹凸相套，似用整捆圆木棍做夯具。另一种是很浅的平方夯印①。河南启（开）封古城的城墙夯土呈黄褐色，质地坚硬纯净。城墙夯窝大致可分为两种：城墙上层的夯窝多呈圆形浅平底，排列稀疏，直径约9厘米；下层的窝多呈圈底小夯窝，排列密集，直径4—5厘米。夯土层次分明，每层厚8—20厘米，一般厚约12厘米②。对于不同位置的城墙其采取的夯打技术也不同，这种技术的应用可能是在保证城墙质量的同时，尽可能地减少工程量，以节省劳动力，加快建城的进度。

（3）城墙基槽的铺垫、主体夯打的原料和附加防御设施也呈现多样化。河北临城县的临邑古城在城墙基槽的底部铺设了一层河卵石③；河南的启（开）封古城是在城墙底部即基槽内垫上大量黄沙。位于吉林省梨树县的二龙湖古城址坐落于一片黄砂土台地上，从现存的城垣剖面看，城墙系由黄土夹大量砂石堆筑而成④。虽然技术上落后了一些，但在原料的使用上因地制宜，极大地降低了工程的难度。山东五莲盘古城为战国时期所建，面积50268平方米，城垣基宽9—12米，系版筑而成，土、砂、石混合，层层夯打，每层厚约15—20厘米⑤。这种混合的原料既有利于就

①　杨贵金等：《焦作市府城古城遗址调查报告》，《华夏考古》1994年第1期。

②　丘刚：《启（开）封古城遗址的初步勘探与试掘》，《中原文物》1994年第2期。

③　河北省临城县城建局承建志编写组：《河北临城县临邑古城遗址调查》，《考古与文物》1993年第6期。

④　四平地区博物馆等：《吉林省梨树县二龙湖古城址调查简报》，《考古》1988年第6期。

⑤　孙敬明等：《山东五莲盘古城发现战国齐兵器和玺印》，《文物》1986年第3期。

地取材，减少工程量，也显示了设计者在实际建设中的灵活性。可见充分利用本地资源的理念已经为大部分城墙建设者所应用。

（4）城墙的附加防御设施在春秋战国时期得到了极大的丰富。为了提高城墙的坚固性和最佳的防御性能，有些城址添加了新的附属设施。山西夏县古魏城①在城外侧都建有月牙状的夯土台，很可能是一种加固措施。古城东南、东北、西北三个城角至今保存完好，可见其坚固程度。马面在内蒙古中南部和辽宁西部的夏家店下层文化的石城址中便已流行，如辽宁北票市康家屯石城址城墙及城墙拐角外侧砌筑有类似后世城墙外的"马面"和"角台"。马面平面为马蹄形，一般长3、宽3.2、残高0.2—1.3米。在东、南城墙外各发现有三处马面，在西南城角、东南城角各有一处"角台"②。到战国时期，马面、角楼、瓮城这些具有较强防御性质的设施在北方边塞古城依然得到应用。山西闻喜的"大马古城"四面城墙均有"马面"等防御建筑，凸显了其较强的军事防御功能③。战国时期内蒙古卓资县三道营古城的城墙有马面，间距100米左右，城门为瓮城式建筑。城墙的折角处都有角楼④。

湖北孝感市草店坊城位于北通中原，南下华中的枢纽要道上，这里是历代兵家必争之地。城址修建得小又紧束，城垣高耸宽大，护城壕既深且陡，南又有澴水相依，城址的形制也很特殊，城垣的拐角上筑有高大的楼橹建筑，城内只有一座大型房屋，并且只设一座城门。调查者认为坊城是战国秦汉时期的一座军事城堡。坊城一名可能是后人的笔误或者传讹，坊城实为防城⑤。湖北云梦楚王城始建于战国中晚期，在城址的东南角、西南角、东北角和西北角均有高台建筑，可能为城垛遗迹⑥。另外，湖北宜城楚别都鄢故城（俗称"楚皇城"）平面略呈长方形，城垣四角显著凸

---

① 陶正刚等：《古魏城和禹王城调查简报》，《考古》1962年第4、5期合刊。

② 辽宁省文物考古研究所：《辽宁北票市康家屯城址发掘简报》，《考古》2001年第8期。

③ 陶正刚：《山西闻喜的"大马古城"》，《考古》1963年第5期。

④ 李兴盛：《内蒙古卓资县三道营古城调查》，《考古》1992年第5期。

⑤ 草店坊城联合考古勘探队：《孝感市草店坊城的调查与勘探》，《江汉考古》1990年第2期；孝感地区博物馆：《湖北孝感地区两处古城遗址调查简报》，《考古》1991年第1期。

⑥ 湖北省文物考古研究所等：《'92云梦楚王城发掘简报》，《文物》1994年第4期。

起，群众称之为"烽火台"或"观楼子"。现在登上烽火台，犹可瞭望全城①。这种角楼的设置除了起到预警和防御城外敌人入侵外，对城内也可以起到警戒的作用。由此可见，战国时期，频繁的战争极大地刺激了城市防御设施的创新，无论南北，各地区的城址都在城墙的坚固性和防御性上进行了一番新的尝试，推动了城墙修建技术的完善。

（5）除了城墙本身技术的提高外，很多城址都充分利用了所处的地理环境来提高城墙的防御性。依河而建和几面环水都有利于防御，但就城墙本身来说，建设者也十分重视对地形地貌的充分应用。河南扶沟古城整个城垣为一次性筑成，城垣和城门分别进行，然后再相衔接。为减少工程量和有利于军事保卫，在筑城时利用了地形地物，对城垣必须经过的高岗和低洼地带，采用了切角及外突包进的建筑方法。城西南角、东北角、西墙中部的突出部分，就是这种建筑方法的反映②。

虽然大部分城址都建筑在地势平坦之地，但也有一些城址利用了地势的高差来提高防御功能。河南启（开）封古城经过测量，整个城址是由西向东逐渐由高向低倾斜，到东墙墙基最深处距地表达 8 米深（西墙基距地表深约 1.5 米），城址落差在东西墙的距离不足千米的情况下竟达 6.5 米，这说明启封可能是从军事角度考虑，依地势兴建而成的军事城堡③。河南偃师县的刘国故城是春秋时期周王畿内的重要封国。据出土陶片推测城墙建于春秋晚期，只在南面有两段东西走向的城墙，其余三面都是高达 20 米的悬崖峭壁④。

山东邹县纪王城城墙的建筑也充分利用了当地的地形地貌。东西城墙的北端直起绎山山麓，南边延伸到廓山之顶。南墙连接东墙处的一段，东西长 210 米，折向南行，再顺山梁而上，经廓山三峰，蜿蜒曲折，西止金水河南坪，全长约 2530 米。有的地方墙基系用二、三层石块垒起，其上加筑黄砂土。城墙经过处遇有高大石块凸立时，也加利用，嵌入墙内。北墙处于绎山脚下，以北至绎山间一片，俗称"内罗城"。据传在绎山街东

---

① 湖北省文物管理委员会：《湖北宜城"楚皇城"遗址调查》，《考古》1965 年第 8 期；楚皇城考古发掘队：《湖北宜城楚皇城勘察简报》，《考古》1980 年第 2 期。

② 周口地区文化局：《扶沟古城初步调查》，《中原文物》1983 年第 2 期。

③ 丘刚：《启（开）封古城遗址的初步勘探与试掘》，《中原文物》1994 年第 2 期。

④ 梁晓景：《刘国史迹考略》，《中原文物》1985 年第 4 期。

侧及"点将台"之北还有两道内城墙。但经调查只发现一段。很有可能城址北部也有内城墙,一旦墙封闭起来,东、西两边就被截断了,十分有利于防御①。湖北应城女王城城址处在万仞岩山系南边的三级台地上,东部为一冲积平原,东南距举水河3.5公里。城址南北依岩而建②。辽宁锦西邰集屯镇目前发现三座城址,即小荒地南、北城和镇农药厂的一座城址③。位于南城之北的小荒地北城址,系依山势修筑的山城。该城址北部周缘轮廓较清楚。南部偏西与夯土城相毗邻。而东侧在大体与夯土城北垣东向延长线地段,山势遽然趋缓。从此段已形成的一处断崖看,有夯筑痕迹。山城北部城郭是沿山梁自然走势在山脊梁上稍加起筑而成。平面呈不规则半椭圆形,弧长856米。墙体大部分为黄土属凝灰岩或砂岩碎石叠筑,也有部分地段为土筑。从西城垣豁口剖面看,不见夯窝,可能系采用堆筑或平夯法修建。

(6)春秋战国时期由于战争频繁,城址的损坏率还是很高的,很多城址都经过修复,有的甚至有过多次修复。

淮阳位于辽阔的豫东大平原,因居于淮河之北故名。古代则称"宛丘"、"陈"、"陈城"、"陈县"、"郢陈"。西周初年,武王克殷以后,封帝舜之后于陈,是为陈国,都于陈。从文献记载,公元前598年,楚杀夏征舒时已有陈城,公元前550年庆虎、庆寅又筑城,引起筑城工人暴动;公元前543年郑子产批评陈侯"缮城郭",证明春秋时期陈国已多次修复陈城了,陈城最晚也应始建于公元前598年。公元前478年,楚惠王灭陈,将陈城改为县;公元前278年楚顷襄王兵败,东北保于陈城、陈城又成为楚国的首都,历时38年,至公元前241年迁都寿春。

考古材料表明,淮阳县城的城关镇即为陈城旧址④。此城多次加以修复。经调查,淮阳城的第二次修复普遍存在,由出土文物看,时间当在战

① 中国科学院考古研究所山东工作队:《山东邹县滕县古城址调查》,《考古》1965年第12期。

② 湖北省文物考古研究所等:《京九铁路(红安、麻城段)文物调查》,《江汉考古》1993年第3期。

③ 朱永刚等:《辽宁锦西邰集屯三座古城址考古纪略及相关问题》,《北方文物》1997年第2期。

④ 曹桂岑:《楚都陈城考》,《中原文物》1981年特刊;曹桂岑:《淮阳的考古发现与研究》,《中原文物》1989年第4期。

国晚期楚都陈时所修。主要为外附加，这次附加的宽度是 4.4 米，高度较第一次附加增高 1 米多，夯层厚 0.12—0.17 米，夯层中有横木作栓，横木长 2—3 米，直径 0.16—0.31 米不等，排列有序，层次分明，上下可分四层，层间距离 0.50—1 米，每层间的横木相距 0.40—0.60 米。最可注意者，为均有横木洞，按此推算，第二次附加仅横木就需要 4 万—6 万根。可见规模之庞大。

相对于考古发现的春秋战国时期的 400 多座城址来说，笔者的探讨所涉及的城址只占总数的一小部分。但据此对春秋战国城址防御设施的整体发展状况及其水平也有了一个较为全面的认识。从城墙的修建技术、城墙的附属防御设施和城墙与其所处地理环境的结合等方面来看，到战国时期城址的防御设施已经相当成熟，形成了一套相当完善的修建技术和建设理念。

另外，文献也记载了一些城墙建设的实际操作步骤。如《左传·宣公十一年》载："令尹蒍艾猎城沂，使封人虑事，以授司徒。量工命日，分财用，平板干，称畚筑，程土物，议远迩，略基趾，具糇粮，度有司。事三旬而成，不愆于素。"可知，春秋时期在城墙的修建过程中至少包含了三级管理层。最高层也是总负责人即"令尹蒍艾猎"，第二级为"封人"和"司徒"。杨伯峻认为"封人为司徒之属官"，似不妥。"封人"，杜预注曰"其时主筑城者"。《周礼·封人》载："凡封国，封其四疆。造都邑之封域者，亦如之。""司徒"杜预注曰"掌役"。从字面看，二者并不存在隶属关系。用现在的话说，"封人"即是城墙总设计师，而"司徒"则是工程主管。一个是设计者，一个是实施者。二者都直接受"令尹蒍艾猎"指挥。第三级管理层是"有司"，为工程各方面之具体主持人，应该受"司徒"管理。

司徒在开始动工之前，要进行充分的准备工作。工作的重心就是合理分配财物并协调各方面的工程量，使其能够齐头并进，互不耽误。首先"量工命日"，进行总体测算，这样才能知道所需的财物和劳动力。其次，"分财用，平板干，称畚筑，程土物"。城墙修建的主要工具有四种，即板、干、畚、筑。"板"为筑城墙时所用之夹墙板；"干"为筑墙时树立两头的支柱；"畚"为盛土之器；"筑"为筑土之杵，也即夯打工具。可见当时采用的依然是典型的夯土版筑技术。而城墙所用的主体材料就是"土"和"物"，即土壤和木材。这一步的主要任务就是合理分配劳动工具，本质也是对劳动力的分配，使其在工程进行中不致互相耽误。然后，"议远迩，略基趾，具糇粮，度有司"，即进行实地考察测量，并进行粮食储备和安排各种工作的负责人。

可见当时除了建筑技术相当进步外，整个城墙建设有自己一套完善的制度来进行操作。制度和技术的共同进步促成了春秋战国城市防御设施的成熟和完善。

## 二　城门的演变

伴随城墙的出现，城门作为这一防御设施的重要组成部分也随之产生。当然，在城墙产生之前，这种沟通内外的门定然早已形成，但城门的产生却是一种质的飞跃。城墙本身所具有的封闭性远远超越了壕沟和栅栏，作为沟通内外交流的唯一的设施——城门便在功能上被凸显到了一个较为重要的地位。城门的多少、大小、位置、形制都直接影响到了城市的防御和发展。城门的设置颇为讲究，对于一座城市来说，开几座城门，分别开在哪里，不仅要考虑防守的需要，还要照顾到城内居民的日常生活的来往方便，确实马虎不得。

宋人陈规在《守城录》中载曰："城门贵多不贵少，贵开不贵闭。城门既多且开，稍得便利去处，即出兵击之。夜则矸其营寨，使之昼夜不得安息，自然不敢近城立寨。又须为牵制之计，常使彼劳我逸。又于大城多设暗门，羊马城多开门窦，填壕作路，以为突门。大抵守城常为战备，有便利则急击之。"由此可见，单从防御性上来说，城门的设置便极有学问。

目前的考古资料还无法全面探讨城门的形态演变。下文重点分析的是城门布局与数量的演变，同时还涉及城门在设置和形态上的一些问题。

（一）商以前城门对称布局模式的形成

城门在其最初的产生阶段便为设计者所重视。距今 4000 年左右的城头山城址①，是目前发现最早的城址，但其成熟的设计模式表明在其之前定然还有更原始的城址。城址保存有东—西，南—北相对的四个缺口，从其位置和结构看，当是城门。城门虽然并未筑在正方位的轴线上，但其对称的布局还是明显的。东门残宽约 19 米，一条宽 5 米的卵石路由城外向

---

①　湖南省文物考古研究所：《澧县城头山屈家岭文化城址调查与试掘》，《文物》1993 年第 12 期；湖南省文物考古研究所：《澧县城头山古城址 1997—1998 年度发掘简报》，《文物》1999 年第 6 期。

城内斜坡而上，正对西门方向。卵石路面由 5—10 厘米直径的河卵石整齐铺垫，比较平整，路下为较多的红烧土块夹杂的灰土堆积。发掘者认为这种斜坡石子路可能兼有排水功能。南门现存宽约 20 米。至今有一条道路从南门直达北门，此路在中心点与今东西相通的道路相交。西门外有道路相通。北门是城的水门，门内有一个略呈圆形的大堰，大堰水面通过北门水道与护城河相通。城头山无论是在城门的布局上还是在具体形态的设计上都颇为精巧，显然是经过精心规划建设的。

城门与道路相连，且左右呈对称布局的模式在先秦时期城址城门的设计中颇为流行。如果说城头山还只能代表南方早期城址的发展水平的话，那么西山城址便可以作为北方城市早期发展的一个代表了。两座城址无论是年代还是城垣形态都十分接近。但可惜目前西山城址只发现两座城门，为北门和西门。由于城址东南部遭到破坏，因此在南部和东部是否还有城门则不得而知，不过发掘报告根据正对北门的道路来推测，南墙可能还有城门，此城址至少应有 3 座城门。但是如果参考城头山城门的设置，同时结合西山城址的内涵，认定西山城址存在 4 座城门还是很有可能的。因为城址的中部和东南部为房子、窖穴密集的居住区，附近还发现了密集的陶窑遗迹。可见西山城内居住着相当数量的不同职业的人口，在东部和南部设置城门可以满足居住在附近的居民的出行需求。

西山城址城门的设计也很讲究。其中西门设在西北隅，存宽约 17.5 米。西城门北侧的城墙上保留有南北向 2 排和东西向 3 排的基槽，槽内密布柱洞，从而将 9 米宽的城墙分隔成数间面积达 3—4.5 平方米的封闭的单元。由此推测，这里可能有望楼一类的建筑。西门外壕沟内的东、西两侧各有一个直径约 3 米的半圆形生土台，两个土台间壕沟的宽度仅有 2 米左右，推测这是为了架设板桥、方便通行而设立的。北门设在城址东北角，存宽约 10 米，平面形状略呈"八"字形（图 3.1.1）。东西两侧分别有略呈三角形的附筑城台，城台由长方形、梯形、三角形和近似菱形的小版块筑城，版块面积为 0.8 平方米左右。西侧城台曾遭破坏，故在其外侧补筑了一个长 4.5、宽 4.5 米的正方形城台。北门外侧正中横筑了一道护门墙。护门墙东西向，长约 7 米，宽约 1.5 米，夯筑十分坚硬。关于护门墙加强城门的防御能力的作用，宋人陈规在《守城录》中曾有总结："所以遮隔冲突，门之启闭，外不得知。"

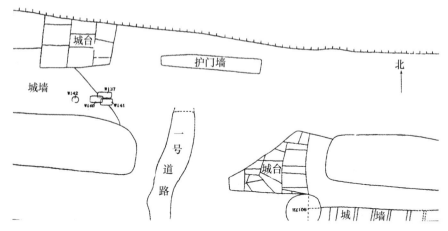

图 3.1.1　西山城址北门示意图①

　　上述两座城址反映了城门的设计早在龙山时代以前就已经非常先进了，由道路相连的城门对称布局理念已经形成，城门的设计已充分考虑到了防御和日常生活的需要。

　　龙山时代虽然发现了几十座城址，但可惜关于城门的资料较少，有完整城门数量的城址可以确认的一座也没有。河南淮阳平粮台城址在南、北城墙的中段均发现缺口和路土，应是古城的南门和北门。东、西门尚未发现。只有南门资料比较详细，两边有两座房子基址。房子依城墙用土坯垒砌，房门相对，应是门卫房。南门门道路土下 0.3 米处发现有沟渠，沟底铺一条陶排水管道，其上再并列铺两条陶水管道。管道周围填以料礓石和土，其上再铺土作为路面②。

　　河南辉县的孟庄城址只在保存较好的东城墙正中发现一个门道，宽约2.1 米，里边发现有多层路土。门道两侧发现有东西向基槽，贴近墙壁的已测有竖置的木板灰痕，可能为建筑遗迹③。从东墙的城门位置看，孟庄城址不可能只有一座城门，同时考虑到城内的大量的灰坑和房址，可以想

　　①　采自国家文物局考古领队培训班：《郑州西山仰韶时代城址的发掘》，《文物》1999 年第 7 期。
　　②　河南省文物研究所等：《河南淮阳平粮台龙山文化城址试掘简报》，《文物》1983 年第 3 期。
　　③　河南省文物考古研究所：《河南辉县市孟庄龙山文化遗址发掘简报》，《考古》2000 年第 3 期。

见当时孟庄城址一定十分繁华，仅有一座城门可能无法满足居住者的需求。但考古失载，推测无据。

河南新密的古城寨城址有南、北、东三面城墙。在南北两城墙的中部，有相对的城门缺口，东城墙无一处断缺。可能只有两座城门①。

山东章丘的城子崖城址平面略呈长方形，在南、北城墙各发现一门，并似有门房一类设施②。

山东寿光边线王城址城墙分内外两重。外垣平面呈方形，东、西、北三面有门，南墙未作清理，不能断定无门。内垣平面为圆角矩形，面积约1万平方米，东、北两面设门，另两面因遭破坏严重，不能肯定是否有门。两垣使用有早晚，外垣建成后，内垣便被夷平③。

以上几座龙山城址虽然并不能确定其城门的准确数量和位置，但大体可以分为两类，一类有两个门，东西对称或者南北对称，一类为四个门，四面城墙各有一门。这两种类型基本上都针对的是规则型的城址，其基本延续的还是对称布局的模式。

## （二）商代城门中轴对称布局模式的发展

商代目前发现的城址中，只有偃师商城④、垣曲商城⑤和黄陂盘龙城⑥三座城址大略知道城门的基本分布状况。偃师商城城址夯土城垣分为

① 河南省文物考古研究所等：《河南新密市古城寨龙山文化城址发掘简报》，《华夏考古》2002 年第 2 期。

② 山东省考古研究所：《城子崖遗址又有重大发现》，《中国文物报》1990 年 7 月 26 日。

③ 杜在忠：《边线王龙山文化城堡的发现及其意义》，《中国文物报》1988 年 7 月 15 日

④ 中国社科院考古研究所河南第二工作队：《1983 年秋季河南偃师商城发掘报告》，《考古》1984 年第 10 期；杜金鹏、王学荣主编：《偃师商城遗址研究》，科学出版社 2004 年版。

⑤ 中国历史博物馆考古部等编著：《垣曲商城（1985—1986 年度勘查报告)》，科学出版社 1996 年版；中国历史博物馆考古部等：《1988—1989 年山西垣曲古城南关商代城址发掘简报》，《文物》1997 年第 10 期；中国历史博物馆考古部等：《1991—1992 年山西垣曲商城发掘简报》，《文物》1997 年 12 期。

⑥ 湖北省博物馆等盘龙城考古发掘队：《盘龙城 1974 年度田野考古纪要》，《文物》1976 年第 2 期；《盘龙城——1963—1994 年考古发掘报告》，文物出版社 2001 年版。

二重。内城（也即小城）平面大体呈长方形，南北长约 1100 米，东西宽约 740 米，城垣宽约 6—7 米。小城的南垣、西垣和东垣南段与外城（即大城）城垣重合。对内城与外城重合部分的发掘结果表明，外城城垣是在内城城垣的基础上加宽而成，内城的建筑年代早于外城。外城平面略呈纵长方形，位于内城以东、以北的城垣均为新建，东南部依地势而内收，总面积近 2 平方公里。四面城墙保存完整，墙宽在 17—18 米。现已发现了 5 座城门，其中北城门 1 座，东、西城门各 2 座，已发掘的两座城门门道宽仅 2.4—3.2 米（图 3.2.6）。据推测，南城墙中部也应有一城门。四面城墙的外侧均发现有护城壕。城内已发现了若干条纵横向的主干大道，均与城门相通。东二城门的路土之下，还发现了石、木结构的地下排水设施（石板铺底，石柱与木柱承托木板盖），该排水沟自东城门向西，连接城中宫城内的排水道，全长 800 余米。另据考古钻探发掘，小城的每面城墙也都以南北中线为轴左右对称，每面城墙上各有一门，东、西城门正相对应，并正处于小城的横向轴线上，南、北城门也正相对应，也处于南北中轴线上。此外，左右对称的建筑设施还有连通宫城和城门的地下水道。

垣曲商城城垣平面呈不规则方形，西墙中部偏北处有缺口一，应为门道，门道以南修筑了平行的双道夹墙，两墙相距 7—10 米，形成一窄长的通道。夹墙的外墙北端东折后与主城墙在门道北侧相接，将门道封堵在内。城门即在通道之内（图 3.2.8）。西墙外还有一条与之完全平行的护城壕，南端直通台地南缘的冲沟中。保存较好的南墙西段也修筑了双道夹墙，两墙相距 4—14 米。其外墙西端与西城墙之外墙不相连，其间有宽16 米的缺口。南墙不直，其中部依地形向内微折曲。两段夹城墙在西南角相会并留有缺口，西墙中部发现有包括在夹墙之内的缺口（后已被确定为城门），估计西、南城门均经此夹墙间从西南角缺口（即外城门）中出入。与同时期其他城址相比，这种类型的城门大大加强了垣曲商城的防御能力，董琦指出这可能是我国城市防御体系建设中瓮城的雏形①。除西墙外，南墙和北墙上也发现有缺口，有可能是城门之所在。

盘龙城平面略呈方形，城垣四面中部各有一缺口，相互对称，可能为城门遗迹。

目前，考古发掘比较遗憾的是郑州商城，虽然发现了 11 处城墙缺口，

---

① 《瓮城溯源——垣曲商城遗址研究之一》，《文物季刊》1994 年第 4 期。

但哪个是城门还无法确定，但从规模上看，遗址总面积 25 平方公里，仅内城面积就达到约 3 平方公里，因此内城城门当不少于偃师商城。偃师商城的外城总面积约 2 平方公里，估计最少有 6 座城门。无论是城址规模还是城门数量都达到了一个新的水平。同时期的垣曲商城约有 13 万平方米，盘龙城有 7 万平方米，却也有 4 座城门。可见，这时期的城址在功能上较之以前已丰富了许多，以至于需要配置更多的城门。城门对称分布格局的理念依然得到充分的应用，并在数量和规模上有了一定的发展。

（三）春秋战国时期城门布局与数量的多元化发展

从西周时期开始，中国早期城市建设逐渐迎来了高潮。城门中轴对称的布局设计也达到了一个新的高度。《周礼·考工记》载："匠人营国，方九里，旁三门。"此"国"大概指的是当时的王城和诸侯国都城，城门应为 12 座。虽然目前发现的西周城址极少，但从春秋时期的一些诸侯国都城城址的布局推测，此制似乎确是西周延续的古制。

城门中轴对称的布局模式在春秋时期最成熟的表现就是"旁三门"的格局，这在山东曲阜鲁故城、齐都临淄城和楚都纪南城等城址中表现最为典型。

山东曲阜鲁国故城为西周至战国时期的鲁国都城遗址①。目前发现的城垣遗迹可能为春秋时期所建，平面呈不规则长方形。总面积约 10 平方公里。共发现城门 11 座，其中东、西、北三面各有城门 3 座，南垣有 2 座。文献对曲阜都城的城门记载也较丰富，综合各文献共发现 14 座城门名称。结合前人的研究成果，其与考古城门的对应关系如表 3.1.1 所示②：

表 3.1.1　　　　　　　　曲阜鲁故城城门文献与考古对照表

|  | 考古 | 文献 | 文献出处 |
|---|---|---|---|
| 1 | 东垣中门 | 东门 | 《国语·鲁语上》，《左传·襄公二十三年》 |
| 2 | 东垣北门 | 上东门 | 《左传·定公八年》 |

①　山东省文物考古研究所等：《曲阜鲁国故城》，齐鲁出版社 1982 年版。
②　参考曲英杰《先秦都城复原研究》，黑龙江人民出版社 1991 年版，第 268—276 页。

| | 考古 | 文献 | 文献出处 |
|---|---|---|---|
| 3 | 东垣南门 | 石门 | 《论语·宪问》 |
| 4 | 北垣中门 | 北门 | 《左传·定公十二年》 |
| 5 | 北垣东门 | 莱门 | 《左传·哀公六年、八年》 |
| 6 | 北垣西门 | 争门 | 《公羊传·闵公二年》 |
| 7 | 西垣中门 | 西门 | 《左传·昭公五年》 |
| 8 | 西垣北门 | 子驹门 | 《左传·文公十一年》 |
| 9 | 西垣南门 | 吏门 | 《公羊传·闵公二年》 |
| 10 | 南垣东门 | 南门 | 《左传·隐公元年》、《春秋·僖公二十年》 |
| | | 雩门 | 《左传·庄公十年》、《水经注·泗水》 |
| | | 高门 | 《史记·孔子世家》 |
| 11 | 南垣西门 | 稷门 | 《左传·庄公三十二年、定公五年、哀公八年》 |
| 12 | | 鹿门 | 《左传·襄公二十三年》，《公羊传·闵公二年》 |

对上表南垣各城门需作一说明，曲英杰援引驹井和爱的观点认为，鲁城南垣应当有 3 座城门，即目前发现的南垣东门应当为中门，其东部还应当有一座城门，即文献所谓的"鹿门"①。其实考古发现的南垣东门连接南北向大道，很明显处于整个城址的中轴位置。因此，此说无论是从考古还是从文献都具有一定的可信度。曲阜鲁故城为"旁三门"之制还是可信的。

临淄齐国故城也是西周至战国时期的齐国都城遗址②。但考古资料显示，两城城垣主要属东周时期，小城之始建年代不早于战国，而大城较之可能略早。大小两城总面积约 20 平方公里左右。小城发现城门 5 座，其中南门 2 座，东西北 3 门各 1 座。大城平面略呈长方形。东、西城门各 1 座，南、北城门各 2 座，连同小城所见共发现城门 11 座。小城修建时间晚于大城，大城可能建于春秋以前。

目前，考古发现的春秋时期临淄大城城门为 6 座，且基本呈对称布

---

① 曲英杰：《先秦都城复原研究》，黑龙江人民出版社 1991 年版，第 275 页。
② 山东省文物管理处：《山东临淄齐故城试掘简报》，《考古》1961 年第 6 期；群力：《临淄齐国故城勘探纪要》，《文物》1972 年第 5 期；临淄区齐国故城遗址博物馆：《临淄齐国故城的排水系统》，《考古》1988 年第 9 期。

局，而临淄大城城门见于文献记载的至少应有以下 9 座："北门"（《左传·襄公二十八年》）、"南门"（《韩非子·十过》）、"西门"（《左传·襄公二十八年》）、"东门"（《晏子春秋·内篇杂上》）、"广门"（《晏子春秋·内篇杂上》）、"雍门"（《左传·襄公十八年》）、"稷门"（《左传·昭公二十二年》）、"鹿门"（《左传·昭公十年》）、"申门"（《左传·文公十八年》）等。曲英杰虽然也将大城城门复原为 12 座，合于"旁三门"之制，但由于临淄城经历了扩建和增建，目前很难将文献与考古城门进行精确的一一对应，这也是与曲阜鲁故城的差别之一。不过，考古发现的城址显示，大城内一条南北向的大道基本位于大城的中轴线上，大道两端分别连接两门，据此推测，至少在此城建立之初城门应为对称设置，可能为 12 座。

曲阜和临淄在大城（即外郭城）的规划设计上可能是一脉相承的。其最初的原型可能来自于周王城。洛阳东周王城为东周时代周王朝的都城遗址。平面近于方形，不甚规则。虽然考古资料对其城门的设置还不清楚，但文献中也提供了一些信息。王城城门见于记载的有北门、东门、圉门、鼎门、梁门、乾祭门①。据曲阜和临淄的城门名称推测，东、西、南、北门可能是四面城垣的中门名称，此种称呼可能是春秋时期城址的通例。因此，王城有北门和东门，自然也应该有南门和西门。既然四面城墙都有中门，参照对称布局的理念，成周王城必然也是"旁三门"的规划格局。

南方的楚国郢都纪南城可能也模仿了这种规划格局。纪南城是东周时期楚国的都城之一。平面略呈长方形，总面积约 16 平方公里。发现城门 7 座。东墙尚存 1 座，其他三面各有 2 座，其中北墙东门及南墙西门为水门。城外四面围有护城河。经考古发掘的西垣北门及南垣西部水门均为一门三道结构②。

曲英杰据《吴越春秋》卷四载：吴城"陆门八，以象天八风。水门八，以法地八聪"，推测郢城似亦当设"陆门八"、"水门八"。同时据《吴地记》载吴城有"西阊、胥二门，南盘、蛇二门，东娄、匠二门，北

① 曲英杰：《先秦都城复原研究》，黑龙江人民出版社 1991 年版，第 148—150 页。

② 湖北省博物馆：《楚都纪南城的勘查与发掘（上）（下）》，《考古学报》1982 年第 3、4 期；郭德维：《楚都纪南城复原研究》，文物出版社 1999 年版。

齐、平二门",平、匠、盘三门兼设水陆二门。据此可推测,另五座城门亦当如此①。郢城和吴城一样当有陆门八座,在陆门旁兼设水门八座。水陆门为重合之门。但纪南城所发现的几座城门却是独立的。水门与陆门并不重合,因此纪南城的城门很可能与郭德维的观点一致。郭德维据《考工记》"匠人营国,方九里,旁三门"之记载,结合考古发现认为纪南城应为四面各有两座陆门,一座水门②。此布局与上述几座城址城门格局相合,自有一定的渊源关系。

除上述几座城址为"旁三门"格局外,还有一些城址也符合此制。河南商丘的老南关东周城址③应是春秋时代的宋城。城垣平面略呈斜方形,面积为10.2平方公里。在城墙保存较好的城址西部,包括西墙、南墙和北墙的西段,共发现5处缺口,其中南北墙各1处,西墙3处。西墙三座城门分布较为平均,中心位置有一城门,两边间隔1000米分别有一城门,可见经过精确设计。参照文献所载宋城城门名称④,此城很可能有12座城门,即"旁三门"的格局。

山东滕县的薛国故城平面呈不规则斜长方形,面积约7.36平方公里。四面城墙各发现三个城门,南墙除一个城门外还有一处排水设施。城墙外四面有城壕。城门大都有古道路相通⑤。

河南潢川县的春秋黄国故城平面呈长方形,东墙发现城门豁口三处。城门墙较宽,西门城墙向内凹呈U字形。城门路基较硬,上有20厘米厚的路土。城内面积约209万平方米⑥。

河南上蔡县的蔡国故城平面略呈长方形,东西略短,南北稍长,各城角均为圆转角,唯南城角稍向外突。比较明显的城门遗迹有四处,南城墙三处,西城墙一处。这四处城门都保存较好,它们有一个共同的特征,就

①  曲英杰:《先秦都城复原研究》,黑龙江人民出版社1991年版,第218、384页。

②  郭德维:《楚都纪南城复原研究》,文物出版社1999年版,第88页。

③  张长寿等:《河南商丘地区殷商文明调查发掘初步报告》,《考古》1997年第4期。

④  曲英杰:《先秦都城复原研究》,黑龙江人民出版社1991年版,第348—353页。

⑤  山东省济宁市文物管理局:《薛国故城勘查和墓葬发掘报告》,《考古学报》1991年第4期。

⑥  杨履选:《春秋黄国故城》,《中原文物》1986年第1期。

是城门附近城墙厚度明显加宽，右面城墙向内凹成 U 字形深坎。这些坎应是守门士兵或"监者"的住房①。

以上几座城址或者四面各发现 3 座城门，或者至少有一面发现 3 座城门，而且都为诸侯国的都城址，这些城址很有可能都是"旁三门"的布局。据此推测，东周时期的诸侯国都城有很大一部分都是参照"旁三门"的格局来规划城门和城址的。城门的设置似乎与城址的政治地位紧密相关，而与城址的规模并没有必然的联系，但都城规模普遍较大也是一个不争的事实。

此外，东周城址的城门规划已经开始呈现多元化的趋势。陕西凤翔秦都雍城为春秋至战国早期的秦国都城遗址②。平面呈不规则长方形。西垣上发现有 3 处城门遗迹，与城内东西向干道中的 3 条相通，门宽 8—10米，大体上由三道组成，中间一道较宽，路土较厚，两边较窄，且路土较薄。其外挖有护城壕。城内发现南北向和东西向的大道各 4 条，纵横相交。根据城内八条干道的走向看，两端均匀朝城墙方向延伸，其他 13 条干道两端与城墙相接处，原均辟有城门，有学者推测雍城当有 16 座城门③。

陕西临潼秦都栎阳只发现了城址的南垣和西垣，东垣和北垣未探出，可能毁于水患。现已发现 3 处城门遗址，其中南门 1 座，西门 2 座，城内勘探出 13 条道路，其中东西向 6 条，南北向 7 条。从已查明的几条干道布局看，都是与城门相连的，故各干道对应处亦当有城门。栎阳城内有 3条东西干道，即 1、2、3 号道，横贯全城。那么东西城垣各当有三门与此三干道对应。城内还有三条南北干道，其中 7 号与 9 号两条南北干道通至北城垣，是北垣应有二门。4 号道通过南门，估计南垣可能另有一南门，即南垣当共辟二门。这 6 条道均系战国晚期至秦修筑的道路，也当是秦栎

---

① 尚景熙：《蔡国故城调查记》，《河南文博通讯》1980 年第 2 期；河南省文物研究所：《1988 年蔡国故城发掘纪略》，《华夏考古》1990 年第 2 期。

② 陕西省社会科学院考古研究所凤翔队：《秦都雍城遗址勘查》，《考古》1963年第 8 期；陕西省雍城考古队：《秦都雍城钻探试掘简报》，《考古与文物》1985 年第 2 期。

③ 尚志儒、赵丛苍：《秦都雍城布局与结构探讨》，《考古学研究》，三秦出版社 1993 年版。

阳城所固有的道路，而与之相对应的城门，自当为秦栎阳的城门①。可见秦栎阳故城应有 10 座城门，即南北门各二、东西门各三、均为一门一道。

湖北宜城楚皇城是楚国的别都之一，城内面积 2.2 平方公里，城垣周长 6440 米。整个平面略呈矩形。城垣每边旧有缺口两处，群众称之为大、小城门。对小东门进行钻探，发现了路土②。

如果说雍城、栎阳城和楚皇城多少还有一些"旁三门"对称布局的影子，那么下面的城址便不再有中轴对称的布局特征了。侯马晋都新田为晋国晚期都城遗址③。遗址范围内共发现 8 座城址，其中平望、牛村、台神城址集中分布于遗址西部，面积较大，相互连接，呈"品"字形，是晋都新田的主体城址。牛村古城平面略呈梯形，东城墙发现 1 座城门，南城墙有 2 座城门，城外有护城壕。平望古城西、南城墙各发现城门一处。台神古城西、南城墙也各发现城门一处。新田城址无论城垣的布局还是城门的布局都显示了一种新的模式，有学者称其为"新田模式"。仅就城门的设计来说，虽然无法确认城门的整体布局，但已发现的几座城门明显不具有中轴对称的模式，应该是按照当时的实际需要而设。

另外，易县燕下都、赵国邯郸故城、平山中山国灵寿故城等城址虽然还无法确定城门的整体布局，但明显也不具有"旁三门"中轴对称的布局模式。可见，战国时期诸侯国都城的城市规划已经十分自由了，并不受强烈的礼制思想的束缚，而是能够因地制宜。当然，这也并不妨碍很多城址对古制的传承。新城旧邑相映生辉，显示了东周时代城市建设强烈的过渡性特征。

东周时期的都城无论是采用"旁三门"中轴对称的布局，还是其他模式，在城门数量上要明显多于其他一般性城址。在一般性城址中，有四座城门（即每边一门）的城址明显占据主流位置，如山西闻喜的大马古城、河南周口的扶沟古城、河南濮阳的戚城村城址、河南禹县老城、北京窦店古城，这些城址虽然数量不多，但由于确切知道城门状况的城址本来就不多，所以 4 城门的城址明显在数量上占据优势。

---

① 徐卫民：《秦都城研究》，陕西人民教育出版社 2000 年版，第 101—102 页。
② 湖北省文物管理委员会：《湖北宜城"楚皇城"遗址调查》，《考古》1965 年第 8 期；楚皇城考古发掘队：《湖北宜城楚皇城勘察简报》，《考古》1980 年第 2 期。
③ 山西省考古研究所侯马工作站编：《晋都新田》，山西人民出版社 1996 年版。

综合以上所述，从仰韶时代晚期到春秋战国时期，城门作为城墙防御设施的重要组成部分，始终受到设计者的重视。四门中轴对称的布局结构一直是城门设计的主流，随着城市规模的增大，都城址的城门逐渐增加到12座，有的甚至达到16座。城门数量的增多，表明了这些城址的对外交流越来越频繁。城门越多，部分地说明城内居民的人口流动性就越大。同时，随着政治制度的发展，城市建设也被赋予了一定的政治功能，城门的多少和位置的设定也被赋予了更多的礼制色彩。"匠人营国，方九里，旁三门"[1] 的中轴对称布局模式，便作为城市建设的样本而被记录在了《周礼》之中。甚至成为后世历代都城建设的模板，一直影响了两千多年。

### 三 城郭之形成及其演变

上文仅就城墙、城门等局部形态的演变进行了分析，这些部件终究还要整合为一体才能形成一个完整的防御设施，从而发挥应有的作用，因此对防御设施的整体布局就必须纳入研究范围。就先秦城市来说，这一防御体系整体布局的最成熟的形态就是"城郭"了。城郭制的产生和发展是整个古代城市防御布局的核心演变轨迹。就现有的资料来看，如果细究起来，此制颇有渊源，对城郭制的研究也不乏其人。

（一）前人有关城郭制的讨论

杨宽先生的研究开启了城郭形态研究的全新局面。他通过对齐都临淄、郑韩故城新郑、晋都新田、秦都雍城、赵都邯郸、魏都安邑等 6 座东周诸侯国都城研究认为，春秋战国时代中原各诸侯国的国都，都推行着西"城"连接东"郭"的布局。"这种布局是周公建设东都成周的时候开创的。"[2] 此结论颇有新意，但问题依然存在。

徐苹芳先生曾用"两城制"来概括东周列国都城的城郭布局[3]。徐先生认为，"根据考古学的发现，东周列国都城的普遍形制是'两城制'，

---

① 郑玄注曰："天子十二门，通十二子。"贾公彦据此认为："甲乙丙丁之属，十日为母，子丑寅卯等十二辰为子，故王城面各三门，以通十二子也。"这种解释带有明显的附会色彩，这种建置究竟带有怎样的礼制因素目前还很难确定。

② 杨宽：《中国古代都城制度史研究》，上海人民出版社 2003 年版，第 85 页。

③ 《关于中国古代城市考古的几个问题》，《文化的馈赠——汉学研究国际会议论文集（考古卷）》，北京大学出版社 2000 年版，第 36 页。

即以宫庙为主的宫城和以平民居住区工商业为主的'郭城'"，"'两城制'的城市规划是商和西周向秦汉城市过渡的一种形式"①。最近有学者提出，战国城址的形态存在着东西差别，东方列国的都城如东周王城、晋都新田、鲁都曲阜、齐都临淄、楚郢都纪南城、燕下都都经历了一个由"非城郭制"到"两城制"的发展历程。而秦都雍城和咸阳则始终沿着"非城郭制"的道路演进，并一直持续到西汉②。这就对杨宽先生的论点提出了一些修正。

有学者从类型学的角度对其进行分类，王维坤认为春秋战国时期都城的城郭形态大体分为四种类型："内城外郭"类型、城郭毗连类型、城郭分离类型、有城无郭类型③。黄建军则从城与郭的组合角度，把东周城址大致分为城郭并列型和城郭环套型两大类。并列型又可细分为毗邻型（如齐临淄、郑韩新郑、燕下都）与间隔型（如赵都邯郸）两类。环套型则大致可细分为严格居中型（吴阖闾城、鲁曲阜）、不严格居中型（东周洛邑王城、楚郢都）以及分散多宫型（秦雍城）三类④。

上述研究主要采用的都是东周列国都城的考古资料，虽然论点很丰富，但本质上则小异而大同。其实除了丰富的考古资料外，文献对"城郭"也不乏记载。因此从语义上对文献所载的"城郭"进行一番梳理必不可少。

（二）文献所载"郭"与"郭"的演变

"郭"，《说文》曰："齐之郭氏虚。善，善不能进；恶，恶不能退。是以亡国也。从邑，𩫖声。"段玉裁谓："此篆字乃齐郭氏虚之字也。郭本国名。虚墟古今字。郭国既亡，谓之郭氏虚。如左传言少昊之虚、昆吾之虚、大皞之虚、祝融之虚。郭氏虚在齐境内。"而现代对"郭"的一般理解为"古代在城的外围加筑的一道城墙"（王力《古汉语字典》）。二者

---

　　① 徐苹芳：《中国古代城市考古与古史研究》，载《中国历史考古学论丛》，（台北）允晨文化公司1995年版。

　　② 梁云：《战国都城形态的东西差别》，《中国历史地理论丛》2006年第4期。

　　③ 王维坤：《试论中国古代都城的构造与里坊制的起源》，《中国历史地理论丛》1999年第1期。

　　④ 黄建军：《中国古都选址与规划布局的本土思想研究》，厦门大学出版社2005年版，第69页。

在语义上差别较大，段玉裁对郭之解释可能比较接近古义，《释名·释宫室》载："郭，廓也，廓落在城外也。"《后汉书·酷吏尹赏传》载尹赏"修治长安狱，穿地方深各数丈，致令辟为郭"。师古注曰："郭谓四周之内也。"以上用法及释义说明，郭并非仅指城外围加筑的一道城墙，而是可能包含了内外城墙之间的大片居住地区。

先秦文献所见的"郭"大部分都是相对于"城"而言的，通常是与"城"联合在一起的。《孟子·公孙丑章句下》载："三里之城，七里之郭，环而攻之而不胜。"可见城与郭是连为一体的防御体系。另外还有"三里之城，五里之郭"，"五里之城，七里之郭"（《战国策·齐六》）。同时在文献中城郭连称之处比比皆是：

《左传·僖公二十一年》："臧文仲曰：'……修城郭，贬食省用，务穑劝分，此其务也。'"

《左传·成公九年》："君子曰：'莒恃其陋，而不修城郭，浃辰之间，而楚克其三都，无备也夫！'"

《左传·襄公八年》："焚我郊保，冯陵我城郭。……"

《左传·襄公三十年》："聚禾黍，缮城郭，恃此二者，而不抚其民。"

《国语·周语中》："故先王之教曰：'……清风至而修城郭宫室。'"

《礼记·礼运》："……大人世及以为礼，城郭沟池以为固……"

《周礼·夏官司马》："量人掌建国之法，以分国为九州，营国城郭。……"

《孟子·离娄章句上》："……城郭不完，兵甲不多，非国之灾也……"

《管子·牧民》："城郭沟渠，不足以固守……"

《管子·立政》："……国之所以安危者四，城郭险阻，不足守也……"

以上例证充分说明，在东周时期的城市建设中，"郭"始终是与"城"互为一体的。据《左传》统计，明确记载有郭之城有：莒、渠丘、郓、临淄、陈、宋、卫、巢、卷、郘、高唐、鲁等。据此推测，春秋时期，各大小诸侯国都城及重要城邑当都有"郭"之设置。郭城之形制虽然从文献很难完全复原，却也能略知一二。

《左传》对齐国之"郭"记载颇详。《襄公十八年》载，晋师伐齐，"十二月戊戌，及秦周，伐雍门之萩。范鞅门于雍门，其御追喜以戈杀犬于门中；孟庄子斩其橾以为公琴。己亥，焚雍门及西郭、南郭。刘难、士弱率诸侯之师焚申池之竹木。壬寅，焚东郭、北郭，范鞅门于扬门。州绰门于东闾，左骖迫，还于门中，以枚数阖"。《史记·齐太公世家》载此事作："晋兵遂围临淄，临淄城守不敢出，晋焚郭中而去。"《晋世家》作："晋追，遂围临淄，尽烧屠其郭中。"

由上引文可知，晋国对齐国国都的东、西、南、北四郭进行了焚烧，而且据《史记》所载晋师是攻入郭中进行焚烧的。多数学者都把考古发现的临淄城址大城城垣认定为郭城城垣，雍门即为郭城的西墙北门。那么东、西、南、北郭自然在郭城之内，郭内也必然存在着宫城，但目前的考古发掘并未找到宫城的城垣。如果说是考古缺失，那么齐国守城之人怎么可能仅仅龟缩于宫城之中，大城之上不设城守，任由晋军随意焚烧大城。而且临淄在春秋时期便已经是一都会，人口自不在少数，当不缺乏守城之人。所以此四郭之所指很可能包含了大城之外围区域，雍门确可能是大城之西门，但晋军却未必就能进入大城，而很可能是在大城外围进行了一番焚烧掠夺。另据《墨子·城守》各篇所述，城之防御是一个系统工程，要动员城内的所有居民参与，如果齐国守城之人仅据守大城之内的宫城，那么如何动员全城的居民抵御晋军的攻击。而且文献并未记载晋攻城之事，而只是焚烧了一座城门，如果仅仅通过对城门的焚烧就能攻破大城，那么齐都临淄的防御能力也太低了。《史记》所载当较近事实，"临淄"之称不可能仅指宫城，当包括考古所见的大城，晋兵围临淄，可见并未进到大城之内。因此，文献所载四郭当可能包括大城以外之地。

上文对齐国四郭的分析延伸出了一个新问题，即郭在当时到底指代哪些地域范围，是仅指郭城以内之地，还是也包括郭城以外之地？

《管子·度地》载："内为之城，城外为之郭，郭外为之土阆。"《管子·五行》："睹戊子，土行御，天子修宫室，筑台榭，君危，外筑城郭，臣死。"《墨子·号令》："城上以麾指之，遮坐击鼓正期，以战备从麾所指，望见寇，举一垂；入竟，举二垂；狎郭，举三垂；入郭，举四垂；狎城，举五垂。"《吴越春秋·勾践阴谋外传》载陈音曰："郭为方城，守臣子也。"由此可见，郭之所指当包含内城外之大部分地域，如果单指郭之城垣，则称"城郭"，即郭通常有城垣等防御设施。因此，郭必然有门，文献也不乏记载，此处不再赘述。另外，郭可以作为动词使用。《左传·

昭公二十五年》："楚子使薳射城州屈,复茄人焉;城丘皇,迁訾人焉。使熊相禖郭巢,季然郭卷。"此进一步确证,郭必然有城墙,但郭之含义到底仅指城垣内部,还是包括城垣外部,目前还没有更可信的证据。

与郭相近之语有"郛"。历代注释家均认为"郛"即郭城,考之文献,颇有可商榷之处。《韩非子·难二》载:"赵简子围卫之郛郭……"此是先秦文献唯一一处郛郭连称。除此之外,有关"郛"之记载集中在《左传》、《国语》等书中。

《左传》11处:

1. 隐公五年

宋人取邾田。……郑人以王师会之,伐宋,入其郛,以报东门之役。宋人使来告命。公闻其入郛也,将救之,问于使者曰:"师何及?"对曰:"未及国。"公怒,乃止。辞使者曰:"君命寡人同恤社稷之难,今问诸使者,曰'师未及国',非寡人之所敢知也。"

2. 僖公十二年

十二年春,诸侯城卫楚丘之郛,惧狄难也。

3. 文公十五年 ("郛"也见于此年的《春秋经》)

齐侯侵我西鄙,谓诸侯不能也。遂伐曹,入其郛,讨其来朝也。

4. 成公十四年

八月,郑子罕伐许,败焉。戊戌,郑伯复伐许。庚子,入其郛。许人平以叔申之封。

5. 襄公元年

夏五月,晋韩厥、荀偃帅诸侯之师伐郑,入其郛,败其徒兵于洧上。于是东诸侯之师次于鄫,以待晋师。晋师自郑以鄫之师侵楚焦、夷及陈。晋侯、卫侯次于戚,以为之援。

6. 襄公十五年

夏,齐侯伐我北鄙,围成。公救成,至遇。季孙宿、叔孙豹帅师城成郛。

7. 襄公十九年

城西郛,惧齐也。

8. 定公八年

公侵齐,攻廪丘之郛。主人焚冲,或濡马褐以救之,遂毁之。主人出,师奔。阳虎伪不见冉猛者,曰:"猛在此,必败。"猛逐之,顾而无继，伪颠。虎曰："尽客气也。"

9. 哀公三年

冬十月，晋赵鞅围朝歌，师于其南，荀寅伐其郛，使其徒自北门入，已犯师而出。癸丑，奔邯郸。

10. 哀公四年

城西郛。

11. 哀公十七年

冬十月，晋复伐卫，入其郛，将入城。简子曰："止，叔向有言曰：'怙乱灭国者无后。'"卫人出庄公而与晋平。晋立襄公之孙般师而还。

《国语·吴语》2 处：

1. 越王勾践乃率中军泝江以袭吴，入其郛，焚其姑苏，徙其大舟。

2. 吴王既会，越闻愈章，恐齐、宋之为己害也，乃命王孙雒先与勇获帅徒师，以为过宾于宋，以焚其北郛焉而过之。

传世文献多认为"郛"即是"郭"，如《说文》曰："郛，郭也。从邑，孚声。"但细考文献中二者之用法，郛与郭在词义上可能存在着差别。《公羊传·文公十五年》载："齐侯侵我西鄙，遂伐曹，入其郛。郛者何？恢郭也。""恢郭"指的应当是面积很广大的郭，而这种郭可能没有城垣作为防御设施。但既然是一种地域的特指称谓，则必然已经有了界限，或者可能是用围栏等圈起来的。上引文献中大多称"入其郛"，说明进入郛并不很困难，"郭"便没有此种说法。另外有几处城"郛"的记载，说明郛最初可能没有城垣，后来才修建起城墙。"郛"称呼之使用可能要早于春秋时期，《逸周书·作雒》载："乃作大邑成周于中土。城方千七百二十丈，郛方七十里。南系于洛水，北因于郏山，以为天下之大凑。"到战国时期，大部分的"郛"都有了城墙，便改称"郭"了，所以"郛"之使用才仅见于《左传》、《国语》等书，而不见于大部分战国时代的古籍。春秋时期，郛、郭并用反映了当时人们对城市形态认识上的过渡性。

综上所述，通过对先秦传世文献中"郭"和"郛"的分析可知，城郭形态的成熟和普及经历了一个较长的时段，在春秋时期以前城市的普遍形态可能是"城郛"而非"城郭"，一字之差反映了形态上的差别。即春秋以前内城之外可能并没有形成带有围墙的郭城，而是一种开放式的形态，虽然也有边界，却并没有强有力的防御措施。约从春秋时期开始，内城之外围地区在长期的发展中由于其地缘优势而逐渐繁荣，并逐渐用城垣将其圈围起来，形成了封闭式的郭城。由"郛"到"郭"，由开放到封闭，这是城郭制发展的结构性演变特征之一。这一演变特征在考古学上也有迹可循。

（三）考古所见城郭形态的演变

文献对城郭形态的起源并没有实质性的记载，被引用最多的就是"鲧筑城以卫君，造郭以守民，此城郭之始也"。但未免有牵强附会之嫌。其实城郭之形态产生的根本因素是宫城之独立。当宫城形成并在形态上脱离其他设施时，城郭形态便开始萌芽了。从目前所掌握的考古资料来看，城郭之原始形态至少可以上溯至二里头遗址。二里头遗址的中心位置是宫殿分布区，外围建有居民区和手工业作坊等，整体上对宫殿区呈拱卫之势。但此时的城郭形态还比较原始，显得边界不够清楚，因此可以称为雏形"城郛"形态。

偃师商城有内外二重城垣。内城集中分布有多处大型夯土建筑基址群，明显属于宫城，外城有手工业作坊和一般居住区等。此种格局已初具城郭形态。

郑州商城也分为内外两重城垣。但内城之面积都大于偃师商城之外城面积，宫殿建筑基址在城圈之内有较广泛的分布。此外内城还发现大面积的商代文化堆积和一些规模较小的房址和水井等。外城城垣虽然只在西部、南部发现一段，并未连成封闭式城垣，但内外城之间分布着同时期的许多居住遗址、各种手工业作坊遗址和墓葬等，呈明显的环卫之势。其他没有城垣的部分可能与当地的环境有关，有可能通过地形地势来代替城垣。此城由于外郭城墙不完整，可以称为雏形"城郭"形态。

小屯殷墟遗址虽然没有发现城墙，但与二里头遗址相比在形态上有了明显的进步。在遗址的中心部位是宫殿宗庙区，宫殿区有壕沟和河流连接形成封闭的防御体系，可以称之为宫城。宫城之四周集中分布着一般居住遗址、各种手工业作坊遗址和墓葬。但是更外围没有发现城垣，此种形态用"郛"来表示更为贴切。

湖北黄陂盘龙城为商代早期某方国都邑，内城形制近方形，主要是宫殿建筑，可以称为"宫城"，近年在内城东北、北面及西面250—500米处断续发现了宽约25米的外郭夯土城垣，依盘龙湖汊弯曲多变的地形筑起。郭城南北、东西各长 800 余米，面积达 60 万平方米①。郭城内东面湖岛为上层贵族墓地，城南岗地为主要手工业作坊区，城西城北地带分布着许多居民聚居点②。这种形制明显具有城郭形态的特征，但此城与郑州商城一样，由于外郭城垣可能并未成为封闭式的形态，因此只能是城郭制的早期形态。

上述几座典型城址的形态表明，从夏代至商代其实是城郭形态的发展时期，但从商代开始，出现了雏形的城郭形态。西周时期的城郭形态由于缺乏考古资料，还不太清楚，但《逸周书·作雒》所载的成周可能即是"城郭"形态，这表明西周时期可能依然延续着前世的风格。此时期城市建设的核心主要还是宫城，其他设施并没有与宫城完全脱离，形成独立的发展空间。这种状况可能一直延续到春秋时期。

春秋时期的城郭形态已经相当成熟了。宫城和郭城开始有了各自独立发展的趋向。宫城和郭城不管位置如何分布，二者已经有了明显的界限，并在防御上相辅相成。这种趋势到战国时期便逐渐明朗化。很多都城的宫城和郭城出现了分离，如齐都临淄、赵国邯郸故城、新郑郑韩故城等。并且新形态的城郭体系也开始萌芽。晋都新田就把宫城的主体部分，分成呈"品"字形的三座城址，其外围郭城则比较零散，并没有建设郭城城垣，而是在周围建设了若干小城，以形成拱卫之势。

这种两城或多城遥相呼应的布局模式可能是城郭形态的一种变异，其同样具有相当的防御性。如河北武安的午汲古城③就可能是两城防御模式。东西二城都位于苦家河南岸，东西相距约 6 公里。山西襄汾的赵康古城④和永固古城⑤东西对应，二城相距 5 公里。山西盂县的北村古城⑥大约由不很规整的两个长方形组成，东西并列，东面较大，西城内发现大量板瓦、筒瓦残片，此处尚有较高级建筑存在，可能存在着宫城和郭城之

　　①　刘森淼：《盘龙城外缘带状夯土遗迹的初步认识》，《武汉城市之根——商代盘龙城与武汉城市发展研讨会论文集》，武汉出版社 2002 年版，第 190—198 页。

　　②　宋镇豪：《夏商社会生活史》，中国社会科学出版社 2005 年版，第 61 页。

　　③　孟浩等：《河北武安午汲古城发掘记》，《考古通讯》1957 年第 4 期。

　　④　山西省文物管理委员会侯马工作站：《山西襄汾赵康附近古城址调查》，《考古》1963 年第 10 期。

　　⑤　陶富海等：《山西襄汾永固固城遗址的调查》，《考古与文物》1990 年第 6 期。

　　⑥　刘有祯：《山西盂县东周刦由遗址调查》，《考古》1991 年第 9 期。

分。河南信阳长台关北有两座城址①，一是楚王城，一是太子城。两城东西并列，距离 4 华里左右。

就整个东周时期城址的形态来看，典型的内城外郭型形态在一些都城址中还是占据主流的。除此之外，相当数量的一般性城址只有一重城垣，属于非城郭制形态。由此可见，城郭制作为先秦城市防御体系的最高级形态是与城市所属政权的大小紧密相连的。上文谈到，城郭形态的形成源自于宫城与郭城的分离和各自独立发展。从社会层级的角度来说，宫城代表的是统治者，而郭城则是为宫城提供各种服务和保障的。春秋战国时期，随着社会经济的发展和商业的发达，郭城逐渐成为一个地区的经济和商业中心，其自由度逐渐加大，宫城对郭城的直接控制被大大削弱，因此才造成了内城和外郭相分离的形态出现，但二者又存在着紧密的关系，即宫城依然属于最高政权所在地，宫城与郭城拥有共同的利益关系，在防御上是一体的。总之，内城和外郭在功能上的分离和在防御上的一体性造成了春秋战国时期城郭形态的发展。

## 第二节　商周城市政治性建筑的结构性演变

建筑之发展演变通常具有较长的时段性。一个时代的建筑类型和建筑风格与这一时代之政治、经济、文化制度密不可分，尤其是与政治有关的建筑，通常伴随着一个时代之政治制度而兴起和转变。有些建筑稍纵即逝，有些则历经若干年依然存在，比如中国古代之宫殿建筑便历经千年还依然保持着传统的风格。这些建筑则体现了在政治制度的演进中，有某些一以贯之的东西曾历经了较长的时间而被继承下来。先秦时期的若干政治性建筑之长时段特性尤其明显。无论其名称如何变化，其在功能和形态上则有着较长时间的延续性。

政治性建筑，顾名思义即与政治有关的建筑，如宫、庙等，是政治制度的物化形态。但严格说来，这一名词的含义并不太好确定，尤其是对于先秦时期的城市来说，它还可能包含市场、手工业场所等后文将要讨论的部分。因为中国早期城市的政治性和经济性并不容易明确地区别开来，相

---

① 欧潭生：《信阳楚王城是楚顷襄王的临时国都》，《中原文物》1983 年特刊；秦佩珩：《爰金考释》，《河南文博通讯》1980 年第 4 期。

当一部分市场和手工业场所的建筑也带有明显的政治色彩，但因为这些设施从功能上偏重于经济方面，所以本书所谓的政治性建筑主要是指城市的统治者或治理者居住、办公和娱乐的场所，即通常后世所谓的"宫殿"建筑等。另外，具有宗教祭祀色彩的建筑也被归入政治性建筑的行列，因为，先秦时期的祭祀行为通常都是政治行为的重要组成部分，在建筑布局上也紧密相关。

考古资料中关于政治性建筑通常以"宫殿"来称呼，而文献中的称呼则要复杂得多，据统计仅东周时期的文献就有将近 20 种建筑名称可以归属到政治性建筑中，这些建筑名称有些是一般性的统称，有些只是对一组建筑中某部分的称呼，但如此众多名称的产生足以证明，先秦时期之政治性建筑在形态和功能上已经存在着细致的分工，并且形成了某种系统，这也是先秦时期政治制度越来越复杂，并趋向于成熟的表现。由于目前考古资料在解释上的某些局限，要全面地了解先秦城市政治性建筑的形态就必须先对文献和古文字资料中有关的建筑资料进行一番详细的梳理和分析。

## 一　文献与古文字资料所见商周城市政治性建筑的演变

先秦文献关于城市之政治性建筑不乏记载，仅《左传》中就出现了宫、庙、台、榭、社、馆、衢等建筑名称，但这些记载极为散乱，只言片语地分布于各种文献中，颇不易整理，而且在概念界定上也很杂乱，有的建筑有多种名称，有的名称表示多种建筑，有些为政治性建筑之主体部分，有些则为附属设施，不过这也反映了至少到东周时期政治性建筑在形态和功能分区上已经十分细致了，而这些建筑所属之聚落大部分应该都是城市。

对于商周时期的政治性建筑来说，其建筑名称往往随朝代的更迭发生很大变化，而在功能上则相对比较稳定。商周城市中的政治性建筑在功能上主要可分为两大类：一类是统治者用于日常起居、办公的建筑，可以称之为"宫室"建筑①；另一类就是统治者进行宗教祭祀活动的建筑，可以称为"宗庙"建筑。这两类建筑都是为了满足当时政治活动的需要而设

---

① 用"宫室"来指代这一类建筑颇为勉强，从概念上说，"宫室"与"宗庙"并非是对立的概念，但由于没有更好的词汇替代，为了行文方便，暂采用"宫室"一词。此处之"宫室"是从功能上与"宗庙"相对立的概念，与后文讨论的形态上的"宫"与"室"不同。

立的，但在不同的时代，其名称和功能的对应关系则较为复杂。下面试从甲骨文、金文和文献资料中对这两大类建筑在名称上的演变作一番梳理。

（一）文献所见"宫室"与"宗庙"在概念上的异同

"宫"与"室"、"宗"与"庙"是关系紧密的两对建筑名称，在先秦文献中，其含义既有显著差异，又可以在很多地方通用。

从概念来看，"宫"与"室"都是从形态的角度对建筑的一种称谓。《释名·释宫室》曰："宫，穹也，屋见于垣上，穹隆然也。""室，实也，人、物实其中也。"据此杨鸿勋认为"宫"为体形的概念，"室"为空间的概念。"宫"与"室"是同一事物的两个侧面①。文献中"宫"与"室"在形态上既有显著差别，又存在着紧密联系。《礼记·儒行》载："儒有一亩之宫，环堵之室。"郑玄注曰："宫谓墙垣也。"《吕氏春秋·慎势》载："帷墙之外，而目不能见；三亩之宫，而心不能知。"《礼记·文王世子》载："诸父守贵宫贵室。"孔颖达疏曰："指其院宇谓之宫，指其所居之处谓之室。"另外，《礼记·曲礼》载："君子将营宫室，宗庙为先，厩库为次，居室为后。"总之从形态上说，"宫"是对由墙垣围起的一组建筑的统称，而"室"则是指"宫"的内部建筑之一。

《尔雅·释宫》曰："宫谓之室，室谓之宫。"二者在含义上似乎可以通用，但这种通用只限于"宫室"连用之时。"宫室"连用通常是一种泛称，在先秦文献中使用较为普遍，既可指上层统治者的住所，也可指一般民居。《左传·昭公八年》载："今宫室崇侈，民力凋尽，怨讟并作，莫保其性。"《国语·周语中》载："故先王之教曰：'雨毕而除道，水涸而成梁，草木节解而备藏，陨霜而冬裘具，清风至而修城郭宫室。'"《国语·晋语六》："人之有冠，犹宫室之有墙屋也。"《管子·立政》"……使民足于宫室之用。"《管子·八观》："入国邑，视宫室，观车马衣服，而侈俭之国可知也。"诸如此类，不胜枚举。

《易·系辞下》："上古穴居而野处，后世圣人易之以宫室，上栋下宇，以待风雨。"《墨子·辞过第六》："古之民未知为宫室时，就陵阜而居。穴而处，下润湿伤民，故圣王作为宫室。"《礼记·礼运》载："昔者

---

① 参见杨鸿勋《论古文字𠫔、𠆤、𠤎、井的形和义》，《考古》1994 年第 7 期。

先王，未有宫室，冬则居营窟，夏则居橧巢……后圣有作，然后修火之利，范金、合土，以为台榭宫室牖户。"由此看来，宫室之兴起当与某些杰出人物的创造有关。

与"宫室"不同，"宗"与"庙"则是从功能上对建筑的一种称谓。《说文》曰："宗，尊祖庙也。""庙"："尊先祖皃也，从广，朝声。"段玉裁注："古者庙以祀先祖，凡神不为庙也。为神立庙者，始三代以后。"《释名·释宫室》曰："庙，貌也，先祖形貌所在也。"据此可知，"宗"与"庙"都是指用来祭祀祖先的建筑称谓，但《说文》对"宗"和"庙"在解释上的差异表明，"宗"在概念上可能是庙的一种形态，这一点在后文探讨西周政治性建筑时还会涉及。

由上可知，"宫室"是对建筑形态的描述，而"宗庙"则是对建筑功能的描述，二者在概念上的侧重使其在很多方面可以通用。《左传·宣公十二年》载郑人"卜临于大宫，临，哭也。大宫，郑祖庙"。孔颖达疏曰："宫即庙也，象其尊貌则谓之为庙，言其墙屋则称之为宫。"可见，对同一建筑从形态上可以描述为"宫"，从功能上可以描述为"庙"。在文献中，"宫室"与"宗庙"并非是对立的建筑名称，而是互为补充的。唐兰先生认为"宫"与"庙"、"寝"的区别为，"宫"是总名，是整所房子，外面有围墙包围起来；"庙"和"寝"都属于宫内建筑①。这种从建筑形态上的区分无可厚非，但是，如果从功能上来说，"宫"与"庙"似乎又可以同时指代一座建筑。

作为对建筑形态的描述概念，"宫"既可以指代统治者起居、办公的建筑场所，也可以用来作为祭祀祖先的宗庙建筑名称，是中国古代政治性建筑的主要标志物之一。从文献来看，上古传说时期便出现了"宫"。《穆天子传》中载有"黄帝之宫"，《孟子·万章上》有"尧之宫"、"舜宫"。另外，《文选·东京赋》注引古本《竹书纪年》曰"夏桀作倾宫"。这些记载表明，至少在夏代以前，"宫"已经被用来指称帝王的住所。在二里头遗址中发现的大型建筑遗迹通常被称为"宫殿"，这种宫殿建筑当与文献中的"宫"有密切关系，由此也表明，到夏代，宫这种建筑模式已经基本成型。

从长时段角度看，商周城市中的政治性建筑存在着一个发展演变的过

---

① 唐兰：《西周铜器断代中的"康宫"问题》，《考古学报》1962 年第 1 期。

程。"宫室"与"宗庙"在商周时期并非是静态的，而是随着朝代的更迭发生变化。目前，与建筑有关的资料主要包含文献、古文字和考古学三方面。文献与古文字资料有助于认识建筑的含义、种类和功能的演变，而考古资料则有助于认识建筑形态特征的演变。

### （二）文献与甲骨文所见商晚期政治性建筑特征分析

目前有关商代历史研究的主要资料来源之一就是殷墟甲骨刻辞，对商代政治性建筑的研究也不例外，在甲骨卜辞中记载了大量政治性建筑名称，在一定程度上弥补了文献记载的不足。因为这些建筑名称大都源自于安阳殷墟出土的甲骨卜辞，所以其反映的当是商代王朝都邑的宫室建筑特征。对甲骨文出现的建筑名称已有学者进行了整理，杨升南先生整理出16种建筑名称①，宋镇豪先生整理出了20多种②，其中大部分都属于宗庙祭祀性建筑，笔者不再一一列举。在此基础之上，本节主要探讨五种建筑名称，即宫、宗、室、寝、庭。这五种建筑名称既在甲骨文建筑名称中占据主体地位，也是后世文献中经常出现的主要政治性建筑名称。

1. "宫"与"宗"种类与功能比较分析

在传世文献中，商王朝统治者所居住之建筑名称中有"宫"。《帝王世纪》载："居五年，纣果造倾宫、作琼室、瑶台，饰以美玉，七年乃成，其大三里，其高千丈，其大宫百，其小宫七十三处，宫中九市。"（《太平御览》卷八十三引）似乎"宫"在商代政治性建筑中占据重要地位。不过，这种现象与甲骨文所反映的"宫"的存在状况差别较大。

在殷墟甲骨卜辞中，"宫"至少有两种含义：

（1）作为地名

> 贞，其遘雨在宫。（《合集》12733）
> 丁酉王卜，贞，其迍于宫，往来无灾。（《合集》37379）
> 戊午卜，贞，今日王其田宫，不遘大风。（《合集》37604）

---

① 参见杨升南《商代经济史》，贵州人民出版社1992年版，第428—433页。
② 参见宋镇豪《夏商社会生活史》，中国社会科学出版社1994年版，第84—88页。

“送”，裘锡圭先生认为应读作“愸”，意指对某一对象加以戒勒镇服，每需前往其处①。“田”在卜辞中为田猎、狩猎之意。由于卜辞大量记载了商王“送于宫”、“田宫”的事件，可见宫应是商王的直属领地，在政治上应占有重要地位。但是“宫”在殷墟卜辞中究竟指代何种聚落形态，则还缺乏资料证明。

（2）作为建筑名称

甲午卜，贞，在狱天邑商皿宫衣，[兹夕]无畎，宁。(《合集》36542)

乙丑卜，贞，在狱天邑商公宫衣，兹夕无畎。(《合集》36542)

天邑商应是商王朝的中心都邑，而“狱”则是此邑中的一个具体地名；“衣”是祭祀名称。“皿宫”和“公宫”在上述卜辞中应是作为建筑名称，且同出于一版卜辞，其地理位置应较为接近，可能属于同一个建筑群。

除上述两种含义外，还有一些宫名在含义上还不太清楚，如：

癸巳，羌宫，示二屯，扫。(《合集》7380臼)

“右宫”(《合集》30375)

“从宫”(《屯》2357)

上述几条卜辞因为出现频率较少，从卜辞字面看很难确定其是地名还是建筑名称，所以暂存疑。总之，在殷墟甲骨卜辞中，作为建筑名称的“宫”出现频率较少②，即使是作为宗教祭祀性建筑，可能也不占主流地位。在殷墟卜辞中，主体性的宗庙祭祀性建筑称为“宗”。

在殷墟甲骨卜辞中记载了大量作为建筑名称的“宗”，按其名称大体可分为以下几类：

（1）以商先祖先妣命名的“宗”，如“唐宗”(《合集》1339)、“河

---

① 裘锡圭：《释柲》，载《古文字研究》第三辑。

② 虽然在商代铜器铭文中也出现了作为建筑名称的“宫”，如《执尊》(《集成》11.5971)，但出现频率也不高。

宗"（《合集》13532）、"岳宗"（《合集》30298）、"飍宗"（《合集》30298）、"大乙宗"（《合集》32868、34048、34099）、"大丁宗"（《怀特》1559）、"祖乙宗"（《合集》33108、34050）、"祖丁宗"（《合集》30300、30301）、"大庚宗"（《屯南》1763）、"父己宗"（《合集》30302）、"祖甲旧宗"（《合集》30328）、"武乙宗"（《合集》36076）、"武祖乙宗"（《合集》36080）、"文武丁宗"（《合集》36154、36157）、"文武宗"（《合集》36149、36158）、"父丁宗"（《合集》32330）、"姙庚宗"（《合集》23372）、"母辛宗"（《合集》23520）。这一类建筑无论是种类还是出现频率都占据主流地位。

（2）以大、小命名的"宗"，如"大宗"（《合集》34044 正）、"小宗"（《合集》34045）。

（3）以方向命名的"宗"，如"中宗"（《合集》17445）、"北宗"（《合集》38231）、"西宗"（《合集》36482）、"右宗"（《合集》38252）。

（4）其他名称的"宗"，如"王宗"（《合集》13542）、"丁宗"（《合集》13538）、"秦宗"（《合集》32742）、"新宗"（《合集》30326）、"亚宗"（《合集》30295），等等。

据朱凤瀚的研究，以"宗"为主体的整个商王室宗庙呈集聚状态，其宗庙群大致由三部分组成，即先王（先姙、母）诸宗及附属祭所；高祖、先公诸宗（即右宗，位于先王之宗西）；独立于诸宗庙外的建筑（庭、大室）。商王诸宗包括先王单独宗庙与合祭宗庙（大、小宗）两种。诸宗各有其门，自成体系，依王继位顺序排列。诸宗内均含有寝与若干室。大、小宗内供合祭的诸先王神主依宗法地位作有次序的排列。宗庙之外，还有升、裸、旦（坛）等建筑，这些为附属于若干先王（姙、母）宗庙的祭所。升各有门，属宫室建筑。裸可能近似于坛①。

"宗"作为商王室宗庙是商王朝政治礼仪活动的中心，在商代的政治体系中占有十分重要的地位。卜辞中存在的大量专有名称的"宗"充分说明了商代宗庙系统的发达与成熟，这也是商代政治性建筑的主要特征之一。

2."室"、"寝"、"庭"比较分析

后世文献中的"室"、"寝"、"庭"在概念和形态上主要是作为宫室建筑的组成部分而存在的，三者在殷墟甲骨刻辞中所表现出来的发展程度

---

① 朱凤瀚：《殷墟卜辞所见商王室宗庙制度》，《历史研究》1990 年第 6 期。

各不相同。

作为建筑的"室"在商代传世文献中也有记载，《文选·东京赋》注引古本《竹书纪年》载："殷纣作琼室，立玉门。"在殷墟甲骨卜辞中记载了大量专有室名，其中大部分室名都有祭祀功能，如"寝小室"（《集成》16.10302）、"大室"（《合集》23340、30371）、"中室"（《合集》27884）、"东室"（《合集》13553 反）、"西室"（《合集》30372）、"南室"（《合集》557、806、13557）、"北室"（《花东》3）、"司室"（《合集》13559）、"盟室"（《合集》13562）、"文室"（《合集》27695）、"祖丁室"（《合集》30369），这些在卜辞中都是作为祭祀场所的。

除此外，"室"也指代生人所居之处，如：

> 丁未卜，贞，今日王宅新室。（《合集》13563）
> 于新室奏。（《合集》31022）

这两条卜辞说明，商王所居之建筑组成部分也有"室"，而且这种"室"似乎还担负着一些政治功能，可能也作为商王宴享之处。

"寝"，《说文》曰："卧也，从宀，侵声。"《释名·释宫室》曰："寝，寝也，所寝息也。"在殷墟甲骨卜辞，寝可以作为生人所居，如，"甲午贞，其令多尹作王寝。"（《合集》32980）、"三帚宅新寝，令宅十月。"（《合集》24951）"贞，今二月宅东寝。"（《合集》13569）另外，也可以作为占卜场所，如，"辛丑，卜于西寝。"（《合集》34067）还有一些专有寝名，如"祖乙寝"（《屯》1050），其在功能上应是专门祭祀之寝。

"庭"在甲骨刻辞中原篆从门从听，于省吾释作"庭"，并认为商代"庭"、"廷"通用①。《说文》曰："庭，宫中也，从广，廷声。"《释名·释宫室》曰："廷，停也，人所集之处也。"《尚书·盘庚上》载："王命众，悉至于庭。"故"庭"在商代应为集会场所，可能主要指有屋顶的高台式厅堂建筑②，且庭有门，如，"己巳卜，其启庭西户，祝于……"（《合集》30294）可见，商代的"庭"在形态上倾向于后世所

---

① 于省吾：《甲骨文字释林》，中华书局 1979 年版，第 85 页。
② 朱凤瀚：《殷墟卜辞所见商王室宗庙制度》，《历史研究》1990 年第 6 期。

谓的"厅",与东周文献所载之"庭"在形态上有较大差别(见下节)。庭在商代既是商王宴享之处,如,"于盂庭奏。"(《合集》31022)、"王其飨在庭。"(《合集》31672)也可以用来进行祭祀活动,如,"辛未王卜在召庭,惟执其令飨史。"(《合集》37468)

很明显,据殷墟甲骨卜辞记载可知,后世文献经常出现的"室"、"寝"、"庭"作为建筑形态在商代的发展是很不平衡的。大量的专有室名说明,"室"在商代宗教祭祀性建筑中同样占有很重要的地位,而"寝"与"庭"在发展程度上远不如"室"。这三类建筑同时可作为生人和祭祀场所的建筑名称。

综上所述,据殷墟甲骨刻辞所载,商代以"宗"为主体的宗庙祭祀性建筑是政治性建筑的主要组成部分,大量的专有名称说明其在形态和功能上分工的细化程度已经很高。在其内部,"室"的发展程度较高。但由于甲骨卜辞大部分都属于宗教祭祀的产物,在卜辞中记载的建筑不免倾向于具有祭祀功能的建筑名称,而较少涉及其他功能的建筑名称,因此,在整个上层政治建筑体系中,"宫室"建筑与"宗庙"建筑的比例目前还无法确定。不过由于商代的政治系统主要是依赖宗族血缘关系来维系的,宗庙类建筑在功能上可能更受到当时统治者的重视,其发展程度自然要高于其他建筑形式。

从西周开始,城市内部的政治性建筑无论是名称还是形态都发生了很大变化,对这种变化的认识除了文献资料外,主要的就是相关金文资料的记载。

(三) 文献与金文所见西周政治性建筑的演变

西周时期的宗庙祭祀性建筑在商代祭祀建筑的基础上又有了一些新的变化。据西周金文可知,商代的主体祭祀性建筑之一"宗",在西周时依然存在。金文中可以确认作为宗庙建筑的"宗"并不少见,如在《周娄壶》(《集成》15.9690)(见下图)和《士父钟》(《集成》01.145)铭文中出现了单称"宗"的建筑名称。

"宗"作为祭祀性建筑在整个西周时期都在使用,金文中比较常见的"宗室"一词就出现于西周早期的《彊伯簋》(《集成》07.3907),西周中期的《尹姞鼎》(《集成》03.0754)、《协伯乍井姬鼎》(《集成》05.2676)、《善鼎》(《集成》05.2820)、《师器父鼎》(《集成》

05.2727）和西周晚期的《井人妄钟》（《集成》01.112）、《仲殷父簋》
（《集成》07.3964）、《伯□父簋》（《集成》07.3995）等铜器铭文中。

西周时期，除了"宗"还继续作为祭祀建筑外，在西周金文中还出
现了后世文献经常出现的祭祀性建筑名称——"庙"。"庙"在商代甲骨
文中目前尚未发现，而确切的商代传世文献资料中也未出现"庙"字，
因此，"庙"很可能是西周时期新出现的祭祀性建筑名称。《尚书·顾命》
记载了成王病危之时，召集群臣以言，命太保召公、太师毕公，使率领天
下诸侯辅相康王的史实。此文结尾曰"诸侯出庙门俟"，提示这一事件发
生的地点可能即在"庙"中。《诗经·周颂·清庙》一诗毛诗序曰："祀
文王也。周公既成洛邑，朝诸侯，率以祀文王焉。"诗载："于穆清庙，
肃雍显相。……骏奔走在庙，不显不承，无射于人斯。"郑玄笺曰："诸
侯与众士，于周公祭文王，俱奔走而来，在庙中助祭。"据此可知，从西
周初期开始，"庙"已经作为祭祀祖先的建筑。

西周金文中记载王举行的祭祀活动很多都在"庙"中进行。如在《小

盂鼎》（《集成》05.2839）、《元年师旋簋》（《集成》08.4279）、《蔡簋》（《集成》08.4340）等铜器铭文中载有"王各（格）庙"；在《免簋》（《集成》08.4240）、《同簋》（《集成》08.4271）、《三年师兑簋》（《集成》08.4318）等铜器铭文中载有"王各（格）（于）大庙"；在《无叀鼎》（《集成》05.2814）、《盠方彝》（《集成》16.09899）等铜器铭文中载有"周庙"。"宗庙"一词在西周金文中也已出现，如《南宫有司鼎》（《集成》05.2631）载曰："其万年子子孙孙永宝用喜（享）于宗庙。"

不管是商代甲骨文已经使用的"宗"，还是西周金文出现的"庙"，其在功能上都较为明确，即都是宗教祭祀性建筑。但是，正如上节谈到的，"宗"与"庙"在概念上可能存在着一定差别。《左传·襄公十二年》载："凡诸侯之丧，异姓临于外，同姓于宗庙，同宗于祖庙，同族于祢庙。是故鲁为诸姬，临于周庙。为邢、凡、蒋、茅、胙、祭临于周公之庙。"此段记载很可能源于西周时期的宗庙制度。在这段话中出现了三类庙："宗庙"即周庙，也是最高级别的祭祀场所；"祖庙"为始封君之庙；"祢庙"杜预注曰："父庙也。同族谓高祖以下。"由此可见，作为建筑形态的"宗"可能从西周时期开始逐渐被包含于"庙"中，成为了"庙"的建筑形态之一。因此在西周晚期金文中才出现了后世文献经常出现的"宗庙"一词。

在西周金文出现的政治性建筑名称中，最有争议的恐怕就是"宫"了。如金文常见的"康宫"及"昭宫"、"穆宫"等建筑的性质，学者间多有争议，争议的焦点是这些建筑究竟是宗庙祭祀建筑还是生人所居之所。在有关西周的文献记载中，"宫"既可以指代一群建筑，又可以作为一座具体建筑的名称。如《逸周书·作雒解》载："乃位五宫：大庙、宗宫、考宫、路寝、明堂。""庙"、"寝"、"堂"等建筑似都可称为"宫"，"宫"明显可以作为一种统称，而"宗宫"和"考宫"等名称应该是具体的建筑名称。这一记载至少说明，西周时期的政治性建筑在称呼上并非泾渭分明，而是可以混合使用。

唐兰先生在其《西周铜器断代中的"康宫"问题》①一文中，结合大量西周金文和文献资料，对西周时期的宫庙问题进行了详细论证。此文有两点结论有助于认识西周时期宗庙的形态和功能：

① 《考古学报》1962年第1期。

（1）唐先生明确指出，"宫"是一群建筑的总名，里面有"庙"、有"寝"、有"太室"等，每一种建筑都有它自己的特点。"宫"、"寝"和"室"都可以是生人居住之所，也都可以指代宗庙祭祀性建筑。西周金文中常见的"康宫"、"康庙"、"康寝"都是康王的宗庙，"穆宫"、"穆庙"都是穆王的宗庙，以此类推，用王号或诸侯谥号放在"宫"、"庙"、"寝"或"太室"等名称之前的建筑都应当是宗庙建筑，这是西周宗庙建筑在形态上的特征之一。

（2）唐先生将金文有关宗庙的记载分为三类：第一类是在某宫举行祭礼，如"用牲于京宫"；第二类是作在该宫所用祭器，如"王作永宫尊鬲"之类；第三类是王在某宫、某寝、某庙或某太室，或者王格某宫、某庙或某太室等。"凡说'在'的，是王先期到来而住在这里的，说'格'是王临时到那里的。""王的来格，目的是对臣下进行册命或赏赐。"上述三点反映了西周宗庙建筑在功能上的特征。

以上两点结论基本澄清了西周政治性建筑中作为宗庙祭祀性建筑的"宫"在形态和功能上的特征。唐先生主要讨论的是作为宗教祭祀性建筑的"宫"，其实西周时期建筑名称的混用说明西周政治性建筑在功能上的分化还不明显，也就是说这些建筑既可以作为祭祀先王的场所，也可以用来作为生人居住之所。除此之外可能还附属有其他功能，如《伊簋》铭文载："命伊瓶官嗣（司）康宫王臣妾百工。"（《集成》08.4287）可见，康宫内还居住着"臣妾百工"等人员，很明显，康宫是一座功能复杂的综合性建筑群①，而不仅仅是用来祭祀先王的宗庙，这种功能上的复合性表现了西周时期政治性建筑较原始的一面。因为建筑在功能上的分工往往反映了王朝政治制度的分工程度，越成熟的政治体系，其内部分工程度越高，反映在政治性建筑上就是形态和功能的细化。

虽然很多称为"宫"的建筑都有宗庙祭祀的功能，但专门的生人所居之宫在西周金文中也有记载，如以方向命名的"东宫"、"西宫"、"南宫"。《效尊》铭文载："公东宫内（纳）卿（飨）于王。"（《集成》11.6009）（见图

---

① 朱凤瀚认为："'康'在成周已近于一个区域名，康以后诸王宗庙因为都建立于此区域内，所以皆在其官名前加'康'或'康宫'，是标明其所在地，而并不是因为格外尊崇康王。如是，则这种称呼可作为成周的王室宗庙之特定名称。"参见《〈召诰〉、〈洛诰〉、何尊与成周》，《历史研究》2006年第1期。

3.2.1）《效卣》铭文中也有相同记载(《集成》10.5433)。另外《东宫方鼎》铭文中的"东宫"可能也是建筑名称(《集成》03.1484)。《袁子正论》引《尸子》曰："昔武王崩，成王少，周公践东宫，祀明堂，假为天子。"(《诗经·灵台》正义) 可见，"东宫"应为太子所居之宫，而非宗庙之宫。《高卣》铭文载："王饮西宫"(《集成》10.5431)。《保侃母簋》铭文载："保侃母易（赐）贝于南宫。"在西周金文中，"东宫"、"西宫"和"南宫"都没有祭祀祖先的内容（但不排除存在其他祭祀活动）。《仪礼·丧服子夏传》载："子不私其父，则不成为子。故有东宫，有西宫，有南宫，有北宫，异居而同财，有馀则归之宗，不足则资之宗。"可见这些以方向命名的宫都应当是专门的生人所居建筑。

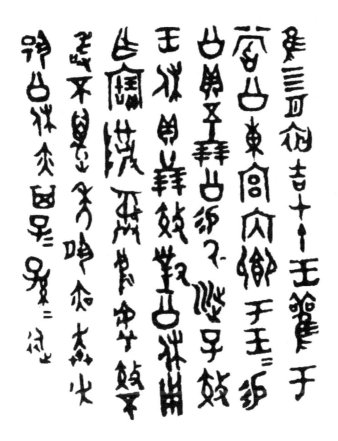

图 3.2.1　效尊铭文

另外，在《令鼎》铭文中载有"濂宫"（《集成》05.2803）。《大夫始鼎》（《集成》05.2792）铭文中出现了三个宫名：

> 隹（唯）三月初吉甲寅，王才（在）鬵宫。大夫佰（始）易（赐）羽□□。王才（在）华宫寓。王才（在）邦宫。佰（始）献工。

以上宫名很可能都不属于宗庙祭祀性建筑。当然，在西周金文中还出现了其他很多宫名①，不过整体上可以划分为两类：一类是用于祖先祭祀的"宫"，如"康宫"等用王号来命名的宫；另一类就是供生人使用的"宫"，如"东宫"等用方向来命名的宫。这两类"宫"虽然在建筑目的上不同，但在实际使用中可能是混杂的，并没有太严格的界限。

综上所述，商代以"宗"为主体的宗庙祭祀性建筑到西周时期发生了变化，在西周宗庙祭祀性建筑中，"宫"已经取代了"宗"而占据主体地位。商代作为建筑名称的"宗"并不能用来指代生人的居所，而西周时期的"宫"在功能上还可以作为生人居所的名称。不过，西周时期的政治性建筑依然表现出了一定的原始性，各种建筑在功能上还没有明确的分工界限，宗庙性建筑虽然是祭祀祖先的场所，但在功能上则是多元化的。而独立的生人所居之所其发展程度可能也不会很高，因为在西周时期的政治体系中宗族血缘关系依然占据主导地位。为了满足当时的政治需求，作为政治制度的物化形态，宗庙祭祀性建筑在发展程度上自然要高于其他建筑，其在功能上不仅是各种祭祀礼仪活动的场所，是政治赏赐和册命的场所，还可能容纳了其他活动，比如手工业生产等，正因如此，西周时期的宗庙祭祀性建筑中当居住着相当数量各种职业的人员。这种状况从春秋时期开始发生变化，春秋时期政治性建筑在形态上逐渐开始细化，在功能上的分工程度也越来越高，这是与政治制度的复杂化分不开的。

---

① 参见刘正《金文庙制研究》，中国社会科学出版社 2004 年版，第 79—166 页。

（四）文献所见东周时期城市政治性建筑的细化发展

商代和西周由于文献资料的缺乏，需要较多地依靠地下出土的古文字资料，但无论是商代的甲骨文资料还是西周的金文资料都是一种较为特殊的记载方式，因此对于政治性建筑记载的详细程度远不如东周时期，在东周时期的传世文献中保存了大量有关政治性建筑的资料。本节除了继续探讨"宫室"与"宗庙"的发展状况外，还将详细梳理一下东周文献中出现的各种政治性建筑，从而可以对先秦时期城市政治性建筑的发展状况有一个整体认识。

1. 东周时期"宫"的整体发展状况

春秋战国时期称为"宫"的上层政治性建筑在功能上延续了西周时期的特征，大体可以分为两类：一类为生人居住建筑，另一类则属于宗庙祭祀性建筑。

在文献资料中，春秋时期的上层统治者如周王、各诸侯国君和卿大夫等居住之所都可以称为"宫"。在这些建筑中，"王宫"和"公宫"作为东周时期最高级别的政治性建筑，分别是周王和诸侯国君的居所。到目前为止，有关的甲骨文和金文资料未及记载有"王宫"这样的词汇，据此推测，"王宫"和"公宫"这种称呼可能是春秋时期才开始流行起来的，这也与春秋时期的历史发展相吻合。随着诸侯国力量的强大，逐渐开始与周王室分庭抗礼，在建筑规格上自然也不甘落后，而"王宫"正是与"公宫"相对应出现的称呼。

春秋时期，除了在成周王城内有王宫外，其他地方也有为周王建的离宫。《左传·庄公二十一年》载："王巡虢守，虢公为王宫于玤，王与之酒泉。"杨伯峻考证玤当在今河南省渑池县境（见《春秋左传注》）。《左传·僖公二十八年》载："晋师三日馆、谷，及癸酉而还。甲午，至于衡雍，作王宫于践土。"杜注曰："襄王闻晋战胜，自往劳之，故为作宫。"此制似乎颇有渊源，《仪礼·觐礼》载："诸侯觐于天子，为宫方三百步，四门。"贾公彦疏引《司仪》云："王合诸侯，令为宫。"为王建"宫"似乎是周代各诸侯国君必尽之义务。

各诸侯国现任国君的居所在传世文献中统称为"公宫"，《左传》中多有记载，此处不再赘述。春秋时期，在"公宫"之外各诸侯国君也多建有离宫（见下表）。

| 诸侯国 | 离宫名 | 出处 |
|---|---|---|
| 楚 | 渚宫 | 《左传·文公十年》 |
| | 章华之宫 | 《左传·昭公七年》 |
| 鲁 | 泉宫 | 《左传·文公十六年》 |
| | 楚宫 | 《左传·襄公三十一年》 |
| | 泮宫 | 《诗经·鲁颂·泮水》 |
| 齐 | 雪宫 | 《孟子·梁惠王章句下》 |
| | 寿宫 | 《晏子春秋·内篇问下第四》 |
| 卫 | 丘宫 | 《左传·襄公十四年》 |
| 晋 | 铜鞮之宫 | 《左传·襄公三十一年》 |
| | 虒祁之宫 | 《左传·昭公八年》 |
| 滕 | 上宫 | 《孟子·尽心章句下》 |

上表宫名的具体地望多不可考，其与城市在位置上的关系也多不清楚。不过因为离宫多系诸侯国君为满足自己享受欲望而建的娱乐性建筑，而非公宫那样作为政治活动的中心，因此其建造位置当比较随意，可能多位于城市近郊之地，如鲁国"泉宫"，其所处的位置"郎"，即是鲁都曲阜南郊，为近郊之邑。这类地方既有足够的空间用于营建宫殿，也方便解决其在生活和防御上的需要。因此，即使是离宫别馆，其具体位置也当与附近城市有直接关系。

春秋时期卿大夫的居所也多称"宫"，如"边伯之宫"（《左传·庄公十九年》）、"僖负羁之宫"（《左传·僖公二十八年》）、"单氏之宫"（《左传·昭公二十二年》）、"令尹之宫"（《左传·定公四年》）、"季氏之宫"（《左传·定公十二年》）、"赵氏之宫"（《左传·定公十三年》），等等。

按照通常的理解，国君所居之"公宫"当为世代更替使用的，新任的国君当代替已故国君入主"公宫"，而已故国君则另立宗庙用来祭祀。《左传·隐公五年》载："九月，考仲子之宫。"仲子乃惠公夫人，桓公之母。杨伯峻认为，仲子之宫亦是宗庙，非生人所居。"春秋经例，周公之庙称大庙，群公之庙不称庙而称宫。《左传》文例不如此，周公太庙亦或

称宫，群公之宫亦或称庙。"① 据《左传》、《国语》所载，除"仲子之
宫"外，还有鲁之"桓宫"（桓公之庙，见《左传·庄公二十三年、哀公
三年》）、"僖宫"（僖公之庙，见《左传·哀公三年》）、"新宫"（宣公
之庙，见《左传·成公三年》）、"炀宫"（炀公之庙，见《左传·定公元
年》）、齐之"襄宫"（齐襄公之庙，见《左传·襄公六年、昭公二十六
年》）、周之"庄宫"（庄王之庙，见《左传·昭公二十二年》）、"平宫"
（平王之庙，见《左传·昭公二十二年》）、"夷宫"（宣王祖父夷王之庙，
见《国语·周语上》），郑之"大宫"（即太宫，郑国祖庙，见《左传·
隐公十一年》），晋之"武宫"（曲沃武公之庙，见《左传·僖公二十四
年》）、"文宫"（晋文公庙，见《左传·昭公十七年》）。从名称分析，当
都是为已故君王所建之宫，即宗庙之宫。

宗庙之宫除了举行祭祀祖先活动外，还可以用来进行其他活动：

（1）盟誓。如《左传·昭公二十二年》载王子朝之乱，"单子使王子
处守于王城，盟百工于平宫"。同书还可以检出两例，如昭公二十六年：
"癸酉，王入于成周。甲戌，盟于襄宫。十二月癸未，王入于庄宫"。襄
公三十年："乙巳，郑伯及其大夫盟于大宫，盟国人于师之梁之外。"

（2）朝会。如《左传·僖公二十四年》："壬寅，公子入于晋师。丙
午，入于曲沃。丁未，朝于武宫。"同书还可以检出两例，如宣公二年：
"宣子使赵穿逆公子黑臀于周而立之。壬申，朝于武宫。"成公十八年：
"庚午，盟而入，馆于伯子同氏。辛未，朝于武宫。"

（3）战争仪式。《左传·隐公十一年》："郑伯将伐许。五月甲辰，授
兵于大宫。"同书昭公十七年："宣子梦文公携荀吴而授之陆浑，故使穆
子帅师，献俘于文宫。"

可见，春秋时期的宗庙之宫在功能上与西周时期一样分工并不明确，
除了祭祀先祖外，·些国家大事也在其中进行，其在功能上是复合型的。

除了王宫、公宫、卿大夫之宫和宗庙之宫外，文献中还有一些专有宫
名，如"社宫"（《左传·哀公七年》）、"射宫"（《礼记·射义》）、"祢
宫"（《礼记·郊特牲》）、"斋宫"（《国语·周语上》）等，当为具有特
定功能的礼制建筑。国君夫人与其子女通常都有自己独立的居所，也称
"宫"，如"夫人之宫"（《左传·成公十八年》）、"大子疾之宫"（《左传·

---

① 杨伯峻：《春秋左传注》，中华书局 1990 年版，第 40 页。

哀公二十五年》)。

上述的王宫、公宫和宗庙之宫都是城市政治性建筑中的重要建筑,其所处的位置必然也十分关键。《吕氏春秋·慎势》载:"古之王者择天下之中而立国,择国之中而立宫,择宫之中而立庙。"宗庙之宫与公宫当距离较近,《左传·哀公三年》载:"夏五月辛卯,司铎火。火踰公宫,桓、僖灾。"据此可知公宫与桓宫、僖宫相邻而建。作为具有祭祀祖先功能的宫,除了具有政治上的重要性外,还要方便国君的使用,与公宫相邻便是必然的选择。

东周时期,国君与卿大夫的居所基本都以"宫"相称,而宫本身表示的是一组独立的具有一定规格的建筑组合。据此推测,在东周时期的城市群中,都城之中心通常应建有宗庙之宫,宗庙周围分布有公宫、夫人之宫和太子之宫等,也有可能夫人之宫和太子之宫涵括于公宫之中,在外围则可能散布着贵族和官吏所居住之宫,而一般性城市之中心位置则可能建有王公贵族或者卿大夫之宫。

2. 文献所见"宫"之形态及其内部组织结构的演变

从文献来看,宫在规模和形态上有一个由小到大、由简约到奢华的演变。《墨子·辞过》载墨子曰:"古之民未知为宫室时,就陵阜而居。穴而处,下润湿伤民,故圣王作为宫室。为宫室之法,曰:'室高足以辟润湿,边足以圉风寒,上足以待雪霜雨露,宫墙之高足以别男女之礼。'……当今之主,其为宫室则与此异矣。必厚作敛于百姓,暴夺民衣食之财以为宫室台榭曲直之望、青黄刻镂之饰。"《管子·法法》载:"明君制宗庙,足以设宾祀,不求其美。为宫室台榭,足以避燥湿寒暑,不求其大。"上述说法虽然含有当时学者的主观思想,但从客观推测,当接近事实。《吕氏春秋·孟春纪》载:"室大则多阴,台高则多阳,多阴则蹶,多阳则痿,此阴阳不适之患也。是故先王不处大室,不为高台……昔先圣王之为苑囿园池也,足以观望劳形而已矣;其为宫室台榭也,足以辟燥湿而已矣。"技术的简陋限制了早期宫室建筑形态和规模的发展。

与上述记载不同,东周时期上层统治者追求的则是奢华的宫廷建筑。《左传·昭公八年》载:"今宫室崇侈,民力凋尽,怨讟并作,莫保其性。"《韩非子·八奸》载:"人主乐美宫室台池……为人臣者尽民力以美宫室台池。"如此等等,文献多有记载。春秋战国时期,各诸侯国君此起彼伏掀起了一股营建离宫别馆的浪潮。如晋之"铜鞮之宫数里"①、楚之"章华之宫"、鲁之"楚宫",等等。不仅如此,其在奢华程度上已经远远超越了当时礼制的范畴。《国语·鲁语上》载:"庄公丹桓宫之楹,而刻其桷。匠师庆言于公曰:'臣闻圣王公之先封者,遗后之人法,使无陷于恶。其为后世昭前之令闻也,使长监于世,故能摄固不解以久。今先君俭而君侈,令德替矣。'公曰:'吾属欲美之。'对曰:'无益于君,而替前之令德,臣故曰庶可已矣。'公弗听。"有些宫廷建筑竟然大量使用了当时的贵金属,《韩非子·十过》载张孟谈曰:"'臣闻董子之治晋阳也,公宫令舍之堂,皆以炼铜为柱、质,君发而用之。'于是发而用之,有余金矣。"可见当时宫廷奢华之一斑。

从文献来看,这种宫廷修建浪潮仅限于周王和诸侯国君等最上层统治者,一般的卿大夫和官吏在宫室建造的规模上依然受到较为严格的限制。《战国策·赵一》载:"腹击为室而巨,荆敢言之主。谓腹子曰:'何故为室之巨也?'腹击曰:'臣羁旅也,爵高而禄轻,宫室小而帑不众。主虽信臣,百姓皆曰:'国有大事,击必不为用。今击之巨宫,将以取信于百姓也。'主君曰:'善。'"

据先秦传世文献记载,作为政治性建筑的"宫"在内部形态上至少包括了庙、朝、寝、室、庭、堂等建筑名称。其中,庙、朝、寝是从功能角度对建筑的称呼,而室、庭、堂是从形态角度对建筑的称呼,另外还有一种特殊的情况,如"太室(大室)"、"明堂"等则是从形态和功能两个角度对建筑的称呼。

西周时期作为宗庙的"宫"其内部形态已经包含了庙、寝、大室等建筑布局,如"康宫"内部又有"康庙"、"康寝"和"康太室"等②,但是其具体位置关系和形态在西周金文中缺乏记载,而有关的文献资料也很难确定哪些为西周时期的确切记载,因此下面对"宫"内部形态的讨论以综合性分析为主。

(1)寝、朝、庙在种类和位置上的关系

寝在先秦文献中主要指起居之所。《周礼·天官·冢宰》载:"宫人掌王之六寝之修,为其井匽,除其不蠲,去其恶臭。共王之沐浴。凡寝中

① 《左传·襄公三十一年》。
② 唐兰:《西周铜器断代中的"康宫"问题》,《考古学报》1962 年第 1 期。

之事，埽除、执烛、共炉炭，凡劳事。四方之舍事，亦如之。"杨伯峻认为："古代天子有六寝，正寝一，燕寝五；诸侯有三寝，正寝一，燕寝二。正寝一曰路寝，一曰大寝；燕寝一曰小寝。平日居燕寝，斋戒及疾病则居路寝。"① 此观点基本正确，但有个别细节需要探讨，如诸侯三寝之名称就有更细致的说法。贾公彦的注疏认为："天子六寝，则诸侯当三寝，亦路寝一、燕寝一、侧室一。"《左传·成公十年》载："晋侯梦大厉，被发及地，搏膺而踊，曰：'杀余孙，不义。余得请于帝矣！'坏大门及寝门而入。公惧，入于室。又坏户。"《礼记·内则》也载有"侧室"之称，郑玄注曰："侧室，谓夹之室，次燕寝也。"孔颖达正义曰："夫正寝之室在前，燕寝在后。侧室，又次燕寝，在燕寝之旁，故谓之'侧室'"。如此看来，诸侯之三寝当为路寝、燕寝和侧室。"燕寝"之称在先秦文献中未曾出现，只是在后世学者的注疏中出现，故此可知"燕寝"乃后世学者一种解释性的称谓，非先秦所有。

先秦文献中出现的寝名有路寝、大寝、小寝、高寝、少寝、内寝、外寝等。上文已提到，大寝和小寝是相对于路寝和燕寝而言，其在先秦文献中出现的频率较高，如《左传·僖公三十三年》载："乙巳，公薨于小寝。"《左传·襄公二十八年》载："十二月乙亥朔，齐人迁庄公，殡于大寝。"另外，《左传》中还载有"高寝"、"少寝"等称呼。《左传·定公十五年》载："夏，五月辛亥，郊。壬申，公薨于高寝。"同书哀公二十六年载有"少寝之庭"。胡培翚《燕寝考》谓："鲁有楚宫，晋有周宫，皆是随意所欲为之，不在燕寝之数。鲁之高寝亦似此。"通过对先秦文献的统计，高寝和少寝之称仅此一例，都是孤证。据此推测，春秋晚期，礼崩乐坏，各诸侯国君可能兴建了一批礼制之外的建筑，其名称自然比较特殊，《晏子春秋》载景公筑"路寝之台"，又新筑"柏寝之台"，《韩非子·十过》载："桓公渴馁而死南门之寝、公守之室。"可见，当时可能已有作为独立建筑之寝了，其性质应该属于离宫别馆。在《礼记》和《仪礼》中还载有"内寝"、"外寝"之称，但出现频率极少。如《礼记·玉藻》载君子"将适公所，宿齐戒，居外寝，沐浴"。正义曰此外寝为"卿大夫以下所居处"。因此，"内寝"和"外寝"当是对中下级官员起居之所的称呼。

---

① 《春秋左传注》，中华书局 1990 年版，第 250 页。

综上所述，"寝"在种类上的多样化表明其作为起居之所是"宫"的内部建筑形态的重要组成部分。与其相对应的"朝"作为建筑形态是统治者办公的场所，据文献记载可知其种类也比较简单，只有"内朝"和"外朝"两种称呼，而"朝"与"寝"的位置关系在先秦文献中也没有很清楚的记载。只在《国语·鲁语下》一段史料中同时提到了"朝"与"寝"，曰：

> 公父文伯之母如季氏，康子在其朝，与之言，弗应，从之及寝门，弗应而入。康子辞于朝而入见，曰："子弗闻乎？天子及诸侯合民事于外朝，合神事于内朝；自卿以下，合官职于外朝，合家事于内朝；寝门之内，妇人治其业焉。上下同之。夫外朝，子将业君之官职焉；内朝，子将庇季氏之政焉，皆非吾所敢言也。"

《国语集解》引陈瑑曰："外朝，即君所设之公朝。内朝，即私室之朝。"《礼记·文王世子》载："其朝于公，内朝则东面北上……其在外朝，则以官，司士为之。"郑玄注曰："内朝，路寝庭。""外朝，路寝门之外庭。"这些解释是否正确现在很难判断，不过上段文献载公父文伯之母先经过"朝"然后入"寝门"，很明显"朝"与"寝"的位置关系当如后世所谓的"前朝后寝"。

接下来探讨"寝"、"庙"之关系。"寝"与"庙"固然是两种不同功能的建筑名称，但文献中却经常出现"寝庙"连称的形式。《左传·襄公四年》载："《虞人之箴》曰：'芒芒禹迹，尽为九州，经启九道。民有寝庙，兽有茂草。'"《左传·襄公二十三年》载："夫鼠昼伏夜动，不穴于寝庙，畏人故也。"《诗经·小雅·巧言》："奕奕寝庙，君子作之。"《诗经·大雅·崧高》："申伯之功，召伯是营。有俶其城，寝庙既成。"如此等等，但是"寝庙"究竟是一种宗庙建筑，还是可以分开称呼，上述文献并不能给出确实答案。不过《礼记》多处载有"荐寝庙"之称，当有可能为一种宗庙建筑。郑注谓："凡庙前曰庙，后曰寝。"据此看来"寝庙"连称是从形态上的一种对庙的称谓。但因为诸侯国君宫室中也有庙有寝，《荀子·大略篇》载："寝不踰庙，燕衣不踰祭服，礼也。"寝与庙又存在着差别。总而言之，"寝庙"在大多数地方可能是作为宗庙建筑的一种称谓来使用的。"寝"与"庙"虽然在功能上有差异，但在形态上则属于一个建筑群体。

关于"寝"与"庙"的位置关系在《左传·昭公十八年》中有一段清楚的记载。"子大叔之庙在道南,其寝在道北,其庭小。"孔颖达正义曰:"郑简公之卒,将为葬除,亦欲毁游氏之庙,则游吉宅近大路,故数将彻毁也。其庙当在宅内,以其居处狭隘,故庙在道南,寝在道北也。寝即游吉所居宅也。"孔颖达的解释可能存在偏差。文称为"子大叔之庙",这是明言其为宗庙,宗庙之内有寝有庭,其寝并非生人所居之宅,否则也不可能轻易毁掉。这座宗庙建筑中,庙在南,寝在北,中间有庭,即构成了所谓"前庙后寝"的格局。

综上所述,生人所居之宫和宗庙之宫都当设有寝,而寝与朝、庙的位置关系表明,周代的确可能存在着"前朝后寝"、"前庙后寝"之制。"前朝后寝"指代的是生人所居之宫的内部形态,而"前庙后寝"则指代的是宗庙之宫的内部形态。二者至少到春秋时期可能已经有了明确的形态分化。

(2)堂、庭、室简析

堂与庭在先秦宫室建筑中都较为普遍,与寝一样,应该都属于基础性设施。堂除了存在于一般宫室建筑中外,宗庙之中也有堂。《荀子·宥坐篇》载:"子贡观于鲁庙之北堂。"鲁庙即鲁国的宗庙,也即太庙。太庙之中设有"堂",因其位于庙之北部,所以称为北堂。

堂之结构如何,文献记载颇简。《尚书·顾命》载:"二人雀弁,执惠,立于毕门之内。四人綦弁,执戈上刃,夹两阶戺。一人冕,执刘,立于东堂,一人冕,执钺,立于西堂。一人冕,执戣,立于东垂。一人冕,执瞿,立于西垂。一人冕,执锐,立于侧阶。"此处所谓"东堂"、"西堂"当指堂之东、西两面,上文所载之人当在同一个空间中,因此东堂、西堂不可能为独立建筑。《荀子·宥坐篇》载有:"鲁庙之北堂。"《仪礼》载有:"东堂"、"西堂"、"东南堂"、"北堂"、"中堂"等名称。另外,《仪礼·乡射礼》还载曰:"主人堂东,宾堂西。"可见,当时人习惯按照方位来称呼堂之各部位,但无法确定的是,这些堂的名称是否有可能在某个时段转化为一种各自独立的建筑,并形成一个统称为"堂"的建筑群,目前暂且存疑。总之,从文献看,堂应该是东西对称型的建筑。

"庭"在东周文献中一般指与主体建筑相邻的空地,在一组宫室建筑中,庭可能不止一处。仅《左传》就载有"寝庭"、"大室之庭"、"少寝之庭"等，可见春秋时人习惯以主体建筑来命名与其相邻之庭。庭之功能除了日常起居出入外，若干政治性活动和礼仪活动也在庭中进行。《左传·襄公十年》载："晋侯使士匄平王室，王叔与伯舆讼焉。王叔之宰与伯舆之大夫瑕禽坐狱于王庭，士匄听之。"《左传·哀公二十六年》载："冬十月，公游于空泽。辛巳，卒于连中。大尹兴空泽之士千甲，奉公自空桐入，如沃宫。使召六子……六子至，以甲劫之……乃盟于少寝之庭。"另外，庭中并非空无一物，很可能种植若干植物，其中槐树可能是比较流行的一种。《国语·晋语五》载："灵公虐，赵宣子骤谏，公患之，使钼麑贼之，晨往，则寝门辟矣……触庭之槐而死。"《国语·晋语九》载："献子执而纺于庭之槐。"当然，这种习惯定然具有地域限制，可能是北方比较流行的建筑习俗。

"室"作为一种建筑名称应用较为广泛，除了上文谈到的"宫室"之称，室基本是任何一处独立建筑必有之组成部分，因此，才被用来作为一地人口户数的代称，如"十室之邑"、"千室之邑"（《论语·公冶长》）、"万室之邑"（《商君书·兵守》）等。

室按照其布局位置之不同可以称为"正室"、"侧室""夹室"、"中室"；按照其功能不同可以称为"路室"、"龟室"、"爨室"、"贵宫贵室"、"下宫下室"、"垩室"、"蚕室"、"寝室"，等等，可见作为建筑之"室"在先秦已经发展到极为成熟，无论从形态还是功能上都极其完备，分工明确，种类复杂，体现了当时政治活动之繁杂，同时复杂的政治礼仪活动也为当时政治性建筑之发展、成熟提供了强大的推动力。

总而言之，先秦城市政治性建筑之内部构造已经十分复杂，从最上层之国君宫室到下层士大夫所居之宅院，甚至宗庙建筑，基本都有功能各不相同的一组建筑按照某种格局布置，其中最基础的便是上文谈到的四类：寝、室、庭、堂。这四类建筑涵盖了各政治阶层主要日常起居活动的场所，因此也成为内部构造之主体建筑。但是，作为先秦时期城市政治性建筑的经典，上层统治者所居住之"宫"绝非仅由以上几部分组成，在东周文献中还记载了丰富的政治性建筑的附属建筑，这些建筑有些包含于"宫"中，有些是作为独立建筑而存在的。

3. 东周文献所见其他政治性建筑简析

东周时期上层统治者所使用之政治性建筑在功能上已经非常完备，作为典型政治性建筑的"宫"，其内部除了庙、朝、寝、室、庭、堂等主体组成部分外，还建有其他附属性设施，比较重要的就是仓储类建筑和各种娱乐设施。

（1）仓、府、库、厩——东周时期仓储类建筑的细化分工

仓储类建筑在先秦宫室建筑中通常处于较为重要的地位。《礼记·曲礼》载："君子将营宫室，宗庙为先，厩库为次，居室为后。"政治性建筑由于其使用者通常都是居上位而不从事农业劳动的人，其所积累的财富便需要有固定的建筑妥善存放，这样才便于管理和使用，所以专门的仓储类建筑是必不可少的。

先秦时期的仓储类建筑主要有仓、府、库、厩，四者之功能各有侧重。战国时期，仓、府、库、厩之功能十分明确。《战国策·秦五》载："库具车，厩具马，府具币。"《韩非子·十过》载："君至，而行其城郭及五官之藏，城郭不治，仓无积粟，府无储钱，库无甲兵，邑无守具。"《晏子春秋·内篇杂上》和《吕氏春秋·季冬纪》都载有"仓粟府金"等文句。这些资料表明，在战国时期，仓、府、库、厩在功能上分工明确。粮食储藏在仓中，货币储藏在府中，兵器储藏在库中，马匹储藏在厩中，这几样都是国家政治、经济活动所需的必备物资，也是一座城市生存和发展的必需品。这些物资分类储藏，显示在战国时期的政治活动中对战争和商业所需尤为重视，但从文献所见这种明确分工在春秋时期并不明显。

春秋时期之"府"在功能上较为复杂。《左传》之中就记载有若干府名，如"盟府"、"军府"、"长府"等。如该书僖公五年载："虢仲、虢叔，王季之穆也，为文王卿士，勋在王室，藏于盟府。"襄公十一年载："夫赏，国之典也，藏在盟府，不可废也。"僖公二十六年载："昔周公、大公股肱周室，夹辅成王。成王劳之而赐之盟，曰：'世世子孙，无相害也。'载在盟府，大师职之。"此盟府当为一重要储藏机构，而且周室和诸侯当皆有盟府，可能主要收藏国家重要政治活动（如功勋赏赐）所产生之文书。此外，春秋时期晋国还有军府。《左传·成公七年》载："晋人以钟仪归，囚诸军府。"据杜注，即军用储藏库，亦用以囚禁战俘。《左传·昭公二十五年》载："叔孙昭子如阚，公居于长府。"长府为官府名，当属于鲁公所有。《论语·先进》载："鲁人为长府。闵子骞曰：'仍旧贯，如之何？何必改作？'"可见此府当有所革新，可能为一独立建筑。《左传·哀公十六年》载有"以王如高府，石乞尹门，围公阳穴宫"。可

见高府有门，有墙垣，当为一独立建筑。《淮南子·泰族训》曰："阖闾伐楚，五战入郢，烧高府之粟。"据此可知高府当储藏有粮食，既称"高府"，可能如果不是建筑高，就是地势高，因为楚国环境潮湿，高建筑或高地势都利于粮食储藏。由此可见，春秋时期府之种类和功能都较为复杂，还没有严格的分工。

虽然春秋时期府的分工程度不如战国，但其重要性从未被上层统治者忽视，《左传·哀公三年》载鲁国桓宫、僖宫发生火灾，"救火者皆曰：'顾府'"。这至少说明两点，一是府在位置上应建在上层政治性建筑的核心地域，距离公宫和宗庙都较近；二是府作为储藏财物之地，在当时人心中是非常重要的地方，因此才会被救火者首先想到。这说明府在上层统治者生活中占有很重要的地位。

同时，春秋时期之府当有等级之别。《左传》、《国语》载有"王府"、"公府"、"官府"等称呼。在《周礼》中也记载有若干府名，如"大府"、"玉府"、"内府"、"外府"、"受藏之府"、"受用之府"、"泉府"、"天府"、"酒府"、"膳府"。这些都是各种专有府库，但是《周礼》中这些记载是否在先秦时期确有其事，目前还无法确定，但如此众多的专有府库当并非完全杜撰，先秦时期府之建设还是比较成熟的。

库与厩在文献中功能较为明确。库一般为独立建筑，通常靠近城墙或城门。《左传·襄公二十六年》载："齐人城郏之岁，其夏，齐乌余以廪丘奔晋，袭卫羊角，取之；遂袭我高鱼。有大雨，自其窦入，介于其库，以登其城，克而取之。"襄公三十年载伯有"晨，自墓门之渎入，因马师颉介于襄库，以伐旧北门"。这说明库与城墙、城门的距离当不会很远。厩之设置在《周礼》中也有记载。《周礼·夏官司马》载："校人掌王马之政，辨六马之属，种马一物，戎马一物，齐马一物，道马一物，田马一物，驽马一物，凡颁良马而养乘之，乘马一师四圉，三乘为皂，皂一趣马，三皂为系，系一驭夫，六系为厩，厩一仆夫，六厩成校，校有左右。"可见，厩之设置还是比较复杂的。同时，厩也很受统治者的重视。《管子·小问》载："桓公观于厩，问厩吏曰：'厩何事最难？'厩吏未对。管仲对曰：'夷吾尝为圉人矣。傅马栈最难，先傅曲木，曲木又求曲木，曲木已傅，直木无所施矣。先傅直木，直木又求直木，直木已傅，曲木亦无所施矣。'"因为当时马是主要的交通工具，在战争中也作用甚大，对马之管理自然也十分重视。

总之，先秦时期的仓储建筑在最初可能分工并不明确，但由于文献资料的局限，东周以前的状况只能进行推测，但至少到春秋时期，仓储类建筑已经有了基本分工，仓、府、库、厩都已形成，这种分工也只是相对春秋以前的状况而言的，在实际的使用中却并不严格，比如仓、府、库至少春秋时期在功能上就可以互相代替。上文谈到的府中可以存放粮食，还有专门存放兵器的"军府"等，这种状况到了战国时期有了相当的进步，虽然在文献中也有几处还残留着春秋时期分工不明的状况，但对于粮食、货币、兵器和马匹来说，已经分工明确。战国时期尤其开始重视货币的储藏，这也从侧面说明当时商品经济已经相当发达。仓储类建筑是城市政治性建筑中非常重要的组成部分。

（2）台、榭、园、囿、圃——城市统治者之附属娱乐设施

从文献来看，从春秋时期开始，一股筑台的潮流就开始在各诸侯国中流行。《春秋经·庄公三十一年》就载有三次筑台事件："春，筑台于郎。夏……筑台于薛。秋，筑台于秦。"《左传》中也不乏筑台的记载，分见于：

庄公三十二年："初，公筑台临党氏，见孟任，从之。"

襄公十七年："宋皇国父为大宰，为平公筑台，妨于农功。"

昭公七年："楚子成章华之台，愿与诸侯落之。"

哀公二十五年："夏五月庚辰，卫侯出奔宋。卫侯为灵台于藉圃，与诸大夫饮酒焉。"

据此可知，至少在春秋时期，台已经是各诸侯国执政者争相修建的建筑，有的甚至因为筑台而影响了农功，这种现象是颇值得注意的。另外，大量存在于文献中的台名也说明，这次筑台高潮可能一直持续到战国时期（见表3.2.1）。

表3.2.1                    先秦文献所见台名表

| 诸侯国 | 台名 | 文献出处 |
| --- | --- | --- |
| 鲁 | 观台 | 《左传·僖公五年》 |
|  | 泉台 | 《左传·文公十六年》 |
|  | 武子之台 | 《左传·定公十二年》 |
| 秦 | 灵台 | 《左传·僖公十五年》 |

| 诸侯国 | 台名 | 文献出处 |
|---|---|---|
| 楚 | 章华之台 | 《左传·昭公七年》 |
|  | 强台 | 《战国策·魏二》 |
| 齐 | 遄台 | 《左传·昭公二十年》 |
|  | 檀台 | 《左传·哀公十四年》 |
|  | 大台 | 《晏子春秋·内篇谏下》 |
|  | 路寝之台 | 《晏子春秋·内篇谏下》 |
|  | 柏寝之台 | 《晏子春秋·内篇杂下》 |
|  | 长庲之台 | 《晏子春秋·外篇》 |
|  | 泰台 | 《管子·山权数》 |
|  | 栈台 | 《管子·山权数》 |
|  | 鹿台 | 《管子·山权数》 |
| 卫 | 灵台 | 《左传·哀公二十五年》 |
| 吴 | 姑苏 | 《国语·吴语》 |
|  | 如皇之台 | 《韩非子·外储说左上》 |
| 晋 | 施夷之台 | 《韩非子·十过》 |
|  | 凿台 | 《战国策·秦四》 |
| 魏 | 京台 | 《战国策·楚四》 |
|  | 兰台 | 《战国策·魏二》 |
|  | 文台 | 《战国策·魏三》 |
| 韩 | 鸿台 | 《战国策·韩一》 |
| 梁 | 晖台 | 《战国策·东周》 |
|  | 范台 | 《战国策·魏二》 |
| 燕 | 宁台 | 《战国策·燕二》 |

　　上表的台名虽然并不能反映出东周时期筑台状况的演变，但文献所见的大量专有台名却也反映了这种建筑在东周时期十分受执政者之欢迎。那么，台这种建筑到底有哪些功能，从而受到执政者如此的青睐呢？

　　首先，台具有观天象、占吉凶的功能。《左传·僖公五年》载："五年春，王正月辛亥朔，日南至。公既视朔，遂登观台以望。而书，礼也。凡分、至、启、闭，必书云物，为备故也。""观台"之位置，历来注家解释不同①，但其建筑类型为台则是确定的。杨伯峻谓此为："古礼，国君于二分二至及四立之日，必登台以望天象（或日旁云气之色），占其吉凶而书之"。②《国语·楚语上》载灵王为章华之台，伍举谏曰："先君庄王为刭居之台，高不过望国氛，大不过容宴豆……故先王之为台榭也，榭不过讲军实，台不过望氛祥。故榭度于大卒之居，台度于临观之高。"可见台之基本功能是观察天象，以备吉凶占卜之用。这也是当时很重要的政治活动，因此对举行这种活动的场所"台"当比较重视。当然要进行这种观察，仅仅在一处是不能满足需要的，所以这种台必然要在多处建造。

"台"之建筑形态源远流长。据文献可知，夏有"钧台"（《左传·昭公四年》）、商有"鹿台"（《史记·殷本纪》）、周有"灵台"（《诗经·大雅·灵台》），自夏代开始台可能已成为王之政治性建筑之一。西周以前，这种台可能为王专有，即使到东周时期，也基本局限在各诸侯国君和重要执政者之手，其基本功能就是观察天象、占卜吉凶。

其次，台还被用来进行各种政治活动。观察天象的功能并不足以解释东周筑台高潮的产生。台从最初形成时可能就是一种多功能的建筑，除观察天象外，可能就是从事一些重要的政治活动。《左传·昭公四年》载："夏启有钧台之享。"此钧台即《史记·夏本纪》所载之"夏台"，而"夏台"曾是囚禁商汤之所。可见当时之钧台在功能上是多元化的。东周时期，台之政治功能更加明显。《左传·昭公七年》载："楚子成章华之台，愿与诸侯落之。""楚子享公于新台，使长鬣者相，好以大屈。"《左传·哀公二十五年》载："卫侯为灵台于藉圃，与诸大夫饮酒焉。"上文也谈到《国语·楚语上》载灵王为章华之台，伍举谏曰："先君庄王为刭居之台，高不过望国氛，大不过容宴豆。""容宴豆"说明台具有宴享之功能。可见，一些政治性的交际活动也在台上进行。

另外，台也是诸侯国君之私人娱乐场所。《左传·宣公二年》载："晋灵公不君：厚敛以雕墙；从台上弹人，而观其辟丸也。"哀公十四年："公与妇人饮酒于檀台。"

台在功能上的多元化使其能够满足执政者在政治活动中的多种需要，同时台在外观上的高大耸立也可以在一定程度上满足拥有者的虚荣心，这

---

①　参见杨伯峻《春秋左传注》，中华书局1990年版，第302—303页。

②　杨伯峻：《春秋左传注》，中华书局1990年版，第303页。

些都是其他建筑所无法替代的，因此，随着东周时期各诸侯国实力的强大，一股筑台的风潮便在各诸侯国的上层流行起来，形成了文献所见的筑台高潮。

从文献来看，台之建筑类型比较灵活，即可以作为独立建筑，也可以附属于其他建筑。《左传·文公十六年》："有蛇自泉宫出，入于国，如先君之数秋八月辛未，声姜薨，毁泉台。"《左传·昭公七年》载楚灵王既有"章华之宫"，又成"章华之台"。《左传·定公十二年》载："仲由为季氏宰，将堕三都，于是叔孙氏堕郈。季氏将堕费，公山不狃、叔孙辄帅费人以袭鲁。公与三子入于季氏之宫，登武子之台。"以上之台当附属于宫而建。除了作为宫之配套建筑外，台还可建于囿中或圃中。《左传·哀公二十五年》载："卫侯为灵台于藉圃。"《诗经·大雅·灵台》载有"灵台"、"灵囿"、"灵沼"之称。《晏子春秋·内篇谏上》载："翟王子羡臣于景公，以重驾，公观之而不说也。嬖人婴子欲观之，公曰：'及晏子寝病也。'居圃中台上以观之，婴子说之，因为之请曰：'厚禄之！'公许诺。"另外《晏子春秋》还有"路寝之台"、"柏寝之台"。

《左传·定公四年》载："三年春二月辛卯，邾子在门台，临廷。"杜注："门上有台。"杨伯峻谓"盖即今之门楼"。诸侯三门，唯雉门有观台，似今之城门楼。哀公八年载："齐侯使如吴请师，将以伐我，乃归邾子。邾子又无道，吴子使大宰子余讨之，囚诸楼台，栫之以棘。"此"楼台"当与"门台"为一类建筑。

与"台"相关之建筑有榭，先秦文献中多处可见"台榭"连称。榭在文献中的含义从形态上指建筑在高土台上的房子（见《左传·襄公三十一年》），在功能上就是指古代的讲武堂。《左传·成公十七年》载："三郤将谋于榭。"杜预注："榭，讲武堂。"《国语·楚语上》韦昭注曰："积土为台，无室曰榭。"《左传·宣公十六年》载："夏，成周宣榭火，人火之也。"宣榭当为一独立建筑。《尔雅·释宫》曰："有木曰榭。"可见台与榭无论是在称呼上还是在建筑形态上各有侧重。榭为有敞屋之台，通常为木结构之建筑。台则其上无建筑，含义较为明确。从文献看，榭之功能较为单一。《国语·楚语上》载："故先王之为台榭也，榭不过讲军实，台不过望氛祥。故榭度于大卒之居，台度于临观之高。"先秦时期的榭作为建筑在台上的木结构房屋，本就是举行军事活动的场所。

园、囿、圃在功能上相近。园种花木，囿养禽兽，圃种瓜果蔬菜。三者在实际使用中可以互换。《左传·庄公十九年》载："初，王姚嬖于庄王，生子颓。子颓有宠，芮国为之师。及惠王即位。取芮国之圃以为囿。"同书僖公三十三年载："使皇武子辞焉，曰：'吾子淹久于敝邑，唯是脯资饩牵竭矣。为吾子之将行也，郑之有原圃，犹秦之有具囿也。吾子取其麋鹿以闲敝邑，若何？'"园、囿、圃等场所除了提供各种物品外，同时也是娱乐场所，一些政治性活动也在其中进行。《左传·襄公十九年》载："公享晋六卿于蒲圃，赐之三命之服。"同书哀公十七年载："春，卫侯为虎幄于藉圃，成，求令名者，而与之始食焉。"可见，执政者之园、囿、圃当为政治性建筑之附属设施，在功能上也为政治活动服务。而且其位置当不会距城太远，一般处于城郊附近。《孟子·梁惠王下》载孟子对齐宣王曰："文王之囿方七十里，刍荛者往焉，雉兔者往焉，与民同之。民以为小，不亦宜乎？臣始至于境，问国之大禁，然后敢入。臣闻郊关之内有囿方四十里，杀其麋鹿者如杀人之罪。则是方四十里，为阱于国中。民以为大，不亦宜乎？"《管子》载齐临淄北郭有唐园。可见，这些设施都附属于城市。诸侯国君都有自己独立的园、囿、圃，用来满足自己在生活、娱乐以及一些政治活动上的需要。

据上文《孟子·梁惠王下》所载，文王所建之囿当为公共物品，普通民众都可以使用，而齐宣王之囿则成为了纯粹的私人场所，仅供诸侯国君自己使用。这种由公共产品向私人财产的转变，说明了东周时期财产的私有化程度已经很高了。而囿本身是建在国中，即城市附近，这也间接说明，城市的财产私有化程度要强于其他地方。

上文所谈到之台、榭、园、囿、圃虽然在功能上各不相同，但存在着共同的特征，即都属于政治性建筑的附属设施，是为上层统治者服务的。

（3）馆——接待宾客之所

"馆"之名称在文献中最早见于《诗经·大雅·公刘》，载曰"笃公刘，于豳斯馆"。参考后世文献，此"馆"当有"寄居"之义，这也是东周时期"馆"之主要含义。从文献可知，春秋时期，馆作为一种独立建筑，其功能主要用来接待宾客。

《左传·襄公三十一年》载晋有"诸侯之馆"，在晋文公时期颇具规模。据子产所述，"侨闻文公之为盟主也，宫室卑庳，无观台榭，以崇大诸侯之馆。馆如公寝，库厩缮修，司空以时平易道路，圬人以时塓馆宫室。"可见诸侯之馆的规模与文公之公寝相当，而且配置也很完善，有库有厩，有专人负责维护道路和房屋。不仅如此，各诸侯国之宾客在当时所受之待遇也很好。"诸侯宾至，甸设庭燎，仆人巡宫，车马有所，宾从有代，巾车脂辖，隶人牧圉，各瞻其事，百官之属，各展其物。公不留宾，而亦无废事，忧乐同之，事则巡之，教其不知，而恤其不足。宾至如归，无宁灾患？不畏寇盗，而亦不患燥湿。"到了晋平公之时，子产所居之馆已非常狭小，甚至不得不"尽坏其馆之垣而纳车马焉"，否则就会弄坏所进贡之财货，可见已经没有库厩等设施了。诸侯宾客所受之待遇也不可同日而语。"今铜鞮之宫数里，而诸侯舍于隶人。门不容车，而不可逾越。盗贼公行，而天厉不戒。宾见无时，命不可知。若又勿坏，是无所藏币，以重罪也。"从文公到平公不到一百年的时间，接待诸侯宾客之馆便发生了如此大的变化。建筑的变化反映了执政者的政治倾向。诸侯朝聘的行为在晋平公时期可能已经不再受到被朝聘国的重视了，因此接待朝聘者的馆自然也变得越来越简陋。此一问题本文不再细究①，从上文的史料中可以想见，馆作为接待宾客之所，在形态上是独立存在的，而且一般来说功能应该较为完善，有库厩等附属设施。但馆本身也在发生着变化，视执政者的重视程度而变得或者奢华或者简陋。

馆有"公馆"、"私馆"之别。《礼记·曾子问》载曾子问曰："为君使而卒于舍，礼曰：'公馆复，私馆不复。'凡所使之国，有司所授舍。则公馆已，何谓私馆不复也？"孔子曰："善乎问之也。自卿大夫之家曰私馆，公馆与公所为曰公馆。公馆复，此之谓也。"孔子的解释确实涉及了公馆、私馆的本质差别。孔颖达对此做了更通俗的解释，其疏曰："私馆者，谓非君命所使，私相停舍，谓之私馆。公馆，谓公家所造之馆。与公所为者，与，及也，谓公之所使为命停舍之处，亦谓之公馆。君所命停客之处，即

---

① 春秋时期诸侯之间的朝聘从根本上说其实是一种交换行为，交换的物品既包含有形的财产，如珍玩、土特产等，又包含无形的资产，如政治隶属关系。小国向大国行朝聘之礼，也是在政治上向大国屈服的一种表现，同时也希望得到大国的庇护。小国贡献一定的财货得到大国的保护，这种行为本身就是一种交换行为。而且即使仅从经济交换来看，小国和大国之间也是一种经济互惠的行为。如本段所载之史料，子产在谈话中涉及到"荐币"。"若获荐币，修垣而行，君之惠也，敢惮勤劳？"随后，"晋侯见郑伯，有加礼，厚其宴好而归之"。可见，晋国在经济上对朝聘者进行了一番回报。虽然这种经济交换存在着不平等的互惠行为，但如果与政治行为联系起来，那么，小国所获得的利益还是很可观的。春秋时期，大国在这种交换中可能并未获得高额的利益和回报，因此才会越来越怠慢这种朝聘活动。

是卿大夫之馆也。但有公命，故谓之公馆也。"可见，"公馆"和"私馆"之界限并非在建筑上，而是在关系上。这也反映了东周时期的政治交往基本分为两级关系，一种是直接同国君接触，另一种就是与卿大夫的交往。公馆和私馆正是这种政治交往层级关系在建筑上的反映。

以上所论基本包含了东周文献所见城市政治性建筑的主要组成部分。之所以对东周时期城市的各种政治性建筑进行详细的阐析，就是为了说明先秦时期城市的政治性建筑到东周时期已经非常成熟，其建筑形态日益的细化，功能上的分工也日益复杂化，这些政治性建筑的复杂化表现都是为了适应东周时期日益发达的政治制度，是政治制度的物化形态。同时，这些政治性建筑的发展也说明东周时期城市的发展越来越完善。毕竟先秦时期任何一座城市都与其政治发展水平密不可分，这也是中国早期城市发展的一大特色。在对先秦城市的政治性建筑有了一个整体认识后，最后来集中探讨一组礼制性建筑，即"宗庙"与"社稷"。

4. "宗庙"与"社稷"——血缘关系与地缘关系在建筑上的反映

"庙"与"社"是先秦时期最重要的两种祭祀建筑。从功能上说，庙是用来祭祀祖先之所，社是用来祭祀土地神之所。但庙与社的问题并非在功能上，而是在位置关系上。《周礼·冬官·考工记》载："匠人营国，方九里，旁三门，国中九经、九纬，经涂九轨，左祖右社，面朝后市。"《礼记·祭义》载："建国之神位，右社稷而左宗庙。"秦汉以降，"左祖右社"之制影响深远，也正因其出现于《周礼》、《礼记》中，所以后世学者通常认为其应当起源于周代。但是，有关的东周文献记载却与此制有诸多不合之处。

据东周文献，"庙"与"社"在位置上并非绝对左右对称。《吕氏春秋·慎势》载："古之王者择天下之中而立国，择国之中而立宫，择宫之中而立庙。"此明言"庙"应居中而设。不仅如此"庙"与"社"在选址上要求也不同。《墨子·明鬼下》载："昔者虞夏、商、周三代之圣王，其始建国营都之日，必择国之正坛，置以为宗庙；必择木之修茂者立以为丛社。"可见，东周时期，"庙"、"社"之关系并不简单，要搞清这一问题，还要对"庙"与"社"在形态和功能上做一番比较。

在东周文献中，"庙"在种类上可以分为两大系统。一类是"宗庙"、"祖庙"和"迩庙"系统。《左传·襄公十二年》载："秋，吴子寿梦卒，临于周庙，礼也。凡诸侯之丧，异姓临于外，同姓于宗庙，同宗于祖庙，同族于祢庙。是故鲁为诸姬，临于周庙；为邢、凡、蒋、茅、胙、祭，临于周公之庙。"此段记载了一个三级宗庙系统。周庙，杜注以为周文王庙。吴祖泰伯，鲁祖周公，鲁或无泰伯之庙，故以文王庙为周庙。宗庙即周庙；祖庙，始封君之庙；祢庙，杜注谓父庙也。周公之庙为祖庙，六国皆周公之支子，别封为国，共祖周公。据此可知，庙分为宗庙、祖庙和祢庙三级。但在具体称呼上略有变化。大庙（太庙）可能是春秋时期诸侯国君宗庙之称呼。《左传》载鲁国、宋国都有大庙（太庙），鲁国之大庙也称周庙。很多时候宗庙也简称"庙"。鲁之祖庙称"周公之庙"，齐之祖庙称"大公之庙"（《左传·襄公二十八年》），卫之祖庙有"成公之庙"（《左传·襄公九年》），楚国有"庄、共之庙"（《左传·昭公元年》）。

第二类则是载于《礼记》的一套完整的庙制系统。《礼记·祭法》载："天下有王，分地建国，置都立邑，设庙、祧、坛、墠而祭之，乃为亲疏多少之数。"具体而言应为五级庙制（见下表，据《礼记·祭法》制作）。

| | 考庙 | 王考庙 | 皇考庙 | 显考庙 | 祖考庙 | 远庙 |
|---|---|---|---|---|---|---|
| 官师 | 享尝 | 无庙而祭 | 鬼 | | | |
| 适士 | 享尝 | | | 无庙有祷 | | |
| 大夫 | 享尝 | | | 无庙有祷，为坛祭之 | | |
| 诸侯 | 月祭 | | 享尝 | | | |
| 王 | 月祭 | | | | | 享尝 |

上表之中从考庙至祖考庙分别代表了父庙、祖庙、曾祖庙、高祖庙和始祖庙，"远庙"谓文、武庙也。按照政治级别大小，各级对上述诸庙的具体祭祀方式有别，总之，级别越大，祭祀规格越高。另外，《礼记·王制》也载："天子七庙，三昭三穆，与大祖之庙而七。诸侯五庙，二昭二穆，与大祖之庙而五。大夫三庙，一昭一穆，与大祖之庙而三。士一庙。庶人祭于寝。"与上述庙制基本相同。此制很可能是后世或者当世学者对前代庙制的一种总结和系统化，但其所体现之核心思想当源自于曾经出现过的礼仪制度。凡是在政治上有一定身份的人都可以建庙来祭祀先祖，而且建庙之多寡与其政治身份的高低直接相关。

《左传》对卿大夫之庙也有记载，如"孟氏之庙"、"游氏之庙"、"季氏之庙"、"子太叔之庙"、"夷伯之庙"等。孟氏、游氏和季氏之庙当为宗庙,子太叔和夷伯之庙当为祖庙。由此可见,庙在东周时期相当普遍,诸侯、卿大夫等各级政治人物都有自己的宗庙建筑,这些宗庙建筑说明宗族血缘关系在政治活动当中还依然起着相当的作用,各种政治人物的背后都有各种宗族团体支撑,因此在建筑上才会反映出如此有规律的现象。

与庙相对应,社也是城市政治性建筑的一个重要组成部分,但需要说明的是,二者并非仅仅局限于城市中,而是普遍存在于包括农村在内的东周时期各种聚落中。这种布局的背后反映了一种严格的政治等级关系。《礼记·祭法》载:"王为群姓立社,曰大社;王自为立社,曰王社;诸侯为百姓立社,曰国社;诸侯自为立社,曰侯社;大夫以下成群立社,曰置社。"与《礼记》所载之庙制系统相比,社制系统有以下两个特点:(1)同一系统,两种类别。即每一层级基本要设立两类社,一类是上一层级对下级所立,另一类是本级自立之社。(2)明显以地缘关系为主,不具有血缘关系的特征。这也是与庙在系统设置上的两大区别。但庙与社在本质上都具有政治层级分布特征。从天子到庶民都有各自所属的"庙"与"社",也即是说都有各自所属的血缘关系和地缘关系,这也是两种关系在东周礼制性建筑上的反映。

《礼记》所载之社制系统可能出现的较晚,最初的社还是带有明显的血缘族群痕迹。其最明显之例证就是《左传》所载之"周社"和"亳社"。《左传·定公六年》载:"阳虎又盟公及三桓于周社,盟国人于亳社,诅于五父之衢。"周社乃鲁之国社,以其为周公之后。鲁因商奄之地,并因其遗民,故立亳社。可见,周社与亳社一为外来族群所建,一为本地族群所建,其背后反映了族群血缘的差别。这种现象当不是鲁国独有,因为西周封建之国在最初都可能遇到此类问题,在社之建造上反映一定的族群关系当属自然。但是因为社本身代表的是土地之神,因此涉及土地所有权的问题,表示的是一种地缘关系,所以随着时间的推移,其所含有的血缘关系可能会越来越淡薄。正因"庙"与"社"背后代表了不同的政治关系,二者在东周时期才能相辅相成,并行不悖。

据文献所载,"庙"与"社"在功能上并非泾渭分明。凡是涉及战争之事,庙与社都有活动。《尚书·甘誓》载王曰:"嗟!六事之人,予誓告汝:有扈氏威侮五行,怠弃三正,天用剿绝其命,今予惟恭行天之罚。左不攻于左,汝不恭命;右不攻于右,汝不恭命;御非其马之正,汝不恭命。

用命，赏于祖；弗用命，戮于社，予则孥戮汝。"孔安国传曰："天子亲征，必载迁庙之祖行，有功则赏祖主前，示不专。"又曰"天子亲征，又载社主，谓之社事，不用命奔北者，则戮之于社主前。社主阴，阴主杀，亲祖严社之义。"孔颖达正义曰："所以刑赏异处者，社主阴，阴主杀，则祖主阳，阳主生。《礼》左宗庙，右社稷，是祖阳而社阴。就祖赏，就社杀，亲祖严社之义也。"这种"亲祖严社"的礼制思想反映了血缘关系与地缘关系在当时社会生活中所扮演的角色。《尚书·甘誓》中对庙与社的记载说明，表现地缘关系的"社"在起源上是较早的，也就是说至少在商代以前，血缘关系与地缘关系就已经被引入当时的社会生活中，只不过当时的地缘关系被笼罩在了宗族血缘关系之中。"社"代表的是土地神，而获得土地的主要途径其实就是战争，所以要维系这种地缘关系，纯粹的宗族血缘的亲和力是不够的，还要诉诸暴力和战争。因此，"祖"代表的就是血缘的亲和力，而"社"则至少包含有地缘关系中的暴力因素。

西周所实行的分封制使原本已经萌芽的地缘关系得到进一步强化，所分封的每一个族群被固定在了一块地域上，因此各诸侯国之间除了已有的血缘关系外，也要建立固定的地缘关系，而作为地缘关系的主要表现形式"社"在周代也获得了很大发展。《逸周书·作雒解》载周公作大邑成周于中土，"诸侯受命于周，乃建大社于周中，其壝东青土，南赤土，西白土，北骊土，中央亹以黄土。将建诸侯，凿取其方一面之土，苞以黄土，苴以白茅，以为土封。故曰，受列土于周室"。可见当时建设成周时，表现地缘关系的"社"在礼制上已经得到重视。这种礼仪制度表明周王朝与各诸侯国建立起了一种固定的地缘关系。因此才会出现《诗经·小雅·北山》所载"溥天之下，莫非王土；率土之滨，莫非王臣"的局面。

据上述分析可知，作为血缘关系和地缘关系物化形态的"庙"与"社"在对外战争中同时担负着不可或缺的角色。《左传·闵公二年》载梁余子养曰："帅师者受命于庙，受脤于社，有常服矣。"《左传·昭公十年》载："秋七月，平子伐莒，取郠，献俘，始用人于亳社。"《左传·庄公八年》载："八年春，治兵于庙，礼也。"战争不仅涉及人口族群的关系，同时也涉及土地的占有与掠夺，换句话说，既涉及血缘关系也涉及地缘关系，因此，凡涉及战争，庙与社都会举行相应的活动。

除了战争外，"庙"与"社"在功能上的差别就主要方面来说，就是社主天灾，庙主人事。凡是涉及天灾的活动必在社中进行。《左传·庄公二十五年》载："夏六月辛未，朔，日有食之。鼓，用牲于社，非常也。
唯正月之朔，慝未作，日有食之，于是乎用币于社，伐鼓于朝。""秋，
大水。鼓，用牲于社、于门，亦非常也。凡天灾，有币无牲。非日月之
眚，不鼓。"同书还可检出以下三条材料，如庄公三十年载："九月庚午
朔，日有食之，鼓，用牲于社。"文公十五年载："六月辛丑朔，日有食
之。鼓、用牲于社，非礼也。日有食之，天子不举，伐鼓于社，诸侯用币
于社，伐鼓于朝，以昭事神、训民、事君，示有等威。古之道也。"襄公
三十年载："或叫于宋大庙，曰：'嘻，嘻！出出！'鸟鸣于亳社，如曰：
'嘻嘻。'甲午，宋大灾。"

凡是涉及国君出行、婚丧嫁娶、祭祀祖先等活动一般都在庙中进行。
《左传·桓公二年》载："冬，公至自唐，告于庙也。凡公行，告于宗庙；
反行，饮至、舍爵、策勋焉，礼也。"同书还有相关史料，如僖公三十三
年载："葬僖公，缓作主，非礼也。凡君薨，卒哭而祔，祔而作主，特祀
于主，烝、尝、禘于庙。"宣公八年载："辛巳，有事于大庙，仲遂卒于
垂。"襄公九年载："公还，及卫，冠于成公之庙。假钟磬焉，礼也。"襄
公十三年载："十三年春，公至自晋，孟献子书劳于庙，礼也。"襄公二
十八年载："十一月乙亥，尝于大公之庙，庆舍莅事。"

"庙"与"社"在功能上的分化应该是从"社"产生之时便开始了，
但直到周代才可能获得发展。总之，东周时期的宗庙社稷确是东周社会的
政治关系在建筑上的显著表现，是血缘关系和地缘关系的物化形态。
"庙"是宗族血缘关系的象征，"社"则是政治地缘关系的表现。处于当
时社会中的每一个人都有自己隶属的庙与社，这也是他们社会身份和地位
的象征。城市中的庙与社应该属于庙社系统中的上层系统，其规格和象征
意义都远强于其他聚落中的庙与社，尤其是诸侯国君之庙、社，是一国政
治权力的核心标志。至少从西周时期开始，因为分封制的实施，政治地缘
关系获得强化，作为地缘关系物化形态的"社"自然也越来越受到重视，
在政治系统中所起的作用越来越大，终至成为与反映血缘关系的"庙"
相对等的两大政治性建筑体系。这种血缘关系与地缘关系在政治系统中的
消长反映在礼制建筑上就是"左祖右社"制的出现。

## 二 考古所见商周城址大型建筑遗址规模、形态的演变及其性质分析

政治性建筑这一概念主要是从功能上来界定的，对于文献资料来说，

此类建筑较为明确，但就目前的考古资料来看，这一概念就显得较为模糊了。因为考古所发现的建筑遗址很难有直接的证据证明其具有政治功能。因此要从这些建筑遗址中界定出政治性建筑，就必须提出一种可行的标准。政治性建筑本身是从一般建筑中脱离出来的，要确定考古学上的政治性建筑就必须从考古建筑形态的分化入手。

（一）"大房子"——政治性建筑的雏形

考古学上建筑形态的分化可以上溯到新石器时代中晚期。这一时期在某些聚落中出现了规模较大的房屋遗址，田野考古称之为"大房子"。目前发现最典型的就是陕西西安半坡聚落遗址中的 F1 房址① （图 3.2.2）和临潼姜寨遗址中的几座房址②。

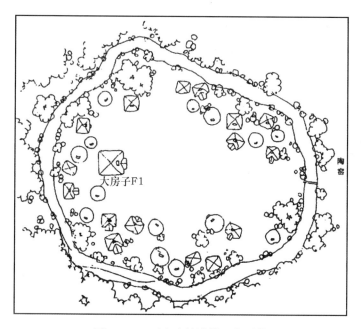

图 3.2.2　西安半坡遗址示意图③

---

① 西安半坡博物馆编：《西安半坡》，文物出版社 1963 年版。

② 西安半坡博物馆等编：《姜寨——新石器时代遗址发掘报告》，文物出版社 1988 年版。

③ 采自西安半坡博物馆编：《西安半坡》，文物出版社 1963 年版。

半坡 F1 遗址平面略呈方形，据遗迹复原，平面东西 10.50 米，南北 10.80 米；周围墙厚 0.90—1.30 米，高 0.50 米；东墙中间有一门口，宽约 1 米。墙体系泥土堆筑而成，内掺有草茎、树木枝叶以及烧土残块等作为骨料；表面涂抹草筋泥和细泥面层。其内部结构据杨鸿勋先生复原为"进门是一个大空间，中央有双联大火塘，后部有三个小空间，初具一堂三室的格局——前部为会议厅兼礼堂，后部为卧室"。其性质杨先生定为"历史上第一座统治阶级的宫殿"①。F1 房址同半坡聚落内部的其他房址无论是在规模上还是在内部形态上都存在着较大差异，这是同一聚落内建筑分化的明显标志，其背后反映了功能上的分化。前文也曾谈到，政治性建筑本身是社会制度的物化形态，建筑形态的分化显示了此聚落社会结构的变化。这种高规格的建筑明显具有一定的政治功能，但在所有权问题上究竟是公有还是私有，并没有直接的考古资料印证，不过一些人类学方面的研究可资借鉴。

据人类学方面有关的研究②，这种"大房子"最初可能是一种公共产品。这种建筑不仅规模最大，而且在工程质量上也是最高级的，定然要依赖整个聚落的劳动力。作为一种公共建筑物，其最初的功能可能是为了解决只有依靠整个聚落才能解决的问题，比如对聚落内部各种活动的组织协调及对丧失劳动能力成员的抚养等，同时，由于这种建筑空间较大，氏族的集会议事和各种仪式典礼活动也可能会选择在此进行。最后因其居住环境的优越，可能逐渐变成聚落首领的私人住所，但在功能上也是处理各种社会事务的场所，其在功能上是复合型的。

从最初的公共建筑演变为聚落首领私人的居所，这是"大房子"在功能上的演进，反映了聚落的社会结构进一步明晰，财产的私有化程度提高，聚落首领的行政能力进一步加强。姜寨遗址房屋建筑格局的变化就反映了一种较复杂的社会结构的演变（图 3.2.3）。遗址内发现有大、中、小型三类房屋，于璞运用考古类型学的方法对姜寨一期房屋进行了研究③，其结论有以下两点值得注意：

---

① 杨鸿勋：《宫殿考古通论》，紫禁城出版社 2001 年版，第 5 页。
② 宋兆麟：《云南永宁纳西族的住俗——兼谈仰韶文化大房子的用途》，《考古》1959 年第 2 期。
③ 《姜寨一期房屋的分类及相关问题》，《四川文物》2006 年第 2 期。

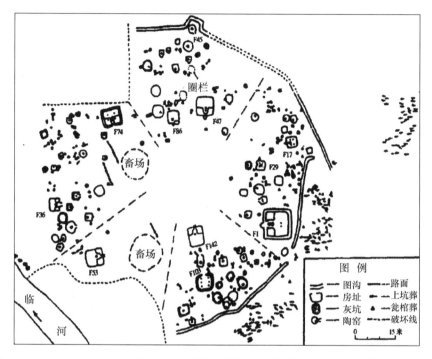

图 3.2.3　姜寨一期遗址示意图①

（1）姜寨聚落遗址在挖掘围沟以前，先后存在两座大型房屋 F141 和 F142，一座中型房屋 F29，其他房屋都是小型房屋。而后当壕沟挖掘之后，随着聚落的发展，出现了明显的组群，各组中都出现了大中型房屋，这样一来，聚落的结构由最初的一个单一的整体而出现了内部的分化，裂变为五组。

（2）这五组中，东组位置较为重要。其大型房屋 F1 的面积达到 128 平方米，是其他各组的大型房屋望尘莫及的。此外，大型房屋 F1 和中型房屋 F17 分别控制着两个出口。"大房子"的分化和裂变说明，姜寨聚落的社会组织结构相对于半坡聚落来说要复杂　些。在这一过程中，大房子无疑担当了很重要的领导角色，在本组中处于十分重要的位置。

以上论述表明，"大房子"作为早期房屋建筑形态分化的产物，在功能上具有明显的政治性。它的出现反映了新石器时代中晚期社会组织结构的新发展。到龙山时代以后，大型建筑便开始经常出现于各种类型的聚落中。其中，最典型的就是城址中的大型夯土建筑，这类建筑作为"大房子"的延续和发

---

① 据于璞《姜寨一期房屋的分类及相关问题》，《四川文物》2006 年第 2 期。

展，其在政治功能上更加明显和强烈。因此，笔者对商周时期政治性建筑在考古资料中的界定就是大型夯土建筑遗址。其中城址中的大型夯土建筑具有更强的典型性，对于探讨城市中的政治性建筑具有更直接的联系。

（二）陶寺和二里头遗址中的大型建筑——宫城的形成

如果把"大房子"作为城市政治性建筑产生的雏形，那么"宫城"的出现则为其成熟奠定了坚实的基础。宫城的雏形在陶寺遗址中已经存在，但其完整的形态则是在二里头遗址中首次出现。

在众多的龙山时代城址中，并不乏大型夯土建筑基址的发现，但能够形成一个独立"宫殿区"的就只有陶寺城址了。不仅如此，就陶寺遗址的整体面貌来看，其城址无论是在规模、形态还是内涵上都是其他龙山城址无法相比的。

在约 400 万平方米的陶寺遗址中，陶寺文化早期城址位于其东北部，面积约 56 万平方米，修建年代约在公元前 2300 年。中期城址在早期城址的基础上进行了扩展，达到了 280 万平方米。在这一演变过程中，宫殿区在位置上没有发生变化，处于早期城址的中南部，中期城址的东北部，西边以大南沟为界与下层贵族居住区分离，北边有空白隔离带与早中期普通居住区分开，南边以早期城墙 Q10 为界，约 5 万平方米，在空间上是一处独立的建筑区（图 3.2.4）。

目前，在这一区域发现了大型夯土建筑台基，其面积不小于一万平方米。夯土台基全部用陶寺文化传统方法夯土小板块错缝构筑。在台基的中部发现了 9 个柱坑，其直径在 50—80 厘米，残深 40 厘米。坑底都有柱础石，础石的直径在 35—40 厘米，最大者 80 厘米。该基址建于陶寺早期，中期偏早可能扩建，中期偏晚或晚期被夷为平地。此外，在清理宫殿区的过程中，发现在大量建筑垃圾堆积中，出土了大块装饰戳印纹白灰墙皮和一大块带蓝彩的白灰墙皮。同时还清理了一些普通居住区难得见到的器物，如大玉石璜、陶鼓残片、绿松石片、红彩漆器、建筑材料陶板残片（板瓦）、尊形簋、圈形灶等。"这些奢华的遗物证明，这里的建筑规格最高，居住者的地位等级最高。"[1]

---

[1]　王巍、杜金鹏：《2500BC—1500BC 中原地区聚落形态反映的社会结构研究》，探源工程（第一阶段）"聚落形态反映的社会结构"课题结项报告，2006 年 7 月，第 5 页。

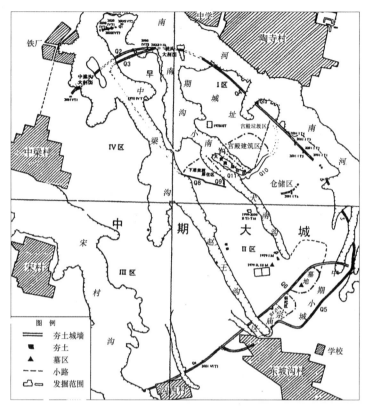

图 3.2.4　陶寺城址示意图①

　　如果说仰韶文化中晚期聚落中的"大房子"还带有某种公共建筑的特征，属于聚落公共财产，那么上文的考古资料则证明陶寺宫殿区的大型建筑便是完全为少数上层统治者使用的典型政治性建筑。其建筑规模和规格都远超于其他史前城址，这说明其拥有者所掌握的政治权力已经达到了相当高的程度，甚至可以自由地支配聚落的劳动力，规定聚落的分布格局，同时，城墙的形成和扩建也反映了执政者的社会组织能力大大提高，可能已经产生了一些基本的制度体制。社会阶层分化明显，这也反映了聚落内部各成员对自身社会角色的认同。城墙和宫殿建筑在早中期的扩展也

　　①　据王巍、杜金鹏《2500BC—1500BC 中原地区聚落形态反映的社会结构研究》，探源工程（第一阶段）"聚落形态反映的社会结构"课题结项报告，2006 年 7 月。

表明这种制度体系曾一度发挥了很好的作用。

陶寺城址中的政治性建筑除了独立的宫殿区外，还可能包括一处独立的仓储区和宗庙祭祀区。这些遗址说明，陶寺城址中的政治性建筑开始出现了分工，这是社会政治能力提高的又一表现。尽管陶寺城址中的政治性建筑形态已经初具规模，但与后世的宫城相比还存在着一定差距，这一差距到二里头文化时期得到弥补。如果说陶寺遗址中的宫殿区接近于宫城形态，那么，二里头遗址中的宫殿区则已经发展成了一座典型的宫城。

二里头遗址的面积大约 300 万平方米，宫殿区位于遗址东南部，面积不小于 12 万平方米。其形态经历了一个发展过程。在二里头文化二期时，遗址东南部的微高地成为宫殿区。目前已在整个宫殿区的东、中部发现了大型夯土建筑基址群。其中 3 号基址系一座（或一组）长逾150 米、宽约 50 米的大型多院落建筑基址，其内排列着成组的中型墓葬，出土有铜器、玉器等大量随葬品。院内还设有石砌渗水井，并发现水井、窖穴等遗迹。东西并列的 3、5 号两座大型建筑间的通道下埋设建筑考究的木结构排水暗渠。基址群以外是纵横交错的大路。可以说这一时期的宫殿区与陶寺城址内的宫殿区在整体形态的发展水平上较为接近。

到了二里头文化三期时，遗址内的总体布局虽然变化不大，但在宫殿区周围则增筑了宫城城墙，并且在新建了一批夯土基址的同时，还废弃了一些基址。两个时期的建筑格局"由一体化的多重院落布局演变为复数单体建筑纵向排列"。不过，二、三期的建筑基址又基本上保持着统一的建筑方向和建筑规划轴线。这说明宫城的修建者在文化上具有延续性。除此之外，宫殿内富有生活气息的遗迹如水井、窖穴等骤然减少。宫殿区的发掘中也少见三期遗存，这与宫殿区周围及其他区域见有丰富的三期遗存形成了鲜明的对比。这种现象反映了宫殿区内的功能分区发生了变化。

宫城城墙的出现、大型建筑基址的规整发展、宫殿区内生活遗迹的减少和区外遗存的丰富同时出现在二里头文化三期，说明此时期的宫城在功能上已经发生了某种质的变化，其所有权和使用权的范围可能进一步缩小，推测中央集权的政治模式初步形成。宫城城墙不仅是作为防御设施，还是权力神圣不可侵犯的标志。这至少说明二里头聚落内部政治等级在三期时更加明确，并可能建立了一套制度来保证权力的集中与施行。

如果把宫城城墙的出现看做是权力的进一步集中和社会阶层的进一步分化，那么，宫城内部大型夯土建筑基址的演变则更清晰地反映了当权阶层在功能上地进一步细化，政治性建筑出现了更细致的分工。目前的考古资料和已有的研究对宫城内部各建筑基址的变化已经有了比较清楚的认识①。

二里头文化二期时，在东、中部发现了3号、5号基址，3号基址为一大型多院落建筑，呈南北排列，其中发现有墓葬、水井和窖穴等，似乎在功能是一组复合型建筑群。到二里头文化三期时，在3号基址之上兴建了2号、4号基址，同时在宫城西南部出现了1号、7号、8号、9号等建筑，1号和2号在建筑格局和规模上相似，都是由主殿、东西庑和庭院组成的封闭型建筑。杨鸿勋先生认为1号建筑为文献所载的"夏后氏世室"，主殿格局为前堂后室，为统治者居住之所，庭院则是群臣朝会之处，同时推测1号基址的北面应为市场。这就符合了周礼中"前朝后市"、"王主朝，后主市"的记载。2号基址应为宗、庙一体建筑。杨先生对于1、2号基址的功能进行了明确区分，就目前看其结论很有说服力②。另外，4号基址位于2号基址的正前方，杜金鹏论证为"明堂"建筑，功能是举行各种祀典礼仪活动。同时进一步指出，1号宫殿为外朝，2号宫殿为内朝③。可以说杜金鹏的研究是对杨鸿勋所做研究的进一步补充和完善。到二里头文化四期时，在2号基址的北面又兴建了6号基址，与2、4号基址可能同时使用（图3.2.5）。

以上对建筑基址演变的复原虽然并不完整，但有两点现象值得关注：

（1）宫城东部的建筑群处于一种动态变动中，从二期的3号基址演变为三期的2、4号基址，又在四期时增加了6号基址，而西南部的1号基址及其周围建筑就比较稳定，从三期开始格局没有变化。

---

① 杜金鹏：《偃师二里头遗址4号宫殿基址研究》，《文物》2005年第6期；高江涛、魏继印：《二里头遗址宫城建筑格局的变与不变》，《中国文物报》2005年3月18日。

② 杨鸿勋：《宫殿考古通论》，紫禁城出版社2001年版，第26—42页。

③ 杜金鹏：《偃师二里头遗址4号宫殿基址研究》，《文物》2005年第6期。

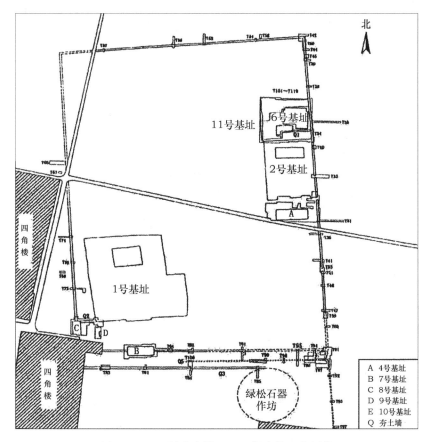

图 3.2.5　二里头宫城三、四期建筑示意图①

（2）7、8 号基址直接与宫墙连接，显示了其建筑功能上的外向性。

如果从建筑群的角度考虑，二里头宫城中目前至少存在两组建筑群，即以 1 号基址为中心，包括 7、8、9 号等基址的建筑群和以 2 号基址为中心，包括 4、6 号等基址的建筑群。2 号基址群的变动现象和 1 号基址群的稳定和开放性特征有力证明了 1 号和 2 号基址群在功能上存在着显著差异，1 号基址群的开放性表明其确有可能是外朝，为统治者居住和办公的场所，2 号基址群目前基本认定为宗庙建筑还是比较可

---

① 　王巍、杜金鹏：《2500BC—1500BC 中原地区聚落形态反映的社会结构研究》，探源工程（第一阶段）"聚落形态反映的社会结构"课题结项报告，2006 年 7 月，第 11 页。

信的。

通过对陶寺遗址和二里头遗址中大型宫殿建筑基址的比较，可以清晰地看出，政治性建筑在这一时期发生了显著的变化。宫墙的出现标志着后世典型的宫城形态已经形成，宫城作为一种独立的政治性建筑已经明显凌驾于其他建筑之上了。同时，宫城内部的建筑已经出现了明确的分工，不同的建筑在形态和功能上各有侧重。所有这些都标志着二里头文化时期的政治制度结构已经初具规模，政治实施力很强，对人口和资源的组织能力也显著提高。不仅如此，就这些建筑所处的遗址来看，已经基本具备了早期城市的特征。由此可见，大规模的政治性建筑通常是与城市分不开的。大型夯土建筑基址是中国早期城市特有的产物，同时也有力地推动了早期城市的发展。

虽然二里头遗址中的大型建筑已经出现了分工，但与后世相比这种分工还是比较简单的，当历史进入商代，这些大型建筑又步入了一个新的发展阶段。

（三）商代和西周典型遗址中大型建筑基址形态和功能的发展

从商代开始，大型夯土建筑基址无论是在形态还是在功能上都进入一个全面发展的阶段。在考古上最显著的表现就是目前已知的几座商代和西周时期较高级的城址和聚落中发现的大型建筑基址。这些遗址涉及的年代范围从商初至西周中晚期。可以分为前后三个时段，商前期城址有河南偃师商城[1]、郑州商城[2]、山西垣曲商城[3]和湖北黄陂盘龙城[4]；商后期遗

---

[1] 杜金鹏、王学荣主编：《偃师商城遗址研究》，科学出版社 2004 年版；杜金鹏：《偃师商城初探》，中国社会科学出版社 2003 年版。

[2] 河南省文物考古研究所编著：《郑州商城（1953 年—1985 年考古发掘报告）》，文物出版社 2001 年版；河南省文物研究所编：《郑州商城考古新发现与研究（1985—1992）》，中州古籍出版社 1993 年版。

[3] 中国历史博物馆考古部等编著：《垣曲商城（1985—1986 年度勘查报告）》，科学出版社 1996 年版；中国历史博物馆考古部等：《1988—1989 年山西垣曲古城南关商代城址发掘简报》，《文物》1997 年第 10 期；中国历史博物馆考古部等：《1991—1992 年山西垣曲商城发掘简报》，《文物》1997 年 12 期。

[4] 《盘龙城——1963—1994 年考古发掘报告》，文物出版社 2001 年版；杜金鹏：《盘龙城商代宫殿基址讨论》，《考古学报》2005 年第 2 期。

址有河南洹北商城①和安阳小屯殷墟遗址②；陕西周原遗址③和丰镐遗
址④虽然起始年代可能要早至商末周初，但是其有关建筑基址的资料则主
要属于西周中、晚期遗迹。这几个遗址有关大型夯土建筑的资料较为丰
富，但所涉及的内容又各有侧重。其中有6座属于商代遗址，而可供探讨
的周代遗址只有2座，而且资料的丰富性也远不如商代遗址。这些资料所
涉及的问题主要包括宫城的发展变化、宫城内部各大型夯土建筑基址的布
局、规模的演变以及各大型夯土建筑基址在功能上的发展等⑤。

　　1. 各遗址内宫城或宫殿区规模与整体形态的比较分析

　　宫城或宫殿区是遗址内大型夯土建筑基址分布最密集的地区，也是遗
址内政治性建筑的核心分布区。目前的考古资料显示，上述几座遗址内都
有明确的宫城或宫殿区，但在规模和形态上存在着一定的差异。

　　偃师商城最初修建时的宫城只有4万平方米，远小于二里头遗址中的
宫城面积。但是后来在其外围又修建了更大的夯土城墙，面积达到80万
平方米，这就是所谓的偃师小城，原来的宫城处于小城的中心位置。在小
城的西南角发现了由夯土墙封闭环绕的几排建筑基址，面积达4万平方

　　①　中国社会科学院考古研究所安阳工作队：《河南安阳市洹北商城的勘查与试
掘》，《考古》2003年第5期；中国社会科学院考古研究所安阳工作队：《河南安阳市
洹北商城宫殿区1号基址发掘简报》，《考古》2003年第5期；杜金鹏：《洹北商城一
号宫殿基址初步研究》，《文物》2004年第5期。

　　②　中国社会科学院考古研究所编著：《殷墟发掘报告（1958—1961）》，文物出
版社1987年版；中国社会科学院考古研究所编著：《殷墟的发现与研究》，科学出版
社1994年版；中国社会科学院考古研究所安阳工作队：《河南安阳殷墟大型建筑基址
的发掘》，《考古》2001年第5期。

　　③　陕西周原考古队：《陕西岐山凤雏村西周建筑基址发掘简报》，《文物》1979
年第10期；陕西周原考古队：《扶风召陈西周建筑群基址发掘简报》，《文物》1981
年第1期；周原考古队：《陕西扶风县云塘、齐镇西周建筑基址1999—2000年度发掘
简报》，《考古》2002年第9期；王巍、徐良高：《陕西扶风云塘西周建筑基址的初步
认识》，《考古》2002年第9期；周原考古队：《周原发现西周建筑基址群》，《中国社
会科学院古代文明研究中心通讯》第1期。

　　④　中国社会科学院考古研究所沣西发掘队：《1976—1978年长安沣西发掘简
报》，《考古》1981年第1期；中国社会科学院考古研究所沣西发掘队：《陕西长安沣
西客省庄西周夯土基址发掘报告》，《考古》1987年第8期；中国科学院考古研究所
编著：《沣西发掘报告》，文物出版社1962年版；陕西省考古研究所：《镐京西周宫
室》，西北大学出版社1995年版。

　　⑤　后文有关的考古资料如无另注，均引自上述注释中的资料。

米，被认为是王室仓储设施。后来，小城发展为有另一重夯土城墙围绕的大城，面积约200万平方米，此时的小城在性质上可能属于内城，内城应该是宫城的一种扩展形态（图3.2.6）。可见，当时王室的活动范围很明显处于一种扩张态势，但是其核心的宫殿区还是最初的宫城。偃师商城宫城的发展演变显示了强烈的规划意识，具有明确的内外分界线。但是从规模上来看，其面积不仅小于二里头遗址的宫城面积，而且也远小于郑州商城宫殿区的规模，这一现象颇耐人寻味。

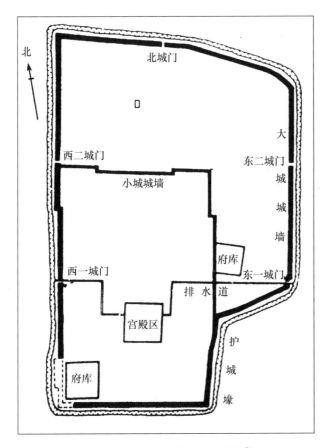

图3.2.6　偃师商城平面示意图①

①　采自杜金鹏、王学荣主编《偃师商城遗址研究》，科学出版社2004年版，第337页图。

郑州商城内的夯土建筑基址群发现于内城东北部，面积占内城总面积的三分之一左右，在东西 1000 米，南北 900 米的范围内遗存有各类高低不平的夯土台遗迹。台的排列不甚规整，但靠近东北隅的较密，西南部的稀疏。宏伟的宫殿都坐落在这些夯土台上。台的高度一般在 1 米左右。台的大小，依宫殿范围而定。在城内东北隅东西长约 800 米、南北宽约 500 米的范围内有夯土台数十处，其中大的面积 2000 多平方米，小的 100 余平方米。此处可能为二里岗下层二期至二里岗上层一期的宫殿区遗址，面积总计约 40 万平方米（图 3.2.7）。

图 3.2.7　郑州商城宫殿区示意图①

---

①　采自河南省文物考古研究所编著《郑州商城（1953 年—1985 年考古发掘报告）》，文物出版社 2001 年版，第 231 页。

另外，在这一宫殿区部分边沿地带，还发现了两段类似商代宫城墙的夯土基址和夯土墙基外侧的石筑水管道遗址，还有部分宫殿区边沿处的商代二里岗期石筑水槽遗址和深壕沟遗迹。因此这一宫殿区很可能有宫墙环绕，那么其性质便为宫城。但是因为这些遗迹并不完整，并且墙两面都有夯土建筑基址，因此其整体形态还有待考古发掘进一步的证实。

偃师商城和郑州商城在整体形态上比较相似，都是由宫城或核心宫殿区、内城、外城三重布局结构组成。但就其核心宫殿区来说，其形态差别很大，最显著的差别有如下三点：

（1）偃师商城宫城规整的形态表明其必然经过了一定的规划设计，而郑州商城内的宫殿区在形态上并不规整，同时与其他建筑在布局上也没有明显的分界，表现出了一种自然发展的态势。

（2）偃师商城虽然内城的规模很大，但是大型宫殿建筑基址最密集的地区就是在宫墙围绕的范围内，只有 4 万平方米；而郑州商城的宫殿密集区则达到 40 万平方米。

（3）偃师商城宫城内的大型夯土建筑基址目前发现近十座，而郑州商城宫殿区内虽然周围带回廊的大型夯土建筑基址初步只统计出了十几座，但是，如果算上一般的夯土基址，则达到了 50 片之多。据此可知偃师商城宫城内的建筑形态类别比较单一，而郑州商城宫殿区内的建筑相对较为复杂。这显示了二者在功能上可能存在着差异。

二里头遗址、偃师商城和郑州商城通常被认为分别是夏与商前期的都城。那么通过对其核心宫殿区规模和形态的比较分析认为，偃师商城的确可能只是一座过渡性的城址。而郑州商城则已经发展成为一座具有相当规模和复杂功能的城市。

从商代开始，地方性的城址也陆续得到发现，但是有关大型夯土建筑基址资料可供研究的只有垣曲商城和盘龙城。垣曲商城位于山西省垣曲县古城镇南关，黄河北岸，中条山脉之中的小盆地内，在地理位置和文化区域上处于商王朝的直接控制区，在政治上应该直接受到商王朝的控制；而盘龙城位于长江支流府河北岸湖北省黄陂县境内，从地理位置和文化区域看属于商文化波及的边缘地带，其与商王朝的政治关系应较为淡薄。

垣曲商城大型夯土建筑基址位于城内中部偏东（图 3.2.8）。在宫殿区的西侧有一道纵贯南北的夯土墙，墙宽 2—2.5 米，已发掘部分长 40 米，估计总长度应在 70 米以上。在墙的东侧暴露出南北两块夯土台基。

北台基宽11.5米左右，长40余米，台基边缘分布着一排柱础槽。南边台基，宽约10米，长约30米，边缘亦有一排柱洞，间距3米左右，柱洞底部有础石，所不同的没有柱础槽，南北台基间的距离为11.5米，南北台基础之间的空地北高南低呈坡形。

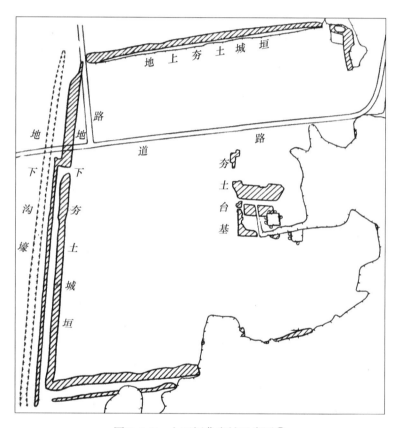

图3.2.8　山西垣曲商城示意图①

　　盘龙城城内东北部是人工填土平整加高而形成的台地，为大型建筑群所在的基地，报告并未给出这一建筑基址群的面积，但据城址图推测不会小于5000平方米，估计有城址总面积的十分之一大小（图3.2.9）。虽然垣曲商城和盘龙城中宫殿区的面积还没有确切的数据资

　　①　采自《1988—1989年山西垣曲古城南关商代城址发掘简报》，《文物》1997年第10期。

料，但是比较明确的是与整个城址面积相比，只占很小一部分。这一状况与偃师商城和郑州商城宫殿区与内城的比例基本相似。据此推测盘龙城和垣曲商城城址并不能被认为是宫城，而很可能属于内城性质，目前在盘龙城外围已经发现断续的外郭城墙①。地方性城址内夯土建筑基址的总体规模远小于都城。

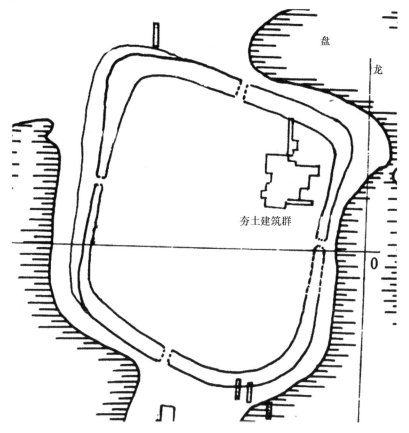

图 3.2.9　盘龙城宫殿建筑位置示意图②

---

①　刘森淼：《盘龙城外缘带状夯土遗迹的初步认识》，《武汉城市之根——商代盘龙城与武汉市发展研讨会论文集》，武汉出版社 2002 年版，第 190—198 页。

②　采自《盘龙城——1963—1994 年考古发掘报告》，文物出版社 2001 年版，第 6 页。

  属于商代后期城址的洹北商城内部的宫殿区位于其南北中轴线南段，其规模据最保守的估计，南北长 500 余米，东西宽至少 200 米，目前尚未发现将宫殿区与其他居民区相隔开的围墙或沟槽一类遗存（图 3.2.10）。发现于宫殿区内的 30 余处基址都是东西向（东西长，南北宽），

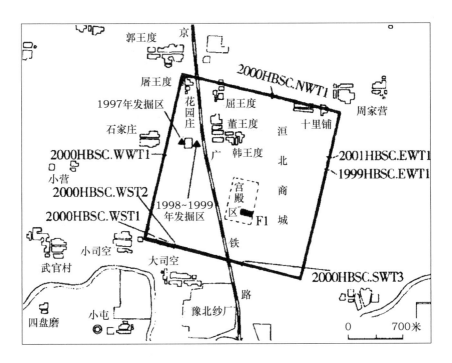

图 3.2.10　洹北商城示意图①

南北成排，方向皆 13 度左右，相互间没有叠压或打破关系，显示出严整有序的布局。如 2 号基址东西长 90 余米，南北宽约 70 米，总面积近 6300 平方米，该基址位于 1 号基址北 27 米处，与 1 号基址南北相应，显然是有意识的布局（图 3.2.11）。

  与洹北商城南部紧挨着的就是安阳小屯殷墟遗址，其年代略晚于洹北商城。位于遗址中心部位的洹河南岸小屯村和花园庄一带地势较高而近水源，是殷墟的宫殿宗庙区，洹河绕经其北、东两面，其南则开掘有壕沟连

---

①　采自杜金鹏《洹北商城一号宫殿基址初步研究》，《文物》2004 年第 5 期。

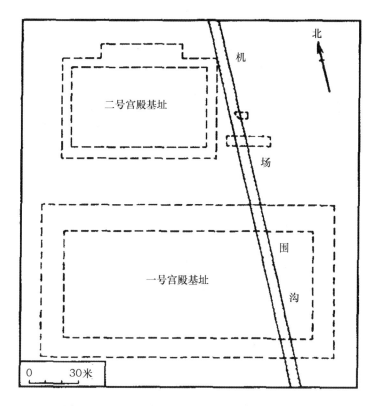

**图 3.2.11　洹北商城一、二号宫殿位置示意图**①

接洹河，这一宽约 10 米的大型壕沟长约 1100 米，东西长约 650 米，其所圈围起的宫殿宗庙区的面积达 70 万平方米左右，坐落于其内东北部的小屯村东北地的宫殿宗庙遗址群已发掘到成组的夯土建筑基址 50 多座，分为甲、乙、丙 3 组，其中大型基址多为东西向，有些两两对称，似经一定规划，部分基址尚保存有排列整齐的柱础石。乙组的某些基址可能是宗庙类建筑，在其附近发现了许多用于祭祀的小葬坑（图 3.2.12）。此外，在小屯村西北和东部也发现了数座夯土建筑基址，村西北还发现了妇好墓和其他贵族墓。历代出土的绝大部分刻辞甲骨都是发现于壕沟和洹河围起的这一区域内的。

---

①　采自杜金鹏《洹北商城一号宫殿基址初步研究》，《文物》2004 年第 5 期。

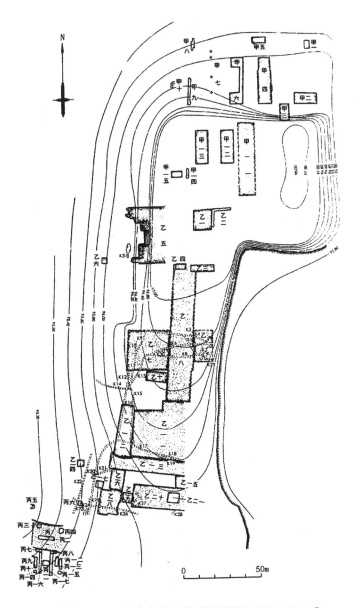

图 3.2.12 小屯东北地殷代建筑遗址分布示意图①

_____

① 石璋如:《殷墟建筑遗存》,载《小屯第一本·遗址的发现与研究·乙编》,中研院史语所,台湾南港,1959 年;朱凤瀚:《论小屯东北地诸建筑基址的始建年代及其与基址范围内出土甲骨的关系》,载《古代文明》第 3 卷,文物出版社 2004 年版。

　　洹北商城和安阳殷墟遗址与商代早期的偃师商城和郑州商城这两组遗址在考古学特征上有如下几点十分相似：（1）年代都是前后衔接，并有一定的交叉；（2）地点相距较近；（3）都以宫殿建筑群作为整个遗址的核心；（4）洹北商城和偃师商城不论是宫殿区面积还是整个遗址面积都远小于年代略晚的小屯殷墟遗址和郑州商城；（5）洹北商城和偃师商城都有规整的城墙，宫城或宫殿区也严整有序，而郑州商城和小屯殷墟遗址在建筑的布局规划上明显带有随意性，郑州商城的外围城墙只发现一段，而小屯殷墟至今未发现城墙遗迹，体现了一种自然发展的态势。

　　总体来看，商代前期、后期两组都城遗址似乎延续了一个共同的发展途径。即初期城址如偃师商城和洹北商城在经过严密的规划修建后，经过一段时间的使用，转而又在其附近另外修建了规模更大的城址或遗址，而且其整体结构并没有初期城址那样规划严密，而是在长期自然发展的基础上，以宫殿区为中心呈同心圆向外扩展，并最终形成了边界较为模糊的大规模城市格局。据此推测偃师商城和洹北商城最初可能偏重于政治和军事，而郑州商城和小屯殷墟遗址则是经济发展的产物。当最初出于政治或军事目的而修建起来的城址经过一定程度的发展后，无法适应经济发展的要求，最终不得不另择新地建立新城以满足不断发展的经济需求，才形成了商代早、晚两组都城遗址在考古学上的这些特征。

　　从二里头遗址确立典型的宫城开始，宫城的规模就在不断的扩展。商代早期的偃师商城只有4万平方米，到了商代晚期的小屯殷墟，其宫殿区的范围已经达到了70万平方米；同时单体建筑的数量也从十几座发展到了几十座。这直接反映了商王的政治控制力获得了极大提高，越来越复杂的政治活动必然需要更多和更大规模的建筑载体。

　　如果参照商代宫城的发展趋势推测，到西周时期，至少周王朝都城内宫城的规模和单体建筑的数量会更多。但是很可惜有关的资料十分匮乏。虽然目前已经发现了周原和丰镐等都城遗址，但有关建筑遗址的资料缺漏很多。以狭义周原遗址为例，狭义所谓的周原遗址位于现今陕西省岐山、扶风二县境内。东西宽约3公里、南北长约5公里，总面积为15平方公里。在遗址范围内周代遗存分布非常密集，岐山县凤雏村四周为西周早期宫庙建筑基址分布区，在凤雏村西南已发掘出早周大型宫殿建筑基址。在其东约2公里的扶风县召陈村附近也发现了范围很大的建筑基址群遗迹，多数建筑属西周中晚期。此外，两大建筑基址群之间的强家村和召陈遗址以北的下樊村也都发现有石子铺砌的散水面，与召陈宫殿基址所见完全一致。目前在这一带已发现了几十座西周大型夯土基址。由于边界模糊，所以很难准确界定宫殿或宗庙区的实际范围，对其整体布局结构也缺乏足够的资料来复原。

丰镐遗址目前的考古发掘情况与周原遗址相似，虽然在丰京遗址北部的马王村和客省庄一带发现了西周时期的夯土基址建筑群。夯土基址成组分布，共发掘和探明了14座。在沣河以东镐京遗址北部的斗门镇官庄村、花园村一带，也发现了大面积的夯土建筑基址群，在东西长3公里，南北宽2公里的范围内，现已发现西周时期的夯土基址11座。但是这种零星的发现不足以勾画出丰镐遗址的宫殿区。因此也就无法与商代遗址的宫城或宫殿区进行比较。但是这两座遗址所体现出来的松散的布局结构确是商代遗址所不曾出现的，即使是至今没有发现城墙的小屯殷墟遗址，其包围宫殿区的壕沟也体现了明显的整体规划意识。而周原和丰镐遗址不仅没有完整的城墙遗迹，即使是宫殿区也没有找到明确的边界，甚至对其整体面貌至今无法复原，其是否有独立的宫殿或宗庙区因此也受到怀疑。

西周时期有关宫城的考古资料的匮乏使我们无法深入了解这一时段宫城的发展状况，但是周原和丰镐遗址所表现出来的与商代完全不同的考古现象说明，西周时期城市的布局理念可能与商人存在着较大差别，或者这也是周人和商人在文化差异上的表现。周原和丰镐遗址可能都经历了一个自然发展的过程，而不是在开始时就按照某种布局理念修建。据此推测，西周建国前和建国后在城市的建设理念上可能发生了很大变化，《逸周书·作雒》对成周建设的记载表明，西周建国后的城市建设已经具备了很强的规划意识。当然，上述分析还需要今后考古资料的进一步验证。

与二里头遗址中的宫城相比，商代和西周的核心宫殿区在形态上发生了很大变化，不仅规模扩大，而且出现了多样化的形态，目前据考古资料可大体分为三类：（1）经过严密规划，并有明确分界线，如偃师商城、小屯殷墟遗址；（2）经过一定的规划，但是分界线不清楚，如郑州商城、洹北商城；（3）分布较为松散，没有规划的痕迹，没有明确的分界线，如周原、丰镐遗址①。这种宫城形态的多样化显示了其形成途径的差异。

---

① 这一点能否成立，还需要考古资料的进一步验证。但至少目前已有的考古资料表现出了这一特征。

2. 各遗址内单体大型夯土建筑基址形态和功能的比较分析

上一节仅就宫城或宫殿区的整体形态进行了分析，这一节关注的是其内部的单体建筑在形态和功能上的发展。

二里头遗址宫城内的建筑已经出现了初步的分工。到偃师商城时期，宫城内部各建筑基址的分工更加完善。城址内目前共发现四组大型夯土建筑基址。位于小城中部由围墙环绕的封闭式建筑群为宫城（一号基址）。宫城内分布的商代遗迹可以分为三大类，第一类是宫殿建筑，分布在宫城的中南部，大约占据宫城三分之二的地方；第二类是祭祀遗存，分布在宫城建筑的北面、池渠以南地方；第三类为池苑，主要由大型人工水池和水渠构成。其中宫殿建筑的布列大致分作东、西两区，东区有4号、5号、6号宫殿等建筑基址，西区则有2号、3号、7号、8号、9号宫殿等建筑基址，而1号宫殿虽位在宫城中央，但实属西区宫殿建筑群的组成部分（图3.2.13）。

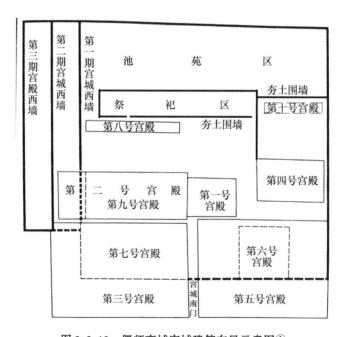

图 3.2.13　偃师商城宫城建筑布局示意图①

---

① 据王学荣《夏商王朝更替与考古学文化变革分析》，载《古代文明研究》（第一辑），文物出版社 2005 年版，第 139 页图；杜金鹏：《偃师商城初探》，中国社会科学出版社 2003 年版。

目前的研究表明，宫城内发现的近 10 座宫殿建筑在年代、形态和功能上各不相同。从年代上看，在商文化一期时，宫墙就出现了，同时出现的还有 1 号、2 号、4 号、7 号等宫殿建筑；到了商文化二期，宫城发生了很大变化，2 号宫殿西扩，7 号宫殿改建为 3 号宫殿，宫城的南、西城墙被突破，另外又新建了 6 号宫殿；商文化三期时，6 号宫殿又改建成 5 号宫殿，3 号宫殿新建了一座西庑。

从形态来看，大同小异，基本都是四合院式建筑。只是在规模上有差别。

从功能及总体布局上看，有两点特征：（1）宫庙分离、对称布局。东区建筑大概主要属于宗庙建筑。其中，4 号宫殿有后院，院内北部有 10 号建筑，"可能分别是供奉祖先神主的庙堂、收藏祖先衣杖的寝殿"。6 号建筑结构与 1 号相同，性质当均属于庖厨。6 号宫殿可能从属于 4 号建筑。西区建筑主要举行国事活动、处理政务的场所，即所谓的"朝"，主要包括 2 号、3 号、7 号建筑等。朝堂后面的 8 号建筑等则是"寝"，为商王及其王后、嫔妃居住之所。1 号宫殿是为当朝商王服务的"东厨"。（2）前朝后寝、内外有别。朝又分为内朝和外朝①。

对其功能的复原明显是参照了后世文献的记载，不管这种对应是否恰当，很明显的一点是，商王的朝、寝、厨房、宗庙必然都建在宫城之内，而且布局也很难分出主次。除了建筑在功能上的进一步分化，建筑形态的进一步完善。另外很重要的一点就是，出现了池苑等娱乐设施，这是在二里头及其以前的遗址内还未发现的。

郑州商城内的大型夯土建筑基址在形态上也出现了新的变化。C8G15 是宫殿基址中保存较好的一座长屋。这种长屋在小屯"殷墟"发现不止一座，在殷商时期可能是较为常用的一种宫殿形制。其建造年代在二里岗下层，与城垣同时。另外，在市区的一个街坊小区内发现一处高台建筑。杨鸿勋推测为一座 2 米多高的台榭。高台式建筑在商代早期可能已经开始普及。

在宫殿区的中心附近，发现一段石板砌筑的横断面呈倒梯形的遗迹，长约 100 米，宽约 20 米，发掘报告认为其"应为一个长方形蓄水池"，年代相当于商代二里岗上层时期。这种池塘建筑在功能上至少应该包含了实用和观赏两种倾向，与偃师商城的池苑遗迹比较接近。

---

① 杜金鹏、王学荣：《偃师商城近年考古工作要览》，《考古》2004 年第 12 期。

　　洹北商城宫殿区 1 号基址平面呈 "回" 字形（四周是建筑主体，中间为庭院），东西长约 173 米，南北宽约 85—91.5 米，总面积（包括庭院面积）近 1.6 万平方米，方向 13 度，与城墙基槽方向一致。整个基址的建筑物部分由门塾（包括两个门道）、主殿、主殿旁的廊庑、西配殿、门塾两旁的长廊组成（图 3.2.14）。估计尚未发掘的基址东部还应有东配殿。主殿位于基址北部正中，南北宽约 14.4 米，东西总长度当在 90 米以上。殿面上一字排开为 9 间正室（仅统计已清理的间数）和正室外围长长的走廊。走廊的宽度约 3 米，考古资料显示，1 号基址西厢建筑为无房顶的夯土高台，杜金鹏推测为仓储之所，即 "廪台"。在殷墟宫殿区也发现过没有屋顶的夯土基址，皆属仓储之地。而且这些仓廪库房一般都位于主殿的西侧①。2 号基址东西长 90 余米，南北宽约 70 米，总面积近 6300 平方米，该基址位于 1 号基址北 27 米处，与 1 号基址南北相应，显然是有意识的布局。

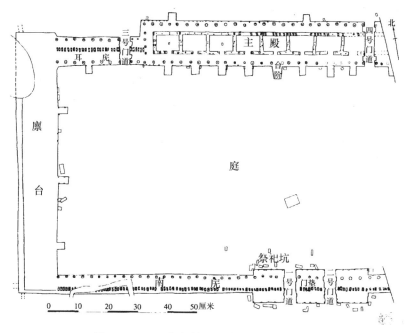

图 3.2.14　洹北商城一号宫殿基址平面图②

①　杜金鹏：《洹北商城一号宫殿基址初步研究》，《文物》2004 年第 5 期。
②　采自杜金鹏《洹北商城一号宫殿基址初步研究》，《文物》2004 年第 5 期。

　　坐落于殷墟遗址内东北部的小屯村东北地的宫殿宗庙遗址群已发掘到成组的夯土建筑基址 50 多座，分为甲、乙、丙 3 组（见图 3.2.12），其中大型基址多为东西向，有些两两对称，似经一定规划，部分基址尚保存有排列整齐的柱础石。乙组的某些基址可能是宗庙类建筑，在其附近发现了许多用于祭祀的小葬坑。此外，在小屯村西北和东部也发现了数座夯土建筑基址，村西北还发现了妇好墓和其他贵族墓。历代出土的绝大部分刻辞甲骨都是发现于壕沟和洹河围起的这一区域内的。

　　关于甲、乙、丙三组建筑的年代石璋如认为甲组最早，乙组次之，丙组最晚①。有关洹北商城的发掘简报也认为，如果"从洹北商城的角度看待殷墟，小屯宫殿宗庙区的所谓宫殿建筑遗存有一部分很可能是洹北商城的外围居民点。换言之，过去讨论的小屯甲、乙、丙三组建筑基址，只有乙、丙两组建筑基址属'小屯时期'，而甲组基址（至少是甲组基址中的一大部分）是洹北商城时期的外围遗存，与乙、丙两组在性质上有本质区别"②。但据朱凤瀚的研究："小屯东北地诸基址大多数有可能比较集中地建于武丁至祖庚、祖甲时段，属于此时段前后的仅有少数基址。三组基址在各时期都各自有基址兴建，分别逐步集聚成各组基址。对于每组基址来说，始建年代较早的基址似乎都是先建在各组的南边，从而使每组间，特别是后来很接近的甲、乙组间形成隔离空间。以后各组才逐渐向各自北部、中部发展，陆续形成该组的建筑群。"③ 可见，这三组建筑应为同步发展。其功能石璋如认为甲组基址属住室建筑，乙组基址为宗庙建筑，丙组基址为祭坛。

　　杨鸿勋先生认为小屯"殷墟"为"殷晚期王国都城近畿地方的一处苑囿离宫的遗址"④。理由有如下几点：一是宫城面积小，建筑基址群不太有规律，宫殿基址布置比较自由，不呈严整的王宫格局；二是有的建筑基址平面特殊，"显然是出于园林景象的考虑"，如呈"凹"字形、"凸"

　　① 石璋如：《小屯第一本，遗址的发现与发掘·乙编，殷墟建筑遗存》，中研院史语所，台湾南港，1959 年。
　　② 中国社会科学院考古研究所安阳工作队：《河南安阳市洹北商城的勘查与试掘》，《考古》2003 年第 5 期。
　　③ 朱凤瀚：《论小屯东北地诸建筑基址的始建年代及其与基址范围内出土甲骨的关系》，载《古代文明》第 3 卷，文物出版社 2004 年版。
　　④ 杨鸿勋：《宫殿考古通论》，紫禁城出版社 2001 年版，第 63—65 页。

字形等，许多不取南向，还有的朝向洹水风景；三是据发掘简报，遗址还"发现大量动物骨骼……特别是野生动物为一般居住遗址所少见"①；四就是洹北商城的发现。杨先生的这几点还是很有说服力的。但即便如此，那么这一处"离宫"也很不一般。因为其外围还包含了相当大面积的生产生活遗迹，尤其是比较发达的手工业遗迹。

以上基本都属于都城性质的遗址，与二里头遗址相比，其宫殿区内的单体建筑在数量、规模、形态和功能上都获得了很大的发展。这种现象说明商王朝的政治能力已经得到了相当的发展，其控制的资源已经使其有能力修建纯粹的娱乐设施。建筑数量的增加和建筑功能的分化说明其政治活动越来越趋向于复杂化，社会内部的政治化水平也越来越高。但是这些现象仅仅表现在几座最高级别的都城遗址中，在一般性的遗址甚或城址内，夯土建筑基址在数量、规模和功能上都表现一般。

垣曲商城内只发现了南北两块夯土台基。北台基宽 11.5 米左右，长约 40 米，台基边缘分布着一排柱础槽。南边台基，宽约 10 米，长约 30 米，边缘亦有一排柱洞，间距 3 米左右，柱洞底部有础石，所不同的没有柱础槽，南北台基间的距离为 11.5 米，南北台基础之间的空地北高南低呈坡形。

盘龙城宫殿区内的 F1、F2 殿堂前后排列在南北中轴线上，F3 建筑为廊庑，东西两侧还有廊庑建筑。F1 建筑类似于偃师商城的 4 号宫殿，是一座廊庑环绕的寝殿，中间二室较大，两侧二室较小。位于 F1 宫殿前方（南方）的 F2 宫殿通面阔 27.25、进深 10.8 米，是一个大空间的厅堂，显然是处理政务的"朝"。"F1 和 F2 建筑表明前朝后寝已不再局限于一栋建筑内，而是各为一座独立的宫殿。"②

这两座城址内的宫殿区无论是建筑规模还是数量都无法与以上几座都城遗址相比，说明商代政治等级分化已经十分明显。对资源占有量的不同直接导致了各遗址内部政治能力的高低，这反映在考古上就是宫殿建筑在各方面的差别。

西周时期的单体大型夯土建筑基址有些也延续了商代建筑的特征。在周原遗址密集夯土建筑区内目前已经发现了几十座大型夯土建筑基址。岐

---

①  中国社会科学院考古研究所安阳工作队：《1987 年安阳小屯东北地的发掘》，《考古》1989 年第 10 期。

②  陈朝云：《商代聚落体系及其社会功能研究》，科学出版社 2006 年版。

山凤雏的甲组建筑基址坐落在南北长 45.2 米、东西宽 32.5 米的夯土台基上，总面积 1400 多平方米。其以门道、前堂和过廊为中轴，东西配置厢房各 8 间，并有回廊连接，形成一前后两进、东西对称的封闭性院落。前堂是这组基址的主体建筑，台基上有排列整齐的柱洞，可知其面阔 6 间，进深 3 间。建筑物以夯土筑墙。在这组建筑基址中还发现两处排水管道，用陶质水管套接或用卵石砌成。在该基址西厢房的一个窖穴中出土了总数达 1700 多片的西周早期甲骨，其中绝大多数为卜甲。从出土陶瓷器、建筑用瓦的形制风格上看，该基址最终废毁于西周晚期，始建年代尚不清楚。据该建筑的形制规模及藏有王室甲骨，有学者认为它有可能是一座西周王室的宗庙建筑①。凤雏甲组建筑采取南北中轴对称布局，是目前所知最早的"一颗印"式四合院，可以看出它与二里头宫殿建筑以及偃师商城的宫廷建筑的传承和发展关系。

在丰京遗址北部的马王村和客省庄一带发现了西周时期的夯土基址建筑群。夯土基址成组分布，共发掘和探明了 14 座。其中最大的 4 号基址平面呈"T"字形，面积达 1800 多平方米，使用年代为西周早中期之交至晚期偏早阶段。在其附近还发现有用陶质水管铺设的排水设施和残瓦。此外在夯土基址群所在的区域内还钻探出一条宽 10 余米的大路，已探明的长度约 200 米。沣河以东镐京遗址北部的斗门镇官庄村、花园村一带，也发现了大面积的夯土建筑基址群，在东西长 3 公里，南北宽 2 公里的范围内，现已发现西周时期的夯土基址 11 座。最大的 5 号宫殿基址坐落在面积为 3300 多平方米的夯土台基上，从墙基和柱穴的分布情况看，宫室面向东南，平面呈"工"字形，主体建筑居中，两端为两翼对称的附属建筑，建筑总面积为 2800 余平方米。基址上还出土了大量板瓦、筒瓦和槽瓦的残片。这座大型建筑的年代约当西周中期偏晚，应是一处大规模宫殿建筑群的一个组成部分。在这一夯土基址建筑群东北的洛水村，也曾发现过西周时期的夯土台基和板瓦、白灰面墙皮等建筑遗存②。

---

① 陈全方等：《岐山凤雏西周宫室建筑的几个问题》，载《西周史论文集》，陕西人民教育出版社 1993 年版。

② 中国科学院考古研究所编著：《沣西发掘报告》，文物出版社 1962 年版；中国社会科学院考古研究所沣西发掘队：《陕西长安沣西客省庄西周夯土基址发掘报告》，《考古》1987 年第 8 期；陕西省考古研究所：《镐京西周宫室》，西北大学出版社 1995 年版。

以上可以看出，西周时期都城遗址内发现的大型夯土建筑基址虽然在分布上比较松散，但在数量、规模和形态上居于较高水平，不次于商代都城遗址内的建筑，显示了其政治能力的强大。

（四）春秋战国都城遗址中大型夯土建筑基址比较研究

在探讨东周大型夯土建筑基址之前，有必要对前一段讨论的内容作一番回顾。上几节的讨论从龙山时期的陶寺遗址一直延续到西周时期的丰镐遗址，在这两千多年的长时段里，虽然只比较了有限的几座遗址，并且在很多方面没有具体涉及，但是至少有两方面内容通过梳理，其基本演变脉络得以显现：一个就是建筑基址群即宫城或宫殿区在整体规模和形态上的演变；另一个就是单体大型夯土建筑基址在数量、规模、形态和功能上的变化。简单说来，就是从龙山时代到西周时期，宫城和宫殿区的规模越来越大，形态由初期的严密布局转变为西周时期的自然发展态势，其内部单体大型夯土建筑基址的数量趋于增多，规模也逐渐变大，形态和功能朝着多样化的方向发展。因为所涉及的遗址主要是典型的都城遗址，这一现象在一定程度上反映了从商代到西周中央王朝的政治结构越来越趋于复杂化，政治控制力越来越强大，政权机构的发展逐渐成熟化。到东周时期，考古发掘所见的大型夯土建筑基址在形态和功能上依然沿着多元化的方向发展演变。

东周时期有关大型夯土建筑基址的资料最典型的就是目前发现的十几座东周诸侯国都城遗址。由于都城较之其他一般性城邑更具有典型性，所以下面对东周时期大型夯土建筑基址的分析主要以都城内有关夯土建筑的资料为主，这样从分析的角度上也可以与上几节更好地衔接起来。

目前发现的大规模都城遗址约有 14 座，面积大部分都在 10 平方公里以上，其中由于山西夏县魏都安邑城址内还未发现宫城遗迹，所以暂不讨论。因此下面可供讨论的城址共有 13 座。具体而言，约起始于春秋时期的都城有 7 座，分别是山西侯马晋都新田①、陕西凤翔秦都雍城②、河南

① 山西省考古研究所侯马工作站编：《晋都新田》，山西人民出版社 1996 年版。

② 陕西省社会科学院考古研究所凤翔队：《秦都雍城遗址勘查》，《考古》1963年第 8 期；陕西省雍城考古队：《秦都雍城钻探试掘简报》，《考古与文物》1985 年第 2 期；韩伟：《秦公朝寝钻探图考释》，《考古与文物》1985 年第 2 期；韩伟等：《秦都雍城考古发掘研究综述》，《考古与文物》1988 年第 5、6 期合刊。

洛阳东周王城①、新郑郑韩故城②、山东曲阜鲁国故城③、临淄齐国故城④、湖北荆州郢都纪南城⑤；起始于战国时期的都城有 6 座，分别是河北邯郸赵国故城⑥、易县燕下都⑦、平山中山灵寿⑧、陕西临潼秦都栎阳⑨、咸阳秦都咸阳⑩、安徽寿县楚都寿春⑪。其中，起始于春秋时期的都城大部分都延续到战国时期，尤其是曲阜鲁国故城、临淄齐国故城等遗址在形态上还曾发生了明显的变化，因此在分析战国时期都城内建筑基址

---

①　中国科学院考古研究所洛阳发掘队：《洛阳涧滨东周城址发掘报告》，《考古学报》1959 年第 2 期；中国社科院考古研究所编著：《洛阳发掘报告（1955—1966 年洛阳涧滨考古发掘资料）》，北京燕山出版社 1989 年版；中国科学院考古研究所编著：《洛阳中州路（西工段）》，科学出版社 1959 年版。

②　河南省博物馆新郑工作站等：《河南新郑郑韩故城的钻探和试掘》，《文物资料丛刊》第 3 辑，1980 年；河南省文物考古研究所：《河南新郑市郑韩故城郑国祭祀遗址发掘简报》，《考古》2000 年第 2 期。

③　山东省文物考古研究所等：《曲阜鲁国故城》，齐鲁出版社 1982 年版。

④　山东省文物管理处：《山东临淄齐故城试掘简报》，《考古》1961 年第 6 期；群力：《临淄齐国故城勘探纪要》，《文物》1972 年第 5 期。

⑤　湖北省博物馆：《楚都纪南城的勘查与发掘（上）（下）》，《考古学报》1982 年第 3、4 期；郭德维：《楚都纪南城复原研究》，文物出版社 1999 年版。

⑥　邯郸市文物保管所：《河北邯郸市区古遗址调查简报》，《考古》1980 年第 2 期；河北省文物管理处等：《赵都邯郸故城调查报告》，《考古学集刊》第 4 集，1984 年。

⑦　河北省文物研究所：《燕下都》，文物出版社 1996 年版。

⑧　河北省文物研究所：《战国中山国灵寿城——1975—1993 年考古发掘报告》，文物出版社 2005 年版。

⑨　陕西省文物管理委员会：《秦都栎阳遗址初步勘探记》，《文物》1966 年第 1 期；中国社会科学院考古研究所栎阳发掘队：《秦汉栎阳城的勘探和试掘》，《考古学报》1985 年第 3 期。

⑩　陕西省社会科学院考古研究所渭水队：《秦都咸阳故城遗址的调查和试掘》，《考古》1962 年第 6 期；刘庆柱：《秦都咸阳几个问题的初探》，《文物》1976 年第 11 期；王学理等：《秦都咸阳发掘报道的若干补正意见》，《文物》1979 年第 2 期；秦都咸阳考古工作站：《秦都咸阳第一号宫殿建筑遗址简报》，《文物》1976 年第 11 期；咸阳市文管会等：《秦都咸阳第三号宫殿建筑遗址发掘简报》，《考古与文物》1980 年第 2 期；秦都咸阳考古工作站：《秦都咸阳第二号宫殿建筑遗址简报》，《文物》1986 年第 4 期；王学理：《秦都咸阳》，陕西人民出版社 1985 年版。

⑪　丁邦钧：《楚都寿春城考古调查综述》，《东南文化》1987 年第 1 期；丁邦钧：《寿春城考古的主要收获》，《东南文化》1991 年第 2 期。

的演变时，这些都是非常重要的资料①。

1. 春秋战国都城遗址内宫城或宫殿区规模和形态演变的比较分析

（1）春秋各都城址内大型夯土建筑基址群的整体考古学特征

据文献记载，在起始于春秋时期的这几座都城遗址中，最早修建的可能就是东周王城，其次就是曲阜鲁国都城和齐都临淄城，最晚的是晋都新田。这些城址虽然形态各异，但在其内部都发现了大型夯土建筑区。

东周时代周王朝的都城遗址。城址平面近于方形，不甚规则。城内的西南部今瞿家屯一带地势较高，经钻探发现了两组面积较大的夯土建筑基址（图3.2.15）。北组建筑的四周有夯土围墙环绕，平面呈长方形，东西长约344米，南北宽约182米。其内中部偏北和西部有长方形的大型夯土

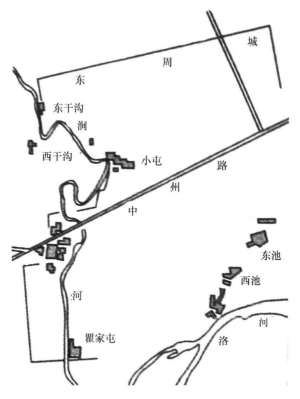

图 3.2.15　东周王城示意图

---

① 后文有关各城址的考古资料如无另注，均出自前页注释。

建筑基址①。南组建筑由夯土墙分成东西两部分，其内未发现大面积的夯土基址，可能是北组建筑的附属建筑。在上述夯土基址的东部还探出一条南北向大道，已知长度900余米，宽约20米。基址附近出土有大量东周时期的筒瓦、板瓦和瓦当，由此推断该处应为城内重要建筑之所在。可能是王城的宫殿区。后来又在洛阳东周王城南城墙外西南部、瞿家屯村东南发现了一座由若干夯土建筑基址组合而成的封闭式院落，据发掘简报，院落围墙南北长约200米，复原长度约300米；东西长约30米，复原长度约100米。其内发现了池苑、大规模夯土台基、用石板修砌的暗渠、复杂的给排水系统、石子铺就的规整的散水、排列有序的柱础石，有的达1米见方。同时，院落规划严整，可能是中轴对称的布局模式。这些都显示此处可能是一处宫殿区。其年代为战国时期②。

　　在山东曲阜鲁城的中部和中南部发现了许多大型夯筑基址，其范围北起盛果寺南100米左右，南至鲁城南东门，东起汉城东墙，西至小北关，东西近1公里，南北约2公里左右，其中又以该区域东北部的周公庙高地，建筑遗迹特别密集（图3.2.16）。鲁城内除了这一区域之外，其他地区发现大型夯筑基址不多。周公庙建筑群夯筑基址位于鲁城中部偏东、周公庙村北的高地上，周公庙建于高地的西部。这里是全城地势最高之处。高地近方形，东西长约550米，南北宽约500米，东、北和南面的东端仍有整齐的边沿，前者呈两级台阶，高出地面约10米。南面西部和西面已成漫坡。钻探中在高地上发现了大规模的夯筑基址。杨鸿勋推测此夯土台应是鲁公朝、寝所用的高台宫殿"公宫"③。在它的西北、北和东部边沿，发现了断断续续的似夯土墙的遗迹，宽约2.5米，推测为"中城"④。"城中城"见《春秋》成公九年（公元前582年）、定公六年（公元前504年）。在高地北沿"墙"外的二层台地上，发现了五片东西并列的夯筑基址。其北部据《左传·文公十八年》载："夫人姜氏归于齐，大归也。将行，哭而过市。"杨鸿勋认为应是市场所在。在高地东南部周公庙生产大

　　① 王炬：《洛阳东周王城内发现大型夯土基址》，《中国文物报》1999年8月29日。

　　② 薛方等：《洛阳市瞿家屯发现东周大型夯土建筑基址》，《中国文物报》2002年2月22日。

　　③ 杨鸿勋：《宫殿考古通论》，紫禁城出版社2001年版，第129页。

　　④ 同上书，第130页。

队的场院内，曾在地下发现过砌得十分规整的石台阶。高地前有通向南东门的 9 号古道。底层堆积"一般厚达二、三米"①，推测可能为桓宫、僖宫所在。

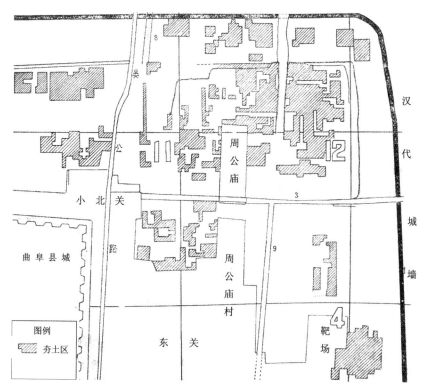

图 3.2.16　曲阜周公庙夯土建筑示意图②

齐都临淄城目前只发现了战国时期的宫殿区，至于春秋及其以前的宫殿区所在位置，目前还处于探索阶段。从文献记载看，临淄城内应当有宫殿建筑，但是其具体位置无法从文献中获得。有学者试图通过对考古资料的分析找寻宫殿遗迹。其中许宏的推理比较合理。他认为大城的东北部

　　① 山东省文物考古研究所等：《曲阜鲁国故城》，齐鲁出版社 1982 年版，第 13 页。

　　② 据山东省文物考古研究所等《曲阜鲁国故城》，齐鲁出版社 1982 年版，第 12 页图。

可能是西周至春秋时期的宫殿所在，这一区域春秋及其以前的遗迹比较丰富，并且还较为集中地发现有西周晚期至春秋时期的大、中型墓葬。另外许宏注意到了一个非常重要的现象：大城中部南北向干道，在与大城北部东西向干道交汇后西折约 100 米，至与大城中部东西向干道交汇处又向东折回 100 米左右（图 3.2.17）。"根据城市遗址复原的经验，出现这种情况的最大可能性是该处有无法拆移的重要建筑物，后来形成的干道只能避开它而沿其西缘继续南行。"据此许宏推断，"上述两条东西向干道和向西折曲的南北向干道围起的阚家寨一带，极有可能是姜齐的宫城所在"①。当然这需要考古学上的进一步证实。

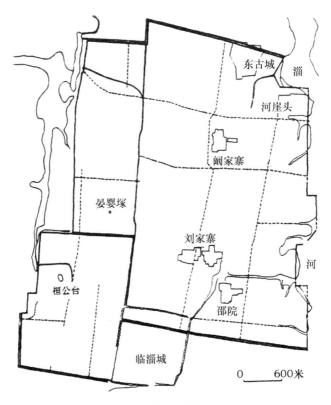

图 3.2.17    齐都临淄城示意图

---

①    许宏：《先秦城市考古学研究》，北京燕山出版社 2000 年版，第 100 页。

河南新郑的郑韩故城为春秋时期郑国和韩国的都城遗址。遗址分东、西两城。西城的中部和北部分布有密集的夯土建筑基址,有的面积达六七千平方米,并发现有夯土基址间相互叠压的层位关系,表明这里应是郑、韩两国的宫殿区所在。西城中部又有一小城,东西长约 500 米、南北宽约 320 米,已发现了北门和西门的遗迹。小城内的中部偏北发现有大型夯土建筑台基。这一小城可能是宫城遗址。其西北现存一座俗称"梳妆台"的夯土台基,南北长约 135 米、东西宽约 80 米,高约 8 米,台上发现有陶井圈构筑的水井和埋入地下的陶排水管道。宫城以北还曾发掘出作为贮物仓窖的大型地下冷藏室遗迹,时代属战国晚期。东城中部和西北部也有大型夯土建筑基址群发现,东南部还发现有战国晚期的储粮窖穴。近年又于东城中部和西南部等处发现了春秋时期的青铜礼乐器坑 19 座,殉马坑 80 座左右,出土青铜礼乐器 300 余件,可能与祭祀有关。

湖北荆州郢都纪南城内现在暴露在地面的台地、高地有 300 多处,经考古勘探已初步确定为当时建筑台基的有 84 处,具体分布是:城内东北区(纪城区) 15 座,多集中在这区中部今广宗寺一带的高地上,台基规模较大,是一组较重要的建筑群。这组台基周围覆盖有较厚的红烧土和红烧瓦砾层,说明这组建筑可能毁于火。东南区(松柏区) 61 座,这是城内夯土台基最多的地方,分布也较集中,一在凤凰山以东即城垣东南角以内,共有台基 12 座;一在此区西半部,就整个城来说是中南部。西北区(徐岗区)仅发现 2 座台基,相距较远,规模也小。西南区(新桥区)发现 6 座台基,分布也较分散,台基周围瓦砾层亦较厚,有的台基附近发现有铜炼渣、锡炼渣和红烧土块。在城址东南区这一夯土基址分布最密集区的东部和北部发现有夯土围墙遗迹,东墙残长约 750 米,北墙残长约 690 米,一般认为可能属宫城城垣(图 3.2.18)。在东墙之外还发现了一条古河道,东墙与古河道平行且相距很近,因此这条古河道应是东宫墙的护城河。整个宫城区的范围约 1600×1000 米,即 160 万平方米左右。在宫城内经考古勘探出的夯土建筑台基有 40 座,它们分布比较集中,有的相距仅 5 米。有的台基规模相当宏大,最大的台基长达 130 米,宽达 100 米,周围有很厚的瓦砾层。最重要的一个现象是,有一组台基,基本上为正南北方向,正对着南门和宫城北门(缺口)。这些台基自北向南有 7 号、20 号、25 号、27 号,并且其中 7 号、25 号等台基均较大。这样从 7 号至南门就构成了一条主轴线。这显示了布局结构上的精心安排。

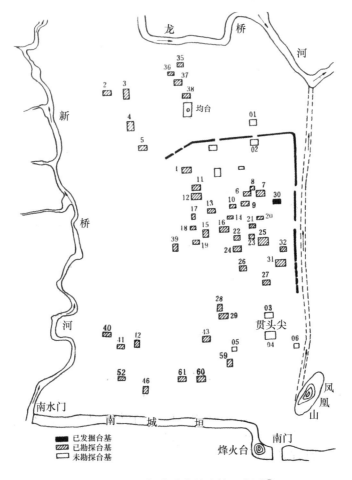

图 3.2.18　纪南城宫城建筑示意图①

　　雍城遗址内共有干道八条，纵横交错，东西、南北向各四条。城内共有三条主干道，东西向两条，南北向一条。这条南北向干道成为该城的中轴线，其主要宫殿都集中在城中部以北，分别置于主干道左右，一般居民区大体集中于南部，各类手工业作坊则分散于城内外各处。城内主要有三大宫殿区，包括姚家岗宫殿建筑区，马家庄宗庙宫殿建筑区，铁沟、高王寺宫殿建筑区（图 3.2.19）。姚家岗为一隆起的台地，位于雍城中部偏

---

①　据郭德维《楚都纪南城复原研究》，文物出版社 1999 年版，第 131 页图。

西，距雍城西垣约 500 米，当地人称此为"殿台"。主体建筑面积约 2 万平方米。考古发掘出宫殿遗址一处、藏有铜质建筑构件的窖藏三个、凌阴遗址一处。据《秦纪》记载，估计姚家岗宫殿区很可能就是春秋时期秦康公、共公、景公居住的雍高寝①。马家庄发现了四座宫殿遗址。四座建筑群由西向东依次排列，组成了规模较大、保存较完整的马家庄宫殿宗庙区，总面积近 5 万平方米。其 1、2、4 三座建筑群的年代均为春秋中晚期，这同秦桓公居"雍太寝"的时间相近。铁沟、高王寺宫殿区位于雍城北部。遗址现存面积约 4 万平方米。暴露在断崖上的夯土基高约 1.4 米，地面堆积瓦片很多，板瓦、筒瓦俯拾皆是。从形制看大多为战国早中期的遗物。

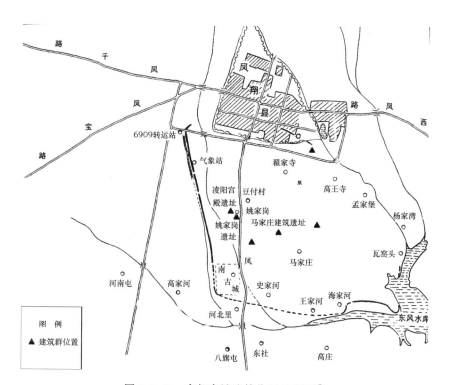

图 3.2.19　秦都雍城建筑位置示意图②

---

① 参见徐卫民《秦都城研究》，陕西人民教育出版社 2000 年版，第 77 页。
② 采自陕西省雍城考古队《秦都雍城钻探试掘简报》，《考古与文物》1985 年第 2 期。

侯马晋都新田遗址为晋国晚期都城遗址。《左传》载，成公六年（公元前585年），晋景公迁都新田。据此可知晋都新田的始建时间在上述几座都城遗址中最晚。同时新田城址的整体格局又体现了与上述几座城址完全不同的风貌。"新田"类型的城址可以被看做春秋至战国都城发展的新形态。侯马晋都遗址范围内共发现8座城址，其中平望、牛村、台神城址集中分布于遗址西部，面积较大，相互连接，呈"品"字形，是晋都新田的主体城址。

牛村古城存在内城，内外城呈"回"字形布局。内城于外城内中部偏北，仍为竖长方形，方向为北偏西6°。东、北城墙分别长665米和553米，内城内西北部至今仍存高于地表的夯土台基，为边长52.5米的正方形。方向北偏西2°。顶部北高南低，高6.5米，可分三级，顶部有近1米厚的瓦类建筑物为主的坍塌堆积。台基周围还分布有规模小于它的多块夯土。城内近百处夯土遗迹呈密集分布状者有5组。由内城东南角外自北向南为1、2、3组，3组之西南为4组，已处内城之南了，内城之西略偏北为5组。它们都是由二三块较大的当时很可能高于地表的主体夯土建筑及分布于周围的一些长方形、长条形的小房址、围墙内夯土遗迹组成。

平望古城南北正中稍偏西北的有一座大型夯土台基，至今仍屹立于地表。分三级。从布局、规模看是大型夯土台基为主体的宫殿区，是古城内主要建筑群。其余40余处夯土规模远远小于大型夯土台基，并集中于其南，以其向南划分东西分界线，再以南城墙向北300余米处划分南北分界线，可分四个夯土遗迹密集分布区。东北区特别密集，与大型夯土台基最为接近；东南区夯土分散，但规模较大，布局有序。此两区为古城内的主要建筑群。总体看，"平望古城内夯土建筑较牛村者规模大、数量少，布局有序"。这一区别或是相当重要的。台神古城内夯土遗迹有10余块，主要分布在中部、南部，约可分为6小组，每组都有一块较大的夯土，长或宽在20米以上的横或竖长方形夯土，也有多突出拐角竖长方形的一块。古城外西北角不远北临汾河有三座高于地表的大型夯土台基，中间大而两侧小，间距40米，中间者约为竖圆角长方形，南北长约80米，东西宽约60米，高于现今地表8米左右，可分三级。

由此可见春秋时期最晚建造的晋都新田城址在形态上与前面几座城址发生了很大变化。前几座城址即使建筑群比较散乱但依然处于一个空间格局中，都有一个最密集的中心区域，而新田城址内的大型夯土建筑群在空间格局上则出现了分化，夯土建筑群被分隔在两座小城内，形成了两个建筑密集区。这种夯土建筑群整体形态的分化反映了春秋晚期晋国政权结构的变化，考古学上所谓的"新田模式"正是这种变化的表现。

（2）战国各都城址内大型夯土建筑基址群的考古学特征

与晋都新田类似，邯郸赵王城宫殿区由三座略呈"品"字形的小城组成（图 3.4.2）。小城外围当有护城壕。城址内外现存高大建筑台基及地下夯土基址 20 余处。西小城中部偏南处的"龙台"为一大型夯土建筑台基，东西宽 265 米，南北长 296 米，残高 19 米，是迄今所见战国时期最大的夯土台基。城的北半部还有夯土台 5 座，最大的两个与龙台处于同一条中轴线上。此外，还在龙台的西部和西北部钻探出了大面积的夯土建筑基址，城内其他地点也有零星发现。东小城近西垣处有 2 座大型夯土台基，在两台基附近还发现有数处夯土基址和 1 座较小的夯土台基。北小城西垣外有两个大型夯土台基东西对峙，中部近南垣处也有 1 座较小的夯土台基。各台基周围均堆积着大量的瓦片、瓦当等建筑遗物。

秦都栎阳城内几处大型遗址均分布在城的中部，其中 I 号遗址尤为庞大，其范围，东西和南北均达 350 米。城内几条主要干道都通向此遗址。遗址内，有几处夯土基址，规模可观。出土有大量瓦片、红烧土及汉代砖瓦残块，当为栎阳宫遗址。以此宫为主体，结合附近出土的 II 号遗址，形成秦都栎阳的宫廷区。

咸阳宫是秦都咸阳的主要宫殿之一。也是在咸阳修筑的最早的宫殿。秦的许多重大事件均发生于此。其遗址即考古发现的一、二、三号宫殿基址，是一个庞大的建筑群组合。咸阳宫是一组宫殿建筑的统称，见于记载的有：六英之宫、斋宫、曲台之宫等[1]。

在寿春城范围内共发现夯土台基 29 座，大部分集中于遗址的北部，因此宫殿区可能位于城的北部。已发掘的柏家台南大型夯土宫室基址，总阔约 53.5 米，总进深约 42 米，总面积达 3000 多平方米。

易县燕下都东城古河道的南段以北，包括北城墙外的大片地段分布着众多的大型夯土高台建筑，应是燕下都的宫殿区所在。目前发现夯土建筑台基 12 座，地下夯土建筑遗迹 14 座。发掘报告根据建筑夯土基址的大小及分布情况，把宫殿区建筑分为了主体宫殿建筑夯土基址和宫殿建筑群两部分。武阳台、望景台、张公台和老姆台均坐落在南北向的一条中轴线

---

① 徐卫民：《秦都城研究》，陕西人民教育出版社 2000 年版，第 120 页。

上，属主体宫殿建筑基址。以武阳台为中心，在其以北约1400多米的中轴线上，依次排列着望景台、张公台、老姆台等夯土台基（图3.3.6）。

平山中山灵寿城址内的遗址及夯土建筑遗迹，根据调查和勘探，已发现面积较大的共有11处，其中有大型建筑遗址6处（图3.2.20）。3号夯土建筑基址（E3）位于城址内东城的东北区。现存遗址的西北部分，面积为南北200米、东西150米，残存面积仅占原面积的三分之一。在其残存范围内，经铲探已发现有大型的夯土墙基。发现遗物比较丰富，处大量建筑遗物外，还出土过不少铜器、金银镶嵌饰件、货币等。7号夯土建筑遗址位于东城南部，地势较高，发现有三组大面积的夯土建筑遗迹。其中西边的一组建筑群，其南部残存一夯土台基，东西宽80米、南北长120米，

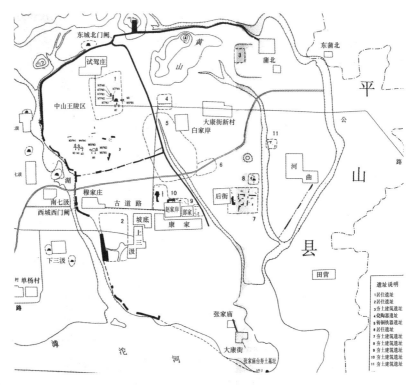

图 3.2.20　中山灵寿城示意图①

————————

① 采自河北省文物研究所《战国中山国灵寿城——1975—1993年考古发掘报告》，文物出版社2005年版，插图二。

现残存高约 1 米多的夯土。其上曾发现过间隔有序的柱础石。在这组夯土建筑遗迹的西边和东边各有两组相同的夯土建筑，据此可知这里周围大片建筑遗迹是以这组高台建筑为中心。高台两侧各有大型建筑群。东侧二组建筑按瓦砾范围每组面积东西宽 120 米、南北长 240 米。残存的夯土墙基有的长达 190 米、宽 4 米余。这些建筑遗迹都为当时坐北朝南的长方形围墙，墙内分布有连片的大型夯土建筑群。7 号夯土建筑遗址西部被民房所压，其中部和东部残存面积为东西 430 米、南北约 280 米。3 号和 7 号在当时是南北相对，同一条南北轴线上，因此可以初步确定 3 号夯土建筑遗址是当时的宫殿建筑，而 7 号夯土建筑遗址应属当时的官署类建筑。

齐都临淄小城应是战国时期宫殿区所在，其北部有大片夯土建筑基址，中心建筑为一平面呈椭圆形的夯土台基，俗称"桓公台"，台高 14 米，东西长约 70 米、南北长约 86 米。"桓公台"的基址分为上下两层，下层属战国时期，上层属汉代。

（3）小结

从整体形态看，在上述各都城遗址内，都存在有密集的夯土建筑分布区，但这些建筑在性质上目前还无法与文献——对应，不过从形态比较，可以大体分为以下三类：

第一，典型的封闭式宫城形态，如鲁都曲阜故城、楚都纪南城、新郑郑韩故城和燕下都故城，虽然其内夯土建筑分布零散，但都有一个由围墙或壕沟环绕的封闭式建筑区，应该是文献所谓的"公宫"等最上层统治者的居住区，这类宫城通常位于大城的内部。

第二，非封闭式的宫殿区形态。这一类又存在两种情况，一是宫殿区分布相对比较集中，如秦都栎阳故城和楚都寿春城；二是城址内存在多处建筑密集区，如秦都雍城和战国中山灵寿故城等。

第三，脱离大城的独立宫殿区形态，如晋都新田、赵都邯郸和战国齐都临淄故城。这些城址的宫城都独立于大城之外修建，并配有封闭式的城垣。

春秋与战国时期都城遗址内的宫殿区整体形态并不存在显著的演变特征，而是表现出了较强的延续性。上述三类宫殿区整体形态可以被看做是东周都城遗址宫殿区形态的整体特征。由于受目前考古资料的限制，大部分东周都城遗址内的夯土建筑基址的性质和功能无法给予准确的界定，所以本节利用考古资料进行的比较也仅限于形态方面。

　　另外，大型夯土建筑基址并不局限于城址之内，在若干城址的外围也都发现有大型夯土建筑基址，如晋都新田、洛阳东周王城、楚都纪南城、邯郸赵王城、燕下都等，这至少说明东周时期的政治性建筑在位置的选择上很灵活，并且可能由于当时政治活动的复杂化造成了对政治性建筑的持续需求，当城内无法满足建设用地的需求时，建在城外便是必然选择。另外也可能与当时一些特殊功能的建筑有关，如离宫别馆通常就会选择建在风景优美的地区，这些地区也通常会在城外。

　　与春秋以前的城址相比，东周时期都城内的政治性建筑所表现出的显著时代特征就是城址内的大型夯土建筑基址群趋于多样化和复杂化。宫城区和主体宫殿区之外还分布有若干建筑群，这些建筑群除了时代上的差别外，在功能上定然也各不相同。不仅如此，不同的建筑群在具体规模和形态上也差别很大，有的只有几万平方米，有的则超过 100 万平方米，有的布局凌乱，有的则显示出了明确的中轴对称布局模式。这种多样化的分布格局正与上节文献所见城市政治性建筑名称的增多、形态与功能的日益细化的现象相吻合。不仅如此，通过对上述都城址内政治性建筑的考古学特征分析，也弥补了文献记载的不足，至少目前的资料显示，东周时期的诸侯国都城在建造上层政治性建筑时可能都是因地制宜的，而并没有一个统一的礼制性标准。总之，东周时期政治性建筑群多样化和复杂化的演变趋势表明这一时期的社会政治结构更加复杂化，政治功能日益多样化。

　　2. 东周时期都城址内大型单体建筑规模、形态和功能的新发展

　　商代和西周时期的大型单体建筑在结构上以"四合院"和"长屋"为主流形态，到了春秋时期，各大都城遗址内所发现的大型单体建筑在形态和规模上都发生了很大变化：

　　（1）大型夯土高台建筑模式在各大都城内普遍使用

　　台式建筑应该是东周时期大型单体建筑比较流行的建筑模式，这也与文献所见东周时期的筑台高潮相吻合，在各大都城内都发现有大型夯土高台建筑，而且这些建筑在规格上都相当高，应属于最上层统治者使用的政治性建筑。试举例如下：

　　1）晋都新田平望古城南北正中稍偏西北有一座大型夯土台基，至今仍屹立于地表。分三级。从布局、规模看是大型夯土台基为主体的宫殿区，是古城内主要建筑群。第一级为边长 75 米的正方形，南部正中有宽 30 米、长 20 米的凸出部分，正南又有宽 6 米、长 20 米的路面，整体呈

北高南低向，第二级较一级收缩 4—12 米不等，南部正中 45 米宽与一级坡状相接，第三级坐落于第二级北半部，南北宽 35 米，东西长 45 米，高于地表 8.5 米，顶部覆盖有 1 米厚的建筑物坍塌堆积，以瓦类为主。牛村古城内城内西北部至今仍存高于地表的夯土台基，为边长 52.5 米的正方形。方向北偏西 2°。顶部北高南低，高 6.5 米，可分三级，顶部有近 1 米厚的瓦类建筑物为主的坍塌堆积。

2）郑韩故城小城内的中部偏北发现有大型夯土建筑台基。这一小城可能是宫城遗址。其西北现存一座俗称"梳妆台"的夯土台基，南北长约 135 米，东西宽约 80 米，高约 8 米，台上发现有陶井圈构筑的水井和埋入地下的陶排水管道。

3）齐都临淄小城应是战国时期宫殿区所在，其北部有大片夯土建筑基址，中心建筑为一平面呈椭圆形的夯土台基，俗称"桓公台"，台高 14 米，东西长约 70 米，南北长约 86 米。"桓公台"的基址分为上下两层，下层属战国时期，上层属汉代。

4）纪南城内发现了大量夯土台基，其中唯一经过发掘的就是 30 号宫殿基址。此台基有过先后两次建筑，后一次建筑是在前一次建筑的基础上，将原有台基加高、扩大而形成的，现台基即后一次建筑的台基。现存台基呈长方形，东西长 80 米，南北宽 54 米，残高 1.2—1.5 米。郭德维复原为两层"四阿"式重檐宫殿建筑[1]。

5）楚都寿春城已发掘的柏家台南大型夯土宫室基址，总阔约 53.5 米，总进深约 42 米，总面积达 3000 多平方米。已发掘部分表明：该建筑建在一个大型夯土台基上，每间面阔 5.55 米。最外围安放着大型石柱础，其后又有一排与大石柱础对应的小石柱础。小石柱础之后为距离 1.10—1.30 米的两排槽形砖，其上有四叶纹、勾连山字纹、几何云纹等装饰，南、西各有一门道，推测东、北两面也设有门道。在两排槽形砖前后出土了许多瓦当，有风云纹、树云纹、云纹、四叶纹等，该遗址地层堆积比较单一。出土文物以建筑材料为主，陶器等生活用品很少，规模又特别宏大，推测为楚宫殿建筑的一部分。

6）邯郸赵王城西小城中部偏南处的"龙台"为一大型夯土建筑台基，东西宽 265 米，南北长 296 米，残高 19 米，是迄今所见战国时期最

---

① 　郭德维：《楚都纪南城复原研究》，文物出版社 1999 年版，第 161—162 页。

大的夯土台基。城的北半部还有夯土台5座，最大的两个与龙台处于同一条中轴线上。

7）燕下都内以武阳台为中心，在其以北约1400米的中轴线上，依次排列着望景台、张公台、老姆台等夯土台基。

望景台位于武阳台北220米处。东西长8米，南北宽4米，高3.5米。地下夯土范围东西长40米，南北宽26米。

张公台位于望景台北450米处。平面呈长方形，长、宽各40米，高约3米，西夯筑而成，夯层厚10—15厘米。在夯土基址顶部及四周散布有大量的瓦片、红烧土和草泥烧土块等。其附属建筑有三个。17号建筑基址东西长200米，南北宽130米。其北230米处是东城北门和3号道路，其南580米处是东城隔墙城门和4号道路，正处于交通主要衢地道带。

坐落于北城墙外的老姆台长、宽各95米，高约10米，占地13320余平方米，高8米多，南面分为3层，每层高2—3米，广2—5米，是燕下都第二大夯土台基。台上旧有墙垣，门在西北角，中间有土阜，高约2米，呈截头圆锥体形，上平整，下周10米。发掘所获以半圆形瓦当为最多，计2537件，其中完整的有628件。瓦当纹样复杂，其中以饕餮纹为最多。另外还有大量板瓦、筒瓦等。还有阑干砖、长方形砖、方砖共计659块。陶器296件，金属饰件129件。还有错银铜件、安阳布、燕刀币等。台上和台东出土铁锛、铁铤、铜镞。铁铤铜镞共出土37件。此处殷代、战国、汉代、隋唐都有建筑。

这些高台建筑以位于隔墙南侧的武阳台规模最大，其东西长约140米，南北宽约110米，高11米，分为上下两层。武阳台东发现一建筑材料埋藏坑。出土建筑材料主要有板瓦、筒瓦、垂脊瓦和脊瓦。陶质有泥质灰陶和夹砂灰陶。纹饰特点是"形制大，纹样考究，制作亦精"。

综合上述例证，虽然高台式建筑在商代就已出现，但东周时期的夯土高台式建筑在数量和规模上远甚于春秋以前，在形态上也越来越趋于复杂化，甚至出现了层级式的高台式建筑，如晋都新田遗址中就出现了一座三级高台式建筑。这种考古学现象与文献所载基本吻合，正如上节所论，东周时期各诸侯国君竞相修建奢华的宫廷建筑，因此掀起了一股宫殿建设的浪潮，其中夯土高台式建筑必然因其宏伟壮观的建筑形态而赢得上层统治者的青睐，从而造成了夯土高台式建筑在东周都城遗址内的普及。在这一浪潮中，一方面要迎合各执政者追求奢华的需求，另一方面也为了满足日益复杂化的政治活动的需要，传统模式的政治性建筑开始得到创新。

（2）政治性建筑在形态上的创新和功能上的细化

目前的考古资料显示，在商周单体政治性建筑发展演变的过程中，有两种建筑形态始终得到上层统治者的青睐，即由围墙或围廊环绕的"四合院"式建筑和夯土高台式建筑。这两种建筑模式在东周时期都出现了创新型的形态。

1）在秦都雍城马家庄发现了四座宫殿遗址。其中一号建筑群被认为是宗庙建筑，三号建筑被认为是朝寝建筑，四座建筑群由西向东依次排列，组成了规模较大、保存较完整的马家庄宫殿宗庙区。在这四座建筑中，三号建筑应该是典型的国君所居之"公宫"。

三号建筑群位于雍城中部偏北稍西处，东距马家庄宗庙建筑约 500 米，西距姚家岗宫殿区约 600 米。基址坐北朝南，南北全长 326.5 米，北端宽 86 米，南端宽 59.5 米，总面积达 21849 平方米。平面布局严谨规整，四周有围墙。由南至北可分为 5 座院落、5 个门庭（见右图）。这一建筑模式在形态上明显继承了西周时期周原凤雏甲组建筑基址两重"四合院"式的建筑格局，并在此基础上形成了五进院落式宫殿建筑群，为后世的宫殿建筑开创了一个新的构建模式。

不仅如此，通过学者研究，其整体形态还可以同文献所载朝寝建筑相吻合。韩伟将其复原

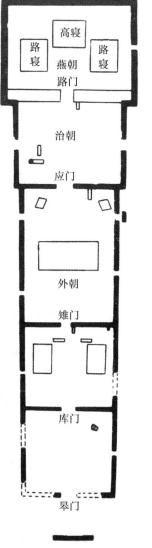

为五门、三朝、三寝[1]。其五门说源自于《礼记·明堂位》郑玄注："天子五门，皋、库、雉、应、路。"其三朝为外朝、治朝和燕朝。不过由于韩伟所依据的材料都是后世学者的注解，目前看还很难有定论，仅备一说。

---

[1]　韩伟：《秦公朝寝钻探图考释》，《考古与文物》1981 年第 4 期。

雍城三号建筑群在形态和功能上表现出了以下两点特征：一是宗庙建筑和生人所居之朝寝建筑在形态上已经有了很大差异，在功能上可能也已分工明确；二是作为生人使用的朝寝建筑在形态上更加细化，这表明其政治分工程度加强。

2）秦都咸阳宫 1 号宫殿遗址位于窑店乡牛羊村北原上，发掘前夯土台东西长 60 米，南北宽 45 米，高出地面 6 米。通过初步复原，发现这是一座以平面呈长方曲尺形的多层夯土高台为基础、凭台重叠高起的楼阁建筑。台顶中部有两层楼堂构成的主体宫室，四周布置有上下不同层次的其他较小的宫室。底层建筑和周围有回廊环绕。其特点是"把各种不同用途的宫室集中到一个空间范围内，结构相当紧凑，布局高下错落，主次分明，在使用和外观上都收到较好的效果"。各室之间用过道、走廊和斜坡相连。在 1 号宫殿遗址内共发现窖穴 7 个，其平面有方形、圆形和椭圆形。底部均有动物骨骼，可看出其用途为冷藏食品。发现排水池 4 个。在遗址上发现各种各样的建筑材料和构建。砖种类多，纹饰变化大，质地细密坚硬。铺地砖有各种纹饰。还有筒瓦、瓦当和板瓦等。遗址应建于战国中晚期。"这种将一般宫观的分散布局集中在一个空间范围内，在中国建筑史上是迄今首次见到的。"[1]（图 3.2.21）

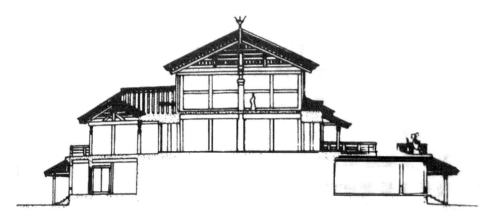

图 3.2.21 咸阳 1 号宫殿复原剖面图[2]

---

[1] 徐卫民：《秦都城研究》，陕西人民教育出版社 2000 年版，第 116 页。
[2] 采自陶复《秦咸阳宫第一号遗址复原问题的初步探讨》，《文物》1976 年第 1 期。

（五）春秋战国一般性城址内大型夯土建筑基址简析

虽然目前发现了几百座春秋战国时期的城址，但是由于受考古资料的局限，可供讨论的城址很少。目前除去上述大规模城址，在城址内发现有明确夯土建筑基址的城址只有约 10 座。其中有 8 座约当建于春秋时期。有一部分属于小型的诸侯国都城。

位于今河南潢川县的春秋黄国故城遗址城内面积约 209 万平方米。古城内中南部沈店村附近有一处夯土筑成的高台，相传为"黄君台"、"黄孙台"、"肖王庙台"、"光武台"。实测高 2—3 米，平面呈方形，面积约 13300 平方米。高台的西南角和东角的地面遗物较丰富，陶片俯拾皆是，暴雨过后，当地群众在这里拾到过圆柱形铜镞、鬼脸钱（蚁鼻钱）。据调查者推测，这处高台遗址，在春秋时期是一个建筑群①。

位于今河南上蔡县陈关一带的春秋蔡国故城城墙周长 10490 米。位于王庄村南蔡城的中部的二郎台东西长约 1200 米，南北长约 1000 米，面积约 120 万平方米，高出现今地面 6—7 米。1943 年重修的《上蔡县志·地理志》载："王庄，在城内西北隅，相传蔡侯朝庙宫殿所在。"因此二郎台有可能是蔡侯的宫殿区。台上发现很多古井及陶制排水管道，台上台下还留有许多春秋陶片，如筒瓦、板瓦等建筑构件的残片，说明在春秋战国时期台上有庞大的建筑群。这里高台四周以沟渠环绕作为防御设施，同河北易县燕下都的情况相似。每当暴雨之后，沟中经常被冲刷出一些小件铜器和碎金块，因而被称作"撒金沟"。在故城内西南隅的翟村一带，不断出土春秋战国时期的青铜器。此地距二郎台较近应属于宫殿区的范围②。

位于山东邹县的薛国故城面积约 7.36 平方公里。城址中部皇殿岗村南高地上，地表散布很多东周、汉代瓦片，钻探中发现有大面积夯土，可能是当时的宫殿区。城址北部沈仓、渠庄村南还发现了较多的居住遗址，

①　杨履选：《春秋黄国故城》，《中原文物》1986 年第 1 期。
②　尚景熙：《蔡国故城调查记》，《河南文博通讯》1980 年第 2 期；河南省文物研究所：《1988 年蔡国故城发掘纪略》，《华夏考古》1990 年第 2 期。

文化堆积较厚，保存较好①。

位于山东邹县的纪王城最早当为东周邾国故城。北墙中部以南约 200 米处，有一片高亢平坦之地，东西长约 500 米、南北宽约 250 米，俗称"皇台"。可能是城内中心建筑所在。地面陶片瓦片很多，以汉代为主，也有不少东周遗物②。

以上四座城址都曾是诸侯国的都城遗址，虽然仅通过这几座城址很难推测出其他诸侯国都城内是否也有大型夯土建筑基址。但是从东周政治发展演进的角度，并结合以上几座城址资料当可推测各诸侯国都城内似已普遍建有独立的宫殿建筑，即考古所谓的大型夯土建筑。不仅如此，以上四座城址内的夯土建筑基址群基本都位于城址的中部，这可能不仅仅是巧合，而是春秋时期各中小诸侯国都城内部的一种比较普遍的情况，毕竟宫殿位于城址的中部不仅利于防御，还有利于对整个城市的控制。而大规模都城遗址内的宫城建筑在位置的选择上就比较复杂，这不仅是因为城址规模大的问题，还涉及城址内外的地理环境、其他建筑的分布等问题，其复杂性要远大于小规模的城址。

除了各诸侯国的都城遗址，一些普通城址也发现有夯土建筑基址。位于山西盂县的北村东周城址，大约由不很规整的两个长方形组成。东西并列，东面较大。西城内发现大量板瓦、筒瓦残片，此处尚有较高级建筑存在③。

位于河南扶沟县西南隅的扶沟古城总面积 40 万平方米。城内发现春秋时期夯土台基，从遗留的建筑残片推测台上可能有大型建筑。古城东墙南部内侧墙基下，发现一件春秋时期的地下排水管道。推测为春秋时的曲洧城④。

位于河南温县东南 10 公里北平皋城址城垣周长 4000 米，曾屡经修

---

① 山东省济宁市文物管理局：《薛国故城勘查和墓葬发掘报告》，《考古学报》1991 年第 4 期；山东省文物考古研究所：《薛故城勘探试掘获重大成果》，《中国文物报》1994 年 6 月 26 日；孙波等：《薛国故城》，《中国考古学年鉴（1994 年）》，文物出版社 1997 年版。

② 中国科学院考古研究所山东工作队：《山东邹县滕县古城址调查》，《考古》1965 年第 12 期。

③ 刘有祯：《山西盂县东周盂由遗址调查》，《考古》1991 年第 9 期。

④ 周口地区文化局：《扶沟古城初步调查》，《中原文物》1983 年第 2 期。

补，其始建期或可早到春秋，城内东南部，有一高出周围地面 3—4 米，现存面积约 380—390 米的大台地，到处可见东周至汉代的陶片。可能为一建筑基址群。推测为早期晋国的城址①。

位于河南焦作的府城村城址总面积约 8 万平方米。在城内北部偏西处 0.6 米深以下有一片夯土，可能为宫殿区②。

位于湖北孝感市草店坊城面积 0.11 平方公里。城内的地形较为平整，正中有一块略高于四周 0.5—0.8 米的台地。台地东西长约 150 米、南北宽 100 米。在城内的中部略偏北发现一座夯土台基，面积 1750 平方米，这是城内发现的唯一的一座夯土建筑台基③。

相对于整个东周时期的城址来说，以上几座城址在总体比例上较小，据此来推测其他城址的情况当不具有很强的说服力。尽管如此，还是有必要作一概述。东周时期随着各地城址的大量兴建，城址的总体形态朝着多元化的方向发展，尤其是各诸侯国都城遗址，并没有一定严格的建筑规制，其差异性远大于共性。不过从其本质上看，却又存在着一些共有的现象，即大型夯土建筑基址应该是各城址内的基本内涵。在大规模城址内表现为几个大规模夯土建筑基址群零散分布于城址内，而在较小的城址内，则在其中部一般都建有一定的夯土建筑基址，从性质上来看，这些基址都应当是各自城址的中心政权机构所在地，这些建筑也即所谓的政治性建筑。

## 三　小结

本书所探讨的商周城市的政治性建筑在文献与古文字资料中指的是"宫室"与"宗庙"等建筑名称，而在考古学上则是指代城址中的大型夯土建筑基址。从长时段看，作为商周城市主体形态的重要组成部分，政治性建筑主要经历了以下几个阶段的发展演变：

---

① 北京大学考古专业商周组：《晋豫鄂三省考古调查简报》，《文物》1982 年第 7 期。

② 李德保等：《焦作市发现一座古城》，《文物参考资料》1958 年第 4 期；杨贵金等：《焦作市府城古城遗址调查报告》，《华夏考古》1994 年第 1 期。

③ 草店坊城联合考古勘探队：《孝感市草店坊城的调查与勘探》，《江汉考古》1990 年第 2 期；孝感地区博物馆：《湖北孝感地区两处古城遗址调查简报》，《考古》1991 年第 1 期。

（1）在龙山时代以前，一些典型遗址内就已经出现了建筑上的分化，这种在考古学上被称为"大房子"的建筑可能就是政治性建筑的最初萌芽，但这种建筑与城市中的政治性建筑还存在着很大差距。

（2）龙山时代的城址内已经出现了大规模的夯土建筑基址，这可能是城市政治性建筑的真正起源，而陶寺城址内宫殿区的发现则把后世所谓"宫城"的源头提前到了龙山时代。但此时的"宫城"因其在整体形态上的松散性和边界的模糊性而表现出了一定的原始性。

（3）到了二里头文化时期，在二里头遗址内发现了真正意义上的宫城：一群功能各有侧重的建筑基址被一圈封闭式的围墙环绕。后世成熟的宫城形态在本质上与此并无差别。宫城内的建筑虽然在形态上大同小异，但是在功能上已经有了明显的差别。目前的考古资料显示，宫城内的建筑明显分为东、西两组，在功能上分别为宗庙性建筑与统治者起居办公的场所。政治性建筑在空间上的功能分化表明二里头文化时期政治制度的分工发展。

（4）商代的甲骨文资料记载了许多商王室的祭祀性建筑名称，其中最主要的可能就是用于祭祀祖先的"宗"了，这些宗庙建筑呈集聚状态分布。而目前所发现的商代城址中均有集中分布的夯土建筑基址，且大都只有一处密集分布区。另外，文献和甲骨文资料中还出现了"宫"、"室"、"寝"等建筑名称，而商代城址不仅在宫城内出现了池苑等娱乐遗迹，还出现了台榭建筑。可见，商代的政治性建筑在形态和功能上进一步得到完善，其中宗庙性建筑可能占据主体地位。

（5）西周时期金文中出现了后世文献经常出现的祭祀祖先的建筑名称——"庙"，"宗"则是作为"庙"的内部形态之一而继续使用。商代以"宗"为主体的宗庙祭祀性建筑到西周时期发生了变化，在西周宗庙祭祀性建筑中，"宫"已经取代了"宗"而占据主体地位。商代作为建筑名称的"宗"并不能用来指代生人的居所，而西周时期的"宫"在功能上还可以作为生人居所的名称。不过，西周时期的政治性建筑依然表现出了一定的原始性，各种建筑在功能上还没有明确的分工界限，宗庙性建筑虽然是祭祀祖先的场所，但在功能上则是多元化的。在考古学上，西周建国前和建国后在城市的建设理念上可能发生了很大变化。目前的资料显示，周原和丰镐遗址内的宫殿区都没有明显的边界，在整体布局上也比较松散。与商代封闭式的宫城相比，这种布局松散的宫殿区更体现了一种自然发展的结果。而《逸周书·作雒》对成周建设的记载表明，西周建国后的城市建设已经具备了很强的规划意识。文献与金文所记载的主要政治性建筑名称多与成周有关。

（6）东周时期无论是文献资料还是考古资料都反映了城市政治性建筑的复杂化、多元化发展趋势。从文献来看，当有20余种名称应包含于政治性建筑之中。各建筑名称又包含不同种类，如宫便有"王宫"、"公宫"、"宗庙之宫"和卿大夫之宫等不同级别的名称，同样，庙、社、朝、寝等建筑也包含有多种级别。在形态上已经出现了"前朝后寝"和"前庙后寝"的分化。另外，政治性建筑在功能上分工程度也很高，如用于储藏的建筑就有仓、府、库、廥等名称，而作为娱乐性设施的建筑就有台、榭、园、囿、圃等名称。

东周城市政治性建筑的发展在考古上的表现就是东周城址内大型夯土建筑基址的普及和发展，其中最典型的就是大型诸侯国都城遗址。这些都城遗址内普遍建有夯土基址密集分布的宫城或宫殿区，从整体形态可分为封闭式和开放式两种，从与城址的位置关系看，可分为居于大城之中与脱离大城之外两种。从建筑模式看，大型夯土高台式建筑在东周城址中占据主流地位，而建筑形态在东周时期始终得到创新。

总之，结合文献和考古资料可知，作为政治制度的物化形态，商周城市的政治性建筑在种类上的增多、规模上的增大、形态上的复杂化和功能上的细化都表明商周时期城市的政治制度越来越趋于成熟和完善。政治性建筑在商周城市的主体形态中可能占据着核心地位，但除此之外，在商周城市中与经济有关的建筑形态也很发达，其重要表现之一就是手工业场所。

## 第三节　集团化分工与商周城市手工业场所的演变

据本书第一章所论可知，城市产生的重要因素之一是聚落之间的分工，而城市的进一步发展也与城市内部生产分工的发展有非常紧密的关系。从经济发展的角度看，一座大规模城市的形成和发展，除了需要强大的农业支撑外，手工业生产的水平直接决定了这座城市的经济水平。目前的考古学资料显示，在商周时期的城市遗址中，除去本书上一节所讨论的政治性建筑遗址外，手工业作坊遗址无论是在所发现的遗址数量上还是分布格局上都显示了其特殊重要的地位。

从经济分工的角度看，农业和手工业应该是商周城市的主要生产行业。其中，农业是基础性行业，而手工业则是商周城市生产发展的主要表现形式。发达的手工业及其内部分工是商周时期典型城市的主要特征之一。那么在先秦时期手工业是如何与城市的发展紧密结合，并在这种结合中进一步促进了手工业的发展，从而使城市成为手工业最发达的地方？这个看似简单的问题其实并不容易回答。在城市产生之前，手工业可能已经获得了很大的发展，但是随着历史的发展，城市成为手工业最发达的地区。目前尽管还没有充足的证据证明手工业对城市起源的促进作用，但对于城市的发展来说，手工业可能起了十分关键的推动作用。有鉴于此，对手工业的起源与发展作一番重新认识便很有必要了。

### 一　"工"之起源与发展

先秦文献中对手工业及其从业人员的记载还是很丰富的。从时代较早的《尚书》到记载战国游说言论的《战国策》，都可找到有关手工业的内容，甚至有专门记载手工业工艺的文献，如《周礼·考工记》。可见在先秦这一长时段里，手工业在整体历史发展中占有很重要的地位。在先秦传世文献和商周古文字资料中，对手工业者的主要称呼就是"工"。

（一）"工"之起源与"百工"解析

"工"，《说文》曰："巧饰也。象人有规榘也。与巫同意。凡工之属皆从工。"对于"工"的起源，在先秦文献中也留有一些蛛丝马迹。《周礼·考工记》载："知者创物，巧者述之，守之世，谓之工。百工之事，皆圣人之作也。烁金以为刃，凝土以为器，作车以行陆，作舟以行水，此皆圣人之所作也。"这段话对"工"的解释较之《说文》尤胜之，它清楚地阐明了"工"产生的源头。工的形成是由于出现了两种人，一种是"知者"，也即圣人；另外一种是"巧者"。而工之所指则是后者，也即对技艺的传承者。对文中"守之世"，郑玄注曰："父子世以相教。"据此可知，文献中"工"的确切含义应当是世代相传的具有一定技艺，能够制造"物"的人。

从字形看，金文中"工"字有像手持斧伐木之形，据此很多学者认为"工字最初之夙义为伐木之斧之遗形也"①。但仔细分析，也有不妥之处。从文献看，工之职责并非伐木也。《左传·隐公十一年》载："周谚有之曰：'山有木，工则度之。'"可见，西周时期在处理木材的过程中，工的任务只是"度"，即度量并思考如何使用之，而非伐木。《孟子·梁惠王下》载："孟子见齐宣王曰：为巨室，则必使工师求大木。工师得大木。则王喜，以为能胜其任也。匠人斫而小之，则王怒，以为不胜其任矣。"此段文献明显指出，工师之职责在寻找大木，即寻找合适的木材。因此，金文中"工"之字形可能并非伐木之斧，而是一种特殊的度量工具。这与《说文》对工的解释相吻合。甲骨文中"工"之字形可能更近工之古意，杨树达在《积微居小学述林》中说："工象曲尺之形，盖工即曲尺也。"大略如是。

《世本·作篇》、《淮南子·齐俗训》、《吕氏春秋·君守》、《吕氏春秋·勿躬》等文献中都记载了一系列的"知者"、"圣人"等发明家，这些人都可认为是"工"的始祖。据此可知，"工"的形成与发展源远流长。在诸多有关"工"的文献中，有一些概念至今还有争议，其中，分歧最大的就是"百工"②。

"百工"一词在商代的甲骨文和西周的金文中都已出现。如："癸未卜，有祸百工"（《屯南》2525）、《作册令方彝》铭文："明公朝于成周，遂命舍三事命眔卿事寮，眔诸尹，眔里君，眔百工"（《集成》16.09901）等等。但其究竟是何含义还要参诸文献。

"百工"在文献中最早出现于《尚书·尧典》，曰："允厘百工，庶绩咸熙。"历代注释家都解"百工"为"百官"，实在让人颇为费解。把"工"解释为"官"，那么整句话的意思就完全不同了。遍考先秦文献可知，"工"与"官"在字义上泾渭分明，为何又可以相互解释？原来问题

---

① 金文具体字形及出处参见周法高主编《金文诂林》，香港中文大学出版1975年版，第2877—2885页。

② 关于百工的讨论较早的有肖楠《试论卜辞中的工与百工》，《考古》1981年第3期。学者在论述三代手工业者时，百工问题也是必须探究的，如陈旭《商代手工业者》，《商代文化论集》，科学出版社2000年版，第192—200页；蔡锋：《夏商手工业者的身份和地位》，《中国经济史研究》2003年第4期；孙周勇：《西周手工业者"百工"身份的考古学观察——以周原遗址齐家制玦作坊墓葬资料为核心》，《华夏考古》2010年第3期。相关综述也可看看上述文章。

出在音训上。唐孔颖达正义曰："《释训》云：'鬼之为言归也。'《乡饮酒义》云：'春之为言蠢也。'然则《释训》之例有以声相近而训其义者，'厘，治'，'工，官'，皆以声近为训，他皆放此类也。""工"与"官"纯粹是一种声训转换，而不存在字义上的互用。因此从字义上用"百官"来解释"百工"明显是一种错误，应予以纠正。

在排除了"百官"之意后，接下来需要讨论的是"百工"究竟所指为何？百工虽不是百官，但是否可以解释为一种官职的名称？这个问题目前看并不太清楚。其实文献中"百工"一词并不鲜见。首先列举若干语义较为明确的资料：

（1）《左传·昭公二十二年》："丁巳，葬景王。王子朝因旧官、百工之丧职秩者，与灵、景之族以作乱。……单子使王子处守于王城，盟百工于平宫。……壬辰，焚诸王城之市。八月辛酉，司徒丑以王师败绩于前城，百工叛。"

（2）《论语·子张》载子夏曰："百工居肆以成其事，君子学以致其道。"

（3）《孟子·滕文公上》载孟子曰："以粟易械器者，不为厉陶冶；陶冶亦以其械器易粟者，岂为厉农夫哉？且许子何不为陶冶？舍皆取诸其宫中而用之？何为纷纷然与百工交易？何许子之不惮烦？"曰："百工之事，固不可耕且为也。"

（4）《国语·周语上》："厉王虐，国人谤王。……邵公曰：故天子听政，使公卿至于列士献诗，瞽献曲，史献书，师箴，瞍赋，蒙诵，百工谏，庶人传语，近臣尽规，亲戚补察，瞽、史教诲，耆、艾修之，而后王斟酌焉，是以事行而不悖。"

（5）《周礼·天官冢宰》："以九职任万民：一曰三农，生九谷；二曰园圃，毓草木；三曰虞衡，作山泽之材；四曰薮牧，养蕃鸟兽；五曰百工，饬化八材；六曰商贾，阜通货贿。七曰嫔妇，化治丝枲；八曰臣妾，聚敛疏材；九曰闲民，无常职，转移执事。"

（6）《礼记·月令》："是月也，命工师，令百工，审五库之量，金、铁、皮、革、筋、角、齿、羽、箭、干、脂、胶、丹、漆，毋或不良。"

（7）《荀子·荣辱篇》："故仁人在上，则农以力尽田，贾以察尽财，百工以巧尽械器，士大夫以上至于公侯，莫不以仁厚知能尽官职。夫是之谓至平。"

上述史料中，对"百工"的解释古今注释大同小异，无一处被解释为官职的名称。《左传》所载最为明确，百工乃工之总称，但有一定限定，即"执技艺以事上者"（见《国语·周语上》韦昭注）。不过据《周礼·天官冢宰》所载，百工似乎又可以解释为对所有手工业者的统称，这大概是后起之意。

综上所述，"百工"在概念上可能存在着广、狭之分。广义的"百工"指全部的手工业者，此种用法较少，在时代上也可能较晚使用；狭义的"百工"指直接为上层统治者服务的一群拥有各种技艺的人①，此种用法较为常见。《尚书》与甲骨、金文所载之"百工"当指此意。

### （二）"工"之集团性特征及其社会属性辨析

手工业者因其工作性质很容易显露出集团性特征，尤其是当手工业内部分工达到一定程度后，一件手工产品可能需要很多人的通力合作，互相配合方可完成。分工对生产效率的促进作用很早可能就被发现，并有意识地应用到生产实践中去。在各行业中，手工业应当是分工细化表现最明显的行业。分工的深入发展必然导致产业的集团性，同时又因集团内各成员之间风险共担、利益共享，其凝聚力必然得到加强，所以才会在甲骨文、金文和先秦文献中出现"百工"之称。

手工业者的集团性特征出现的时间当不会很晚，《尚书·尧典》载帝尧曰："允厘百工，庶绩咸熙。"虽然《尧典》一文通常被认为成于战国，但所记载之内容可能并非完全杜撰。上文已说明，"百工"是对手工业者的一种统称。如果参照后文所论之考古资料，那么在夏代以前，那些"执技以事上"的手工业者可能已经发展到了相当规模，并具有了一定的集团性，其团体被上层统治者称之为"百工"。

到了春秋时期，手工业者的集团性特征更加明显。《左传·昭公二十二年》载："丁巳，葬景王。王子朝因旧官、百工之丧职秩者，与灵、景之族以作乱。……单子使王子处守于王城，盟百工于平宫。……壬辰，焚

---

① 需要说明的是，在东周时期"百工"作为一个特殊群体，因其直接为最上层统治者服务，所以其地位当不会很低，据《左传·昭公二十二年》载，"百工"还应有"职秩"，可见其地位的特殊性。当然另外一种可能是此处拥有"职秩"的"百工"指的是其中拥有官职的人，即"百工"之中可能也分等级。

诸王城之市。八月辛酉，司徒丑以王师败绩于前城，百工叛。"在这次事件中，"百工"或盟或判，皆共进退，可见具有相当的组织性和纪律性，而脱离"百工"的"丧职秩者"可以进行自由选择，这更加说明，"百工"是一个具有集团性特征的纪律性组织。作为一个集体，很明显具有自主决断的权力。

"百工"的集团性特征是与其所属的社会阶层分不开的。《国语·鲁语》载文伯之母曰："诸侯朝修天子之业命，昼考其国职，夕省其典刑，夜儆百工，使无慆淫，而后即安。卿大夫朝考其职，昼讲其庶政，夕序其业，夜庀其家事，而后即安。士朝受业，昼而讲贯，夕而习复，夜而计过无憾，而后即安。"据注释，文中"儆，戒也"；"慆，慢也"。其大意是诸侯白天办理政事，晚上还要监督视察"百工"的工作，以免他们偷懒怠慢。这段文献反映了一个非常重要的事实，即"百工"隶属于诸侯国君，是上层统治者直接控制的手工业集团。

"百工"组织因其隶属于上层统治者，所以其成员具有一定的社会地位。《左传·昭公二十二年》载有"百工之丧职秩者"，"职"指职位，"秩"指俸禄（《荀子·强国》："官人益秩，庶人益禄。"）。那么"百工"之成员当既有职位，又有俸禄，自然应该有一定的人身自由。而且似乎加入其组织也并非易事，否则就不会出现"丧职秩者"了。这种组织应该称其为官营手工业集团。

这种集团化的手工业组织之所以隶属于最上层统治者，是由当时的社会经济状况决定的。一方面随着经济的发展，手工业分工带来的生产效率的提高逐渐被认识到，随之而来的就是大量手工业者的出现，要养活大规模的非劳动人口，农产品的供应就成为一个非常关键的因素；另一方面，在春秋及其以前，社会上的主要剩余资源基本都掌握在最高统治者即天子和诸侯手中，也只有他们有能力供养如此规模的非劳动人口。同时，他们对手工业产品的需求量也是最大的。因此，官营手工业集团的出现和发展就是势所必然了。这种状况可能一直持续到春秋晚期。到战国时期，记录战国历史的主要文献《战国策》一书中没有出现"百工"一词，一些战国诸子书中虽然也偶有"百工"一词，但其含义基本属于广义的范畴，据此推测"百工"组织可能已经发生了变化，而"百工"在语义上也演变成了对手工业者的一般统称。

《国语·晋语四》载："公食贡，大夫食邑，士食田，庶人食力，工商食官，皂隶食职，官宰食加。政平民阜，财用不匮。"对"工商食官"韦昭注曰："工，百工。商，官贾也。《周礼》府藏皆有贾人，以知物价。食官，官廪之。"学者对此颇有争议，争议的焦点其实很简单，即春秋战国时期官营工商业是否存在着一个解体的过程。之所以会有争议，是因为东周文献中出现了很多有关私营工商业的记载。但正如有学者指出，私营工商业的兴起并不必然造成官营工商业的解体，二者并非是对立的①。《国语》所载可能只是对当时社会存在的主体现象的描述。正如上文所论，先秦时期工商业因其在分工上的集团性特征和市场的需求而不得不依附于上层统治者，因此也一直在繁荣发展，这一点在后文讨论城址中所出现的手工业场所时可以予以充分证明。

　　虽然先秦时期这种集团性的官营手工业组织在整个手工业生产领域内占有很重要的地位，并且在相当长的时段内一家独大，但并非就是唯一的存在形式。在社会上还存在着大量零散的手工业者和小规模的手工业集团，这些应该属于自由民性质。从文献来看，至少到东周时期，"工"已经成为一种非常普遍的职业。《左传·桓公二年》载师服曰："天子建国，诸侯立家，卿置侧室，大夫有贰宗，士有隶子弟，庶人、工、商，各有分亲，皆有等衰。"《左传》还可举出若干，如闵公二年载："卫文公大布之衣，大帛之冠，务材训农，通商惠工，敬教劝学，授方任能。元年革车三十乘，季年乃三百乘。"宣公十二年："昔岁入陈，今兹入郑，民不罢劳，君无怨讟，政有经矣。荆尸而举，商、农、工、贾不败其业，而卒乘辑睦，事不奸矣。"襄公十四年："是故天子有公，诸侯有卿，卿置侧室，大夫有贰宗，士有朋友，庶人、工、商、皂、隶、牧、圉皆有亲昵，以相辅佐也。"哀公二年："克敌者，上大夫受县，下大夫受郡，士田十万，庶人工商遂，人臣隶圉免。志父无罪，君实图之。"类似的记载在文献中还有很多，此处不再一一列举。

　　《孟子·滕文公上》中所记载的一段对话生动的描述了"工"存在之普遍性：

　　　　孟子曰："许子必种粟而后食乎?"曰："然。""许子必织布而后衣乎?"曰："否。许子衣褐。""许子冠乎?"曰："冠。"曰："奚

────────────

　　① 参见杜勇《"工商食官"解体说献疑》，《四川师范学院学报（哲社版）》1993 年第 4 期。

冠?"曰:"冠素。"曰:"自织之与?"曰:"否。以粟易之。"曰:
"许子奚为不自织?"曰:"害于耕。"曰:"许子以釜甑爨,以铁耕
乎?"曰:"然。""自为之与?"曰:"否。以粟易之。"

"以粟易械器者,不为厉陶冶;陶冶亦以其械器易粟者,岂为厉
农夫哉?且许子何不为陶冶。舍皆取诸其官中而用之?何为纷纷然与
百工交易?何许子之不惮烦?"曰:"百工之事,固不可耕且为也。"

这种"纷纷然与百工交易"的现象表明,分工与交换已经深入社会
的各个层面,手工业者在社会上应该是普遍存在的。从整个先秦时期这一
长时段来看,手工业的发展至少存在着两条发展路径:一是带有集团性的
官营手工业组织从产生到发展壮大;另一个就是私营手工业者从少到多,
从零散到普及的过程。不过从一定意义上说,正是官营手工业的不断发展
演变,才造就了手工业在社会上的全面普及。

在手工业发展的过程中,对城市的发展影响最大的就是集团性的官营
手工业组织的发展。可以说,正是这种手工业组织的集团化,极大地刺激
和推动了城市的发展壮大。目前考古发现的众多大型城址资料中,这种规
模化集团化的手工作坊遗址在整个遗址中占有相当大的比例。下面就对考
古发现城址内手工作坊遗址的特征及其演变轨迹作一番讨论。

## 二　商周时期手工业生产的集团化及其演变特征的考古学观察

手工业生产的集团化现象虽然在龙山时代以前可能就已经产生并得到
了一定的发展①,但是在二里头文化以前,这种发展规模较小、类型也较
单一,集团化现象表现得并不突出。考古资料表明,从二里头文化时期开
始,城市内部手工业生产的集团化才开始大规模显露出来。

### (一) 二里头遗址内手工业生产的集团化表现

从目前的考古资料看,二里头遗址内手工业作坊遗迹显示了明确的行
业分工的迹象,当时的手工行业主要有制陶业、制铜业、制骨业和绿松石
制造业。这些手工业作坊的分布格局很有特点,基本是以宫城为中心向外

---

① 如本书第一章所论大溪文化时期的城头山城址和仰韶文化时期的西山城址内
都发现了规模化的手工业作坊遗址。

辐射分布。在宫城西北部发现有烧陶窑址，北部和东部则发现了与骨器制作有关的遗迹遗物，可能分别属制陶和制骨作坊区。最引人注目的就是宫城南部制造铜器和绿松石器的手工业作坊遗址。

　　据最新的考古资料，在二里头宫城以南发现了一处大型围垣设施（图3.3.1）。第一部分编为5号墙，目前已确认了东墙北段、东北角和北墙大部。其中东墙位于宫城东墙的南墙延长线上。已知东墙长度达80余米，且继续向南延伸。北墙北距宫城南墙约11米，与其大体平行，遗址北墙长度近200米。5号墙的宽度在1米左右，饰件年代为二里头文化二期，至少东部地段延续使用至二里头文化时期或稍晚。第二部分编为3号墙。该墙位于上述5号北墙以南7米余，与其大体平行。墙宽与宫城城墙一样，也在2米左右，有较宽深的基槽，夯筑质量高于宫墙。已确认的长度达200余米。始建年代为二里头文化四期偏晚。该墙应为围垣设施北墙的加固增筑部分。很明显这一围垣在建筑上是与宫城相配套而建的。

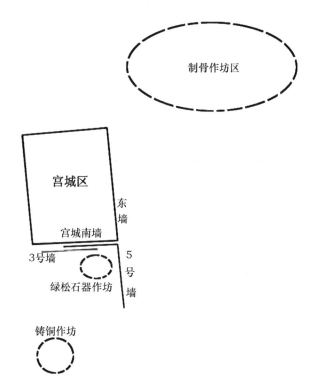

图3.3.1　二里头遗址手工业作坊示意图

　　宫城以南新发现的夯土围墙内侧即为一个绿松石制造作坊。经小规模试掘，绿松石作坊区范围不小于 1000 平方米，使用上限至少可上溯至二里头文化三期。其中发现了一处绿松石废料坑，出土绿松石块粒达数千枚，相当一部分带有切割琢磨的痕迹。据初步考察，有些石料尚可作为原料使用。该坑时代属于二里头文化四期偏晚。另外在一块 30 余米见方的范围内普遍发现绿松石废料。这一处作坊区明显属于规模化经营，其工作人员当具有一定的集团性。

　　向南不远处则有大型青铜冶铸作坊。这两处大型作坊遗址以生产青铜器和绿松石等奢侈品为主，并可能处于围墙封闭范围内，因此"有理由推断，这一围墙环绕的封闭区域极有可能属官营手工业作坊区"[1]。

　　与奢侈品制造业不同，二里头遗址内的制陶作坊则表现出了另一种特征。据学者对二里头遗址内陶器化学成分的聚类分析，认为"二里头遗址应有两个或多个聚居区域，各区域内都有自己的制陶作坊，不同区域内的制陶作坊，各自皆有较为稳定的矿料来源"，"各个区域的陶窑都能烧造各种器形的陶器，不存在按产品类别生产的专业分工"[2]。可见，制陶业在二里头遗址内布局比较松散，应属多个小集团分散生产。

　　上述分析表明，二里头遗址内的手工业作坊遗址至少存在着如下几点特征：

　　（1）手工业作坊遗址以宫城为中心呈辐射状态分布，表现出了显著的向心力；

　　（2）出现了明确的行业分工，以制陶业、制铜业、制骨业为主，还出现了复杂的奢侈品加工业；

　　（3）各行业出现了显著的规模化经营，尤以制铜业和奢侈品加工业表现最突出；

　　（4）行业内部分工不明显；

　　（5）制铜业和奢侈品加工业的封闭式布局表明，其应属最上层统治者垄断经营，其他制造业在所有权上可能比较松散。

---

　　① 王巍、杜金鹏：《2500BC—1500BC 中原地区聚落形态反映的社会结构研究》，探源工程（第一阶段）"聚落形态反映的社会结构"课题结项报告，2006 年 7 月，第 16 页。

　　② 朱孝君等：《二里头遗址陶器产地的初步研究》，《复旦学报》（自然科学版）2004 年第 4 期。

各种行业的手工业作坊同时出现在一个遗址内，其本身就表现出了一种手工业生产的集团化倾向，同时，制铜业和奢侈品加工业的集中封闭式布局又体现了另一种较高级的集团化现象，即官营手工业表现出了一种规模化、垄断性的生产方式。这种倾向在商代得到进一步发展，并有所突破。

（二）商代城址内手工业生产集团化现象的进一步发展

本节主要讨论三座资料较为丰富的都城遗址，即商代前期的偃师商城和郑州商城、商代后期的安阳殷墟遗址，这三座城址内的手工业场所颇具代表性。

1. 商前期偃师商城和郑州商城内手工业遗迹的特征分析

在已发现的商代前期若干城址中，以偃师商城和郑州商城最具代表性。

在偃师商城中北部发掘出一批中、小型房屋建筑，大量灰坑、窖穴，遗迹陶窑、水井、墓葬等遗存，推测此地为当时城内中低级阶层居住区。在这一区域已发掘出陶窑8座，分布比较集中，已经基本具备制陶作坊的雏形，显示了一定的集团性。城址东北部还发现了铜渣和陶范等青铜冶铸遗物，证明那一代应有铸铜作坊遗址[1]。这说明偃师商城内部手工业作坊遗址已经出现了行业分工，并初具规模。但与稍后发展起来的郑州商城相比，其手工业发展比较薄弱，甚至比不上附近的二里头遗址，这种现象表现出了某种过渡性特征，推测手工业生产在偃师商城不占重要地位。

考古发现的郑州商城内的手工业作坊遗存反映出当时手工业生产表现出了相当繁荣的景象（图3.3.2）。手工业作坊遗址基本分布在内城墙之外，主要分为制陶业、制铜业和制骨业三类[2]。其显著特征有以下两点：

一是规模增大，并出现了普遍的行业内部分工。

（1）制陶作坊遗址已发掘一处，位于郑州商城西城墙北段外侧约700米处的铭功路西，遗址分布面积约为南北长800米、东西宽150米，共约12万平方米，规模空前。时代从二里岗下层二期到二里岗上层一期连续

---

[1]　杜金鹏、王学荣主编：《偃师商城遗址研究》，科学出版社2004年版。

[2]　河南省文物考古研究所编著：《郑州商城（1953年—1985年考古发掘报告）》，文物出版社2001年版；河南省文物研究所编：《郑州商城考古新发现与研究（1985—1992）》，中州古籍出版社1993年版。

使用。二里岗下层二期的烧陶窑炉共有 5 座。此处作坊是以烧制泥质陶器为主的，而当时使用的大量砂制陶器必然另有专门作坊进行烧制。

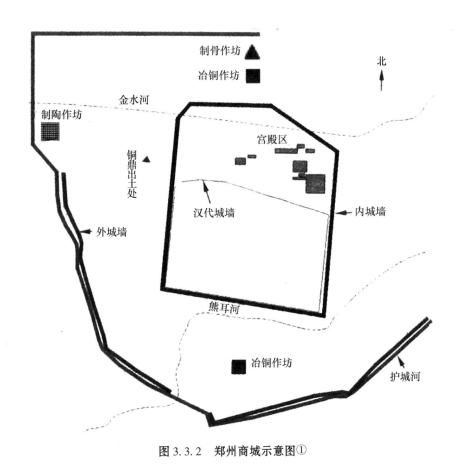

图 3.3.2　郑州商城示意图①

（2）制铜作坊遗址目前发现两处，一处在商城南墙外曰 500 米的南关外，另一处在北城墙外约 200 米处的紫荆山附近。从南关外和紫荆山北两处铸铜遗址出土的陶范所铸铜器品种来看，其中铸造各种生产工具范 151 件、兵器范 46 件、容器范 71 件、其他 17 件。其中工具范所占比例最多。"说明两处遗址是以铸造铜生产工具为主的。"更确切地说，南关外

① 据河南省文物考古研究所编《郑州商城（1953 年—1985 年考古发掘报告）》，文物出版社 2001 年版，图二；河南省文物考古研究所《郑州商城外郭城的调查与试掘》，《考古》2004 年第 3 期，图一。

铸造青铜器作坊是以铸造青铜镢等生产工具为主的，而紫荆山北铸造青铜器作坊是以铸造青铜刀和箭头为主的。从整体分布格局看，以青铜武器为主的制造作坊距离宫殿区较近，当属上层统治者直接垄断经营。

（3）关于二里岗下层二期和二里岗上层一期的制作骨器手工业作坊遗址，截至目前已发现二处。一处是紫荆山北的制骨器作坊遗址，位置紧挨着制铜作坊遗址。此处作坊以生产人们日常生活中使用的骨簪、骨镞、骨匕和骨针等为主，分布面积断断续续有 5000 多平方米。另一处位于郑州商城夯土城垣东北部的商代宫殿区遗址中部。出土了百余个人的头盖骨，绝大多数的人头盖骨的边沿处，都带有明显的锯痕。另外还出土了牛头骨、猪头骨和许多郑州商城内外其他商代二里岗上层一期遗址中基本不见的玉簪和青铜簪。这些高级别的手工产品在同一地点出土，至少说明这有可能是一处规格较高的专门生产奢侈品的官营手工业作坊。

二是商城内的手工业作坊存在着一个扩展演进的过程。

以紫荆山北的制骨器作坊遗址为例，分布面积断断续续有 5000 多平方米。从时代上看，"这处商代制骨遗址的东南部是以商代二里岗下层二期为主的制骨重点地区，而遗址的西北部则是以商代二里岗上层一期为主的制骨重点地区"。这种变化显示了这一手工业作坊的扩张趋势。

以上所发现的手工业作坊遗址可能只占一小部分，还有相当一部分并未发现，但这也足以说明，郑州商城内部的手工业生产已经出现了普遍的行业内部分工，无论是较高级的制铜业，还是普通的制陶业，不同的作坊在生产产品的种类上各有侧重。这种现象反映了手工业生产的发展进入新阶段，分工所带来的高效率已经被有意识地应用到实际生产中。更细致的分工必然要求集中化的管理，因此郑州商城内的手工业生产应该具有相当的集团性。同时手工业作坊遗址存在着一个发展扩张的过程，这也说明郑州商城的手工业生产十分活跃，在整个城址的发展过程中可能起着十分重要的推动作用。

2. 商后期安阳殷墟遗址与郑州商城手工业遗迹比较分析

商代后期都城遗址中以洹北商城和安阳殷墟为代表，但是因为洹北商城并没有确切的手工业作坊遗址的资料，因此下面主要以安阳殷墟遗址为例分析①。

① 中国社会科学院考古研究所编：《殷墟发掘报告（1958—1961）》，文物出版社 1987 年版；中国社会科学院考古研究所编：《殷墟的发现与研究》，科学出版社 1994 年版。

殷墟遗址内的手工业作坊遗址基本延续了郑州商城的主体特征（图 3.3.3）：

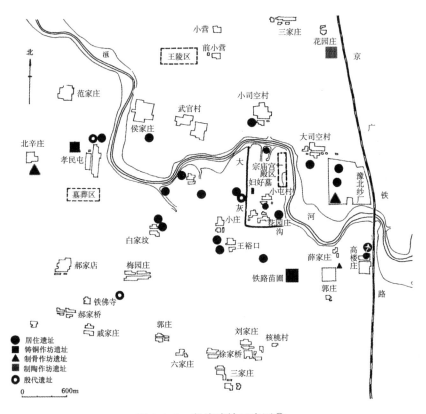

图 3.3.3 殷墟遗址示意图①

铸铜遗址在殷墟发现数处，但以苗圃北地铸铜遗址为最大。苗圃北地铸铜遗址的面积在 1 万平方米以上，其时代从殷墟一期延续到四期，遗址内发现有铜锭、熔炉、炼渣、陶范、陶模、木炭及制范和模的工具等，据此可知这是一个把别处提炼出来的铜锡原料熔化后铸成器物的工场。陶范数量较多的是铜礼器，较少见武器和手工工具的范。而在殷代发现的铜器中，武器数量是很多的，这说明当另有铸造武器的工场②。另外，在孝民

① 据郑振香《殷墟发掘六十年概述》，《考古》1988 年第 10 期；中国社科院考古研究所编：《殷墟的发现与研究》，科学出版社 1994 年版，第 41 页图。
② 陈朝云：《商代聚落体系及其社会功能研究》，科学出版社 2006 年版。

屯西发现铸铜作坊遗址一处。遗址范围狭小，总面积不超过 150 平方米。出土的礼器范种类较少，纹饰多不精细。出土的内范，以工具和武器居大多数，特别是戈内范，即占内范总数 50% 以上，而工具武器的内范在苗圃北地至今发现极少。

玉器制造作坊位于小屯北地，曾发掘两座制造玉、石器的小型房子，房内有大量砺石、半成品、残玉器、玉料和玉鱼、鳖等成品①。

制骨器作坊遗址有两处。一处位于大司空村东南地，面积约有 1380 平方米，据出土遗物推测，青铜工具大概已较普遍地应用于制骨领域。另一处在北辛庄南地，面积约有 800 平方米。这两个作坊中制造的骨器大部分是一般平民墓中常见的骨笄。二者的区别有：北辛庄作坊范围可能较小，骨料坑的分布也不如大司空村密而多，且年代出现较晚，部分骨料仍为石刀拉锯，而大司空村未发现石刀。

陶器制造也出现了内部专业分工。1981 年在花园庄南地发现一座制造陶器的作坊，在一处灰层中，有几十个式样相同的灰陶豆。据此推测可能为一个专门烧制陶豆的窑址。

与郑州商城手工业生产相比，安阳殷墟遗址内的手工业生产出现了一些新的发展：

（1）手工业生产不仅在内部分工上进一步发展，还在规模上出现了显著分化，大型的铸铜遗址在 1 万平方米以上，而小型的铸铜遗址只有不足 150 平方米，生产品种也有显著差异，大型遗址以精美的铜礼器为主，而小型遗址则以不太精细的工具和武器为主。同时，大型遗址靠近宫殿区，而小型遗址分布在较远的西部。这些现象说明，一些小型团体也具备了制造一般性青铜器的水平，但是最上层统治者还是控制着最重要的铜礼器制造技术，并且从规模上看拥有最大的手工业集团。

（2）青铜制造业在生产的产品上发生了一些变化。从目前的资料看，郑州商城以生产工具和武器为主要产品，对青铜礼器的重视程度并不明显，而殷墟遗址内的青铜器制造业则明显以青铜礼器为主要生产产品，并且规模庞大。

（3）玉器等奢侈品加工业开始规模化生产。二里头遗址已经出现了

① 中国科学院考古研究所安阳发掘队：《1975 年安阳殷墟的新发现》，《考古》1976 年第 4 期。

绿松石制造作坊，但是偃师商城和郑州商城从目前的资料看在奢侈品制造上还不强烈，到了商晚期，殷墟遗址内玉器作坊的发现说明上层统治者对奢侈品的需求量很大。

3. 商代一般性城址中手工业遗迹简析

在商代一般性城址中也出现了具有一定规模的手工业作坊。山西垣曲商城城址内西南部为制陶手工业作坊区，发现了多座陶窑址，多为圆形竖穴窑，有窑室、窑箅、火膛和火门等。城址内出土了鼎、爵等铜容器及铜镞等狩猎工具，还发现了部分有色金属矿石及较多的铜炼渣，说明城内存在冶铜遗址①。

湖北黄陂盘龙城城址手工业作坊遗址都分布在城外，布局为：北面有杨家湾及杨家嘴平民区与作坊遗址，南面有王家嘴作坊遗址，西面有楼子湾平民区和作坊遗址。在建城之前的夏、商之际（即盘龙城一至三期文化时期），在盘龙城湖畔散布着有李家嘴、杨家湾和杨家嘴三处规模不大的聚落，仅在盘龙城东南岸的王家嘴发现了盘龙城二、三期的大片制陶作坊遗迹。二里岗上层一期偏晚，在宫城营建后，在杨家湾、杨家嘴遗址上新建了铸铜作坊。在上述两遗址上，都发现大片作坊遗迹及大量陶缸、坩埚等遗物②。

上述南北两座城址虽然都是各自地区的中心聚落，地位当较高，但是其内部的手工业作坊遗址无论是规模还是分工程度都无法与前面几座都城遗址相比。据此推测，手工业作坊遗址与城址的规模在一定程度上存在着正比关系，即规模较大的城址其所具有的手工业生产能力也相对较强。

综上所述，与二里头遗址相比，商代都城遗址内的手工业作坊有如下几点进步：①规模扩大；②各行业内部分工较为发达；③同一遗址内的手工业作坊遗址在规模上出现了分化。④手工业生产的产品种类更加丰富，

① 中国历史博物馆考古部等编：《垣曲商城（1985—1986年度勘查报告)》，科学出版社1996年版；中国历史博物馆考古部等：《1988—1989年山西垣曲古城南关商代城址发掘简报》，《文物》1997年第10期；中国历史博物馆考古部等：《1991—1992年山西垣曲商城发掘简报》，《文物》1997年第12期。

② 湖北省博物馆：《一九六三年湖北黄坡盘龙城商代遗址的发掘》，《文物》1976年1期；湖北省文物考古所：《湖北省文物考古工作十年来的发展》，载《文物考古工作十年（1979—1989)》，文物出版社1990年版；《盘龙城——1963—1994年考古发掘报告》，文物出版社2001年版。

另外青铜器的主要生产产品可能存在着由早期的生产工具向晚期的青铜礼器的转变。另外，商代不同级别的城址其内部手工业也呈等级化发展，手工业生产的能力同城址的规模存在着一定的正比关系。从整体上看，自商代开始，手工业生产的集团化现象是考古发现的城址尤其是都城遗址内的显著特征，较之二里头文化时期获得了进一步发展。

西周时期，周原和丰镐两座都城遗址内都发现了分布较为集中的制陶、制骨和制铜等手工业作坊遗址，但由于资料所限，还无法进行详细分析①。大体看来，这两座都城遗址都在手工业生产上表现出了相当的集团性，在发展程度上应该不次于商代的都城。

（三）东周城址内手工业生产集团化现象的扩散与转变

据文献资料，虽然东周时期的官营手工业依然十分强大，但是手工业生产技术在整个社会阶层可能已经获得了相当的普及，这使得城市内手工业生产的集团化现象出现了新的发展和转变。

商代和西周手工业生产的集团化表现主要集中在几座核心都城中。到了春秋时期，大量城址在各地涌现，其中各诸侯国都城是发展最快并且最繁荣的城市，其手工业生产的集团化现象表现也最突出。与西周以前相比，表现出了明显的扩散趋势。

技术的进步始终是推动手工业发展的主要力量之一，而集团化的手工业生产对于新技术的产生又具有相当的促进作用。东周城址内的手工业遗址除了制铜作坊、制陶作坊和制骨作坊等传统行业外，还出现了冶铁作坊遗址，这是春秋战国手工业发展的一个重要标志。除了技术的进步外，东周时期的手工业生产还出现了一些新进展，这些新进展以各诸侯国都城遗址表现最为集中和突出，具有很强的代表性，并且在资料上也比较丰富。

1. 东周都城遗址内手工业生产发展的新特征

综合各东周都城遗址资料，其内部手工业作坊遗址呈现出了如下三点

① 陕西省文物管理委员会：《陕西扶风、岐山周代遗址和墓葬调查发掘报告》，《考古》1963 年 12 期；徐锡台：《周原考古工作的主要收获》，《考古与文物》1988年第 5、6 期；陈全方：《周原与周文化》，上海人民出版社 1988 年版；中国科学院考古研究所编著：《沣西发掘报告》，文物出版社 1962 年版；中国社会科学院考古研究所沣镐发掘队：《陕西长安县沣西新旺村西周制骨作坊遗址》，《考古》1992 年第 11期；陕西省考古研究所：《镐京西周宫室》，西北大学出版社 1995 年版。

新特征：

（1）同行业作坊遗址的数量在同一都城遗址内明显增多（见表3.3.1）。

表 3.3.1 东周都城手工业作坊遗址数量统计表 （单位：处）

| 作坊<br>都城址 | 制铜遗址 | 制陶遗址 | 制骨遗址 | 冶铁遗址 | 共计 |
|---|---|---|---|---|---|
| 晋都新田① | 4 | 4 | 3 | | 11 |
| 秦都雍城② | 3 | 3 | | 2 | 8 |
| 郑韩故城③ | 1 | 1 | 1 | 1 | 4 |
| 鲁都曲阜④ | 2 | 3 | 2 | 2 | 9 |
| 齐都临淄⑤ | 2 | | 5 | 6 | 13 |
| 赵都邯郸⑥ | 1 | 5 | 1 | 3 | 10 |

在目前发现的十几座大规模东周都城遗址中，只有上述几座都城遗址内的手工业作坊资料比较详细，可供进行数量统计，但这些也还只是不完全统计，作坊遗址的数量是根据其考古遗址空间分布格局来统计的，即作坊遗址在分布上表现出一定的相对独立性便被统计为一处遗址，这种统计方式难免存在误差。尽管如此，作坊遗址数量的增多也是很明显的，其中邯郸城址内发现5处制陶遗址，临淄城址内发现6处冶铁遗址，这种现象当是集团化的手工业生产扩散分化的表现。

同一遗址内出现多处制陶作坊或者制铜作坊，其原因除了行业内部分

---

① 山西省考古研究所侯马工作站编：《晋都新田》，山西人民出版社1996年版。

② 陕西省社会科学院考古研究所凤翔队：《秦都雍城遗址勘查》，《考古》1963年第8期；陕西省雍城考古队：《秦都雍城钻探试掘简报》，《考古与文物》1985年第2期。

③ 河南省博物馆新郑工作站等：《河南新郑郑韩故城的钻探和试掘》，《文物资料丛刊》第3辑，1980年；河南省文物研究所：《郑韩故城制骨遗址的发掘》，《华夏考古》1990年第2期；河南省文物研究所：《河南新郑郑韩故城制陶作坊遗迹发掘简报》，《华夏考古》1991年第3期。

④ 山东省文物考古研究所等：《曲阜鲁国故城》，齐鲁出版社1982年版。

⑤ 山东省文物管理处：《山东临淄齐故城试掘简报》，《考古》1961年第6期；群力：《临淄齐国故城勘探纪要》，《文物》1972年第5期。

⑥ 邯郸市文物保管所：《河北邯郸市区古遗址调查简报》，《考古》1980年第2期；河北省文物管理处等：《赵都邯郸故城调查报告》，《考古学集刊》第4集，1984年。

工而导致的自然分化外，一个很重要的原因可能就是官营手工业不再占据完全的垄断地位，从而出现了一些新兴的手工业集团，这些集团的性质有可能是半官营的，也有可能是完全私营的。以冶铁业为例，至少到战国时期，私营矿冶业已经兴起。《史记·货殖列传》载"邯郸郭纵"、"巴寡妇清"、"蜀卓氏之先"、山东之"程郑"、梁人"宛孔氏之先"等都以冶铁业发家，富可敌国。矿冶业因其特殊的行业需求通常都是以大型集团化的方式存在的，这说明私营手工业生产的集团化在东周时期获得很大发展。从另一方面看，这也是官营手工业生产集团化现象的一种扩散，是商品经济发展的必然产物。

（2）都城址内手工业作坊的规模明显增大（表3.3.2）。

表3.3.2　　　　东周都城手工业作坊单个遗址最大面积统计表　（单位：万平方米）

| 作坊<br>都城 | 制铜遗址 | 制陶遗址 | 制骨遗址 | 冶铁遗址 | 制铜、铁遗址 |
|---|---|---|---|---|---|
| 晋都新田 | 4.8 | 12 | | | |
| 郑韩故城 | 10 | 5 | 4 | 4 | |
| 鲁都曲阜 | 8.8 | 16 | 15 | 5.4 | |
| 齐都临淄 | | | | 40 | |
| 楚都纪南城① | | 3 | | | |
| 燕下都② | | 60 | | | 20 |
| 中山灵寿③ | | 4 | | | 56 |

受目前考古资料的限制，上表的数据可以被看做一种抽样化的统计结果，虽然影响了其说服力度，但其所揭示的现象不容忽视。手工业作坊遗址面积的增大直接说明其生产规模的扩展、生产能力的提高和社会需求的增长，其中燕下都遗址内最大的制陶作坊遗址达到了60万平方米，中山

①　郭德维：《楚都纪南城复原研究》，文物出版社1999年版；湖北省博物馆：《楚都纪南城的勘查与发掘（上）（下）》，《考古学报》1982年第3、4期；湖北省文物考古研究所：《1988年楚都纪南城松柏区的勘查与发掘》，《江汉考古》1991年第4期；湖北省文物考古研究所：《纪南城新桥遗址》，《考古学报》1995年第4期。

②　河北省文物研究所：《燕下都》，文物出版社1996年版。

③　河北省文物研究所：《战国中山国灵寿城——1975—1993年考古发掘报告》，文物出版社2005年版，第30—47页。

灵寿遗址内的制铜铁遗址最大的达到了 56 万平方米，这些遗址应该代表
了东周时期手工业生产集团化现象的顶峰。

（3）新行业的出现。

东周时期除了冶铁业的发达及其作坊遗址在都城内的普及外，还新兴
了一些新的手工行业，下面试举二例：

①石圭制造业

石圭作为一种礼器在东周时期主要用途有二：一是用于各类墓葬的随
葬品，在春秋晚期至战国初期比较流行；二是作为载书盟辞的"策"、
"简"，在春秋时期及战国初期较为流行。因此，石圭制造业应该是从春
秋时期开始兴起，对石圭的需求量在整个东周时期应该是增长态势。在山
西侯马晋都新田遗址内发现石圭作坊遗址一处，位于牛村古城之南，生产
规模相当大，石圭生产遗物超过万件，主要为石料、石片、石圭残段等。
早期此处可能为铜器制造作坊，石圭生产活动开始于古城遗址中期，晚期
被废弃，其上限在春秋、战国之交，下限在战国中期。在约 100 年的时间
里，其规模和范围一直处于扩展趋势①。

②钱币制造业

在齐都临淄城小城南部，靠近城墙处发现了"齐法化"铸钱遗址，
范围东西南北各约 200 米左右。

在易县燕下都遗址内发现铸钱作坊遗址 1 处，从文化遗物来看，时代
约当战国中期，或稍早。制钱范作坊遗址 1 处，遗址面积 8000 平方米。

以上两处都为专门的钱币作坊遗址，这说明当时钱币制造业已经成为
一种专门行业，不过在一些铸造铜铁器的遗址内也发现过钱范和钱币遗
物，可能也有兼铸钱币的功能。专门性的钱币作坊的出现可能是为了满足
当时日益发达的商品经济的需求，同时也是手工业生产发展的一种表现。

石圭制造业和钱币制造业的兴起和发展，反映了当时新行业的两种存
在方式：一种是比较特殊的行业，只为满足本聚落的需求，如石圭业，除
了晋都新田外，其他地方发现较少，因此其存在的空间和时间也比较有
限；另一种就代表了较为普遍的社会需求，如钱币制造业，在当时的各大
都城内都应当有专门的钱币制造作坊，并具有了一定的规模，各种类型的

---

① 山西省考古研究所侯马工作站：《晋国石圭作坊遗址发掘简报》，《文物》
1987 年第 6 期。

东周钱币的发现就是一个很好的旁证，相信未来的考古发掘能够提供更多的相关资料。

以上对东周时期大型都城遗址内的手工业状况所进行的描述，依据的是并不完整的材料，因此随着新资料的出现，上述分析可能会得到修正和补充，但其所反映的现象当具有一定的普遍性。

2. 东周都城遗址手工业生产的多元化发展

目前有关东周城址的研究较少涉及其内部的手工业发展，即使有，也着重于其整体的共性。其实，现有的几座资料较丰富的大型都城遗址除了上述的一些共性特征外，还具有一些鲜明的个性特征。最明显的一点就是各城址内的手工行业并非平衡发展，而是各有侧重，试举例如下：

（1）齐都临淄城内冶铁业为主要行业，制陶业可能基本分布于城外。

在临淄大城的中西部、中北部和南部广泛分布有冶铁作坊遗址（图3.3.4）。

大城东北部的炼铁遗址：分布比较广，但不集中。遗迹比较丰富处在崔家庄东北至村西北一带，面积约3—4万平方米，这一带地层堆积厚，高地一般都在3米以上，有三层堆积，炼铁遗迹属第二层，当属东周时期。

大城西部炼铁遗址：在大城南北河道以西，范围约4—5万平方米，应是一东周晚期的炼铁遗址。

中部偏西的炼铁遗址：在南北河道以东，面积约40余万平方米。

大城南部炼铁遗址：在小城东门以东的大片地区都有炼铁遗迹存在，但中心地区似在大城南墙西门以内，大道的两侧，面积约40万平方米。这是六处炼铁遗迹中规模最大、遗迹最丰富的一处。在遗址内，特别是它的北部一带有许多夯土基址，过去这一带曾发现过汉"齐铁官丞"、"齐采铁印"等泥封，当是汉代的"铁官"所在，但此遗址的起始时间可能要早到战国时期。

临淄城内冶铁作坊遗址有的分布较集中且规模庞大，有的则分布广泛而零散，呈现出了多样化的发展态势，并且直到汉代此地依然存在着大规模的官营铸铁遗址，其延续时间当较长，这些特征在同时代的其他诸侯国都城内比较典型，据此推测冶铁业应当是齐都临淄城内手工业发展的主要行业之一。临淄城内目前还未发现制陶作坊遗址，这对于一座大规模都城遗址来说是非常少见的。繁华的临淄城对建筑用和生活用陶器的需求量应当是很大的，陶器本身并非技术性很强的行业，从外地引进的可能性很

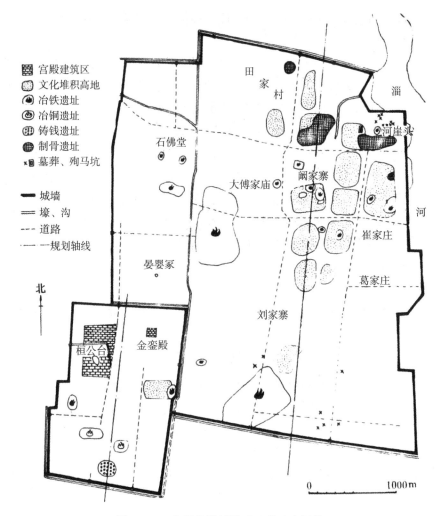

图例：
- 宫殿建筑区
- 文化堆积高地
- 冶铁遗址
- 冶铜遗址
- 铸钱遗址
- 制骨遗址
- 墓葬、殉马坑

- 城墙
- 壕、沟
- 道路
- 规划轴线

北

田家村　淄
河崖头　河
石佛堂　阚家寨
大傅家庙　崔家庄
晏婴冢　葛家庄
桓公台　金銮殿　刘家寨

0　　　1000m

图 3.3.4　齐都临淄城址手工业示意图①

小，因此有理由推测，制陶作坊遗址可能大都分布在城外附近，近年来的
考古工作也提供了一些证据。在城址的北部、西部和西北部各发现制陶作
坊遗址一处，其中故城北 1 公里处西周傅庄窑址，东西约 1000 米，南北
约 500 米，规模庞大②。其他手工业作坊遗址在城外当还有分布，这有待
新的考古资料的印证。

---

① 据群力《临淄齐国故城勘探纪要》，《文物》1972 年第 5 期。
② 张龙海：《齐国故城陶窑遗址》，《管子学刊》1997 年第 3 期。

（2）楚都纪南城内制陶业占据主流行业。

纪南城内的制陶作坊遗址较为发达，在松柏区、纪城区、新桥区和徐岗区等都发现了大量窑址及其附属设施，龙桥河两侧还发现有不少陶窑址（图3.3.5）。并且制陶作坊在功能上已经出现了分工，发现最多的窑址类型为瓦窑，主要分布在松柏和纪城区。制作生活用品和仿铜礼器的窑址主要在城西的新桥区[1]。其中，在新桥河北岸西段发现的制陶作坊遗址面积最大，超过3万平方米。且其内出土的陶礼器类型齐全、规格很高，应属楚官营作坊[2]。

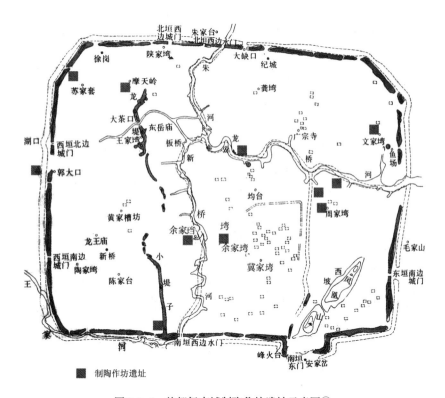

■ 制陶作坊遗址

图 3.3.5　楚都纪南城制陶作坊遗址示意图[3]

①　杨权喜：《楚郢都的制陶手工业》，《楚文化研究论集》（第二集），湖北人民出版社 1991 年版，第 33 页。
②　郭德维：《楚都纪南城复原研究》，文物出版社 1999 年版，第 73 页。
③　据湖北省博物馆《楚都纪南城的勘查与发掘（上）》，《考古学报》1982 年第3 期。

瓦窑因其靠近宫殿区，所以可能主要还是为了满足宫廷建筑的需要。据此推测，纪南城内的制陶手工业作坊可能以官营为主。一般的生产日用陶器的窑可能主要分布在城外，城东的毛家山已发现有制陶作坊遗址。

制陶作坊遗址在纪南城内表现出了集中与分散相结合的布局特征，这种特征同齐都临淄城内冶铁作坊的分布格局接近，而其他行业无论是从分布数量还是规模上都无法与制陶作坊遗址相比，目前城内还未发现冶铁作坊遗址。

（3）易县燕下都城址内以金属冶炼业为主，大规模制陶作坊遗址分布在城外。

城内手工业作坊遗址目前发现 11 处。其中制铁工具作坊遗址 1 处，铸铜器作坊遗址 1 处，制兵器作坊遗址 4 处，铸钱作坊遗址 1 处，制钱范作坊遗址 1 处，共计有 8 处为金属冶炼遗址（图 3.3.6）。

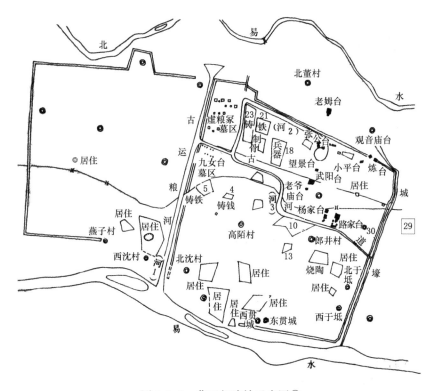

图 3.3.6　燕下都遗址示意图①

---

① 据河北省文物研究所《燕下都》，文物出版社 1996 年版，图二。

高陌村西北5号制铁器作坊遗址：曾采集有斧、锛、镰、铲、镢及犁铧等铁制生产工具。遗址东西宽300米，南北长300米，总面积90000平方米。

郎井村西南13号作坊遗址：东西宽170米，南北长180米，总面积30600平方米。文化层厚约2米。在战国晚期是一处制兵器的作坊遗址，由于出土了布币陶范，此处可能也铸造布币。

武阳台村西北21号作坊遗址：出土了大批的铁器、铁块、铁料、铁渣及大量的铜器、铜渣和铸铜器的陶范，其应为铸铜和铸铁作坊遗址。其特征是，南部以铸铜器为主，北部以铸铁器为主。可能存在着行业更细致的分工。年代属于战国中晚期。

武阳台村西北23号作坊遗址：东西宽200米，南北长850米，总面积约170000平方米。也应是一处铜铁器作坊，年代属战国晚期。

武阳台村西北18号作坊，是制兵器作坊遗址。东西宽200米、南北长700米，总面积140000平方米。

郎井村东30号作坊遗址：为制钱范作坊遗址。从文化遗物来看，时代约当战国中期，或稍早。

高陌村西北4号作坊遗址，是一处铸钱作坊遗址。遗址面积8000平方米。

郎井村西北10号作坊遗址：南北长480米、东西宽430米，总面积206400平方米。战国早、中期的铸铜铁作坊遗址。发现大量战国早期灰坑和水井。货币有燕国货币和三晋货币，而赵国布币（安阳布、平阳布）等种类较多。

燕下都东垣外29号作坊遗址：西距东城约1000米，是一处规模较大的烧陶作坊遗址。南北宽500米、东西长1200米，总面积达60万平方米、目前发现残窑址26座。

燕下都手工业作坊遗址与齐都临淄在特征上较为接近，临淄制陶作坊遗址建于城外的推测当更具有可信度。

（4）中山灵寿城内金属冶炼业为主要行业。

5号铸铜、铁器作坊遗址位于城内整个手工业作坊区的中部。遗址面积较大，南北长960米、东西宽580米，文化层深1.2—1.7米，有的炼炉遗迹深2.5米。经铲探在文化层内有大片的铜渣和铁渣及大量陶范残块，部分地段底部有分布密集的炼炉残迹。在遗址中部有一条古引水沟，似专为作坊用水而开凿的。在遗址的西南部有大量的瓦砾堆积和夯土建筑遗迹，可能是作坊的管理机构或者是作坊的居住区。东部是制造铜铁器陶范的作坊，这里的地表上和断崖上暴露有废弃的坩埚残块和尚未使用过的残陶范，其中有不少是陶模。东南部是以铸铁铲为主的作坊，这里出土了遗弃的大批残铁铲，另外还有铲范、镢范、镰范和削范等。遗址中部主要是铸造兵器和其他小件铜器的场所，采集的标本中铜戈陶范最多，此外尚有剑、镞范等、北部是铸造实用铜器的生产场所，北部西区可能是铸造中山国货币的场所，这里经常能发现刀币范的残陶范，其中还有一些是残缺的"成白"刀币石范。一些藏币窖穴出土的刀币数量达数百斤之多。据调查出土刀币共四种，以直背"成白"刀币为主，另一种是燕国的弧背"匽"刀币，赵国的"甘丹"和"白化"刀币较少。

通过对周围地区的调查发现在距灵寿城约 10—20 公里的西北、西、南部地区，均有小型铁矿的存在，而且在其附近还发现一些战国至汉代的炼铁遗迹。由此可见，当时中山国炼铁、铸铁业的发展是有其雄厚的资源为基础的。

除了以上几座特征较为鲜明的城址外，山东鲁都曲阜、河南新郑郑韩故城、陕西秦都雍城、赵都邯郸等大型都城遗址内的手工业发展都较为均衡，基本不存在一家独大的局面。

东周大规模都城遗址内手工业生产已经开始朝着多元化的方向发展，不同都城的手工业根据本聚落的需求而在生产上各有侧重。这也在一定程度上造成了各都城经济发展水平的差异。

3. 东周时期一般性城址内手工业生产的集团化表现

虽然东周时期的城址目前在全国各地发现了几百座，但除了十几座大规模都城遗址外，大部分城址都缺乏相关的基本资料，尤其是有关手工业作坊遗址的资料，更是凤毛麟角。尽管如此，对一般性的城址的讨论也是很有必要的。通过对大量城址资料的爬梳，在个别城址内也发现了手工业生产的一些蛛丝马迹。相对于整个东周城址来说，下文所涉及的城址虽然只是九牛一毛，但对于东周城址手工业生产的整体认识不无裨益。

河北武安午汲古城全城面积为 68.6 万平方米。经初步发掘，在古城的西半部探出古墓 41 座，窑址 25 处，枯井 18 眼，窖穴、灰层和大小灰坑共 145 处，年代应属于东周至西汉[①]。据此可知陶器制造业应当是此城

---

① 孟浩等：《河北武安午汲古城发掘记》，《考古通讯》1957 年第 4 期。

的主要手工行业，并且已经具有了一定的集团性。

位于河南潢川县的隆古集城址为春秋时期的黄国故城，城内面积约209万平方米。在故城内主要发现了12处青铜冶铸作坊遗迹，范围较大的占9处，范围大的冶铸处，礼器和铜镞、戈、矛剑等兵器残片甚多，生活用具较少；遗迹范围小的生活用具残片较多，兵器、礼器等残片较少。从遗迹和遗物的分布看，黄国故城内应当存在着官办和民办两种手工业①。青铜冶铸业可能是黄国故城的主要手工行业，目前发现较多的黄国青铜器也说明黄国故城有发达的青铜冶铸业。

河南辉县市古共城城址面积为156万平方米，发现有战国铸铁遗址，位于城址西北角墙外约110米处，东西150米，南北100米，面积15000平方米。出土大量农业生产工具陶范。大多为农具，推测这是以铸造铁质农具为主的铸铁遗址②。

以上三座城址内的手工业作坊遗址不仅具有鲜明的集团性特征，而且不同城址的手工业生产各有侧重，这种多元化的发展态势与上文所讨论的东周大规模都城遗址相同。

除了手工业作坊遗址外，有些城址内的出土遗物也很有特色，间接地反映了本聚落的手工业生产状况。如位于河南宜阳的战国宜阳故城面积约为366万平方米，在未经洛河水冲刷过的北部城区，尤其城角村附近及北墙、东墙内外，当地居民在日常生活、生产挖土时，经常挖出铜镞、铜矛、铜戈等兵器，最常见并且数量最多者是铜镞，有的散存，有的成束成捆。据韩城乡废品收购站同志讲，在收购废铜中，每年收到的铜镞、戈、矛等兵器，少则数十斤，多达百余斤，几十年来未曾收尽，城角村居民多少不等都捡到过铜镞。调查者采集到的兵器有铜戈、铜矛、铜镞56件，铜镞之多极为罕见③。据此推测，宜阳故城内当存在大规模的青铜武器生产作坊。

另外，在很多城址地面都分布有大量建筑用陶瓦和生活用陶片，推测制陶手工业作坊当较为普遍，可能是城址手工业生产的基本行业之一，其

---

① 杨履选：《春秋黄国故城》，《中原文物》1986年第1期；何光岳：《黄国与黄国青铜器》，《中原文物》1989年第4期。

② 崔墨林：《共城考察》，《中原文物》1983年特刊；新乡市文管会等：《河南辉县市古共城战国铸铁遗址发掘简报》，《华夏考古》1996年第1期。

③ 赵安杰：《战国宜阳故城调查简报》，《中原文物》1988年第3期。

与普通聚落制陶手工业的差别就是存在着显著的集团化现象，其规模和生产能力都要高于普通聚落。

上文所涉及的手工行业主要属于制造业，其实有关城市手工业的集团化现象在城市的建筑行业中表现也十分强烈。城市建筑业发展的两大标志就是城墙和宫殿建筑的普及和发展。在商周时期的各大小城址中，城墙和宫殿都是最重要的建筑类型，其无论是在技术上还是在资源、劳动力的需求上都需要大规模集团性的合作，并且需要专业化的管理才能完成。

除了考古资料比较明确的建筑业和制造业，城市中当还存在着其他手工行业，这些行业也当具有一定的集团化现象。整体来看，集团化是城市各手工行业的典型特征之一，也是区别于一般性聚落的显著标志。

## 三 小结

手工业与农业的分工可能要早于城市的产生。作为聚落分化的产物，城市的经济生产方式依然是以农业和手工业为主。其中，农业是基础性行业，是城市生存的必要条件，而手工业则是城市发展的主要表现形式，代表了城市经济的发展水平。城市手工业的最重要特征就是集团性，即集中化与规模化并存。文献中很早就有关于"百工"的记载，这是手工业集团化发展的主要方式之一，一直到春秋时期，"百工"依然代表了官营手工业的一种集团化生产方式。大量的考古资料也证实了集团化的手工业生产在城市产生和发展过程中的重要作用。在二里头文化之前，考古发现城址内的手工业作坊就已经初具规模。二里头遗址内的手工业作坊为此后都城遗址手工业的发展提供了一个模板，即制铜、制陶和制骨等作坊遗址集中分布在一个遗址内，其布局模式是以宫城为中心向外辐射分布。

纵观商周城市手工业生产的发展，其显著特征有如下几点：

（1）商周时期城市中的手工业生产以官营手工业为主，其在考古上的主要表现就是手工业作坊遗址在分布格局上都以宫殿区为中心，围绕着政治中心向外扩展，这种分布格局是与文献所载的"工商食官"制相对应的，据此可知，"工商食官"制对城市的布局形态及其发展壮大有很大影响。

（2）手工业最发达的城址是各时期的都城遗址，包括商代、西周的王城和春秋战国时期的诸侯国都城遗址。一般性城址内的手工业生产虽然也具有一定的集团性，但整体上无法与都城相比。这说明政治制度对手工业的发展水平影响甚大。

（3）手工业生产的集团化始终处于增长态势，其最显著的表现就是各时期城址手工业作坊遗址在数量和规模上的持续增长。

（4）集团化的手工业生产促进了行业内部分工，提高了手工业的生产能力，并促进了新兴行业的产生，如东周时期冶铁业的普及。

以上四点说明，手工业生产的集团化极大地促进了城市经济的发展和繁荣，其影响是多方面的。资源、人口的集中，生产分工的深化为战国时期商品经济的繁荣奠定了坚实的基础。这也是城市能够作为市场交换核心地域的主要原因之一。正因如此，市场也成为了城市的重要组成部分，为城市的整体发展提供强大的动力。

## 第四节　经济交换与商周城市市场的结构性特征

市场作为城市的主体组成部分之一，其重要性自不言而喻。市场的产生源远流长，"市"与"城"的结合也可以上推到龙山时代以前，但是"城市"一词的出现要晚到战国时期。这说明城市从产生到完全定型经历了一个较长时段的发展过程。在这一过程中，从考古学的角度看，城的形态演变非常清晰，有大量的资料可供探讨，而城市中市场的考古学形态目前依然是一个难点，前人对东周以前城址的研究基本没有涉及这一问题。这并不表示，东周以前的城址中就不存在市场，市场如果不经历一个较长时间的发展过程，也就不会形成东周城市中较成熟的市场形态。不过即使就东周城址来说，对城址中市场形态的研究推测的成分依然较大，一些重要问题也没有得到很好的解决。笔者在前人研究的基础上，重新对相关的文献资料和考古资料进行了一番梳理和分析，试图对有关商周城市的市场形态等问题进行更深入的剖析。

从整体上看，商周时期的市场存在着等级差别。杨生民把春秋战国的市分为国家常设的市、临时的市（即军市）和农村的市三种[1]。邵鸿则把战国时期的市场分为三级：乡间市场、小城市邑市场（即存在于县以下城邑之中的地方市场）和城市市场（即特指县以上的城市市场，是战国

---

[1]　杨生民：《论春秋战国的市》，《历史研究》1996 年第 3 期。

时期最重要也最为发达的市场形态)①。以上两种分类大同小异，综合看，基本可以分为农村市场和城市市场两级，本节所要讨论的主体对象就是城市市场。由于受资料的限制，下文的讨论首先从资料较为丰富的东周时期城市市场开始，然后以此为基点，上推到西周和商代。

据先秦时期的文献资料，东周时期市场的普及率已经非常高了，尤其是在成书于战国时期的文献中，"市"已经是当时社会生活中很常见的设置了。在《周礼·地官·遗人》中记载了一套"官主施惠，故掌邦之委积，以待施惠"（贾公彦疏）的理想化救济制度体系。在这套体系中，"市"占有重要地位。《遗人》载曰："凡国野之道……五十里有市，市有侯馆，侯馆有积。"这条史料虽然不能作为当时社会的实录，但至少应当反映了战国时期"市"的发展状况。据此不难推想，当时的各交通道路上都可能出现了市场，这已经是较高级的市场形态了，较之初级的自发形成的市场，这种市场已经被纳入行政管理体系中了。另外，《管子·乘马》载："方六里命之曰暴，五暴命之曰部，五部命之曰聚。聚者有市，无市则民乏。五聚命之曰某乡，四乡命之曰方，官制也。"由此可知，市场已经是东周时期各地方聚落的行政规划中不可缺少的部分。据此推断，东周时期的城市中都设有市场则是不言自明的。但是如果与考古资料相结合来看，回答这一问题并不容易。

前文已经谈到，东周时期目前已经发现了 400 多座城址，而且这个数字还有增长的趋势。结合文献，是否可以推断这几百座东周时期的城址都应当有市，或者说大部分应当设有市场？对这一问题，学者多采取回避态度，目前还缺乏正面的回答。就本书来说，这是一个必须要讨论的问题。

## 一　东周城址与市场的普及

要判断考古发现的城址中是否存在市场并不容易。一个最大的难点就是考古遗址中市场的遗迹还很难确定，目前在东周时期的城址中，只有秦都雍城目前发现了有关市场的遗迹②，其他城址中都没有明显的市场痕迹，因此要证明东周时期考古发现城址中市场的普及主要依据文献资料进

---

① 邵鸿：《商品经济与战国社会变迁》，江西人民出版社 1995 年版，第 125—128 页。
② 韩伟等：《秦都雍城考古发掘研究综述》，《考古与文物》1988 年第 5、6 期合刊。

行推论。

东周时期的城址基本可以分为各诸侯国都城遗址和一般性城址两类，下面分别予以论述：

（一）各诸侯国都城中市场的普及

诸侯国都城是东周城址中较高级的聚落形态，尤其是一些大规模都城遗址，其内涵相当丰富，前几节对其中政治性建筑和手工业场所的探讨已充分说明这些聚落的政治和经济发展水平很高，虽然考古资料中还无法找到有关市场的确切遗迹，但文献中的一些相关记载颇可借鉴。

《左传》中对东周各诸侯国市场的记载并不少见，大体可分为两类。

一类是有名之市：

（1）庄公二十八年载："秋，子元以车六百乘伐郑，入于桔柣之门……众车入自纯门，及逵市。"杜预注曰："纯门，郑外郭门也。逵市，郭内道上市。"可见，逵市当是郑都新郑郭城之内主干道上设立的市场，此市场距内城当不会很远。

（2）宣公八年载："晋人获秦谍，杀诸绛市，六日而苏。""绛市"为晋都绛城之市。

（3）宣公十四年载楚子闻宋杀其使者，"投袂而起，屦及于窒皇，剑及于寝门之外，车及于蒲胥之市"。蒲胥为地名，其距楚王所居之宫当不会太远，而且必然有大道相连。

另一类则是无名之市：

（1）文公十八年载："夫人姜氏归于齐，大归也。将行，哭而过市，曰：'天乎！仲为不道，杀嫡立庶。'市人皆哭。鲁人谓之哀姜。"此为鲁都曲阜之市。

（2）襄公二十八年载："十二月乙亥朔，齐人迁庄公，殡于大寝。以其棺尸崔杼于市。国人犹知之，皆曰'崔子也'。"此为齐都临淄之市。

（3）昭公十四年载："（邢侯）杀叔鱼与雍子于朝……（宣子）乃施邢侯而尸雍子与叔鱼于市。"此乃晋都新田之市。

（4）昭公二十二年载："单子使王子处守于王城，盟百工于平宫。辛卯，郙肸伐皇，大败，获郙肸。壬辰，焚诸王城之市。"此乃周王城之市。

另外，《战国策·秦三》载："伍子胥橐载而出昭关，夜行而昼伏，至于淩水，无以饵其口，坐行蒲服，乞食于吴市，卒兴吴国，阖闾为霸。"可见吴国之都城内也当有市场。据此推测，与以上几座都城相对应的城址内当都设有市场，其他那些文献中失载的诸侯国都城遗址也应当设有市场。而且上述市场从位置上判断当距离城市上层统治者所居之宫不远，应位于城市中较为重要的地方。

从聚落的角度看，周代实行的基本是国野之制，"国"在形态上主要包含了各诸侯国都城。《周礼·夏官·司马》载："量人掌建国之法，以分国为九州。营国城郭，营后宫，量市朝道巷门渠，造都邑亦如之，营军之垒舍，量其市朝州涂军社之所里。"《周礼·考工记》载："匠人营国，方九里，旁三门。国中九经、九纬，经涂九轨，左祖右社，面朝后市，市朝一夫。"这两条资料至少反映了东周的营国之制，其中市场已经成为"国"之规划设计中的重要组成部分。

国都立市可能并非仅限于东周时期，而是有着较长时段的历史演变。《逸周书·作雒》载："凡工贾胥市臣仆州里，俾无交为。"此篇虽然成文时间可能并非在西周，但其内容可能并非无故杜撰。在西周时期的国都建设中，市场应当是常设性机构。

夏商时期的都城设有市场在传世文献中也保存了只言片语。屈原《离骚》中有云"吕望之鼓刀兮，遭周文而得举"。《天问》中云"师望在肆昌何识，鼓刀扬声后何喜"？《战国策·秦五》姚贾说"太公望，齐之逐夫，朝歌之废屠"，《尉缭子·武议》说："太公望年七十，屠牛朝歌，卖食孟津。"谯周《古史考》曰"吕望尝屠牛于朝歌，卖饮于孟津"。这说明朝歌当时可能已经出现了用于商品交换的市场。另外，《六韬》中载有："殷君善宫室，大者百里，中有九市。"《帝王世纪》载殷纣王大造宫室"七年乃成……宫中九市，车行酒，马行炙"（《太平御览》八十三引）。这些史料所记载之事当非无稽之谈，而很可能表明商代都城中的市场已经较发达了。从目前的考古资料来看，二里头遗址和商代几座都城遗址内都出现了显著的社会分工，而且具有明显的集团性特征，因此很可能已进行商品生产，而与社会分工和商品生产相伴而行的就是商品交换，市场的设立也是经济发展的必然趋势。

（二）军事城堡与市场

都城作为一种较高级的城市形态，其中设有市场自不会有很大的争议，但是如果说东周大部分城址都设有市场则会受到很大的质疑。大家普遍认可的观点是，城址本身就是以军事防御为特征的聚落形态，作为军事城堡，怎么会设有进行商品交换的市场呢？其实，从先秦时期的长时段历史发展来看，战争和商业的发展相伴而行，相辅相成。战国时期是战争最频繁的时期，也是商品经济发展的高峰，同时也是成熟的城市形态被认可的时期。从功能上说，"城"与"市"具有显著的互补特征，城之防御功能有利于市场的稳定，而市场也有利于城获得资源的有效补充，所以军事性和经济性并不构成一对矛盾，城市也正是因此而得以产生。

东周时期市场对于战争的作用已经得到了充分认识。山东临沂银雀山汉墓出土《〈守法〉、〈守令〉十三篇》中的《市法》说："市者，百化（货）之威，用之量。中国能（利）市者强，小国能利市者安。"①《尉缭子·武议》曰："夫市也者，百货之官也。……夫提天下之节制，而无百货之官，无谓其能战也。""夫出不足战，人不足守者，治之以市。市所以给战守也。百乘无千乘之助，必有百乘之市。"《尉缭子·攻权》："兵有胜于朝廷，有胜于原野，有胜于市井。"上述三条资料均表明，"市"作为物品的集散地，也是财富集聚之处，因此如果能充分利用市场，就能富国强兵。在对外战争时，市场又担负着补给战争的功能，如果能利用好市场，在战争中就具有了十分有利的条件。可以说，至少到春秋时期，要获取战争的胜利，市场即使不是充分条件，也是必要条件。另外，市的作用也不只如此，《尉缭子·武议》载："视无见，听无闻，由国无市也。"可见，市场除了获取财富外，还有利于信息的搜集，对于战争无疑产生着重大影响。

在周代的军事征伐过程中，往往伴随着临时性市场的设立。《周礼·地官司徒》载："凡会同、师役，市司帅贾师而从，治其市政，掌其卖儥之事。"唐贾公彦疏曰："王与诸侯行会同及师役征伐之等，或在畿内，或在畿外，皆有市。则市司帅贾师而从，以其知物贾，故使从。"这种临时性的市场促进了军市的发展。所谓"军市"，即指战争期间为满足战争需要而设立的市场。

《史记·廉颇蔺相如列传》载，赵将李牧在代、雁门一带统兵抵御匈

---

① 银雀山汉墓竹简整理小组编：《银雀山汉墓竹简》［壹］，文物出版社1985年版，第140—141页。

奴，"市租皆输入莫（幕）府，为士卒费"。同书《冯唐列传》则说"李牧为赵将居边，军市之租皆自用，餐士赏赐决于外，不从中扰也"。李牧所将部属多达十五万人，市租能够帮助偌大一支军队的用度，一定不在少数。而代、雁门一带，尚非商业最发达之所，这里军市之租如此富厚，内地都会更不待言①。《战国策·齐策五》载苏秦对齐闵王说"士闻战，则输私财而富军市"。《商君书·垦令篇》主张加强对军市的管理，令军市"无有女子"，让"商人自给甲兵"，又令军市不得"私输粮者"，说明秦国也有军市。赵、齐、秦三国都有军市，说明军市在东周时期已获得较普遍发展。军事城堡设立附属市场则是战争发展的需要，应具有相当的普遍性。

东周时期，有市的地方不一定有城，但是有城的地方一定有市。《墨子·杂守》记载了城不可守的情况有五种："城大人少，一不守也；城小人众，二不守也；人众食寡，三不守也；市去城远，四不守也；蓄积在外，富人在墟，五不守也。率万家而城方三里。"大体反映了东周时期城市存在的五种状态，其中，"市去城远"说明市虽然不一定在城内，但城必定设有附属之市。城通常也是"富人"和"蓄积"集中之处。即使是功能单一的军事城堡，在东周时期也当设有附属的市场，以方便资源的有效补充，同时也利于信息的搜集，对战争起着重要的辅助作用。另外，敌对双方在暴力对抗之外，可能还存在着和平的交往，这种交往最主要的一种方式就是商品交换，因此，市场也是必不可少的。

综上所述，在夏商时期的王朝都城中，市场作为一种重要的经济设施，已经是城市建设必不可少的部分了。到周代，市场开始扩展到各诸侯国都城中，并且在各一般性城址中也已经得到普及。城市所具有的军事功能和经济功能并非是对立的，而是带有一种互补性。这种互补性促进了城与市在形态上的结合。

## 二　周代城市市场形态的复原与分析

商周城市中的市场形态粗略可分为两类，一类是上层统治者设立的市场，其显著特征就是封闭性；另一类就是自发形成的自由市场。这两类市场即使在现代城市中也依然存在。本节所讨论的主要是前一类市场。

---

① 参见邵鸿《商品经济与战国社会变迁》，江西人民出版社1995年版，第130页。

从文献看，城市中由上层统治者设立的市场其内部形态并不复杂，大体包括三部分设施，即肆、廛和各种管理机构。在市场中用来陈列物品之处称为"肆"。如《周礼·天官·冢宰》所构拟的一套制度："凡建国，佐后立市，设其次，置其叙，正其肆，陈其货贿，出其度量淳制。"在肆中所成列之物品应当是分类摆放的，不同的物品集中放置于不同的肆中。《周礼·地官·肆长》载："陈其货贿，名相近者相远也，实相近者相尔也，而平正之。"郑玄注："俱是物也，使恶者远善，善自相近。"《左传·襄公三十年》载："伯有死于羊肆。"据此可知市场中之商品当为分类摆放。

在市场中另外一个重要设施就是廛。廛是在市场内由官府建造的用来储存货物的房舍。商人储存货物要向官府纳税。《周礼·地官·廛人》注引郑众云："廛谓市之地未有肆而可居以畜藏货物者也。"《礼记·王制》载："市，廛而不税。"郑玄注："廛，市物邸舍，税舍不税其物。"由此可知，市场内部主要包含了陈列商品的"肆"和储存货物的"廛"等设施。"肆"和"廛"应该是市场的主体组成部分，另外市场内外当设有管理机构①。

就市场的整体形态看，上层统治者设立的市场与自由市场存在的显著差别就是市墙的设立。文献中虽未记载市场有墙垣，但是记载有市门。《韩非子·内储说上》载："商太宰使少庶子之市，顾反而问之曰：'何见于市？'对曰：'无见也。'太宰曰：'虽然何见也？'对曰：'市南门之外甚众牛车，仅可以行耳。'太宰因诫使者无敢告人吾所问于女，因召市吏而诮之曰：'市门之外何多牛屎？'"此市有市吏管理，很明显属于行政管辖下的市场，而且市场设有南门，有门必然有墙垣圈围，成一封闭式布局。另外，《史记·吕不韦列传》中载有"咸阳市门"，《史记·商君书列传》中载有"国都市南门、北门"。这些记载至少说明国都中处于行政管理范围内的市场，其形态呈明显的封闭式格局，有墙垣环绕，有门出入。这一特征也得到了考古学的证明。

位于陕西省凤翔县的秦都雍城城内发现了"市"的遗址。市位于城的北部，在北城墙南面偏东 300 米处，经详细勘探，知其是一个近似长方形

---

① 参见朱红林《〈周礼〉中的商业管理制度研究》，吉林文史出版社 2003 年版，第 182—183 页。

的全封闭空间，四周围以夯土墙，西墙长 166.5 米，南墙长 230.4 米，东墙长 156.6 米，北墙长 180 米，宽 1.8—2.4 米。钻探时于四周围墙中部都发现有"门塾"遗址，一般宽 21 米以上，进深 14 米左右。墙体两侧均有瓦片堆积，应是夯土墙上的覆瓦。四周有厚 1.5—2 米夯土围墙基址，围墙内为露天市场，面积达 3 万平方米左右，和四川汉画像砖上的市亭图基本一样①。

西墙的市门已经过发掘，南北长 21 米，东西宽 14 米，建筑呈"凹"字形，进入门口处有大型空心砖踏步，从门四周的柱洞及瓦片堆积情况推断，门上有四坡式大屋顶建筑，遗址内出土有秦半两钱、鹿纹等图案瓦当及一件铭有"咸口里口"的陶器残底。雍市遗址与《周礼·考工记》所载的"面朝后市"的格局一致。从布局看，市周围有围墙，四边开门，市门上有市楼。在西南市门外，还发现两道南北向车辙，可见此市处于南北向和东西向干道之间，既便于货物流通，也有助于对"市"的规划设置和对其交易状况的了解。据出土文物种类及纹饰推测，这座"市"建筑建造使用当从战国早期至秦汉之际。

虽然东周时期的城址中，此类遗址目前仅发现这一处，但 1986 年在汉长安城的西北部发现的东市和西市遗址与雍城内的市遗址在布局上相似。东市和西市的四周均筑有市墙，墙宽 5—6 米。东市和西市各有 8 座"市门"（每面各有 2 门）②。据此推测，这种封闭式布局的市场形态当存在了较长时间。

尽管这种市场形态一直延续到汉代以后，但在东周时期的城址中可能并不具有普遍性，即东周其他城市中的市场形态可能与雍城内的市场形态不完全一致，而是存在着多元化的发展状态。但是不管其具体形态如何，周代城市中由上层统治者设立的市场存在着一个共同的特征，即"集中市制"③，这是商周城市发展的必然趋势。由于上层统治者控制着大部分的商品生产，那么城市商品交换的行为自然也应当在行政控制范围内，因

① 韩伟等：《秦都雍城考古发掘研究综述》，《考古与文物》1988 年第 5、6 期合刊。

② 刘庆柱：《西安市汉长安城东市和西市遗址》，中国考古学会编：《中国考古学年鉴 1987》，文物出版社 1988 年版，第 264 页。

③ 宋镇豪：《中国古代"集中市制"及有关方面的考察》，《文物》1990 年第 1 期。

此封闭式的市场形态十分有利于市场的管理。除了雍城中市场的形态外，在其他城址中市场的形态可能也存在着各自的特征。要复原其他城址中市场的形态，首先要解决的问题就是确定市场在城址中的位置。

### 三　商周城市市场的位置考辨

通过前文的论述，大略可以知道，"城"与"市"的结合在龙山时代以前可能就已经开始了。到了商代和西周时期，至少在一些都城遗址内都应当设有市场。城市形态的全面普及可能是到了春秋时期才开始的。战争与商业的互补性造成了"城"与"市"的广泛结合，使城市这种形态逐渐脱离一般聚落形态而成为一种较高级的聚落形态。从考古学的角度看，对城址的判断较为明确，但是要找出城址中市场的遗迹则并不容易。目前所发现的先秦城址，只有上文所引述的秦都雍城发现的市场遗迹较为可信，其他城址无论是诸侯国都城还是一般性城址，都没有找到明显的市场遗迹。虽然也有学者对一些大型诸侯国都城内的市场遗迹进行了研究，但基本都是间接利用文献进行的推测。其实就诸家所据以立论之文献证据本身在解释上也还有可商榷之处。

（一）"面朝后市"与"工贾近市"辨析
目前对周代城址中市场位置的判断主要依据以下两条文献材料：
1. "面朝后市"
《周礼·冬官·考工记》载：

> 匠人营国，方九里，旁三门。国中九经、九纬，经涂九轨，左祖右社，面朝后市，市朝一夫。

这条资料对市场的位置记载很明确，即市位于王宫之后。王宫通常为坐北朝南，这一点已在考古学上得到证实，那么市场就是位于王宫的北面。而且据《周礼·天官·冢宰》载："凡建国，佐后立市。"这说明市场直接受控于王室后宫，属于上层统治者直接管辖之市。另外，这种市场还设立了若干官吏进行日常管理。因为此条资料属于营国之制，故这一市场指的当是王朝国都中直接由王室控制的市场。"面朝后市"可能反映了周王朝城市建筑的主体礼制思想。而目前在考古发现的东周时期各诸侯国都城遗址中，只有上文论述的秦都雍城依据这一条原则找到了与其相匹配的考古遗存。

另外，曲英杰主要依据这条资料判断鲁都曲阜故城内市场应位于周公庙高地北部、盛果寺村南一带①，虽然很有道理，但缺乏与之相匹配的考古遗迹。依据这一原则，曲英杰又认为楚郢都纪南城内的市场可能位于宫城之北，龙桥河古河道之南②。这一带的考古遗迹也表明此处应属繁华区。在今龙桥河南岸松柏鱼池中曾发掘出墙基、散水、下水道、水井，出土许多日用陶器及筒瓦、板瓦等建筑材料，时代属春秋晚期至战国早中期③。据此可推测，"前朝后市"可能是当时存在的一种市场设置原则，但参考东周时期其他都城遗址的考古情况看，这一原则至少目前还没有更有力的证据证明其具有普适性。

2. "工贾近市"

《管子·大匡》载：

> 桓公使鲍叔识君臣之有善者，晏子识不仕与耕者之有善者，高子识工贾之有善者，国子为李，隰朋为东国，宾胥无为西土，弗郑为宅，凡仕者近宫，不仕与耕者近门，工贾近市，三十里置遽委焉，有司职之。

学者大多依据此条材料认为市场遗迹当位于手工业场所附近。但是《国语·齐语》载管子对桓公曰："昔圣王之处士也，使就闲燕；处工，就官府；处商，就市井；处农，就田野。""管子于是制国以为二十一乡：工商之乡六；士乡十五，公帅五乡焉，国子帅五乡焉，高子帅五乡焉。参国起案，以为三官，臣立三宰，工立三族，市立三乡，泽立三虞，山立三衡。"这两条资料表明至少在春秋时期手工业场所与市场在位置上并没有必然的联系。从古籍的成书年代推测，《国语》所载当为春秋时事，而《管子·大匡》所载可能要晚到战国时期。因此，春秋时期城市中市场

① 曲英杰：《先秦都城复原研究》，黑龙江人民出版社 1990 年版，第 282 页。
② 同上书，第 389 页。
③ 湖北省博物馆江陵工作站：《纪南城松柏鱼池探掘简报》，《江汉考古》1987 年第 3 期。

的位置与手工业场所并没有必然的联系，而"工贾近市"可能反映的也只是战国时期齐国的市场形态，并不能代表其他城市的市场位置。所以考古学界以此条资料来猜测其他城址的市场位置可能还缺乏足够的依据。

不同城市内市场的设置同城址的总体布局一样，可能并不存在某种一以贯之的规则，而是因地制宜的。市场本身在最初可能是自发形成的，后来才逐渐纳入上层统治者集中管理的范围内，这种发展模式说明市场的位置受当时城市经济发展格局和地理环境的影响。

以上的论述基本没有涉及城市中市场的数量问题，其实在东周时期的城市中市场可能不止一处。而"面朝后市"和"工贾近市"反映的也可能是不同市场的位置。

(二) 东周城市"多市制"现象分析

一城多市的现象在文献中记载并不多见。《六韬》中载有："殷君善宫室，大者百里，中有九市。"《帝王世纪》载殷纣王大造宫室"七年乃成……宫中九市，车行酒，马行炙"(《太平御览》83 引)。这些记载古史传说的成分较大，自然不能仅以此来证明多市制的存在。《战国策·东周》载："齐桓公宫中七市，女闾七百，国人非之。"《左传·昭公三年》载晏子曰："国之诸市，屦贱踊贵。"东周时期的齐国国都中可能存在着多处市场。据裘锡圭先生考证，在战国齐印文中出现了"中市"、"右市"等市名，其"很可能属于齐都诸市之列，是汉代临淄诸市的前身"。另外在燕印中出现了"左市"之名，这说明齐都和燕都均设有几个市[1]。由此可见，"多市制"在东方各诸侯国都中具有一定的普遍性[2]。那么为什么在诸侯国都中会出现多个市场，这些市场在形态和功能上有哪些差别呢？

《周礼·地官·司市》中有一条资料常被学者引用，曰："大市，日昃而市，百族为主；朝市，朝时而市，商贾为主；夕市，夕时而市，贩夫贩妇为主。"此条材料出现了"大市"、"朝市"和"夕市"三个市名。

①　裘锡圭：《战国文字中的"市"》，《考古学报》1980 年第 3 期。

②　参见宋镇豪《中国古代"集中市制"及有关方面的考察》，《文物》1990 年第 1 期。

胡寄窗①、吴慧②、马洪路③等先生都对此有过论述，内容大同小异，下面仅以杨生民先生的解释为例："中间的市称大市，日中进行，以'百族'即自由民和贵族派人来买东西为主。东边的市称朝市，早晨买卖东西，以商贾为主。西边的市称夕市，傍晚交易，以贩夫贩妇为主。"④ 杨先生认为存在着三处市场，即中间的市、东边的市和西边的市，唐贾公彦疏曰："此三市皆于一院内为之，大市于中，朝市于东偏，夕市于西偏，《郊特牲》所云是也。"其他各家观点与此大同小异。

对此条资料的解释存在着两个问题需要讨论：一是"大市"、"朝市"和"夕市"究竟是指时间还是指方位，还是二者得兼；二是"百族"、"商贾"和"贩夫贩妇"究竟是买者还是卖者，其确切身份如何。

《礼记·郊特牲》载孔子曰："绎之于库门内，祊之于东方，朝市之于西方，失之矣。"郑玄注曰："朝市宜于市之东偏。"此明指大市、朝市和夕市同属于一个市，只是市中的方位不同。而《周礼·地官·司市》中的郑玄注曰："百族必容来去，商贾家于市城，贩夫贩妇朝资夕卖，因其便而分为三时之市，所以了物极众。"此三市似乎又是指时间上的差别。据此可知，即使是汉代的郑玄对这三市的确切含义也已不甚了了。在先秦文献中，对市场的开放时间还有另一种记载，《战国策·齐四》载："市，朝则满，夕则虚，非朝爱市而夕憎之也。"《淮南子·说林训》载："朝之市则走，夕过市则步，所求者亡也。"这两条资料与《周礼》中的记载大相径庭，晚上似乎并不开放市场，当然，也可能反映了不同时期不同聚落的市场状态。《周礼》所载之三市反映的可能是国都之市，但要分辨三者为三个市场还是一个市场的三部分，还要对市场的主要活动者考察一番。

三市中的主体活动者分别被称为"百族"、"商贾"和"贩夫贩妇"。《周礼·地官·司市》郑玄注曰："市，杂聚之处。言主者，谓其多者也。"唐贾公彦疏曰："谓言百族为主，则兼有商贾贩夫贩妇。云商贾为主，则兼有百族、贩夫、贩妇。云贩夫贩妇为主，则兼有百族与商贾也。"上述解释对于三市的认识并没有多大帮助。其实这三个群体可以分

① 胡寄窗：《中国经济思想史》（上），上海人民出版社 1962 年版，第 37 页。
② 吴慧：《中国古代商业史》（第 1 分册），中国商业出版社 1983 年版，第 108 页。
③ 马洪路：《中国远古暨三代经济史》，人民出版社 1994 年版，第 193 页。
④ 杨生民：《论春秋战国的市》，《历史研究》1996 年第 3 期。

为两类：一类是专业从事买卖的人员，即"商贾"和"贩夫贩妇"。另一类则是以"百族"为主的非专业买卖人员。

商贾的含义，先秦文献多有记载，郑玄注曰："通物曰商，居卖物曰贾。"也即俗称的"行商坐贾"。而且能够称为商贾者，其资本当较雄厚，规模较大，显示了一定的集团性，很可能有相当一部分为官府所控制，其经营的空间范围当较广，属于城市之间的商品交往。而"贩夫贩妇"也即俗称的"小商小贩"，属于小本经营者，其当连接了城市与周围农村的商品交往。因此，以专业从事买卖的人员为主的"朝市"和"夕市"便很可能是现在所谓的批发市场，属于不同地区和级别的商人之间的内部交流。当时的商品流通行业也已出现了专业化分工，那么这些专业买卖者进行交易的场所可能已经同一般性市场分开。

"商贾"和"贩夫贩妇"的身份比较明确，而大市中的主要活动者"百族"之身份就较为模糊。郑司农曰："百族，百姓也。"孙诒让认为："百姓谓平民自赍货物买卖于市者。"① 可见，"百族"与"商贾"、"贩夫贩妇"在市场中都有买、卖两种行为。当时，一般平民阶层以上的人应该都有资格进入市场，因此"百族"的涵盖面应该较为广泛。朱红林认为"大市百族为主"反映了物物交换在周代的商品交换中仍然占主要地位②。如果说西周时期的平民阶层以物物交换为主，当不会有太大的争议，但到了东周时期，作为金属货币的一般等价物在市场中已经得到普遍使用③，物物交换可能已经不再占据主要地位。以"百族"为主的大市明显是国都中的主体市场，用来满足本城市及其周围附属农村中大部分居住者的消费需求。

朝市以商贾为主，夕市以贩夫贩妇为主，从经营时间上看也很合理。商贾主要经营的是城市中的商品交换，所以商贾通过在朝市中内部交流或向政府采购后，便可以在大市中卖给百族，即大众消费者。而贩夫贩妇由于居住在城市周围的农村，白天在农村中从事商业活动，晚上才有时间来城市购进货物并卖出产品，而且因为距离较近，往返也较容易。

以上的分析虽不免有诸多推测的成分，但《周礼·地官·司市》中

---

① 孙诒让：《周礼正义》（卷二十七），中华书局1987年版，第四分册1060—1065页。

② 朱红林：《〈周礼〉中商业管理制度研究》，吉林文史出版社2003年版，第39页。

③ 同上书，第25—31页。

的这条资料至少反映了国都中市场的基本存在状态。"大市"、"朝市"和
"夕市"主要指的是国都中三处功能各不相同的市场形态。据此推测,东
周时期各诸侯国都城中存在着多种功能的市场还是十分可信的。

目前东周城址中考古发掘资料最丰富的主要就是几座诸侯国都城遗
址。通过以上的分析,可以大略知道,东周时期各诸侯国都城中市场形态
以"集中市制"为主,而且,每一个都城中可能都不止一处市场。那么
在考古发现的城址中,这些市场又是以怎样的形态存在呢?除了"面朝
后市"和"工贾近市"等判断市场位置的标准外,是否还有其他的标准?
下面试以几座典型城址为例分析。

(三) 东周都城遗址中市场位置的考察

国都中的市场从基本形态上看,首先,要有足够面积的土地作为交易
场所。《吴越春秋·阖闾内传》载吴王葬女滕玉之时,"乃舞白鹤于吴市
中,令万民随而观之"。偏居东南之地的吴市尚且具有如此规模,那么位
于黄河中下游地区的各诸侯国都城内的市场规模自不会小。其次,由于国
都实行的基本是"集中市制",因此国都中至少应有一处主要市场,而且
为便于管理当有一定的防御设施,虽然不会都像秦都雍城中的市场形态那
样,但存在着封闭式的市场形态还是很有可能的。《左传·成公十三年》
载:"六月丁卯夜,郑公子班自訾求入于大宫,不能,杀子印、子羽,反
军于市。己巳,子驷帅国人盟于大宫,遂从而尽焚之,杀子如、子駹、孙
叔、孙知。"此市不仅能容纳军队,而且能够进行军事对抗,说明此市可
能有墙垣等防御设施。下面就依据以上两点特征所作启示来对部分国都中
的市场形态做一番新的考察。

1. 晋都新田遗址和赵都邯郸故城中市场位置的推测

文献记载新田有市,《左传·昭公十四年》载:"乃施邢侯而尸雍子
与叔鱼于市。"那么在考古遗址中市场的位置究竟在什么地方?依据"面
朝后市"和"工贾近市"来判断市场的位置都不太合适。

侯马晋都遗址范围内平望、牛村、台神城址集中分布于遗址西部,相互
连接,呈"品"字形,是晋都新田的主体城址。由于牛村古城南部和西南部
分布着大面积的手工业作坊遗址,所以这三座城址目前一般认为都属于宫城。
从建筑时间看,平望古城较早,牛村和台神古城略晚。三座古城内部的考古
学遗迹差别很大,其中,台神古城作为市场的可能性最大(图3.4.1)。

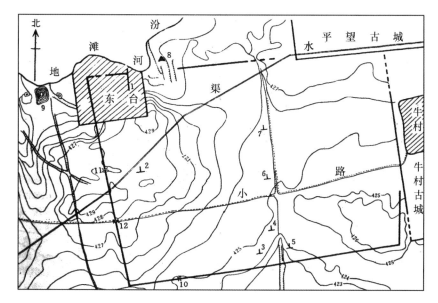

**图 3.4.1　新田台神古城示意图①**

（1—7. 夯土位置示意图；9. 夯土台基；10—12. 城门）

与平望和牛村古城相比，台神古城表现出如下几点特征：

（1）从城墙的建筑形态看，台神古城显然是依附平望和牛村古城而建的，城壕仅在西、南城墙外发现，而且城墙的夯土质量均不高，这表明此城可能不是上层统治者的常驻之处，即不属于宫城。

（2）城内夯土遗迹有 10 余块，主要分布在中部、南部，约可分为 6 小组，每组都有一块较大的夯土，长或宽在 20 米以上的横或竖长方形夯土，也有多突出拐角竖长方形的一块。城址内的夯土建筑无论是从规模上还是从分布密度上均不如平望和牛村古城；据上图可知，3—7 号夯土遗迹基本分布在一条线上，呈南北中轴对称，推测南墙正对此线之处应当还有一座城门。

（3）在城内中部和西北部的钻探中发现多处灰土、窖穴土、红烧土、草拌泥土、硬面，个别处还发现炼渣，其余地带则较简单。

（4）古城外西北角不远北临汾河有三座高于地表的大型夯土台基，

---

①　据山西省考古研究所侯马工作站编《晋都新田》，山西人民出版社 1996 年版，第 99 页图。

其南即城西南，还发现一座小城，规模很小，城内夯土遗迹密布。

（5）北城墙外 100—200 米处有一条与之平行的流水沟，西入汾河，东断续达平望古城西城壕附近，全长 800 米、宽 10—20 米，中段较窄，仅 6.7 米，深 1.8—2 米，底部有 0.5—1 米的水浸土和淤土，此河可能具有水上交通的功能。

上述台神古城的遗迹很符合封闭式市场的形态。首先，台神古城依附于作为宫城的平望和牛村古城，由城墙环绕，基本呈封闭式布局；其次，城址内部遗存较为简单，面积也足够宽广，城址内多数夯土建筑处在一条中轴线上，形成了有机联系的一条街道，可能属于市场中的"肆"或"廛"。其中 3 号和 5 号则东西对称，且位于中轴线的最南部，靠近南城墙，可能为市吏所居之官府。2 号夯土建筑位于 11 和 10 号城门道路的交接处，也可能属于管理机构。另外，城外的夯土建筑和小城可能都是台神古城的附属设施，可见当时对市场的控制力度是很大的，也间接表明了此城的人口流动性很大。

新田遗址中的市场形态在东周都城遗址中并非唯一，赵都邯郸故城中的小北城也很有可能是封闭式的市场（图 3.4.2）。

赵都邯郸小北城情况与东西二小城判然不同。渚河横贯城中，河以南仅有一座高台基址，河以北一片荒芜，更无建筑遗迹可寻。此城面积较东西二小城大，却如此空旷。据史料记载，赵王曾作游圃——"赵圃"（见《修墨录》、《韩非子·外储说右下》），贺业钜据此认为小北城即赵圃所在地①。其实此城为市场的可能性更大。首先，此城紧挨宫城，城墙封闭式围绕，便于控制。城内的高台基址也比较靠近西小城，可能为市吏之官府，与台神古城相似的是，北小城西垣外有两个大型夯土台基东西对峙，这些可能都是为控制小北城内的市场而建的。从整体布局看，小北城与大北城几乎相连，也方便市场的出入。另外，城内还有河流贯穿，有利于水路运输。

当然，在这种封闭式市场之外，可能还存在着其他市场。有学者依据"工贾近市"的标准推测，大北城中南部北靠手工业分布区，当为市场所在，另外《乾隆邯郸县志》记载县城南门内有市桥，相传赵王立桥于此，

---

① 贺业钜：《中国古代城市规划史》，中国建筑工业出版社 1996 年版，第 275 页。

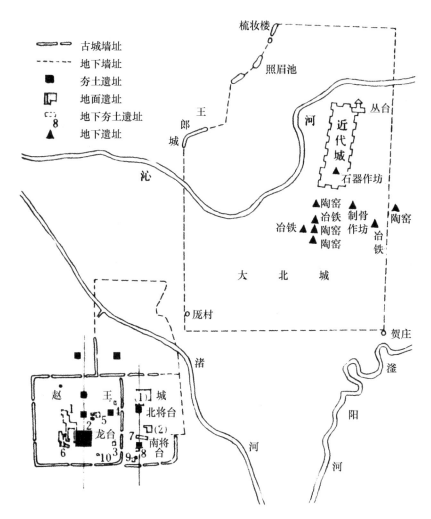

**图 3.4.2 赵都邯郸故城示意图①**

令市者集于其上，也可作为 旁证②。晋都新田遗址中的市场可能也不止
台神古城一处，但这种由上层统治者直接控制的封闭式市场应当是国都中
的主体市场。

---

① 据邯郸市文物保管所《河北邯郸市区古遗址调查简报》，《考古》1980 年第
2 期。

② 贺业钜：《中国古代城市规划史》，中国建筑工业出版社 1996 年版，第
275 页。

2. 燕下都和中山灵寿城内的市场位置推测

上文已经谈到,燕下都城址应当有多处市场,但目前对市场位置的推测基本依据的是"工贾近市"的标准,即东城内靠近手工业作坊遗址的地方。

燕下都故城的东城和西城内的文化遗存多寡十分悬殊。西城内仅发现两处文化遗址。东城文化遗存则异常丰富,布局比较清楚,大体可分为宫殿区,手工业作坊区、手工业管理遗址、市民居住区和墓葬区等部分。显示这里是当时人们活动的中心。要在东城内再安置一处封闭式的市场并不太合理。

考古报告推测"西城可能是为了适应战国末年战争形势的需要,加强东城的防御而建的一个附廓"(见图3.3.6)。其实从防御的角度看,在东城西部再建一座空城并没有增强多少防御能力,西城更有可能是为了进行商品交换而修建的封闭式市场。

燕下都商品经济的发达主要表现在两个方面:一是前文提到的发达的集团化手工业商品生产的存在;二是燕下都遗址内采集到的大量的诸侯国货币,主要包括赵国、魏国、韩国等诸侯国及周王室的货币,这说明燕下都的商品交换也很发达。发达的商品生产加上发达的商品交换显然需要设立相应发达的市场体系。同时,燕国北接戎狄,战争不断。而发达的商品经济必然会造成燕下都人口的大范围流动,在战争之外,燕国与戎狄各部当存在着一定的商品交换。市场必然会存在诸多的不稳定因素,因此封闭性的市场布局十分有利于战争状态下的商品交换。如果把这种市场设在东城内,将十分不利于整个都城的防御,而如果设在城外,则十分不利于市场的稳定,因此将这种市场设在西城内将具有十分的合理性。从考古遗存看,西城只有北、西、南三面城墙,东面没有修建城墙,这说明西城与东城之间紧密相连,两城应是互通的。而西城空旷的环境十分有利于展开大规模的市场交换,坚固的城墙也有利于市场的稳定。

与燕下都城址形态相似的是平山中山国灵寿故城。灵寿遗址也分为东、西两城,东城内主要分布有宫殿区、官营手工业作坊区和大部分的夯土建筑基址,考古遗存比西城丰富。西城内最值得关注的两处遗址就是9号、10号夯土建筑遗迹(见图3.2.20)。

9号、10号夯土建筑遗迹位于西城东部中间,亦相当于整座城址的中央处。两处遗址较为接近,总面积为东西750米、南北约450米,其北不远即为手工业作坊遗址。东部以城址南北隔墙为界。在遗址中部，自东向西贯穿一条11米宽的古道，古路向西延伸940米可直达西城门门阙。遗址区内地表下遍布瓦砾和瓦当。还经常发现一片片铺排平整的大型长方形空心砖，一般铺排面积长、宽皆2米多，似属屋内的铺地建筑材料。

根据9号、10号遗址的位置和建筑遗迹的密集程度，有的遗迹内出土大量使用过的陶碗、牛骨等，加之当时主要道路从中部通过的现象，似为城内的中心活动区及商业活动中心，属城内的"市肆"①。

在9号大型夯土基址南部清理出一组冶铜炉群，共有5座小型炉，据出土遗物看应是冶铜铸币炉。铸炉修造较简单。"窖藏瓮内所出钱币范，匽刀币铸腔为弧背形，蔺布铸腔为圆首圆肩形。这应属中山民间盗铸币。"这处遗址的发现更加确实了西城的市场性质。

综合以上分析，东周时期各诸侯国中的市场形态虽然差异很大，但作为城市的重要组成部分，市场的位置和形态确是经过了精心的设计。其在位置上虽不都是"面朝后市"格局，但确是在上层统治者直接控制范围内的；在形态上虽然是因地制宜，但其最主要的市场可能都采取了封闭式形态。为了适应当时社会环境的需要，各诸侯国都城都选择修建大型封闭式的市场，以满足商品经济的需求，同时也最大限度地保护城市经济的发展。封闭性的市场十分有利于东周城市商品经济的发展。秦汉以后，这种模式并未消失，而是一直延续了很长时间。那么在东周以前是否也存在这种封闭式的市场形态？目前来看，商代早期的郑州商城很可能已经出现了这种封闭式的市场形态。

（四）郑州商城中市场位置的推测

根据郑州商城内发掘材料获知，除在商城内东北部一带为商代宫殿区遗址外，在商城内中部、南部与西北部的较大区域内，也发现一些和商代宫殿遗址周围同期（即商代二里岗下层二期与上层一期）的文化堆积层、灰坑、水井和夯土基址等遗存。但这些遗存的内涵都不是很丰富，且遗址也比较分散。很少发现商代灰坑。已发现的一些夯土基址，规模较小，夯土层较薄，在夯土面上很少发现柱坑等设施。造成这种状况的原因一方面可能是由于商代二里岗期的遗迹遭到严重破坏，另一方面也可能是由于商

---

① 河北省文物研究所：《燕下都》，文物出版社1996年版，第20—22页。

代二里岗下层二期与商代二里岗上层一期时，在商城南部与中部地区，虽然有一些居住遗址，但数量不是很多。报告认为商城内"主要还是以商代宫殿为主，而平民居住区遗址则比较少"[1]。

商城中南部200万平方米的空旷地区到底有什么独特的功能，难道仅仅作为一个广场或者少数平民的居住区吗？参考商城外围发现的手工业作坊遗迹推测，这一片区域在功能上可能十分重要。首先，郑州商城发现的大量铸铜、制骨、制陶等作坊集中分布于商城周围，而且不同的铸铜、制陶作坊生产的主要产品也存在着差异，说明此聚落手工业分工已经十分细致。无论是规模还是分工，其手工业都当具有商品生产的性质。其次，在一些墓葬内部还发现了可能是作为货币使用的贝。分工的发展与货币的出现显示了这一聚落的商品生产和交换已经获得了相当的发展。而郑州商城内部的人口数量可能已颇具规模，除了包含大量的手工业者外，还当有大量的城市管理者和上层贵族及其为贵族服务的人员，另外存在一定数量的农业劳动者也是很有可能的。显然这些人员的日常需求必然要通过交换得到，而通过当时还不发达的政府干预来进行经济再分配所需要的成本可能要远高于通过市场来分配。另外，郑州商城作为一个较广大地域内的中心城市，其所生产的产品可能不仅仅是用来满足本城市的需求，而是通过与外界的交换来得到各种资源，从而获得经济的持续发展。当然，战争掠夺也可以满足本城市的资源需求，但其所需成本远高于商品交换，而且战争掠夺很难具备持久性。那么，在城内设立一处稳定的市场，以满足整个城市的交换需求便成为经济发展的必然趋势。据此推测，郑州商城中南部的空旷地区可能担负有市场的功能[2]。

郑州商城内城城墙目前共发现11个缺口，虽然还无法确定城门的确切数量，如果考虑到商城内部的市场功能，城门的数量可能不在少数，这样才能满足交通的需要。同时，从安全的角度看，市场设在此处不仅有很强的防御性，而且还直接处于统治者的监控下，其好处自不言而喻。同时如果考虑到商代的政治、经济、文化的影响面已经涉及了广泛的地域，当

---

[1]　河南省文物考古研究所编：《郑州商城（1953年—1985年考古发掘报告）》，文物出版社2001年版，第296—297页；河南省文物研究所编：《郑州商城考古新发现与研究（1985—1992）》，中州古籍出版社1993年版。

[2]　当然，需要说明的是这一空旷地区在功能上可能是多元化的，除了设立市场外，还可能作为农田使用。

时以郑州商城为中心可能存在着一个大范围的交换网。全国各地的物品也许都能在这个市场见到。而且商人在技术上的领先地位使其在交换中占有绝对优势，地方物品拿来换取商人的手工产品。那么商王朝的统治者就牢牢控制住了全国的经济脉络，从而得到迅速的发展。

## 四　小结

"无论是作为一种生产方式，还是资源配置的一种选择，分工和专业化都必然包含两方面的关系：一方面是人与自然的关系；一方面是人与人的关系。"人们在专业化的生产时，或者在推动专业化的发展时，都必然要进行两类不同的经济活动：一类是人对自然的经济活动，可以称之为生产活动；一类是人对人的经济活动，可以称之为交易活动。其中"交易活动是人们从与他人的交往中获得消费资源和生产资源的活动"①。商周城市内的交易活动基本可以分为两类，一类是以市场为核心的交易活动；另一类是市场之外的交易活动。而从一个较长的时段看，这两类活动又存在着消长渗透的过程，以市场为核心的交易活动伴随着分工与专业化的发展逐渐成为商周城市不可分割的重要组成部分。

从商代开始，伴随着分工与专业化的发展，市场在城市的布局规划中越来越占有重要地位。只不过由于文献资料的缺失和考古资料的模糊性，再加上以往的研究对早期经济交换行为缺乏足够的重视，从而怀疑东周以前会出现有市场的城市，即使对东周时期城市的普及现象也多持怀疑态度。这种认识应予以纠正。

综合前文，"城"与"市"的结合源远流长，夏、商和西周时期，这种结合并不广泛，而是以各王朝都城最具代表性。直到东周时期，这种典型的城市形态才得到普及，并被当时人认可为聚落的一种高级形态。目前发现的几百座东周城址绝大部分都应当设有市场。城市中的市场具有一个典型特征，即"集中市制"，换句话说，城市中的市场通常以封闭式的形态存在。这主要以各诸侯国都城最为典型，另外各诸侯国都城中还出现了"多市制"现象，存在着一般性市场和供商人内部交流的批发市场等多级形态。以往学者在判断东周城市中的市场位置时，往往以"面朝后市"

---

① 盛洪：《分工与交易——一个一般理论及其对中国非专业化问题的应用分析》，上海三联书店 1992 年版，第 88 页。

和 "工贾近市" 为标准，其实这两种状况不一定具有普遍性，而是对某些都城内市场的特指，如秦都雍城和鲁都曲阜中的市场可能符合 "面朝后市" 的标准，而齐都临淄城中的市场则可能符合 "工贾近市" 的标准。

战争与商业的互补性使城与市的结合成为历史发展的必然趋势。东周时期的各诸侯国都城中的市场主要表现出了一种封闭式的形态，在考古学上的表现就是城墙围起的广场。这种形态的市场在晋都新田、赵都邯郸、易县燕下都和平山中山灵寿城中都找到了相应的遗迹。尽管尚有一定的推测成分，但从逻辑上分析，具有十分的合理性。从节约政府运营成本看，通过市场交换来进行经济再分配要优越于政府干预或者战争掠夺①，而政府为获得市场交换的好处就必须有效地控制市场，一种封闭性的场地便成为城市中市场形态的最佳选择。当然，这种市场在一座城市中可能不止一处。由此可见，东周时期城市中的市场形态应当引起考古学者的足够重视，本书的结论也只能算是一个阶段性的成果，期待着新的考古资料的验证。

## 第五节　先秦城市主体形态演变的整合分析

本章前四节对商周城市形态中的防御设施、政治性建筑、手工业作坊遗址和市场等四方面进行了专题式的论述，基本理清了这几方面在商周时期这一长时段内的发展演变过程，虽然受资料的限制在一些时段上还存在着缺环，但整体的演变趋势还是比较明显的。综合目前的研究成果，先秦时期的城市在形态上的演变大体经历了三大阶段，即商以前，商代、西周时期与东周时期。商代以前整体上可以被看做是先秦城市的起源阶段；从商代开始一直到西周是先秦城市的发展阶段；从春秋时期开始直到战国末叶则是先秦城市的成熟定型阶段。城市形态在这三大时段既有很强的延续性，又发生了显著的变化（见表3.5.1）。

1. 商以前——先秦城市在起源阶段的形态特征演变

城市最早的雏形可以上推到龙山时代以前，位于河南郑州仰韶时代的

---

① 《周礼》中记载的大量官商资料也证明周代的上层统治者已经充分认识到了商业的重要性，并对其进行了有效的运用，城市中的封闭式市场则是其重要表现之一。

西山古城和位于湖南澧县大溪文化时期的城头山古城在形态上均以城墙和手工业生产遗址为主要特征，政治性建筑表现得并不明显。虽然当时的市场形态已无法复原，但这两座城址目前看都应当是聚落群的经济交换中心，因此市场自然占有很重要的地位。在最初的起源阶段，先秦城市在形态上表现出了很强的经济性。

目前在各地区发现的龙山时代城址可能与城市起源存在着紧密联系。这些城址在建筑技术和形态上表现出很强的地域差异说明当时各地区的城址可能是各自独立发展起来的。拥有城墙等防御设施无疑是各城址在形态上最明显的共性特征。除此外，其他几种形态在不同的城址中表现各不相同，有的城址在形态上以政治性建筑为主，如王城岗、古城寨和石家河等城址；而有的城址则以手工业作坊为主，如平粮台古城。尽管单个城址在形态特征上还比较单一，但整体上表现出了多元化的发展方向。

到二里头文化时期，二里头遗址在形态上奠定了后世城市发展的基本特征，即整个遗址以宫城等政治性建筑为中心，手工业作坊遗址呈辐射状态分布，表现出了显著的向心力。另外，推测市场应位于整个遗址的中心位置，很可能位于宫城之内。二里头遗址唯一欠缺的就是目前尚未发现封闭式的防御设施。从其整体分布格局看，政治性建筑无疑是整个遗址的核心组成部分，而各种手工业作坊遗迹在整个遗址中也占有十分重要的地位。这种政治与经济因素在形态上的紧密结合在后世城市形态的发展中得到延续。

综合这一阶段的城市形态发展，先秦城市形态在起源上经历了一个由单一化向复合型发展的过程。龙山时代及其以前的城址在形态上往往以某一方面为主，而到了二里头文化时期，二里头遗址在形态上则表现出了较强的复合型，即体现政治功能的宫城和体现经济功能的手工业作坊遗址都在城市中占有很重要的地位。从二里头遗址开始，复合型始终是先秦城市形态的主要表现形式。

2. 商代、西周时期——先秦城市在发展阶段的形态特征

从商代开始，先秦城市的防御设施在建筑技术和形态上开始趋于一致，除了北方地区的石城址外，其他地区的城址都普遍采用了版筑夯土技术，且在形态上都较有规则。商代城市的防御设施发展最显著的一点特征就是城郭形态的萌芽。内城外郭的形态出现于商前期的偃师商城、郑州商

城和盘龙城。尽管郑州商城和盘龙城的外郭城因其非封闭性而表现得较为原始，但外郭城的出现表明商前期城市的整体控制力得到加强。从商后期开始直到西周时期，城郭形态并没有进一步发展，相反目前发现的这一时期的城址都没有明显的城郭形态。这一时期城市的外围地区似乎处于一种自然发展的态势，因此在边界上显得较为模糊。参照文献，至少西周时期城市所表现出来的这种形态可以称为"城郛"形态，即外围地区在边界上没有城墙作为防御设施。造成这一现象形成的原因可能与周初的分封制有关。

政治性建筑无疑是商代和西周时期城市的核心组成部分。综合商代的甲骨文和西周的金文资料，在这一时段，宗庙祭祀性建筑在政治性建筑中可能占据主体地位，商代以"宗"为主体的宗庙祭祀性建筑到西周时期逐渐为"宫"所取代。从目前的考古资料看，商代以宫城或宫殿区为主的政治性建筑在整体形态上表现得比较规整，大都有边界明显的防御设施。而西周时期目前发现的几座都城遗址其宫殿区则比较松散，没有明显的界线。商代和西周时期政治性建筑中的单体建筑在规模和数量上较之商以前有所发展，但在具体形态上还略显单一。

从商代开始，手工业生产的集团化现象获得显著发展。城市中的手工业作坊遗址规模进一步增大，各行业内部分工进一步细化，同一遗址内的手工业作坊在规模上出现了分化。手工业作坊遗址在布局上依然以政治性建筑为中心，呈辐射状四散分布。

受目前资料的限制，市场在商代和西周时期的城市中占据怎样的地位目前还无法确证。但推测在一些中心城市中市场可能占有重要地位，比如郑州商城内城的南部就可能是市场的位置。

综合目前的资料，商前期城市形态的四个主要方面都获得了较大发展，尤其是其在防御设施上形成了雏形的城郭形态，政治性建筑和手工业作坊遗址在规模和分化程度上也进一步发展，此一时期，城市在形态上获得良性发展。但从商后期开始，城市在形态上似乎发生了很大的转变，一方面城郭形态并未进一步发展，另一方面西周时期的都城遗址在整体形态上似乎转变了一种风格，无论是政治性建筑还是遗址的整体形态都表现得较为松散，没有明确的边界。当然需要说明的是上述现象是依据现有考古资料的整合分析，是否确切还有待新的考古资料的证明。

3．东周时期——先秦城市在成熟定型阶段的形态特征演变

东周时期城市形态的四大方面均发生了显著变化。以城墙为主体的防御设施在变化上有两大特征：一是城门的数量随城址规模的增大而增多；二是从春秋时期开始，"城郭"形态开始向"城郭"形态演变，并发展到后来的两城制形态。郭城作为城市的重要组成部分逐渐占据显著地位。

从文献看，东周时期的政治性建筑种类丰富，分工明确。在考古学文化遗存的表现上，以夯土建筑基址为特征的政治性建筑普遍存在于东周时期各大小城址中，宫殿区或者宫城的规模与城址的大小成正比，其中最典型的就是大型诸侯国都城遗址中的夯土建筑。这些都城遗址内普遍建有夯土基址密集分布的宫城和宫殿区，从整体形态上可分为封闭式和开放式两种，从与城址的位置关系可以分为居于大城之中与脱离大城之外两种。从建筑模式看，大型夯土高台式建筑在东周城址中占据主流地位，且数量庞大，同时新型的建筑形态在东周城址中不断涌现。

手工业作坊的集团化分工现象在各诸侯国都城遗址内进一步增强。主要特征有：单个手工业作坊遗址的规模进一步增大；同行业作坊遗址的数量在同一城址内明显增多；另外，出现了新的支柱行业，比如冶铁业。东周城市手工业的生产技术与生产规模同时获得显著发展，在城市的整体形态发展上表现突出。

东周时期，市场已经成为城市不可或缺的组成部分。在各大规模诸侯国都城遗址中往往设有多个市场，其中主体市场在形态上表现出很强的封闭性。

总之，先秦城市发展到东周时期，防御设施、政治性建筑、手工业作坊和市场已经成为城市形态不可或缺的四部分了。从整体形态看，东周时期城门数量的增多、城郭形态的成熟发展都标志着城市已经成为人口集聚和流通的中心聚落，当然，政治性建筑始终是先秦城市的核心部分，且在东周时期获得进一步完善，手工业作坊遗址和市场则越来越成为城市形态的重要组成部分，在整体形态上越来越占据显著位置。上述四种形态在东周时期的发展表明，城市已经不仅仅只是一个地区的政治或军事中心了，东周时期的城市已经完全发展为一种集政治、经济和军事为一体的复合形态。

表 3.5.1　　　　　　　　　　　商周城市主体形态演变表

| 形态时期 | 防御设施 | | | 政治性建筑 | 手工业作坊遗址 | 市场 |
|---|---|---|---|---|---|---|
| | 城墙 | 城门 | 城郭形态 | | | |
| 商以前 | 龙山时代城址建筑技术与形态存在着地域发展的不平衡现象。黄河中下游地区因其发达的版筑夯土技术而在形态上表现得较有规则，北方的石城址和长江流域的城址采用堆筑技术形成的城墙在形态上呈现出普遍的不规则状态 | 四门中轴对称的布局模式在龙山时代以前就已产生。龙山时代各地区的城址虽然在城门数量上有差别，但大都延续了对称布局的模式 | 龙山时代至二里头文化时期城郭形态尚未形成 | 政治性建筑当源起于聚落中的"大房子"，龙山时代晚期的陶寺城址内出现了独立的宫殿区，到二里头文化时期才出现了带有围墙的宫殿区，这标志着后世典型的宫城形态的出现 | 在龙山时代的城址中，手工业作坊遗址尚不占重要地位。到了二里头文化时期，二里头遗址中的手工业作坊遗址以宫城为中心呈辐射状分布，表现出了显著的向心力。并且出现了明确的行业分工和规模化经营。制铜业和奢侈品加工业的封闭式布局则表现出了一定官营性 | 市场在城市起源的过程中发挥了重要作用，从龙山时代直到夏代，市场是否为城址普遍存在的组成部分，目前看还缺乏足够的资料，但二里头遗址很可能已经产生了封闭式的市场形态 |
| 商代西周 | 除北方地区的石城址外，其他地区发现的城址在技术和形态上大体相同。城墙结构由主城墙和护城坡构成，普遍采用版筑夯土技术，且大部分城址在形态上都属于规则的方形或长方形 | 从整体上看，城门的数量略有增多，但布局模式上依然以中轴对称为主 | 商前期，城郭形态初步萌芽，但在商后期和西周时期，城郭形态都并非城市建设的主流形态。参照文献，商后期和西周在形态上应称作"城郭"形态，即外郭城没有显著的防御设施 | 在商代和西周的政治性建筑中，宗庙祭祀性建筑可能占据主体地位。宫殿区无论是规模还是单体建筑的数量都有所发展，在整个城市建筑中占据核心位置。单体建筑的形态则以四合院与长条形建筑为主，朝着多元化的方向发展 | 手工业生产的集团化现象在商代城市中有显著表现。商代城市中的手工业作坊遗址规模进一步增大，各行业内部分工较为发达，同一遗址内的手工业作坊遗址在规模上出现了分化 | 市场应是一些中心都邑的重要组成部分，如郑州商城就可能存在着市场 |

续表

| 形态<br>时期 | 防御设施 | | | 政治性建筑 | 手工业作坊遗址 | 市场 |
|---|---|---|---|---|---|---|
| | 城墙 | 城门 | 城郭形态 | | | |
| 东周 | 用于大规模城墙筑造的夯土版筑技术日益成熟。同时随着城址数量的增多，不同地域、不同规模的城址在建筑技术和形态上普遍因地制宜，表现出了很强的灵活性和创新性 | 城门的数量随城址的规模出现了分化。大规模诸侯国都城的城门数量剧增，而大量中小规模城址的城门数量则相对较少。中轴对称的布局模式依然占据当时的主流位置，但非中轴对称的布局模式也存在，表现出了多元化发展的特色 | 从春秋时期开始，"城郭"形态逐渐开始向"城郭"形态转变，在考古学上表现为封闭式的内城外郭，进一步发展就是两城制的形态。郭城作为城市的重要组成部分逐渐占据显著地位 | 政治性建筑在形态和功能上的分工越来越趋向于细化和层级化。大型夯土建筑基址的普及和发展。无论是诸侯国都城还是一般性城址，其内部大都发现有作为宫城或宫殿区的夯土建筑基址群。从单体建筑模式看，大型夯土高台式建筑占据主流地位，新型的建筑形态不断得到发明 | 各诸侯国都城遗址内手工业作坊的集团化现象进一步增强，同行业作坊遗址的数量在同一遗址内明显增多，且手工业作坊的规模明显增大。另外，集团化的手工业生产进一步刺激了新行业的出现。在其他一般性城址内手工业生产的集团化现象也很明显 | 城址与市场已形成了广泛而紧密的结合。在大规模诸侯国都城中，市场可能不止一处，其中最主要的市场往往表现出了一种封闭式的形态，在考古学上表现为城墙围起的广场 |

# 第 四 章

## 商周城市的功能特征
## 及其演变简析

对于聚落来说，无论古今，不同的形态必然反映了其在功能上的差异。要理解城市为什么是这个样子，对其功能的探究是必不可少的。而对城市功能的探究又离不开对其形态的复原和分析。前文以专题的形式对商周时期城市的主体形态与各历史时期形态的演化进行了研究，本章则是在此基础上简要探究商周城市的功能特征①。

从考古学文化特征看，先秦时期城市的主体形态主要涵括了城墙等防御设施、政治性建筑、手工业场所和市场遗迹四部分。最早的城市雏形目前可以追溯到龙山时代以前，其典型的考古学特征包括城址、规模化的手工业遗迹和窖穴遗迹，另外可以认为是市场遗迹的遗存，这时的市场具有了当地经济交换中心的性质。到龙山时代，大量涌现的城址极大地丰富了早期城市的形态，呈现出了多元化的特点。此时，早期宫殿等政治性建筑开始在城址中普遍出现，一直到龙山时代晚期的陶寺城址时，城墙、宫殿、规模化的手工业场所和储藏区集中出现在一处聚落中，这标志着早期城市形态开始发生质的变化。从二里头文化时期开始，以二里头遗址为代表的城市形态已经为其后城市形态的发展奠定了基本的格局。在商周时期一千多年的长时段里，城市沿着两条线缓慢而有力地发展起来：一条是王朝和各诸侯国都城的演变；另一条就是一般性城市的普及。商代和西周时期，城市的发展主要表现在王朝都城上，从春秋时期开始，城市迅猛发展，并获得了广泛的普及。到战国时期正式脱离出一般聚落并具有了

---

① 笔者在2008年博士毕业后至今一直在努力充实完善有关商周城市功能的研究。由于涉及面较广，后来所进行的研究已很难插入到本章中，所以本章关于商周城市功能的论述只是一个初步性探讨，相关深入的研究将留待专文讨论。

"城市"这一专有称呼。

从早期的雏形城市到战国时期典型城市的发展壮大，早期城市的形态经历了一个较长时段的发展演变过程。城市形态的变化直接反映了各时期城市功能的发展演变，从长时段看，中国早期城市的功能存在着一些较为稳定的结构性特征，其中比较重要的有两点：一是对资源和人口的集聚整合；二是制度变革。这两点特征在城市的发展演进中起着非常重要的作用，甚至可以说主导着城市的发展和城市形态的演变。

## 第一节　集聚整合——商周城市的基本功能

古代文献对城市虽然没有明确的概念界定，但对城市的功能却不乏记载，综合言之，不外"卫君"和"盛民"两种。有学者通过对西方城市发展史的研究，认为"在城市发展的大部分历史阶段中，它作为容器的功能都较其作为磁体的功能更重要；因为城市主要地还是一种贮藏库，一个保管员和积攒者"①。这段话涉及了城市的两个功能，即"容器"和"磁体"。其实，容器功能并不是城市所特有的，而是所有聚落通有的功能。而磁体功能则不是一般聚落所有，而是城市特有的功能，即本节所要讨论的集聚整合功能。

城市的设计者在最初总是为了满足某种实际的需要而把城市建成某种形态，但城市一旦形成，便仿佛具有了生命力，沿着发展、繁荣和衰亡的历程开始了生命的轮回。这种生命力最主要的表现就是城市所具有的集聚整合功能，这也是其与农村等一般性聚落相区别的主要标志之一。城市一旦丧失了这种功能，便会走向衰亡，或者退回到一般性聚落的水平。城市的这种功能在形态上的主要表现形式就是"城"与"市"的结合。城与市为什么能够紧密地结合在一起，这是首先必须解决的问题。

### 一　"城"与"市"在功能上的辩证关系

依据《吕氏春秋》卷十七载"夏鲧作城"、"祝融作市"，"城"与"市"在起源上似乎并没有必然的联系，而是各自独立产生的。此外直到

---

① ［美］芒福德（L. Mumford）：《城市发展史：起源、演变和前景》，倪文彦、宋俊岭译，中国建筑工业出版社 2005 年版，第 104 页。

战国时期，"城市"这一概念才被当时人认可，但也只是作为邑的一种高级形态。其实，这种认识可能存在着偏差。正如本书第一章所论，城的产生途径可能是多元化的，其中有一条途径则是与经济交换中心的形成紧密相关的。由于地区的差异而导致的聚落之间经济交换的不断发展，造成了聚落之间的分工，形成了以经济交换为中心的聚落，并进而产生了"城"这一防御设施。这一类城的主要功能就是加强对经济交换中心的保护。即这种城一经形成，便意味着雏形城市的出现。

上述依据考古学资料所得出的结论虽然无法得到先秦文献的佐证，但明清时期位于江南的华亭县城的演变可资借鉴。明清时期，由省、府、州、县组合排列的大小城市，几乎无一例外都是古老的城墙都市的延续，城墙建筑被视为城市建设的根本，向为统治者所重。如位于江南的华亭县，"其初不过环以水垣，内列仓宇公廨，以便积贮，官司暂憩而已"。很明显此时的华亭县还只是一政治据点，但也具有显著的经济集聚功能。至明末崇祯年间，新任知县"虑其地近泖滨，盗贼出没不时，冬春贮米防御难周，乃与缙绅士大夫谋筑城以卫。爰即其地浚濠启土，环筑甃砖，建四门以通出入，虽斗大一城，人烟辐辏，居然有金汤之势"①。此城市虽然可能并非源自于经济交换中心，但显而易见，城墙的修筑不仅增强了华亭县的防御能力，且对其城市的发展起了决定性的推动作用。

以此为基点可知，"城"与"市"在功能上具有天然的互补性。"夯土城墙乃一系列的复杂过程，包括设计，测量，取土，运土，版筑夯实，不但需要相当成熟的行政组织来指挥大批从事筑城的人员，也需要积存粮食以养活不事生产的劳力。"② 因此，夯土城墙作为中国古代防御设施的最高级形态，一般性聚落并不具备修建它的条件。那么，什么样的聚落才具备修建城墙的条件呢？可以说足够数量的资源和人口缺一不可。要达到这一条件，在文明发展的早期，因地理优势而导致的经济交换能力较强的聚落远胜于其他聚落。只有资源的集中才能吸引劳动力的集中，同时，也正因为财富的集中才导致了不稳定因素的增加，城墙的修建因而势在必行。通过固定的市场来获取财富所花费的成本要远低于通过战争掠夺财富。战争不仅要消耗掉自己的财富和人口，而且也会破坏对方的资源，而

---

① 叶梦珠：《阅世编》卷三，中华书局 2007 年版，第 73 页。
② 杜正胜：《夏代考古及其国家发展的探索》，《考古》1991 年第 1 期。

且不具有可持续性。另外，如果从酋邦的视角看，酋长所担负的经济再分配的角色从本质上也属于一种特殊形式的经济交换。在不同酋邦之间的交往中，经济交换所花费的成本也要低于战争。从长时段看，文明的发展必然会选择成本较低的方式。因此，城从功能上虽然是战争的防御设施，但从生成途径上则与市有着密切的关联，市是促进城墙出现与发展的基本因素。

商周时期，"城"与"市"在功能上已经获得了紧密的融合。对于一个城市来说，市场不再只是货物集聚交易的地方，而成为城市稳定发展的重要保障。市场在战争防御上的作用日益显著，尤其到了战国时期，市是任何城市都不可缺少的。如果只有城没有市，那也只是一座没有生气的死城，根本无法用来防御，更别说发展了。

城市在产生之初，需要由城来保护经济交换的稳定，随着城市的进一步发展，市场的稳定与繁荣又成为城市进一步发展的重要保障。在这一历程中，城市的集聚整合功能始终发挥着稳定持久的作用。城市的这一功能主要表现为两方面内容：一是对资源的集聚与整合；二是对人口的吸纳与重组。二者在城市的起源和发展过程中扮演着十分重要的角色。

### 二　资源的集聚与整合对城市起源的作用

对资源的集聚整合功能在商周时期的城市中表现得淋漓尽致。商周城市是手工业最发达的地区，是商品经济最发达的地区，是各种奢侈品的集散地和消费场所，是人口会聚之所。同时，也是生产技术最发达的地区，是新产品层出不穷的地区，是政治、经济和文化的中心，这些都源自于城市对资源和人口的集聚整合功能。但就城市的起源来说，资源的集聚功能可能更为重要。

从功能的角度看，城市的形成可能首先是从资源的集聚起步的。此处所谓的资源指生产资料和生活资料的集合。生产资料主要包括生产工具和原材料；生活资料主要包括食品、各种生活用品和奢侈品等。

史前城址的形态结构及其内涵反映了其对资源的控制远胜于对人口的控制。在早期文明阶段，按照一般的认识，人口的数量和聚落的规模是成正比的。即聚落规模越大，则此聚落的人口必然越多。以位于河南郑州的西山古城为例，西山城址并非本聚落群规模最大的聚落，但却是资源集聚程度最高的聚落。由此推测，西山聚落中城墙修建的主要目的可能是出于对资源的保护。经济交换中心的形成首先造成的可能就是资源的集聚。

许宏在探讨初期城市的产生途径时，提出了一个很有意思的现象。在黄河中下游地区"仰韶或大汶口文化时期的中心聚落遗址上尚没有任何一处发现有龙山文化城邑叠压其上；同时，发表资料稍详的龙山文化城邑所在遗址的堆积都主要属于龙山文化时期，即便下压仰韶或大汶口文化地层也都极单薄，而未发现什么重要遗存"。"似乎可以认为，这些城邑都不是在原来的中心聚落之上就地兴建，换言之，我们还没有发现某一地点的中心聚落直接演变为城邑的考古学例证。"关于造成这种现象的原因，许宏认为是"频繁的战乱导致各邦国部族及其权力中心在优胜劣汰中此起彼伏，迁徙不定。这种迁徙流动，破坏了前此原始聚落定居生活的稳定状态，从而导致人口、财富、生产技术和知识文化等的集中，最终催生出具有划时代意义的崭新的聚落形式——初期城市"①。钱耀鹏认为中原地区龙山时代城址与其所属聚落基本呈扇形结构分布，这种"以城址为中心、对抗性极强的扇形聚落群结构须是在长期而比较激烈的对抗局面下形成的"。"这种结构明显具有极不稳定的一面，即内外部局势一旦发生变化，城址所在也许就会变成聚落群中最危险的部位，这或许就是扇形聚落群中往往存在与城址规模相当甚至超过城址规模的聚落遗址的重要原因。"②

其实从战争对抗的角度来解释城址与聚落群的这种存在状态，中间还存在着缺环。即为什么要发动战争？为什么要建城？史前时期的战争最主要的动机可能就是掠夺财富，即占有别人的生产和生活资料。目前的考古学研究表明，史前城址的建造并非一个聚落的行为，而可能是整个聚落群的集体行为。那么相对于整个聚落群来说，城址在初期可能并不是人口最集中的地区，从规模上看，同聚落群中存在着比它规模更大的聚落。城址所处的位置可能是聚落群财富最集中的地区，作为经济再分配中心的城址与本聚落群中的其他聚落是一种互利共赢的关系。对于聚落群中的大多数人来说，城址并不能保护他们的人身安全，但却可以保护整个聚落群的整体利益不受损害。也正因为它是资源的集聚中心，才成为了最危险的地

---

① 许宏：《先秦城市考古学研究》，北京燕山出版社2000年版，第49—50页。
② 钱耀鹏：《中国史前城址与文明起源研究》，西北大学出版社2001年版，第127页。

方，因此修建城墙是必然趋势。城址之所以并没有建立在本聚落群的中心聚落上，主要可能还是为了集聚资源的目的考虑。如果从经济交换的角度看，在一个地区，最节约交易成本的地方往往会形成一个初级市场，这种地方是城址修建的最佳选择，而非人口最多的中心聚落。

有关古史传说的一些记载也暗含有这方面的内容。《易·系辞》载："神农氏作，揉木为耜，揉木为耒，耒耨之利，以教天下。"可见，神农氏时代是定居的农耕社会形成的时期。也正是在这一时期，市场出现了，"日中为市，致天下之货，交易而退，各得其所"。到了神农氏时代的晚期，战争开始频繁出现了。《史记·五帝本纪》载："轩辕之时，神农氏世衰。诸侯相侵伐，暴虐百姓，而神农氏弗能征。于是轩辕乃习用干戈，以征不享，诸侯咸来宾从。"这一段古史传说清楚表明了上古时代由定居的农耕社会开始，进而产生了固定的市场。随着聚落之间经济交换的发展，聚落之间的财富分化日益扩大，才造成了"诸侯相侵伐"的局面。也就是说，在大规模战争出现以前，聚落财富的集聚方式应当是以经济交换为主的。只有当财富集中到少数聚落手中，才会形成强烈的战争掠夺的动机，也才会促进防御工具的不断进化，直至城墙的出现。

但是，上述的分析仅仅是从城市的初期形成途径来看的，正如前文所述的明清时期的华亭县城，最初只是一个资源中心，后来才发展为城市。但城市一旦形成，便出现了"人烟辐辏"的局面。可见，城市天然具有对人口的吸纳功能。城市一经形成，便开始了对人口的吸纳和重组。

### 三　先秦城市对人口的吸纳与重组

对人口的吸纳功能在早于龙山时代的澧县城头山城址中就有所表现，城头山古城在使用的过程中存在着明显的扩展痕迹，城址面积从6万平方米扩展到8万半方米，造成这种现象的原因除了聚落内部人口的自然增长外，与对外部人口的吸纳不无关系。另外，山东寿光的边线王城址、江苏连云港的藤花落城址都有早晚两道城壕，最典型的是山东五莲的丹土城址发现了早晚三道城墙。聚落面积的如此扩张在同时期的一般性聚落中十分少见。对人口的大量吸纳可能是出现这种现象的主要原因。商周时期的不少城址都存在着不同程度的扩展，东周时期郭城形态的出现与人口的集聚也有着密切的关系。

最初，城墙的修建可能是吸引大量人口进入城市的主要原因。虽然这些人口未必是长期居住者，但随着大量从事建筑业的劳动者集中到城市，就需要相应的吸纳更多的服务人员。同时，还要增加各种管理人员及其家属。这样城市中的常驻民就会增加。如此庞大的消费群体除了需要供应足够的农产品外，对日常生活用品如陶器的需求量也会增大，因此，规模化的手工业生产便会应需求而生。这些手工业生产者必然还要携带一定的家属，因此，人口会继续增加。此时，城市中的市场可能已经有了相当的规模，一些人在利益的刺激下会专门从事买卖活动，商人便出现了。商人的出现会进一步扩展市场的规模，吸引更多的人进入城市中。这样城市中便会集中出现大量不同等级的从事不同行业的人，原来的社会阶层便被打乱，新的社会阶层得到重组。这种演变在人口较少、社会身份单一的农村是无法发生的，只有大量不同行业人口的集中，才可能出现社会阶层的分化。

**（一）城市中按职业划分的社会阶层**

据先秦文献可知，周代的社会阶层大体上是按照居民的职业身份来划分的，其主体阶层包括士、农、工、商四类，《左传》对此记载颇详。《左传·桓公二年》载师服曰："吾闻国家之立也，本大而末小，是以能固。故天子建国，诸侯立家，卿置侧室，大夫有贰宗，士有隶子弟，庶人、工、商，各有分亲，皆有等衰。是以民服事其上而下无觊觎。"士以上基本属于上层统治者和行政管理人员，庶人在周代主要指农业劳动者，文献中多有记载，如《国语·晋语四》载："士食田，庶人食力，工商食官。"庶人为体力劳动者无疑。《左传·襄公九年》载："其庶人力于农穑。"《管子·君臣》载："务四支（肢）之力，修耕农之业以待令者，庶人也。"由此可见，当时人对社会阶层的划分带有明显的职业分工色彩，但这种职业分工在身份上可能是有等级贵贱差别的。除此之外，古代文献中还记载了更详细的社会分层，如《左传·襄公十四年》载："是故天子有公，诸侯有卿，卿置侧室，大夫有贰宗，士有朋友，庶人、工、商、皂、隶、牧、圉皆有亲昵，以相辅佐也。""皂、隶、牧、圉"在等级上要低于工商，《左传·哀公二年》载："庶人工商遂，人臣隶圉免。"明示二者之身份等级差别。这一分类更加细致，但依然是以职业分工为基础的。

文献所载对社会阶层如此清晰的认识应当是城市中大量不同职业的人

口集聚组合的反映。就全体社会人口看，士和工、商身份的人员主要应当集聚于城市中，因为只有城市中才需要大量的行政管理人员和从事商品生产和集散的人员。比较有争议的是农民，即在城市中是否大量存在着从事农业的人员？对这一问题目前还没有较清楚的认识。综合文献和考古资料，农民和城市的关系可能存在一个演变过程。

### （二）农民在城市社会阶层中的演变

从文献看，春秋以前，农民可能不是城市中的主体居民。《国语·齐语》载管子对齐桓公曰：“昔圣王之处士也，使就闲燕；处工，就官府；处商，就市井；处农，就田野。”《管子·小匡》中也有相同的记载。“四民分处”之制可能未必是西周时期就确实存在的现象①，但在春秋以前，农居田野应当是一种普遍现象。这从逻辑上分析也比较合理。首先，早期城市从功能上说并不需要大量农民，城市本身并非以农业生产为主，因此，城市内不可能存在大量田地；其次，春秋以前对城市的规划可能不会考虑农民人身安全的保护问题。农民可能会在城市中服劳役，但不会成为主体的长期居住者。另外，春秋以前考古发现的城址从形态上也不太可能容纳大量农民。史前城址比较明显，因为大部分城址都有各自的聚落群，而且很多城址城墙围起的部分只是本聚落的一部分，即城址的外围当还有人员居住。这种形态表明，农民不会是城内的主体居民，而是散布在城址周围。夏商时期的二里头遗址、偃师商城、郑州商城、垣曲商城、盘龙城和安阳殷墟等遗址都以政治性建筑和手工业场所为主，因此也不太可能居住大量的农民。据此推测，春秋以前，农民还是以居住在田野中为主。当然，城市对人口的天然吸纳力也必然会对农民产生影响，因此在城市附近的郊野地区，农民的密度较其他地区会增大。但是，这些人不应当被认为是城市居民。

从春秋时期开始，随着城市的逐渐普及，农民开始被大量吸纳进城市。以文献所载之成周为例，《左传·隐公三年》载：“郑祭足帅师……取成周之禾。”可见此时成周之地还是以田地为主。到《春秋经·昭公三十二年》载：“冬，仲孙何忌会晋韩不信、齐高张、宋仲几、卫世叔申、

① 参见赵世超《周代国野制度研究》，陕西人民出版社1991年版，第25—28页。

郑国参、曹人、莒人、薛人、杞人、小邾人城成周。"这说明在此之前成周可能没有城墙，或者城墙早已毁坏。昭公三十二年，诸侯联盟城成周。历经 200 多年，此时的成周可能已经发展成了城市。在由一般性聚落演变为城市的过程中，农民可能扮演了十分重要的角色，即农民是城市建设的主要体力劳动者。因此大量的农民进入城市可能是东周时期的一种普遍现象。

城市的普及在春秋战国时期的主要表现就是城的广泛修建。城的修建虽然从直接原因上可能是出于军事战争的需要，但从经济发展的角度看，对资源的集聚和人口的吸纳才是主要的潜在因素。城市的普及造成的一个直接后果就是对农民的大量吸纳。《管子·大匡》载："凡仕者近宫，不仕与耕者近门，工贾近市。"从事农业劳动的耕者已经是城市中的主体居民之一了。另外，春秋时期很多进入城市的农业劳动者在职业上可能发生了转换。

据邵鸿研究，雇佣劳动在春秋时期已经出现，战国时期已经非常普及了。而雇佣劳动最普及的行业就是工商业①，因此雇佣劳动在城市中应当最为集中。《孟子·万章下》载："在国曰市井之臣，在野曰草莽之臣，皆谓庶人。""庶人，召之役，则往役；君欲见之，召之，则不往见之。"此处所指之庶人已经包括了城市中的体力劳动者。城市中的这些体力劳动者可能源自于田野中的农民，随着城市对劳动力需求的大量增加，大量的农民便脱离田地而被吸纳进城市，成为城市中日常所需的体力劳动者。因此，庶人在春秋战国时期就成为城市社会阶层中的一个重要组成部分，代表的就是所有以专门出卖劳动力为生的人。从庶人可以拒绝国君的召见来看，这些人在城市中当具有一定的人身自由。

## 四　小结

对资源的集聚是城市起源的基本途径，无论其集聚方式是和平的经济交换，还是暴力的战争掠夺，只要具有相当的可持续性，那么城市的出现便是必然趋势。在对资源集聚的各种方式中，以市场为主体的经济交换是目前看来最节约成本的一种，因此，由经济交换中心发展为城市是早期城市起源的主要途径之一。城市一经形成，便表现出了对人口强有力的吸纳能力。当城市中所集聚的各种职业的人口总量达到一定程度后，旧的社会

---

①　邵鸿：《商品经济与战国社会变迁》，江西人民出版社 1995 年版，第 189 页。

阶层便会被打破，新的阶层得到重组。春秋以前的城市中，以统治者和工商阶层为主，农民只是劳动力的储备库，在城市的社会阶层中不占主体地位。从春秋时期开始，庶人已经成为了士、工、商之外的城市主体阶层之一。庶人主要源自于农村的劳动力，为城市的发展提供着劳动力保障。

对资源的集聚与整合、对人口的吸纳与重组作为城市功能的基本特征，为中国早期城市的发展提供了最基本的物质保障。考古发掘资料显示，城市的形态在规模上的不断增大、数量上的不断增多、形态上的不断复杂化，都源自于城市对资源和人口的持续性集聚能力，一旦这种能力消失，城市便会衰败、消亡。

作为城市的基本功能，集聚整合能力只是城市发展的必要条件之一。仅具有此功能还不足以使城市成为文明演进的发动机。对资源和人口的集聚整合只能使城市获得量变，城市本身所具有的创新能力才是其发展进化的主要因素。

## 第二节　制度变革——商周城市功能的典型特征

城市作为一种更加优越的聚落形态，除了对人口和财富的集聚功能外，还具有非凡的创造力，其本身就是一种制度创新的产物。估计最初的城市修建者们谁也不会意识到当高大的城墙耸立在他们面前时，他们其实是为自己和别人设立了一套崭新的制度体系。城市是人类在追寻更有效的社会生存方式的过程中发明的。自此以后，一种新的人类交往方式和居住方式将彻底改变他们的生活。城市在功能上较之一般性聚落能够有效地节约整个社会的运行成本，这也是城市起源的原动力之一。

### 一　社会成本问题——城市制度变革的动力因素例析

城市优越于一般性聚落的最主要表现就在于它形成了一套新的制度体系，这套制度可以减少人与人之间、聚落与聚落之间的交往成本，从而使社会运行更加有效。以早期文明的聚落群发展为例，在城市产生之前，聚落之间的交往由于缺乏某种强有力的约束机制而必然处于无秩序状态。在这种状态下，聚落之间的交往最有效的方式可能就是战争掠夺。和平的经济交换可能首先产生于聚落群内部。经济交换中心由于能够有效减少人们的交换成本，因此便会被越来越多的聚落接受。但是就所花费的成本来说，经济交换的方式与战争掠夺的方式还很难区分优劣。而且这种经济交换中心由于缺乏有效的制度约束必然遭到外围聚落群的冲击甚至本聚落群内部的破坏，而致使成本增加。要降低经济交换的成本，就必须增加战争掠夺的成本。有需求便有创新。因此，最简单的一个制度约束在物质上的表现就是防御设施的发展及城墙的出现。当城市形成以后，人们在经济交换中所遭受人身和财产损失的概率大大降低，而战争掠夺所花费的成本必然大大增加，聚落群之间的交往便会转向成本较低的经济交换方式。

促进城市起源与发展的最重要的一个因素就是经济交换。伴随着经济交换的发展，社会分工进一步深化，集聚于城市中的资源和人口才能得到有效的运用，城市的发展也因此全面展开。城市在制度上的创新基本上就是交换和分工发展的产物。而推动城市制度创新的根本动力就在于追求更有效的降低交易成本的方式。对资源的集聚与整合、对人口的吸纳与重组都需要相应地付出一定的成本，如果这种成本超出了一定范围之外，就无法造成资源和人口的可持续集聚，城市的发展也必然受到影响。

先秦时期城市发展的最高级形态就是都城，都城是资源和人口集聚程度最高的城市。从先秦时期的长时段看，都城经历了一个由频繁迁徙到逐渐稳定的发展历程。对这一现象的探讨学者众说纷纭，见仁见智。下文探讨之重点并非其迁徙路线和具体地望的考证，而是在前人研究的基础上对这种现象本身作一番探讨，从经济学的角度提供一种解释。

（一）夏商都城"屡迁"现象的经济学简析

从传世文献看，最早的"都"可以追溯到黄帝时代，《世本》载："黄帝都涿鹿。"据《史记·五帝本纪》载，继黄帝之后为帝者为颛顼，《帝王世纪》云颛顼"始都穷桑，徙商邱（即帝丘），于周为卫"。《左传·昭公十七年》载："卫，颛顼之虚也，故为帝丘。"颛顼之后为帝喾，《帝王世纪》载其都亳。其后，尧、舜都平阳，禹先都阳城（《古本竹书纪年》、《世本》），后即帝位于平阳（《帝王世纪》）。以上史料虽然记载的都是属于古史传说时代的事件，但至少也反映了"都"之概念当起源较早。当时的"都"虽可能还未进化到城市的阶段，但大概均已具有了城市的一些基本功能。《广雅·释诂三》曰："都，聚也。"《周礼·春官·司常》郑玄注曰："都，民所聚也。"这些可能反映了"都"的较原始的含义。可见，古史传说中，五帝时代之"都"可能已经具有了集聚资源和人口的功能。

早期的"都"在形成的过程中都经历了一定的迁徙过程，记载最明确的就是舜都之形成。文献所载舜都之形成有两个版本：《吕氏春秋·贵因》载："舜一徙成邑，再徙成都，三徙成国。"此是从地理的角度记载。《史记·五帝本纪》载虞舜"一年而所居成聚，二年成邑，三年成都"。此是从时间的角度记载。二者所指当为一事，从夏商王朝都城的频繁迁徙情况看，早期之"都"可能还处于不稳定的发展状态。

到夏商时期，从文献看都城的迁徙已经非常清晰了。依据古本《竹书纪年》的记载，夏王朝从禹开始算起，经历了以下几次变迁：

（1）"禹都阳城"（《续汉书·郡国志》二注引《汲冢书》）。

（2）"太康居斟寻，羿亦居之"（《史记·夏本纪》正义引《汲冢古文》）。

（3）"帝相即位，处商丘"（《太平御览》卷八二皇王部引《纪年》）。

（4）"相居斟灌"（《水经·巨洋水注》引《汲冢古文》）。

（5）"帝宁居原，自迁于老丘"（《太平御览》卷八二皇王部引《纪年》）。

（6）"胤甲即位，居西河"（《太平御览》卷八二皇王部引《纪年》）。

（7）桀又居斟寻（《史记·夏本纪》正义引《汲冢古文》）。

其中有6处用"居"字，唯独第3处为"处商丘"，可能商丘并非都城，而是一临时性据点。从太康到桀400多年间似乎经历了一次轮回，又回到了起点。但是由于文献记载过于简略，以上地名究竟是否可以称为都城还很难确定。第1条禹都阳城固然明确，但其余几条非"居"即"处"，似乎在性质上并非都城。但退而求其次，至少这些地名反映了夏王朝的最高政权所在地曾经发生过多次迁徙。同时如果参照考古发掘的龙山时代城址的发展状况，这些地方也很可能已经发展到了初期城市的水平。

另外，古本《竹书纪年》还记载了商王朝的几次迁都：

（1）外丙、仲壬、太甲、沃丁、小庚（太庚）、小甲、雍己皆"居亳"（分别见于《太平御览》卷八三皇王部、《春秋经传集解后序》引《纪年》等）。

（2）"仲丁即位，元年，自亳迁于嚣"（《太平御览》卷八三皇王部引《纪年》）。

（3）"河亶甲整即位，自嚣迁于相"（《太平御览》卷八三皇王部引《纪年》）。

（4）"帝开甲踰即位，居庇"（《太平御览》卷八三皇王部引《纪年》）。

（5）"南庚更自庇迁于奄"（《太平御览》卷八三皇王部引《纪年》）。

（6）"盘庚旬自奄迁于北蒙，曰殷"（《太平御览》卷八三皇王部引《纪年》）。"自盘庚徙殷，至纣之灭……更不徙都"（《史记·殷本纪》正义引《竹书纪年》）其他文献与此大同小异。

《尚书·盘庚》载盘庚之语曰："先王有服，恪谨天命，兹犹不常宁；不常厥邑，于今五邦。"张衡《西京赋》曰："殷人屡迁，前八后五。"这种划分泾渭分明，那么前八次迁徙是否为都城迁徙呢？其实，商人前八次迁徙应为族群的迁徙，后五次才为都城的迁徙①。只有在商汤灭夏之后，商才正式立国，并建立都城，也才有都城迁徙的可能。

从长时段看，在整个夏王朝和商王朝的前半期，共计700年左右的时间里，王朝政权的中心曾发生了10次以上的变更迁徙。平均看来，几十年就会迁一次都，而从盘庚之后至商灭亡，200多年间再未迁都。西周二三百年的时间也只是在末期发生了一次迁都，即平王东迁洛邑（《史记·周本纪》）。

对这种现象的解释无论是从政治军事的角度，还是从环境变迁的角度都不尽如人意。甚至有学者根据考古材料证明夏商时代并不存在都城"屡迁"的现象，而且提出夏商时代长期实行主辅都制度，主都具有相对稳定性，而辅都具有相对屡迁性②。这种观点的前身应当是张光直先生提出的"圣都"、"俗都"说。即"三代各代都有一个永恒不变的'圣都'，也各有若干迁徙行走的'俗都'、圣都是先祖宗庙的永恒基地，而俗都虽也是举行日常祭仪所在，却主要是王的政、经、军的领导中心"。并进一步提出俗都屡变的原因是"以追寻青铜矿源为主要的因素"③。

其实上述观点主要是利用考古资料对文献资料的一种揣测，其立论的

---

① 朱彦民：《商族的起源、迁徙与发展》，商务印书馆2007年版，第350页。

② 张国硕：《夏商时代都城制度研究》，河南人民出版社2001年版，第53—82页。

③ 张光直：《夏商周三代都制与三代文化异同》，载《中国青铜时代》，三联书店1999年版。

基点则是否认文献资料所记载的迁都的史实，而且忽视了文献所记载的一个很重要的现象，即文献所载最高政权中心的频繁迁徙主要是在盘庚以前，从盘庚定都殷墟后直到西周晚期，再没有出现这种频繁迁都的现象。这种现象用主辅都制并不能得到很好的解释。

从城市发展的角度看，王朝最高统治者所居住的都城作为城市的最高级形态，必然也是政治、经济和文化发展的中心，是资源和人口集聚程度最高的地方。前文已经谈到，城市要获得长久稳定的发展，就必须拥有对资源和人口的持续性集聚能力。一旦失去了这种集聚能力，城市必然出现衰败。战争固然可以使城市在短期内产生很大的集聚能力，但却无法保证其能力的持续性。只有经济的稳定发展才是城市稳定发展的保障，而对城市来说经济发展水平最重要的表现形式就是经济交换水平的高低。因此，从长时段看，先秦时期考古发现的城址主要分布在中国地形的第二、三级阶地的交界带，这种地方是多种地形的结合部，最有利于交换经济的发展，因而也最有利于建立城市。而都城作为城市的最高级形态，对持续集聚能力的要求必然更高，也必然会选择资源丰富且有利于经济交换的地区。但是仅据此还无法解释早期政权中心频繁迁徙的现象。因为随着政治水平的提高，通过政治强制力完全可以造成对一个地区资源和人口的持续集聚，因此似乎也没有必要必然选择经济交换中心作为都城。其实，运用政治强制力对资源和人口的持续集聚行为本身同战争一样是需要付出很高成本的，远不如处于经济交换中心所花费的成本低。人们的自愿行为和被迫行为所消耗的成本是完全不同的。最初的都城选址也许不会考虑到这一点，但随着都城发展所需成本的增加，必然导致资源和人口的集聚能力的降低，因而便会选择迁徙到更优越的花费成本较低的地区。

据史念海先生的研究，东周时期，晋国由绛迁都新田，魏国由安邑迁居大梁，韩国由平阳迁都新郑，赵国由晋阳迁都邯郸。其原因并非出于军事上的考虑，都是"为了取得地理形势，居于富庶地区，谋求国家的发展"[①]。据《史记·晋世家》载，晋国原居于绛。绛在今山西翼城县，其地在浍水上游。浍水为汾水支流，对外交通不便。《左传·成公六年》载晋国由绛迁居新田，其主要原因有二：其一是新田"土厚水深，居之不

---

① 史念海：《先秦城市的规模和城市建置的增多》，《中国历史地理论丛》1997年第 3 期。

疾，有汾、浍以流其恶"；其二是"民从教，十世之利也"。安邑原是战国时期魏国都城，其地位于山西夏县西北，后迁于大梁（河南开封市），其原因据《史记·魏世家》载："秦用商君，东地至河，而齐、赵数破我，安邑近秦，于是徙治大梁。"史先生认为事实并非如此。因为当时韩国和赵国也竞相迁都。韩国由平阳（今山西临汾市）迁居新郑（今河南新郑县），赵国由晋阳（山西太原市西南）迁于邯郸（今河北邯郸市），三国都城迁徙方向一致，都是由西北迁居东南，在地理上位于太行山东，河济侧畔，这一地区为东西南北交通要道，经济发展比较充分，且当时"鸿沟系统水利也已逐渐开发"。丰富的资源、便利的交通和优越的环境是上述三都迁徙的主要原因。而政治方面对迁都并没有直接的影响，因为"魏国在迁都之前，不仅败给秦国，且败于齐、赵两国。安邑固然近秦，大梁也近于齐、赵两国。迁都后，也许秦国的威胁有所减轻，齐、赵两国的威胁还是免不了的"[1]。也就是说，这些都城所选择之地都是为了经济的更好发展，而非受制于政治和军事的影响。

经济交换优势较强的地区也是资源和人口集聚水平较高的地区。东周时期定陶就是一个很好的例证。由于经济上所具有的重要价值，定陶在战争时期成为几个国家竞相争夺的对象。根据杨宽先生的研究[2]，公元前286年齐愍王（前300—前284年在位）灭掉宋国的主要目的之一就是占取定陶。在此前后不久，秦国攻打齐国并夺取了定陶。接着在公元前257年，秦军在与魏、赵两国军队的交战中败退后，定陶又易手于魏国。此外，赵国有一次也试图取得定陶。值得一提的是，秦国在夺取定陶之后将其封给秦昭王母宣太后之弟、曾任秦相的魏冉作为领地。据《史记·穰侯列传》记载，魏冉在据有定陶之后，其富甚于王室。定陶所具有的经济交换功能使各国不惜动用战争这种高成本的方式来争夺，可见至少在战国时期，繁荣的经济交换活动对城市发展的影响力已经为各国统治者充分认识到了。

西周初年成周的建设就是为了居于"天下之中"。《逸周书·作雒》载："乃作大邑成周于中土。"《何尊》铭文曰："唯王初迁宅于成周……

---

① 史念海：《先秦城市的规模和城市建置的增多》，《中国历史地理论丛》1997年第3期。

② 杨宽：《战国史》，上海人民出版社2003年版，第129—130页。

唯武王既克大邑商，则廷告于天曰：余其宅兹中或（国）。"（《集成》
11.6014）这两条资料反映了西周时期成周从地理位置上说在当时人的心
里应处于"天下之中"。《史记·周本纪》载："成王在丰，使召公复营洛
邑，如武王之意。周公复卜申视，卒营筑，居九鼎焉。曰：'此天下之
中，四方入贡道里均。'"司马迁所记载的这段话反映了成周建设在其政
治意识背后，其实是为了资源和人口的更有效集聚。成周位于当时政治势
力范围的中心地带，其最明显的好处就是贡赋系统的合理性，使当时全国
的资源在向中央集聚的过程能够最大限度地减少路途上所花费的时间和成
本。另外也有利于对各地方的有效控制，从而最大限度地降低社会运作的
成本。夏商时期都城的频繁迁徙现象可能正是当时的最高统治者为寻找更
优越的集聚资源和人口的地区而做出的多次尝试。

　　另外，在文明发展的早期，由于生产能力的局限，当一个城市所集聚
的人口超过了这一地区的最高承载量，便会造成很严重的生存危机。在夏
商时期，由于都城是政治发展的中心，很容易通过政治强制力而集中大量
的人口，这就必然造成很严重的生存问题，造成维持生存所花费的成本增
长，必然会影响到城市的持续集聚能力。即使是自然发展的城市也可能出
现这种情况。当这一地区的土地无法承载大量的人口时，最节约成本的方
式其实就是选择一处更好的地区，而不是花费高昂的成本，运用政治强制
力集聚资源，这种方式也基本不具有可持续性。当然，经过多次的尝试，
随着经验的积累，其所选都城的使用时间便会越来越长，这也是从商代后
期开始，都城迁徙次数明显减少的原因之一。

　　从长时段看，都城的迁徙、城市规模的增大、城市数量的增长都是为
了能够有效地节约城市和社会运作的成本，从而增强和延长城市对资源和
人口的集聚能力。那么为什么规模越大的城市其手工业生产水平越高？城
市又是如何得到普及的呢？

（二）市场的范围与城市的规模

　　经济学中的"斯密定理"有助于很好地理解城市的发展与市场的关
系。亚当·斯密在《国富论》第三章中阐释了一个重要观点，即"分工
受市场范围的限制"。他发现，"分工起因于交换能力，分工程度总要受
到市场广狭的限制"。"斯密定理"的具体含义是，只有当对某一产品或
服务的需求随市场范围的扩大增长到一定程度时，专业化的生产者才能实

际出现和存在。随着市场范围的扩大，分工和专业化的程度不断提高。反过来说，如果市场范围没有大到一定程度，即需求没有多到使专业生产者的剩余产品能够全部卖掉时，专业生产者就不会实际存在。这一定理成立的理由在于：假如市场过小，就不能令人们终生专务一业。"因为在此状态下，人们不能随意用自己劳动生产的消费剩余物换取自己需要的他人劳动生产的消费剩余品。"亚当·斯密所指的交易是"互通有无，物物交换，相互交易"①。

"斯密定理"对于认识早期城市中分工与交换的发展颇为有益。只有存在着大规模市场的城市才会形成发达的集团化的手工业生产。都城作为人口集聚程度最高的城市，对各种产品的需求量必然远大于一般性城市，因此便会激发出更广泛的交换行为，市场的波及面便会逐渐扩展，从而吸纳更多的资源和人口参与交换。这种需求足以刺激各种手工业生产朝着规模化分工的方向发展，因此，目前发现的各诸侯国都城中基本都存在着规模化的手工业遗址，这进一步反映了都城中交换活动的繁荣。这种交换活动不仅包含了一般性的市场交换，在城市的政治系统内部进行再分配时可能也已经普遍存在着一般等价物即货币了②。因为相比于在政治系统内部的财富分配过程中，运用一般等价物作为分配的手段要远比实物分配高效，并且节约交易成本。因为不同的个人对物品的需求度是不同的，因此如果直接用实物赏赐，那么某人得到的东西可能并非其所需，这样的话可能还要进行第二次交换活动，因此便会增加成本。如果运用一般等价物和市场，则会极大地降低交易成本。毫无疑问，在城市的政治系统中，因为财富的大量集中，交易活动应该是最频繁的。不管这些手工业为谁控制，其在财富分配的过程中，市场交换可能是较为重要的方式。

那么又是什么原因促进了城市的普及呢？其实，城市的普及从本质上说就是市场的普及。"关键因素是交易费用。"一般来说，交换活动的空

---

① Smith, Adam, LL. D (1776), "An inquiry into the Nature and Causes of the Wealth of Nations", Pickering & Chatto (Publishers) Limited, 1995, Vol. I, pp. 27 – 28.

② 西周时期的政治系统内部可能已经出现了一般等价物，参见朱凤瀚《西周金文中的"取徽"与相关诸问题》，《古文字与古代史》（第一辑），中研院史语所，2007年9月。

间范围越大，或者说，交换双方的距离越远，交易费用的数额越高①。市场并非是越大越好，而是存在着最优规模，超过了这一规模，在这一市场进行交换所花费的成本就会增加。这就造成了市场的吸引力是有限的，它只会吸引有限范围内的人口，因而城市的集聚能力也相应地受到限制，这就是为什么会出现大城市和小城市之分。每一个城市所涵盖的只是有限的地域，因而随着交换经济的发展，在不同的地域形成城市便是经济发展的必然趋势。

总之，从经济学的角度看，中国早期城市的形成和发展就是为了建立一套最有效的节约社会运行成本的制度体系。无论是都城的频繁迁徙，还是城市的广泛普及，从根本上说都是为了社会经济的有效发展。虽然城市的基本功能就是集聚资源和人口，但是现代制度经济学研究表明，"单纯的人口增长可能节约交易费用，也可能增加交易费用；在缺少市场制度的进步的情况下，人口增加可能导致市场纠纷的增加。"② 因此，早期城市的发展推动了一系列制度体系的创新和完善。

## 二　先秦城市制度变革的表现

对于城市来说，在各种制度变革中，最重要的一种就是对市场交换的保护和约束机制，这是城市稳定持续发展的基本保障。自发形成的自由市场虽然有利于经济交换，但很难保障其持续性和稳定性。无法使交换主体获得相应的安全感，因而降低了成功交换的预期值，必然会造成交换成本的增加。《墨子·贵义》载："商人之四方，市贾信徙，虽有关梁之难，盗贼之危，必为之。"《吕氏春秋·去宥》载："齐人有欲得金者，清旦被衣冠往鬻金者之所，见人操金，攫而夺之，吏搏而束缚之。问曰：人皆在焉，子攫人之金何故。对吏曰：殊不见人，徒见金耳。"这两则史料说明，东周时期从事商品交换还是要冒很大的风险的。

城市中的市场机制正是为了适应这一需求而形成的。城市一旦形成，一种封闭式的市场形态必然相伴而生，这种有城墙围绕的市场虽然在初期成本上高于一般的自山市场，但随着时间的推移，其所体现出来的优势便

---

① 盛洪：《分工与交易——一个一般理论及其对中国非专业化问题的应用分析》，上海三联书店 1992 年版，第 151 页。

② 同上书，第 153 页。

是一般市场无法相比的。最重要的一点就是可以保障交换主体的基本人身和财产安全，从而极大地提高了交换的成功率。另外，随着城市的进一步发展，这种市场也获得了相当完备的制度配套。

（一）城市市场制度的完善

在《周礼》中记载了一套相当完备的市场制度体系。这套体系应该是对当时社会已有的市场制度体系的综合和完善，因此至少应该部分地反映了当时的一些市场制度。

据《周礼·地官·司市》所载，市场中有一系列从事管理的专业人员。有全面负责市场管理的"司市"；有管理交易契约以及处理有关纠纷的"质人"；有负责市场税收的"廛人"；有负责对所辖市场上出售的商品进行质量检查和管理的"胥师"；有负责评定商品物价及稳定市场价格的"贾师"；有维持市场秩序的"司暴"和"司稽"。另外，还有"肆长"、"泉府"、"司门"、"司关"等机构和人员的设置①。这一套管理体系在东周时期的列国城市中，尤其是都城中可能已经相当成熟，其产生必当经历了一个较长的演变过程。

伴随着市场管理制度的发展，法律法规也获得了一定的普及和完善。《商君书·定分》曰："法令者，民之命也，为治之本也，所以备民也。为治而去法令，犹欲无饥而去食也，欲无寒而去衣也，欲东西行也，其不几亦明矣。一兔走，百人逐之，非以兔。夫卖者满市而盗不敢取，由名分已定也。故名分未定，尧舜禹汤且皆如鹜焉而逐之；名分已定，贪盗不取。"古人所谓法令者，即由上层统治者所规定之制度，此一制度的制定是从上而下式的，上行下效，所以实行起来较有可行性。而定名分其实就是对私有产权的法律保护。私有产权的广泛认可和深入人心是先秦城市市场发展的重要表现。市场在春秋战国时期还有一个重要功能就是作为惩戒犯罪分子的场所。这种功能的源头可能与市场制度的普及不无关系。一项制度或法令产生后，最大的问题就是如何尽快家喻户晓，人口集聚和流动性最大的市场便是一个最好的宣传场所。这也是城市的发展与市场的发展互相适应的结果。只有法令的广泛普及，才能有效地降低市场交换的危险

---

① 参见朱红林《〈周礼〉中的商业管理制度研究》，吉林文史出版社2003年版，第174—182页。

性，提高市场交换的效率，促进经济的发展。

影响经济交换成本的一个重要因素就是安全问题，而与安全问题相伴而行的是公平问题。这种有效管理下的封闭式市场很好地解决了交换过程中可能出现的安全和公平问题，从而促进了市场的规模化发展，降低了交换过程中所花费的成本。同时，封闭式市场有助于增强上层统治者对经济活动的有效控制，保障从市场获得稳定的财富收入。当时的市场税收相当丰厚，仅以一例示之。《说苑·尊贤》载："（赵简子）门下左右客千人，朝食不足，暮收市租；暮食不足，朝收市租。"晋阳（在今山西太原西南晋源镇）一地一日的市场税收，可供应千人的饮食。因此，封闭式市场无论对上层统治者还是对普通的参与交换的个体来说都是有利的，能够取得双赢，双方都获利。很明显，通过这种方式来集聚财富从成本上说远低于战争掠夺和政治强制力，而且具有稳定的持续能力。这也是东周时期这种市场制度获得成熟和完善的根本原因。

（二）城市综合管理水平的提高

城市中的制度变革除了表现在市场制度的完善上，另外一个重要表现就是城市综合管理水平的提高。

城市随着人口的大量集聚，最容易发生的灾难就是火灾，因此救灾制度发展的比较完善。《左传·襄公九年》载："九年春，宋灾。乐喜为司城以为政。使伯氏司里，火所未至，彻小屋，涂大屋；陈畚挶具绠缶，备水器；量轻重，蓄水潦，积土涂；巡丈城，缮守备，表火道。使华臣具正徒，令隧正纳郊保，奔火所。使华阅讨右官，官庀其司。向戌讨左，亦如之。使乐遄庀刑器，亦如之。使皇郧命校正出马，工正出车，备甲兵，庀武守使西钮吾庀府守，令司宫、巷伯儆宫。二师令四乡正敬享，祝宗用马于四墉，祀盘庚于西门之外。"可见，宋国都城的防灾体制无论是人员的调遣还是设施的配置都达到了非常高效完备的程度。

郑国国都的防灾救灾也表现得相当高效有序。《左传·昭公十八年》载："火作，子产辞晋公子、公孙于东门。使司寇出新客，禁旧客勿出于宫。使子宽、子上巡群屏摄，至于大宫。使公孙登徙大龟。使祝史徙主祏于周庙，告于先君。使府人、库人各儆其事。商成公儆司宫，出旧宫人，置诸火所不及。司马、司寇列居火道，行火所焮。城下之人，伍列登城。明日，使野司寇各保其征。"在火灾之后还实行了一定的救济措施。"书焚室而宽其征，与之材。"登记被烧毁的房屋，减免其赋税，并提供建造房屋的材料。这种高效的救灾措施可以使都城在最短的时间内恢复秩序，从而防止了灾难的扩大化。

在战争期间，城市基本实行的是全民皆兵的制度。《墨子》城守各篇除记载了各种攻防器械的使用外，在《墨子·号令》篇中还记载了各种用人之法。在城市防御战中，"诸男子"、"丁女子"和"老少"都要参与守城。城内实行严格军事管制，"卒有惊事，中军疾击鼓者三，城上道路、里中巷街皆无得行，行者斩"。"里正与父老皆守宿里门"。"敌人卒而至，严令吏民无敢讙嚣、三最、并行、相视、坐泣流涕、若视、举手相探、相指、相呼、相麾、相踵、相投、相击、相靡以身及衣、讼驳言语及非令也而视敌动移者，斩。"① 由此可知，战争期间，对城市居民的管制力是非常强的。不仅如此，官吏还要"悉举民室材木、瓦若蔺石数，署长短小大"，以备战争之用。

在军事管制的同时，还存在着与之相配套的经济政策。如《墨子·号令》载："募民欲财帛、粟米以贸易凡器者，以平贾予。"对于当时无法禁止的私人交换行为，须依照当时的市场价格进行交易，以防止因不公平而造成的内部混乱。可见，当时的经济交换行为即使在战争期间也是频繁存在的，甚至是城市的守卫者不得不考虑的问题。

《墨子·号令》载："邑人知识、昆弟有罪，虽不在县中而欲为赎，若以粟米、钱金、布帛、他财物免出者，令许之。"这是一种特殊的经济交换行为，即用财物赎罪，是经济交换意识普及发展的较高级表现。

虽然在战争期间实行严格的军事管制，但政府对普通居民财产的征用并非是无偿的。《墨子·号令》载："度食不足，食民各自占，家五种石升数，为期，其在莼害，吏与杂訾，期尽匿不占，占不悉，令吏卒瓥得，皆断。有能捕告，赐什三。收粟米、布帛、钱金，出内畜产，皆为平直其贾，与主券人书之。事已，皆各以其贾倍偿之。又用其贾贵贱、多少赐爵，欲为吏者许之，其不欲为吏，而欲以受赐赏爵禄，若赎出亲戚、所知

① 在银雀山汉墓竹简《守法守令等十三篇》中还记载有"……罪，非时得行者唯守……"。在《墨子·号令》中也有类似的记载："非时而行者，唯守及掺（操）太守之节而使者。"见银雀山汉墓竹简整理小组编《银雀山汉墓竹简》［壹］，文物出版社 1985 年版，第 128 页。

罪人者，以令许之。"《墨子·杂守》载："民献粟米、布帛、金钱、牛马、畜产，皆为置平价，与主券书之。"据此可知，虽然对居民财产的征收具有相当的政治强制力，但战争结束后，"各以其贾倍偿之"，也反映了一定的公平交易的状态。这些都应当是经济交换意识已经获得相当的普及和认可后才能出现的情况。

无论是和平时期的防灾救灾制度，还是战争时期的城市防御体制，都反映了城市的行政管理制度获得了相当的发展。这种制度发展在农村等一般性聚落中是难以存在的。正是因为城市集聚了大量的资源和人口，要花费较小的成本有效地利用这些资源和人口，就必须不断提高城市的管理制度水平，使其尽可能达到高效合理的状态，城市便因此而具有了相当的制度创新功能。

### 三　先秦城市功能的动态化演进

前文对商周城市的功能大体上是一种基于结构层面上的静态描述，换句话说，是长时段的宏观研究。但是，如果从传统的政治、经济和军事功能的角度看，中国早期城市存在着一种动态化的演进过程。一般而言，这种动态化演进存在着两个层面：一方面城市功能从整体上存在着时代上的演进；另一方面，单个城市的功能在发展的过程中也可能发生变化。

龙山时代以前，城市的发生主要可能源自于经济交换中心，其在功能上具有显著的经济性，是财富的集聚中心。但是，城市产生初期的这种较强的经济功能在龙山时代发生了变化。随着政治强制力的增强，城市中所集聚起来的资源便有可能被转移到其他领域，这就造成了龙山时代城址功能的多元化发展。黄河中游地区发展出了具有较强政治功能的城市，如王城岗①、古城寨②和陶寺城址③，其内部都发现了大面积的夯土建筑基址，

---

① 河南省文物研究所等：《登封王城岗与阳城》，文物出版社1992年版；方燕明：《河南登封王城岗遗址　发现龙山晚期大型城址》，《中国文物报》2005年1月28日。

② 河南省文物考古研究所等：《河南新密市古城寨龙山文化城址发掘简报》，《华夏考古》2002年第2期。

③ 中国社会科学院考古研究所山西队等：《山西襄汾县陶寺城址发现陶寺文化大型建筑基址》，《考古》2004年第2期；中国社会科学院考古研究所山西队等：《山西襄汾县陶寺城址祭祀区大型建筑基址2003年发掘简报》，《考古》2004年第7期。

这些基址应该是作为政治性建筑的宫殿，而且中原地区的城址普遍历时较短，表现出了很强的军事对抗性。黄河下游地区的城市则依然表现出浓厚的经济集聚性，黄河下游的边线王①和丹土②等城址都存在着早晚几道城壕，这是资源和人口持续集聚发展的结果。而长江中游的石家河城址③和长江下游的良渚遗址群④则表现出了浓厚的宗教礼仪色彩，超大规模的城址和宗教性建筑及其用具必然消耗了大量的资源和劳动力。据此推测，虽然同样是作为资源和人口的集聚中心，但不同地域的城市表现出了各不相同的发展趋势。这种对资源和人口的不同使用方式也造成了各自城市持续性集聚能力的强弱，龙山时代以后，只有中原地区的城市继续朝着规模化集团化的方向发展，其他地区的城市发展都遭到了不同程度的衰退或中断。

从二里头文化时期开始，以二里头遗址为代表的综合性的大规模城市开始发展，二里头遗址表现出了很强的政治、经济等多种功能，这是龙山时代及其以前的城址所没有的。商代和西周以都城为核心的大规模综合性城市继续发展，到东周时期在全国范围内出现了以诸侯国都城为核心的城市群，这些都标志着城市发展已到了一个普及繁荣的阶段。城市的功能已经不能仅仅用政治、经济或军事等字眼来表达了。综合性的城市已经把政治、经济与军事等多种因素融合在了一起，但是作为资源和人口的集聚中心，城市始终是文明发展、制度创新的发动机。

就先秦时期的单个城市来看，以往学者的研究多是进行的静态分析，以垣曲商城为例⑤。垣曲商城的城墙具有很强的防御性，并且其所处位置也很具有军事性，所以，垣曲商城的军事功能便顺理成章，学者多认为其

---

① 杜在忠：《边线王龙山文化城堡的发现及其意义》，《中国文物报》1988年7月15日。

② 罗勋章：《五莲丹土村新石器时代遗址》《中国考古学年鉴（1996）》，文物出版社1998年版。

③ 北京大学考古系等：《石家河遗址群调查报告》，《南方民族考古》第五辑，四川科学技术出版社1992年版。

④ 浙江省文物考古研究所编：《良渚遗址群》，文物出版社2005年版。

⑤ 中国历史博物馆考古部等编著：《垣曲商城（1985—1986年度勘查报告）》，科学出版社1996年版；中国历史博物馆考古部等：《1988—1989年山西垣曲古城南关商代城址发掘简报》，《文物》1997年第10期；中国历史博物馆考古部等：《1991—1992年山西垣曲商城发掘简报》，《文物》1997年12期。

是商人的军事城堡。这种静态的描述显然忽视了城市的动态发展，即垣曲商城的最初修建可能是出于军事上的考虑，但是在其建好并开始使用后，其在功能上是否就没有变化，如果从始至终这座城址在功能上就是一座军事设防性的城堡，那么如何来解释其遗址内大量的具有经济功能的遗迹。一个合理的解释是，防御性的城堡往往会集中大量的人口，无论这些人口是士兵还是平民，同时，这一地区在资源上又存在着诸多的优势，那么，经济交往便是不可避免的，否则如此众多的人口所需的资源从哪里得到？因此，对当地资源的集聚便是这座城堡的一个很重要的功能。这种集聚方式，在以往通常被认为是政治性的强制措施，如掠夺和税收，但是，仅仅运用政治强制力集聚财富在历史上证明是无法使一个地区的经济获得长期稳定的发展的。因此，在对财富的集聚方式的认识上，经济交换因素可能被长期忽略了。早期城市的发展可能存在着功能上的演进。

随着国家的发展和国家机器的完善和强大，运用政治强制力也完全可以在一个地区建立城址，但是，如果维持这种城址存在的方式仅仅是通过政府强制力，那么因为要花费高昂的成本，便很难保证其持久的财富集聚能力。只有当一座城市自身具有了集聚和创造财富的能力，这座城市才能得到良性的发展。因此，从政治、经济、军事功能等视角来考察一座城市的功能时，很容易忽视城市功能的动态发展过程。无论是从宏观视角还是从微观视角看城市的功能发展，动态化的描述是必不可少的。

# 结　　语

在前辈学者的研究基础上，笔者获得了如下几点研究成果：

## 一　经济与地理因素在先秦城市起源过程中的表现

城市的起源问题是本书的研究重点之一。笔者受塞维斯（Elman R. Service）理论中的一个酋邦兴起模式的启发，通过对位于河南郑州的西山城址与湖南澧县的城头山城址及其聚落群所作的解剖，认为中国早期城市的起源与一个地区经济交换中心的形成密不可分。地理环境的差异性造成了各聚落在资源占有上的不同，这是聚落之间发生交换行为的基础，聚落之间的交换必然促进聚落分工的发展，而经济交换中心的形成则源自于聚落之间的分工。一个典型的经济交换中心往往发生在多种地形的结合部，多样化的自然资源为交换行为的发生提供了地理基础。同时经济交换中心还具备两大特征，即较强的财富集聚能力及与外界的交流能力。具备上述特征的聚落很容易发展出城墙等防御设施，从而形成最初的雏形城市。城头山和西山古城作为典型的早期雏形城市先后发生在南北两大地域的中心地带并非偶然，这是聚落分工与交换发展到一定程度的产物。

如果说城市的发生与聚落较强的经济功能有关，那么城市在随后的发展中则表现出了多元化的倾向。现已发现的不同区域的龙山时代城址受当时多元文化的影响在各地域表现出了不同的考古学特征，其在形态和功能上则各有侧重，有的城址表现出了很强的政治性，有的表现出了很强的经济性，但在形态和功能上都表现得比较单一。

二里头文化时期城址的考古学现象表现出了夏王朝在统治结构上的两点特征：其一是目前发现的夏王朝时期的城址分布在政治上表现出了一种封闭式内向格局；其二是在经济上则很可能具有一种外向的扩张性，无论是在考古学上陶器特征的表现，还是对青铜矿源的追求，都显示其在经济上的开放态势。而《尚书·禹贡》中记载的"五服制"也主要是在经济上的一种控制，对外围则缺乏政治上的强权。整个二里头文化时期正因为中央王朝所采取的态度，使其同外围，甚至更远范围的聚落保持一种和平交往的态势，所以二里头遗址在大部分时间里可能较少受到战争的威胁，这也使其在经济和技术上获得了较为平稳的发展，成为当时较广泛地域的政治和经济中心，为商周时期城市的发展奠定了基础。

### 二　地理结构在商周城市中的长时段特征

从长时段角度看，城市与地理环境之间无疑在某些方面保持着稳定的联系。笔者通过对大量城址考古资料的整理分析，归纳出了商周城市分布格局的几点特征，并主要从地理学的角度对这几点特征进行了理论阐释。从长时段看，商周时期以黄河和长江两大流域为主体的城市分布格局呈现出了如下三点结构性特征：

（1）城址存在着密集分布区，即以我国地形的二、三级阶地交界带为城址的主体分布地带，尤以黄河中游所谓的中原地区分布最为集中。这一特征的形成从大环境看与地形交界带的优势有关。现代人文地理学的研究表明，两种不同地形地貌交接的地方往往是城市兴起的良好场所。而现代自然地理学的研究也表明，在我国二、三级阶地南北长条形交界带上，秦岭—黄淮平原交界带具有最典型的山地—平原交界带的特征，因此成为先秦时期城址分布密度最大的地区。

（2）商周时期的黄河流域无论是城址的数量还是城址的发展水平都远远超过长江流域，即城市存在着明显的南北发展不平衡状况。这一特征与环境的优劣紧密相关。越是在文明发展的早期，人类对环境的依赖程度就越高。适宜的环境是城市发展的必备条件，而长期的过于恶劣或者过于优越的自然环境都会影响到城市的发展。北方地区过于恶劣的气候环境无法形成稳定的农业聚落，因此城市的形成也无从谈起；而江南地区则因其优越的气候条件和复杂的地形水系格局而抑制了城市的发展。只有黄河中下游地区在地理环境上表现出了适宜的特征，丰富的土地资源形成了稳定的农耕社会，而气候的不稳定因素又在刺激着当地人们努力发展生产，寻求更合理的聚落生存方式，城市也在这一过程中发展壮大。

（3）从春秋至战国时期，随着生产力发展水平的提高，古人对外界环境的改造能力和适应能力越来越强，城址沿着二、三级阶地的交界带开始呈现出了向南北扩展的趋势，最明显的就是向北方扩展。从春秋时期开始，城址出现了普遍的等级化聚团分布现象。以大规模的中心城址为核心，外围分布有较密集的城址群，城址群之间存在着明显的过渡带。这种变化主要是周代分封制造成的结果。

先秦时期单个城址的选址正是在上述分布格局的大趋势下的具体体现和操作。据先秦文献记载，商周时期城市在选址上经历了一个由相土到卜居的过程。商代从保民利民思想出发的相土卜居(《尚书·盘庚》) 发展到战国时期已经变成了科学的全方位思考，城市的选址理念逐渐由神秘化向实用化、系统化方向发展。在影响商周城市选址的因素中，从长时段看无疑地理环境占据主要地位，但是政治格局的变化、交通的发展在一定的时间段内也会影响到城市的选址。

## 三　商周城市形态的结构性演变特征

商周城市形态由四个最典型的方面组成，即防御设施（城墙）、政治性建筑（宫殿）、手工业场所与市场，这四方面可以称为商周城市的主体形态，主要包含了商周城市所具有的政治、经济和军事等主要功能特征。其研究在方法上采用专题论述的形式，在视角上则是着眼于各方面在不同历史时期的演变特征。笔者在这方面较有新意的创获有如下几点：

（1）本书详细探究了文献所载"郭"与"郛"在含义和用法上的演变，认为在文献中存在着一个由"城郛"形态向"城郭"形态的演变过程。"郭"在含义上指代内城之外由城墙围起的部分，而"郛"与"郭"在形态上的最大差别就是"郛"在边界上并没有显著的城墙等防御设施。春秋以前城址的形态可以称为"城郛"，春秋时期在文献中"郛"、"郭"并用，这反映了当时人对城市形态在认识上的过渡性。到战国时期，"郛"在文献中已经基本不再使用。综合文献和考古资料，春秋以前内城之外带有封闭式围墙的郭城发展并不充分，而大都选取一种开放式的布局形态，有些城址虽然有城墙但多非封闭式。城郛形态虽也有边界，却并没有强有力的防御措施。大约从春秋时期开始，内城之外围地区在长期的经济发展中由于其地缘优势而逐渐繁荣，集聚了大量的人口和资源，统治者为了保护和控制这些人口和资源，便逐渐用城垣将这一地域圈围起来，形成了封闭式的郭城。由"郛"到"郭"，由开放到封闭，这是城郭制发展的结构性演变特征之一。

（2）手工业是商周城市生产发展的主要表现形式，商周时期城市手工业生产的主体特征就是集团化分工。商周城市中的手工业生产以官营手工业为主，其在文献中称为"百工"，在考古上的主要表现就是手工业作坊遗址在分布格局上都以宫殿区为中心，围绕着政治中心向外扩展，这种分布格局是与文献所载的"工商食官"制相对应的，据此可知，"工商食官"制对城市的布局形态及其发展壮大有很大影响。

城市手工业生产的集团化促进了行业内部的分工和发展。从长时段看，各时期城址中的手工业作坊遗址在数量和规模上处于持续增长状态，手工业生产的能力也在不断提高，促进了东周城市中一些新兴行业的兴起。

（3）市场是商周城市中的重要组成部分。"城"与"市"因其在功能上所具有的天然互补性，使二者从很早就开始结合。夏、商和西周时期，这种结合并不广泛，而是以各王朝都城最具代表性。直到东周时期，这种典型的城市形态才得到普及，并被当时人认可为聚落的一种高级形态。目前发现的几百座东周城址绝大部分都应当设有市场。城市中的市场具有一个典型特征，即通常以封闭式的形态存在，这主要以各诸侯国都城最为典型。另外各诸侯国都城中还出现了"多市制"现象，存在着一般性市场和供商人内部交流的批发市场等多级形态。

以往学者在判断东周城市中的市场位置时，往往以"面朝后市"和"工贾近市"为标准，其实综合东周城址的考古发掘状况，这两个标准不一定具有普遍性，而可能是对某些都城内市场的特指，如秦都雍城和鲁都曲阜中的市场可能符合"面朝后市"的标准，而齐都临淄城中的市场则可能符合"工贾近市"的标准。

东周时期各诸侯国都城中的市场主要表现出了一种封闭式的形态，在考古学上的表现就是城墙围起的广场，这种形态的市场在晋都新田、赵都邯郸、易县燕下都和平山中山灵寿城中都找到了与之相对应的遗迹。另外据这一标准推测，商代前期的郑州商城内城中南部的空旷地带可能具有进行经济交换活动的市场功能。

综合先秦城市形态四方面的发展演变特征，可以将其分为三大阶段：

（1）商以前为先秦城市的起源阶段。这一阶段先秦城市在形态上经历了一个由单一化向复合型发展的过程。

（2）商代西周时期为先秦城市的发展阶段。商前期城市形态在防御设施、政治性建筑、手工业作坊和市场等四方面都获得了良性发展。但从商后期开始到西周时期,城市形态在整体风格上发生了转变,其四方面都表现得较为松散,没有明确的界线。

(3)东周时期为先秦城市的成熟阶段。这一阶段的城市在形态上逐渐趋于定型,以城墙为主的防御设施、以大型夯土建筑基址为主的政治性建筑、集团化的手工业作坊和封闭式的市场成为东周典型城市不可或缺的四部分。其中城墙等防御设施是城市的基础,政治性建筑固然位于城市形态的核心位置,但手工业作坊遗址和市场则越来越成为城市形态的重要组成部分,在整体形态上越来越占据显著位置。集政治、经济和军事为一体的复合型形态是先秦城市成熟的标志。

## 四　商周城市功能的结构性演变特征

商周城市的功能特征包含较广泛,本书主要探讨了其中的两点结构性特征及其演变:一是对资源和人口的集聚整合功能;二是制度变革功能。

从功能上分析,城市的形成可能首先是从资源的集聚起步的。从聚落的角度看,大部分史前城址所占据的只是本聚落的一部分;从聚落群的角度看,目前的考古学研究表明,史前城址的建造并非一个聚落的行为,而可能是整个聚落群的集体行为。因此,对于本聚落及所属聚落群中的大多数人来说,城址并不能保护他们的人身安全,但却可以保护整个聚落群的整体利益不受损害。因此史前城址从功能上说是集聚财富的场所。也正因为城址是资源的集聚中心,才成为了最危险的地方,因此修建城墙才成为必然趋势。通过对相关先秦文献的分析,在大规模战争出现以前,聚落财富的集聚方式应当是以经济交换为主的。只有当财富集中到少数聚落手中,才会形成强烈的战争掠夺的动机,也才会促进防御工具的不断进化,直至城墙的出现。

城市一经形成,便表现出了对人口强有力的吸纳能力。城墙的修建、手工业的集中化都需要大量劳动力的参与。商周时期,城市的人口基本是按照职业来划分的。当城市中所集聚的各种职业的人口总量达到一定程度后,旧的社会阶层便会被打破,新的阶层得到重组。春秋以前的城市中,以统治者和工商阶层为主,农民只是劳动力的储备库,在城市的社会阶层中不占主体地位。从春秋时期开始,庶人已经成为士、工、商之外的城市主体阶层之一,为城市的发展提供着劳动力保障。

　　从制度经济学的角度分析，夏商都城的"屡迁"现象及市场在先秦城市中的普及等现象形成的根本原因，都是为了能够有效的节约交易成本，也即城市运作的社会成本，从而增强和延长城市对资源和人口的集聚能力。商周城市在制度上的变革从根本上也是为了适应城市发展的这种需求。

　　商周城市的制度变革主要表现在两方面：一是城市市场制度的完善。城市中的市场发展到东周时期，无论是从形态上还是从管理结构上都已经相当完善。东周时期城市中的市场以封闭式广场为主体形态，并且在位置上直接受控于上层统治者。同时，在市场中还出现了一系列从事管理的专业人员，与市场发展相匹配的法律法规也获得普及和完善。二是城市综合管理水平的提高。在和平时期表现为防灾救灾制度的高效和完善，战争时期则表现为城市整体防御体系的进步，这种制度变革与发展在农村等一般性聚落中是难以发生的。

　　另外，先秦城市经济结构的演变是本书的一条研究主线。笔者对先秦城市的起源、分布、形态与功能的探讨着力较多的还是其经济方面，这也是前辈学者的研究较少涉及的方面。对于先秦城市来说，其政治和军事层面无疑表现得较为明显，而以手工业作坊和市场为主要表现形式的经济因素同样也是先秦城市的重要组成部分。从先秦城市的起源开始，经济交换行为就与城市发生着紧密联系，经济交换中心往往是城市兴起的主要场所。先秦时期的城市从分布格局看，也多选择在多种地形的结合部，这一特征在某种程度上也是为了适应经济交换的需要。在先秦城市的发展过程中，手工业作坊和市场始终占据很重要的地位，在其经过了较长时间的发展演变后，才形成了东周时期较为成熟的手工业场所和市场形态。尽管集团化的手工业作坊和封闭式的市场形态带有很强的政治烙印，但上层统治者选择用市场作为经济再分配的重要方式之一本身就说明了经济交换在城市发展中的地位。从交易成本的角度分析，降低城市运作的社会成本始终是城市发展完善的主要动力因素之一，而经济交换因素在这一过程中发挥着基础性作用。

# 参考文献

## 一 传世典籍及注释

阮刻《十三经注疏》，中华书局 1979 年版。

杜预：《春秋左传集解》，上海古籍出版社 1988 年版。

杨伯峻：《春秋左传注（修订本）》，中华书局 1990 年版。

顾栋高：《春秋大事表》，中华书局 1993 年版。

徐元诰撰，王树民、沈长云点校：《国语集解》，中华书局 2002 年版。

王贵民等编著：《春秋会要》，中华书局 2009 年版。

杨宽等编著：《战国会要》，上海古籍出版社 2005 年版。

孙星衍：《尚书今古文注疏》，中华书局 1989 年版。

马瑞辰：《毛诗传笺通释》，中华书局 1989 年版。

黄怀信、张懋镕、田旭东撰：《逸周书汇校集注（修订本）》，上海古籍出版社 2006 年版。

方诗铭、王修龄：《古本竹书纪年辑证（修订本）》，上海古籍出版社 2005 年版。

秦嘉谟等辑：《世本八种》，商务印书馆 1957 年版。

徐宗元：《帝王世纪辑存》，中华书局 1964 年版。

陈奇猷：《吕氏春秋校释》，学林出版社 1984 年版。

岑仲勉撰：《墨子城守各篇简注》，中华书局 1958 年版。

黎翔凤撰：《管子校注》，中华书局 2004 年版。

高亨：《商君书注译》，中华书局 1974 年版。

陈奇猷：《韩非子集释》，中华书局 1998 年版。

何建章：《战国策注释》，中华书局 1990 年版。

缪文远：《战国策考辨》，中华书局 1984 年版。

刘仲平注译：《尉缭子今注今译》（第 2 版），台湾：商务印书馆 1977 年版。

司马迁：《史记》，中华书局点校本，1982 年版。

[日] 泷川资言：《史记会注考证（附校补）》，上海古籍出版社 1986 年版。

班固：《汉书》，中华书局点校本，1973 年版。

顾炎武著，黄汝成集释：《日知录集释》，上海古籍出版社 2006 年版。

许慎：《说文解字》，中华书局 1963 年版。

段玉裁：《说文解字注》，上海古籍出版社 1988 年版。

陆德明：《经典释文》，中华书局 1983 年版。

宗福邦等主编：《故训汇纂》，商务印书馆 2007 年版。

## 二　古文字资料及工具书

中国社会科学院历史研究所编：《甲骨文合集》，中华书局 1978—1983 年版。

彭邦炯等：《甲骨文合集补编》，语文出版社 1999 年版。

胡厚宣主编：《甲骨文合集释文》，中华书局 1999 年版。

姚孝遂主编：《殷墟甲骨刻辞类纂》，中华书局 1989 年版。

于省吾：《甲骨文字释林》，中华书局 1979 年版。

中国社会科学院考古研究所编：《殷周金文集成》，中华书局 1984—1994 年版。

中国社会科学院考古研究所编：《殷周金文集成释文》，香港中文大学中国文化研究所 2001 年版。

张亚初：《殷周金文集成引得》，中华书局 2001 年版。

周法高主编：《金文诂林》，香港中文大学 1974—1975 年版。

周法高主编：《金文诂林补》，台北：中研院史语所 1982 年版。

容庚编著：《金文编》，中华书局 1998 年版。

故宫博物院编：《唐兰先生金文论集》，紫禁城出版社 1995 年版。

裘锡圭：《战国文字中的"市"》，《考古学报》1980 年第 3 期。

银雀山汉墓竹简整理小组编：《银雀山汉墓竹简》，文物出版社 1985 年版。

### 三　相关理论著作

马克思：《资本论》，郭大力译，人民出版社 1963 年版。

恩格斯：《家庭、私有制和国家的起源》，人民出版社 2003 年版。

中共中央马克思恩格斯列宁斯大林著作编译局编：《马克思恩格斯选集》，人民出版社 1995 年版。

［法］费尔南·布罗代尔：《菲利普二世时代的地中海和地中海世界》，商务印书馆 1996 年版。

［法］费尔南·布罗代尔：《15 至 18 世纪的物质文明、经济和资本主义》，三联书店 1992 年版。

［美］芒福德（L. Mumford）：《城市发展史：起源、演变和前景》，倪文彦、宋俊岭译，中国建筑工业出版社 2005 年版。

［德］马克斯·韦伯（Max Weber）：《非正当性的支配——城市的类型学》，康乐等译，载《韦伯作品集》Ⅵ，广西师范大学出版社 2005 年版。

［美］道格拉斯·C. 诺斯：《经济史上的结构和变革》，厉以平译，商务印书馆 2002 年版。

盛洪主编：《现代制度经济学》，北京大学出版社 2003 年版。

［英］汤因比（Arnold Joseph Toynbee）：《历史研究》，曹未风等译，上海人民出版社 1986 年版。

易建平：《部落联盟与酋邦》，社会科学文献出版社 2006 年版。

### 四　先秦城市综合性研究著作及论文

1. 专著类：

杨宽：《中国古代都城制度史研究》，上海人民出版社 2003 年版。

曲英杰：《先秦都城复原研究》，黑龙江人民出版社 1991 年版。

许宏：《先秦城市考古学研究》，北京燕山出版社 2000 年版。

张鸿雁：《春秋战国城市经济发展史论》，辽宁大学出版社 1988 年版。

贺业钜：《中国古代城市规划史》，中国建筑工业出版社 1996 年版。

杨鸿勋：《宫殿考古通论》，紫禁城出版社 2001 年版。

钱耀鹏：《中国史前城址与文明起源研究》，西北大学出版社 2001

年版。

萧红颜：《东周以前城市史研究》，东南大学博士论文 2003 年版。

张国硕：《夏商时代都城制度研究》，河南人民出版社 2001 年版。

毛曦：《先秦巴蜀城市史研究》，人民出版社 2008 年版。

［美］惠特利（Paul Wheatley）：《四方之极——中国古代城市起源及特点初探》［The Pivot of the Four Quarters, A Preliminary Euquiry into the Origin and Character of the Ancient Chinese City（Chicago, aldine, 1971.）］。

［日］五井直弘：《中国古代の城郭都市と地域支配》，東京：名著刊行会，2002 年。

［日］杉本憲司：《中国の古代都市文明》，京都：思文閣出版，2002 年。

2. 论文类：

董琦：《中国先秦城市发展史概述》，《中原文物》1995 年第 1 期。

段渝：《巴蜀古代城市的起源、结构和网络体系》，《历史研究》1993 年第 1 期。

傅筑夫：《中国古代城市在国民经济中的地位和作用》，《中国经济史论丛》（上），三联书店 1980 年版。

韩光辉：《商代城市地理述论》，《中国古都研究》（十二），山西人民出版社 1998 年版。

贺业钜：《试论周代两次城市建设高潮》，《建筑历史与理论》第一辑，江苏人民出版社 1980 年版。

刘庆柱：《中国古代都城考古学研究的几个问题》，《考古》2000 年第 7 期。

刘庆柱：《中国古代都城遗址布局形制的考古发现所反映的社会形态变化研究》，《考古学报》2006 年第 3 期。

刘庆柱：《中国古代都城考古学史述论》，《考古学集刊》（第 16 集），科学出版社 2006 年版。

李孝聪：《关于中国古代城市研究的几点看法》，《北大史学》，北京大学出版社 1994 年版。

李自智：《东周列国都城的城郭形态》，《考古与文物》1997 年第 3 期。

李自智：《略论中国古代都城的城郭制》，《考古与文物》1998 年第 2 期。

李自智：《中国古代都城布局的中轴线问题》，《考古与文物》2004 年第 4 期。

卢连成：《中国古代都城发展的早期阶段——商代、西周都城形态的考察》，载《中国考古学论丛（中国社会科学院考古研究所建所 40 年纪念）》，科学出版社 1993 年版。

皮明庥：《城市史研究略论》，《历史研究》1992 年第 3 期。

史念海：《先秦城市的规模及城市建置的增多》，《中国历史地理论丛》1997 年第 3 期。

史念海：《最早建置都城的构思及其影响》，《中国历史地理论丛》1997 年第 4 期。

苏秉琦：《辽西古文化古城古国》，《文物》1986 年第 8 期。

王维坤：《试论中国古代都城的构造与里坊制的起源》，《中国历史地理论丛》1999 年第 1 期。

徐苹芳：《中国古代城市考古与古史研究》，载《中国历史考古学论丛》，允晨文化公司（台北）1995 年版。

许倬云：《周代都市的发展与商业的发达》，《许倬云自选集》，上海教育出版社 2002 年版。

俞伟超：《中国古代都城规划的发展阶段性》，《文物》1985 年第 2 期。

［日］宇野隆夫：《城市的方位——以商周时代为中心》，王震中译，《考古与文物》2005 年第 1 期。

张光直：《关于中国初期"城市"这个概念》，《文物》1985 年第 2 期。

张鸿雁：《春秋战国城市在社会发展中的地位与作用》，《文史哲》1984 年第 4 期。

张鸿雁：《论中国古代城市的形成》，《辽宁大学学报》1985 年第 1 期。

张鸿雁：《论中国初期的"城市"和城市概念问题——与张光直先生商榷》，《华东师范大学学报》1987 年第 4 期。

张鸿雁：《古希腊罗马城邦与先秦城市比较研究——从东西方古代商

品经济关系透视城市本质特点》，《史学理论研究》1993 年第 3 期。

赵冈：《从宏观角度看中国的城市史》，《历史研究》1993 年第 1 期。

### 五　典型城址资料及相关研究

1. 河南郑州西山城址

张玉石：《探索者的足迹——郑州西山仰韶时代城址发掘纪实》，《中国文物报》1996 年 4 月 14 日。

国家文物局考古领队培训班：《郑州西山仰韶时代城址的发掘》，《文物》1999 年第 7 期。

张玉石：《西山仰韶城址及相关问题研究》，《中国考古学的跨世纪反思》，（香港）商务印书馆 1999 年版。

钱耀鹏：《关于西山城址的特点和历史地位》，《文物》1999 年第 7 期。

韩建业：《西山古城兴废缘由试探》，《中原文物》1996 年 3 期。

2. 湖南澧县城头山城址

湖南省文物考古研究所：《澧县城头山屈家岭文化城址调查与试掘》，《文物》1993 年第 12 期。

湖南省文物考古研究所：《澧县城头山古城址 1997—1998 年度发掘简报》，《文物》1999 年第 6 期。

何介均：《澧县城头山屈家岭文化城址》，《中国考古学年鉴（1993年)》，文物出版社，1995 年。

3. 山西襄汾陶寺城址

中国社会科学院考古研究所山西第二工作队等：《2002 年山西襄汾陶寺城址发掘》，中国社会科学院古代文明研究中心：《通讯》2003 年第 5 期。

中国社会科学院考古研究所山西队等：《陶寺城址发现陶寺文化中期墓葬》，《考古》2003 年第 9 期。

中国社会科学院考古研究所山西队等：《山西襄汾县陶寺城址发现陶寺文化大型建筑基址》，《考古》2004 年第 2 期。

中国社会科学院考古研究所山西队等：《山西襄汾县陶寺城址祭祀区大型建筑基址 2003 年发掘简报》，《考古》2004 年第 7 期。

何驽：《陶寺：中国早期城市化的重要里程碑》，《中国文物报》2004
年 9 月 14 日。

4. 河南偃师二里头遗址

中国社会科学院考古研究所编著：《偃师二里头：1959—1978 年考古
发掘报告》，中国大百科全书出版社 1999 年版。

杜金鹏、许宏主编：《偃师二里头遗址研究》，科学出版社 2005
年版。

5. 河南偃师商城

杜金鹏、王学荣主编：《偃师商城遗址研究》，科学出版社 2004
年版。

杜金鹏：《偃师商城初探》，中国社会科学出版社 2003 年版。

6. 河南郑州商城

河南省文物考古研究所编著：《郑州商城（1953 年—1985 年考古发
掘报告）》，文物出版社 2001 年版。

河南省文物研究所编：《郑州商城考古新发现与研究（1985—
1992）》，中州古籍出版社 1993 年版。

河南省文物研究所：《河南郑州商城宫殿区夯土墙 1998 年的发掘》，
《考古》2000 年第 2 期。

河南省文物考古研究所：《郑州商城北大街商代宫殿遗址的发掘与研
究》，《文物》2002 年第 3 期。

河南省文物考古研究所：《郑州商城外郭城的调查与试掘》，《考古》
2004 年第 3 期。

7. 河南安阳殷墟遗址

中国社会科学院考古研究所编：《殷墟发掘报告（1958—1961）》，文
物出版社 1987 年版。

中国社会科学院考古研究所编：《殷墟的发现与研究》，科学出版社
1994 年版。

中国社会科学院考古研究所安阳工作队：《河南安阳殷墟大型建筑基
址的发掘》，《考古》2001 年第 5 期。

石璋如：《殷墟建筑遗存》，载《小屯第一本·遗址的发现与研究·
乙编》，中研院史语所，台湾南港，1959 年。

朱凤瀚：《论小屯东北地诸建筑基址的始建年代及其与基址范围内出

土甲骨的关系》，《古代文明》第 3 卷，文物出版社 2004 年版。

8. 陕西周原遗址

陕西周原考古队：《陕西岐山凤雏村西周建筑基址发掘简报》，《文物》1979 年第 10 期。

陕西周原考古队：《扶风召陈西周建筑群基址发掘简报》，《文物》1981 年第 1 期。

周原考古队：《陕西扶风县云塘、齐镇西周建筑基址 1999—2000 年度发掘简报》，《考古》2002 年第 9 期。

王巍、徐良高：《陕西扶风云塘西周建筑基址的初步认识》，《考古》2002 年第 9 期。

周原考古队：《周原发现西周建筑基址群》，《中国社会科学院古代文明研究中心通讯》第 1 期。

9. 陕西丰镐遗址

中国社会科学院考古研究所沣西发掘队：《1976—1978 年长安沣西发掘简报》，《考古》1981 年第 1 期。

中国社会科学院考古研究所沣西发掘队：《陕西长安沣西客省庄西周夯土基址发掘报告》，《考古》1987 年第 8 期。

中国科学院考古研究所编著：《沣西发掘报告》，文物出版社 1962 年版。

陕西省考古研究所：《镐京西周宫室》，西北大学出版社 1995 年版。

10. 山东曲阜鲁国故城

山东省文物考古研究所等：《曲阜鲁国故城》，齐鲁出版社 1982 年版。

田岸：《曲阜鲁城勘探》，《文物》1982 年第 12 期。

11. 山东临淄齐国故城

山东省文物管理处：《山东临淄齐故城试掘简报》，《考古》1961 年第 6 期。

群力：《临淄齐国故城勘探纪要》，《文物》1972 年第 5 期。

12. 山西侯马晋都新田

山西省考古研究所侯马工作站编：《晋都新田》，山西人民出版社 1996 年版。

13. 陕西凤翔秦都雍城

陕西省社会科学院考古研究所凤翔队:《秦都雍城遗址勘查》,《考古》1963 年第 8 期。

陕西省雍城考古队:《秦都雍城钻探试掘简报》,《考古与文物》1985 年第 2 期。

韩伟:《秦公朝寝钻探图考释》,《考古与文物》1985 年第 2 期。

韩伟等:《秦都雍城考古发掘研究综述》,《考古与文物》1988 年第 5、6 期合刊。

14. 河南洛阳东周王城

中国科学院考古研究所洛阳发掘队:《洛阳涧滨东周城址发掘报告》,《考古学报》1959 年第 2 期。

中国社科院考古研究所编:《洛阳发掘报告(1955—1966 年洛阳涧滨考古发掘资料)》,北京燕山出版社 1989 年版。

中国科学院考古研究所编:《洛阳中州路(西工段)》,科学出版社 1959 年版。

王炬:《洛阳东周王城内发现大型夯土基址》,《中国文物报》1999 年 8 月 29 日。

薛方等:《洛阳市瞿家屯发现东周大型夯土建筑基址》,《中国文物报》2002 年 2 月 22 日。

15. 河南新郑郑韩故城

河南省博物馆新郑工作站等:《河南新郑郑韩故城的钻探和试掘》,《文物资料丛刊》第 3 辑,1980 年。

河南省文物考古研究所:《河南新郑市郑韩故城郑国祭祀遗址发掘简报》,《考古》2000 年第 2 期。

16. 湖北荆州郢都纪南城

湖北省博物馆:《楚都纪南城的勘查与发掘(上)(下)》,《考古学报》1982 年第 3、4 期。

郭德维:《楚都纪南城复原研究》,文物出版社 1999 年版。

17. 河北邯郸赵国故城

邯郸市文物保管所:《河北邯郸市区古遗址调查简报》,《考古》1980 年第 2 期。

河北省文物管理处等:《赵都邯郸故城调查报告》,《考古学集刊》第 4 集,1984 年。

段宏振：《赵都邯郸城研究》，文物出版社 2009 年版。

18. 河北易县燕下都

河北省文物研究所：《燕下都》，文物出版社 1996 年版。

19. 河北平山中山灵寿城

河北省文物研究所：《战国中山国灵寿城——1975—1993 年考古发掘报告》，文物出版社 2005 年版。

20. 陕西临潼秦都栎阳

陕西省文物管理委员会：《秦都栎阳遗址初步勘探记》，《文物》1966 年第 1 期。

中国社会科学院考古研究所栎阳发掘队：《秦汉栎阳城的勘探和试掘》，《考古学报》1985 年第 3 期。

21. 陕西咸阳秦都咸阳

陕西省社会科学院考古研究所渭水队：《秦都咸阳故城遗址的调查和试掘》，《考古》1962 年第 6 期。

秦都咸阳考古工作站：《秦都咸阳第一号宫殿建筑遗址简报》，《文物》1976 年第 11 期。

咸阳市文管会等：《秦都咸阳第三号宫殿建筑遗址发掘简报》，《考古与文物》1980 年第 2 期。

秦都咸阳考古工作站：《秦都咸阳第二号宫殿建筑遗址简报》，《文物》1986 年第 4 期。

刘庆柱：《秦都咸阳几个问题的初探》，《文物》1976 年第 11 期。

王学理等：《秦都咸阳发掘报道的若干补正意见》，《文物》1979 年第 2 期。

王学理：《秦都咸阳》，陕西人民出版社 1985 年版。

22. 安徽寿县楚都寿春

丁邦钧：《楚都寿春城考古调查综述》，《东南文化》1987 年 1 期。

丁邦钧：《寿春城考古的主要收获》，《东南文化》1991 年 2 期。

六　其他研究著作（含博士论文，以作者姓氏拼音为序）

晁福林：《夏商西周的社会变迁》，北京师范大学出版社 1996 年版。

晁福林：《先秦社会形态研究》，北京师范大学出版社 2003 年版。

常金仓：《二十世纪古史研究反思录》，中国社会科学出版社 2005

年版。

陈隆文：《春秋战国货币地理研究》，人民出版社 2006 年版。

陈朝云：《商代聚落体系及其社会功能》，科学出版社 2006 年版。

陈正祥：《中国文化地理》，三联书店 1983 年版。

杜正胜：《周代城邦》，台北：联经出版事业公司 1979 年版。

杜正胜：《古代社会与国家》，允晨文化公司（台北）1992 年版。

高江涛：《中原地区文明化进程的考古学研究》，中国社会科学院研究生院博士学位论文，2006 年 5 月。

葛志毅：《周代分封制度研究》，黑龙江人民出版社 2005 年版。

黄建军：《中国古都选址与规划布局的本土思想研究》，厦门大学出版社 2005 年版。

姜波：《汉唐都城礼制建筑研究》，文物出版社 2003 年版。

李孝聪：《历史城市地理》，山东教育出版社 2007 年版。

李孝聪：《中国区域历史地理》，北京大学出版社 2004 年版。

李学勤：《走出疑古时代（修订本）》，辽宁大学出版社 1997 年版。

李学勤：《中国古代文明研究》，华东师范大学出版社 2005 年版。

李学勤主编：《中国古代文明与国家形成研究》，中国社会科学出版社 2007 年版。

李雪山：《商代分封制度研究》，中国社会科学出版社 2004 年版。

李伊萍：《龙山文化——黄河下游文明进程的重要阶段》，科学出版社 2005 年版。

林沄：《林沄学术文集》，中国大百科全书出版社 1998 年版。

刘正：《金文庙制研究》，中国社会科学出版社 2004 年版。

吕文郁：《周代采邑制度研究》，社会科学文献出版社 2006 年版。

［德］罗曼·赫尔佐克（Roman Herzog）：《古代的国家起源和统治形式》，赵蓉恒译，北京大学出版社 1998 年版。

马洪路：《中国远古暨三代经济史》，人民出版社 1994 年版。

钱穆：《古史地理论丛》，三联书店 2004 年版。

任重、陈仪：《魏晋南北朝城市管理研究》，中国社会科学出版社 2003 年版。

任美锷：《中国自然地理纲要（修订第三版）》，商务印书馆 1999 年版。

任伟：《西周封国考疑》，社会科学文献出版社 2004 年版。

史念海：《河山集（七）》，陕西师范大学出版社 1999 年版。

沈长云：《上古史探研》，中华书局 2002 年版。

邵鸿：《商品经济与战国社会变迁》，江西人民出版社 1995 年版。

宋镇豪：《夏商社会生活史》，中国社会科学出版社 2005 年版。

苏秉琦：《中华文明起源新探》，三联书店 1997 年版。

田广林：《中国东北西辽河地区的文明起源》，中华书局 2004 年版。

童恩正：《人类与文化——童恩正学术文集》，重庆出版社 2004 年版。

童书业：《春秋史》，山东大学出版社 1987 年版。

童书业：《春秋左传研究》，中华书局 2006 年版。

童书业：《中国手工业商业发展史》，中华书局 2006 年版。

童书业：《童书业历史地理论集》，中华书局 2004 年版。

王国维：《观堂集林》，中华书局 1959 年版。

王健：《西周政治地理结构研究》，中州古籍出版社 2004 年版。

王玉哲：《古史集林》，中华书局 2002 年版。

王玉哲：《中华远古史》，上海人民出版社 2003 年版。

王震中：《中国文明起源的比较研究》，陕西人民出版社 1994 年版。

王震中：《中国古代文明的探索》，云南人民出版社 2005 年版。

徐卫民：《秦都城研究》，陕西人民教育出版社 2000 年版。

徐旭生：《中国古史的传说时代》，广西师范大学出版社 2003 年版。

徐中舒：《先秦史论稿》，巴蜀书社 1992 年版。

徐中舒：《徐中舒历史论文选辑》，中华书局 1998 年版。

许倬云：《西周史（增补本）》，三联书店 2001 年版。

杨宽：《西周史》，上海人民出版社 2003 年版。

杨宽：《战国史》，上海人民出版社 2003 年版。

杨升南：《商代经济史》，贵州人民出版社 1992 年版。

尹盛平：《周原文化与西周文明》，江苏教育出版社 2005 年版。

［日］伊藤道治：《中国古代王朝的形成——以出土资料为主的殷周史研究》，中华书局 2002 年版。

吴晓亮：《洱海区域古代城市体系研究》，云南大学出版社 2004 年版。

张弛：《长江中下游地区史前聚落研究》，文物出版社 2003 年版。

张继海：《汉代城市社会》，社会科学文献出版社 2006 年版。

张一兵：《明堂制度研究》，中华书局 2005 年版。

张一兵：《明堂制度源流考》，人民出版社 2007 年版。

赵伯雄：《周代国家形态研究》，湖南教育出版社 1990 年版。

张光直：《中国青铜时代》，三联书店 1983 年版。

赵世超：《周代国野制度研究》，陕西人民出版社 1991 年版。

赵世超：《瓦缶集》，人民出版社 2003 年版。

朱凤瀚、徐勇主编：《先秦史研究概要》，天津教育出版社 1996 年版。

朱凤瀚：《商周家族形态研究》（第二版增订本），天津古籍出版社 2004 年版。

朱彦民：《商族的起源、迁徙与发展》，商务印书馆 2007 年版。

朱红林：《〈周礼〉中的商业管理制度研究》，吉林文史出版社 2003 年版。

邹衡：《夏商周考古学论文集》，文物出版社 1980 年版。

# 后　记

　　熟悉中国古代史的人都知道，先秦这一段历史包含了若干重大的理论问题，其中最核心的问题即是早期文明与国家的起源与发展问题。我对中国早期城市的研究也正是出于对这一问题的热爱。虽然本书没有深入探讨城市与文明、国家之间的关系，但对城市研究的深入有助于对早期文明与国家的理解。

　　在先秦史研究领域，关于理论的探讨早期最有影响力的应属顾颉刚先生，其疑古理论影响了一代学者，形成了古史辩派，至今余音未散。后来马克思理论的引入更是影响了先秦史研究几十年，现在很多学者还依然从马克思理论中汲取营养，本书在理论探讨上也借鉴了马克思部分理论。最近的重大理论事件应是谢维扬先生对中国早期国家的探讨，酋邦理论掀起了一场关于早期国家的理论论战，使我们对早期国家形态有了更深入的理解。由此可见，理论探讨在先秦史研究领域至关重要。

　　硕士期间我对法国年鉴学派产生了浓厚的兴趣，我的硕士论文就借鉴了布罗代尔的长时段理论，当然那时还只是对理论应用的一个初步尝试。后来有幸跟随朱凤瀚先生攻读博士学位，继续从事对先秦城市的研究，这期间受我太太的影响，逐渐对制度经济学产生了兴趣，在这本书的很多地方可以看到对制度经济学理论中的一些基本原理的初步应用。

　　当然，新理论的引入其实困难重重。除了对理论本身的深入了解外，还要对所探讨的问题，所涉及的文献资料，庞杂的考古与古文字资料进行系统梳理与深入分析。本书在理论阐释方面也只是一种初步尝试，虽然我已尽量客观地处理了本书所涉及的各种资料，但错误之处不可避免。希望各位读者仁者见仁，智者见智。

　　正如老师朱凤瀚先生在序言中所说，本书着重探讨了影响中国早期城市起源与发展诸因素中的经济因素，这是本书的一条主线，而对政治、军事等因素的探讨略显薄弱。这并非是说政治、军事等因素不重要，相反，城市是受到诸多因素影响的复杂集合体。包含政治、经济、军事等因素在内的诸多影响因子，究竟在早期城市的演进过程中各自扮演着怎样的角色，则是以后的研究中需要着力探讨的。

本书对于先秦城市的功能也只是进行了初步研究，博士毕业后一直在努力充实这方面的内容，不过在本书送交出版社之前，依然没有信心把这部分的研究拿出来，只能留待将来修改完善，另行出版。

从开始构思，到正式出版，本书前后经历了整整 10 年时间。这期间因缘际会，有幸追随我的硕士导师赵世超教授和博士导师朱凤瀚教授，完成了自己最重要的一段学业，他们也是我人生学习的榜样。感谢我的妻子常伶丽女士，清贫的学术研究正是有了她的支持才能走到现在，相信风雨过后便是彩虹。